AREA 51

[美] 安妮·雅各布森 著

Annie Jacobsen

王祖宁 译

新世界出版社
NEW WORLD PRESS

北京版权保护中心引进书版权合同登记 01-2020-2786

图书在版编目（CIP）数据

51 区 / (美) 安妮 · 雅各布森 (Annie Jacobsen) 著 ; 王祖宁译 . -- 北京 : 新世界出版社 , 2020.8
书名原文 : Area 51
ISBN 978-7-5104-7095-0

Ⅰ . ① 5… Ⅱ . ①安… ②王… Ⅲ . ①军事基地－研究－美国 Ⅳ . ① E712.13

中国版本图书馆 CIP 数据核字 (2020) 第 122267 号

51 区

作　　者：[美] 安妮 · 雅各布森（Annie Jacobsen）
译　　者：王祖宁
策　　划：中资海派
执行策划：黄　河　　桂　林
责任编辑：贾瑞娜
特约编辑：羊桓汶辛　　林　晖
责任校对：宣　慧
责任印制：汪勋辽　　王宝根
出版发行：新世界出版社
社　　址：北京西城区百万庄大街 24 号（100037）
发 行 部：(010) 6899 5968　(010) 6899 8705（传真）
总 编 室：(010) 6899 5424　(010) 6832 6679（传真）
http：//www.nwp.cn　　http：//www.nwp.com.cn
版 权 部：+8610 6899 6306
版权部电子信箱：nwpcd@sina.com.
印　　刷：深圳市精彩印联合印务有限公司
经　　销：新华书店
开　　本：787mm × 1092mm　1/16
字　　数：450 千字　　**印　张**：28
版　　次：2020 年 8 月第 1 版　2020 年 8 月第 1 次印刷
书　　号：ISBN 978-7- 5104 - 7095 - 0
定　　价：69.80 元

AREA
51

2007 年，在一次家庭聚餐时，
安妮·雅各布森的亲戚，88 岁的物理学家爱德华·洛维克
对她说：“我有个好故事提供给你。”

内华达州，格鲁姆湖，拍摄于 1917 年。这里从前只不过是内华达州南部沙漠高原中一处干涸的湖床，如今却成了世界上最为隐秘的一座军事基地——51 区。（内华达大学里诺分校，特藏文献）

从古老的格鲁姆矿最高处俯瞰，拍摄于 1917 年。直到 20 世纪 50 年代，联邦政府才接管了这片湖盆及毗邻地区。（内华达大学里诺分校，特藏文献）

这是从空中俯瞰 51 区的情景。这张珍贵的照片首次在本书中公开，大约拍摄于 1964 年。（内华达大学里诺分校，特藏文献）

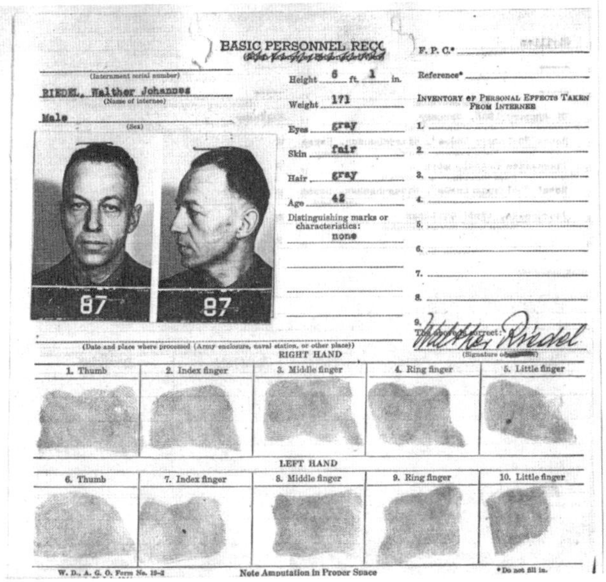

BASIC PERSONNEL RECO

(Internment serial number)

RIEDEL, Walther Johannes
(Name of internee)

Male
(Sex)

87

87

Height 6 ft. 1 in.

Weight 171

Eyes gray

Skin fair

Hair gray

Age 42

Distinguishing marks or characteristics:
none

F. P. C.*

Reference*

INVENTORY OF PERSONAL EFFECTS TAKEN FROM INTERNEE

1.
2.
3.
4.
5.
6.
7.
8.
9.

The above is correct:
Walther Riedel
(Signature of ...)

(Date and place where processed (Army enclosure, naval station, or other place))

RIGHT HAND

1. Thumb	2. Index finger	3. Middle finger	4. Ring finger	5. Little finger

LEFT HAND

6. Thumb	7. Index finger	8. Middle finger	9. Ring finger	10. Little finger

W. D., A. G. O. Form No. 19-2　Note Amputation in Proper Space　*Do not fill in.

1945 年，纳粹科学家沃尔特·里德尔博士被美国军方抓获。这张照片为首次公开。由于他曾为希特勒制造“细菌弹”，在接受审讯期间，门牙被美国士兵打落。（美国国家档案馆提供）

图片上的人物据称是斯大林的秘密UFO研究团队，从左至右依次为：首席导弹设计师及人造卫星的发明者谢尔盖·科洛列夫，苏联原子弹之父伊戈尔·库尔恰托夫，数学家、理论学家及太空技术先驱姆斯蒂斯拉夫·凯尔迪什。（俄罗斯M.V.凯尔迪什博物馆提供）

1945年5月，在美国陆军情报二部G-2一份题为“霍顿无翼飞机”的报告中，出现了一张霍顿V全翼飞机的照片。（美国国家档案馆提供）

1945 年，在 G-2 情报部一份关于霍顿兄弟飞机的报告中，出现了一种外观奇特、呈抛物线形状的飞行器。1947 年 7 月，在新墨西哥州发生外国碟形飞机坠毁事件后，反情报部开始在西欧对霍顿兄弟及所谓的“飞碟”展开了搜捕行动。（美国国家档案馆提供）

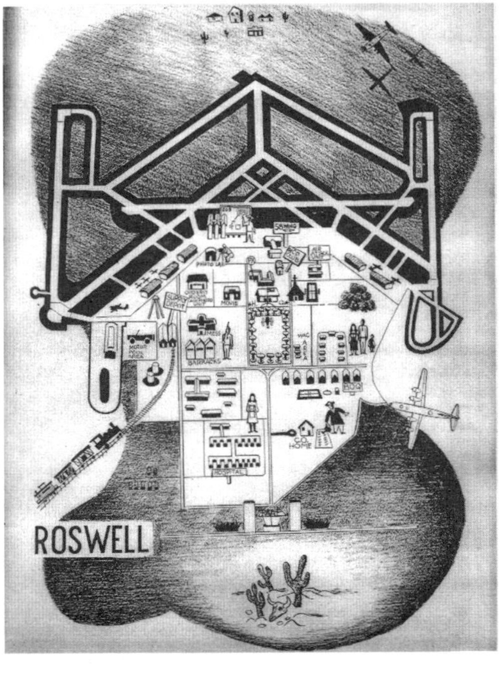

1946 年“十字路行动”纪念年鉴的这张插图显示，罗斯威尔陆军航空基地是冷战开始后美国第一次进行核试验的地方。（理查德·S. 理沃纳 / 美国陆军航空队提供）

1946年7月，“高空侦察之父”理查德·S. 理沃纳上校于“十字路行动”期间在比基尼环礁拍摄的照片。当时，他的任务是从空中拍摄核爆场景。此后逐渐出现了侦察机和人造卫星。（美国陆军航空队提供）

1946年，得克萨斯州布里兹堡的“回形针行动”科学家。在1945年以前，他们曾经为希特勒效命。第二次世界大战结束后，这些“天才”很快开始为美国军方及不同情报机构服务。有关文件至今仍未公开。前排右数第七个手插在口袋里的人正是火箭专家韦纳·冯·布劳恩。（美国国家航空航天局提供）

1946 年 7 月 25 日，“贝克”核爆的场景。其爆炸当量为 2.3 万吨 TNT 炸药，相当于美国在广岛投掷核弹威力的 2.5 倍。“贝克”的水下火球产生了一个高 6 000 英尺（1 英尺≈0.3 米。——译者注）、宽 2 000 英尺的放射性水柱。斯大林向这次核试验派遣了间谍。（美国国家档案馆提供）

1947 年 1 月 1 日，一架由德国科学家设计的 V-2 火箭被安装在新墨西哥州白沙试验场的发射架上。5 个月后，另一架 V-2 火箭偏离了预定轨道。虽然没有人在这次事故中丧生，但是美国开始对德国的“回形针科学家”进行调查。（美国国家航空航天局 / 马歇尔航空中心提供）

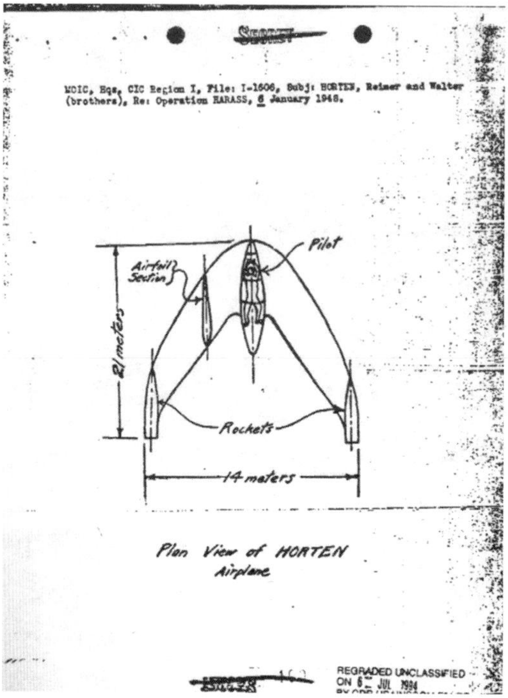
SECRET

MOIC, Hqs, CIC Region I, File: I-1606, Subj: HORTEN, Reimer and Walter (brothers), Re: Operation HARASS, 6 January 1948.

Plan View of HORTEN Airplane

REGRADED UNCLASSIFIED
ON 6 JUL 1994

在“骚扰行动”及对霍顿兄弟进行搜捕后，人们得到了这样一张霍顿飞机设计草图。（国防部提供）

1955年，从51区东北方向拍摄的一张罕见的照片。照片远处中间偏右的三角形山峰就是提卡布峰，这里是唯一一个可供好奇者从远处窥视51区的地点。（拉夫林遗产基金会 / 中央情报局提供）

在训练驾驶中情局的第一架侦察机期间，赫维·斯托克曼和托尼·贝瓦夸等飞行员就住在 51 区的拖车里。（拉夫林遗产基金会 / 中央情报局提供）

1955 年，在 51 区，一架 U-2 飞机的零件正缓缓滑下运输机。这是中情局开发的第一架侦察机，为了保密，U-2 飞机被拆卸后分次由空军飞行员运抵 51 区。飞行员首先根据指定坐标来到莫哈韦沙漠上空，然后通过无线电呼叫一个名为“赛其”的超高频控制中心，并听候指令。当飞机距离地面仅余数百英尺时，跑道上的灯光才会突然亮起来。（拉夫林遗产基金会 / 中央情报局提供）

1956年，早期的U-2侦察机在51区进行试飞。一名工作人员正站在机翼上。（拉夫林遗产基金会 / 中央情报局提供）

在二战期间，斯托克曼离开普林斯顿大学，参加了美国陆军航空团。1956年，他是第一个驾驶U-2侦察机飞越苏联领空的飞行员。斯托克曼参加了三次战争，共执行了310次作战任务。1967年6月，他在越南北部上空遭遇坠机事故，随后被关押了将近六年。（赫维·S. 斯托克曼提供）

1956年，年仅19岁的T.D. 巴恩斯在朝鲜战场服役。书桌上照片中的人是他的新婚妻子多丽丝，至今他们仍然十分幸福。巴恩斯是一名雷达技术专家，从1958年起开始为中情局工作。(T. D. 巴恩斯提供)

在调往51区前，雷达专家T.D. 巴恩斯在比蒂山为国家航空航天局和中情局的联合项目工作。巴恩斯就是在这里追踪到了60英里（1英里≈1 609米。——译者注）开外格鲁姆湖侦察机的行踪，它的大小看起来就像一只乌鸦。(美国国家航空航天局提供)

1957年4月4日，U-2飞行员罗伯特·斯克尔不幸罹难。51区国旗降半旗志哀。（拉夫林遗产基金会/中央情报局提供）

在内华达试验场第9区，热气球下面悬挂的黑色装置是一枚代号“胡德”的原子弹。其爆炸当量为7.4万吨TNT炸药，是美国进行的最大规模的一次大气核试验。1957年7月5日，这张照片是在核爆前数分钟从梯子上拍摄的。阿尔弗雷德·奥唐纳最后完成了核弹的发射系统。51区位于该装置右侧远处的山间。（美国国家核安全局提供）

“胡德”核弹产生的放射性烟尘。从照片上可以看出，蘑菇云茎的右侧已经化作一片火海。核弹引爆约1小时后，安保人员理查德·明格斯驾车穿越爆心投影点烈焰奔腾的群山，在51区的安全闸门处架起护栏。（美国国家核安全局提供）

1957年夏，工作人员从入口处进入内华达试验场12区的地下核试验隧道。（美国国家核安全局提供）

这张罕见的照片大约拍摄于 1957 年，图中是 82 号楼内洛克希德公司“臭鼬工厂”的所在地。在房间的深处是世界上第一间消音室。随后，鞋子大小的中情局侦察机模型将被悬挂在天花板上进行测试。（洛克希德·马丁公司提供）

13 区坐落在 51 区内部。在 1957 年的一次“脏弹”试验中，这里受到了钚元素的污染。1960 年，由于存储在 13 区的某“辐射物质”失窃，原子能委员会就此展开了调查，并拍摄了一系列照片。这张照片是其中的一张，也是在本书中首次公开。在“脏弹”试验后，有人割开悬挂有“α 射线污染地区”标志的围栏，偷走了 1952 年的一个小型载货敞篷卡车模型。这个模型已经被钚元素污染，工作人员正准备将其深埋于危险废弃物坑中。（美国国家核安全局提供）

此图摄于 1959 年，在中情局还没有正式签署有关合约时，一个相当于实物大小的“牛车”模型正在 51 区组装。（走鹃国际 / 中情局提供）

人们正在架设 51 区标志性的雷达测试杆。EG&G 公司负责操纵和监控的雷达天线位于测试杆 1 英里以外。（走鹃国际 / 中情局提供）

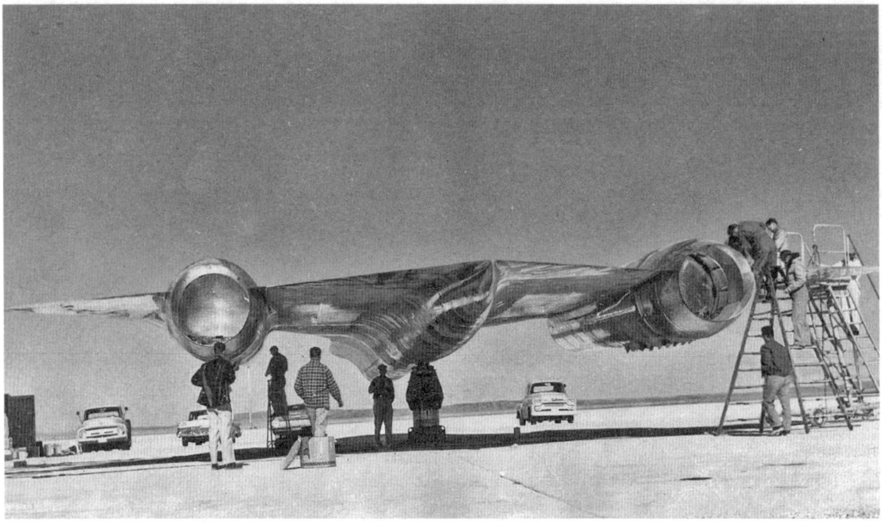

在这张照片上，只能看到总长55英尺的测试杆的顶端，不足8英尺。其余部分位于混凝土高台之下，人们可以在高台两侧的地下室进行操纵。（走鹏国际 / 中情局提供）

如果在夜间进行测试工作，苏联间谍卫星将很难察觉。“将飞机模型升到测试杆上需要18分钟，把它取下来还需要18分钟。”洛维克说，“剩下用于进行雷达测试并记录数据的时间非常有限。”测试工作完成以后，工作人员要立即将其拆下，然后迅速运回飞机库中。（走鹏国际 / 中情局提供）

20世纪60年代，有人从25区蠢驴谷上空拍摄了这张核动力火箭试验设施的照片。一条通过远程控制的铁轨将ETS-1、E-MAD和R-MAD三处试验地点连接起来，并在其间运送具有高辐射的核反应堆。（美国能源部提供）

肯尼迪总统正在视察25区的NERVA核设施。该项目计划建造一艘核动力火箭飞船，将人类在短短的124天内送上火星。（美国能源部提供）

在为核动力火箭飞船项目工作期间，T.D. 巴恩斯每天都要经过 25 区地下长达 1 150 英尺的隧道。(美国能源部提供)

从 1 号引擎试验架上可以看到，火箭引擎被头朝下放置，以防在测试期间起飞。由于试验温度高达 3680.6 华氏度（约 2 027 摄氏度），因此引擎内部的核反应堆必须不断经液态氢冷却。这些液态氢被装在右侧白色的工业用杜瓦瓶中。(美国能源部提供)

亚卡谷地分布在内华达试验场的几个地区，是地球上遭受核爆破坏最严重的地方。这张照片拍于冬季，是在第 10 区上空一架直升机上拍摄的。前方最大的弹坑就是可以从太空中看到的赛丹弹坑。一枚爆炸当量为 10.4 万吨 TNT 炸药的核弹在地下 635 英尺的地方爆炸后，瞬间造成 1 200 万吨放射性尘埃，形成了这个宽 1 280 英尺、深 320 英尺的弹坑。（美国国家核安全局提供）

在猪湾危机中，一手建造了 51 区的中情局官员理查德·比斯尔身败名裂。这张罕见的照片拍摄于 1962 年 4 月，比斯尔正与 A-12“牛车”的第一位试飞员路易斯·沙尔克握手。当时他已经辞职。（洛克希德·马丁公司提供）

第一架 A-12 途经加利福尼亚州的巴斯峡谷前往 51 区。为了掩人耳目，装货箱经过了伪装。（中情局提供）

在格鲁姆干湖盆中进行的 A-12 弹射座椅试验。（走鹏国际 / 中情局提供）

一架 A-12 训练机正在进行试飞。从照片上可以看到飞机上有两个驾驶舱，一个坐着教练员，另一个坐着训练者。A-12 训练机无法达到 3 马赫（1 马赫≈ 1 225 公里/时。——译者注）的速度，这需要中情局的飞行员自行探索。（中情局提供）

1962 年 4 月，一架 A-12“牛车”在 51 区的飞机跑道上着陆。（走鹃国际/中情局提供）

隐藏在51区障碍物之后的A-12“牛车”。为了完成中情局的15架侦察机，洛克希德臭鼬工厂共有2 400名机械师参加了这项工作。飞机两侧独特的可调节插入式锥体可以用于控制气流，从而确保中情局的侦察机能够在1965年5月前达到以3.29马赫速度稳定航行的目标。（洛克希德·马丁公司提供）

在“牛车计划”期间，弗兰克·默里负责驾驶F-101“魔术师”战斗机对A-12进行追踪。在试飞期间，由于中情局飞行员沃尔特·雷在51区外不幸罹难，莱德福将军命令弗兰克·默里接替雷的位置。这张照片是弗兰克·默里赴越南北部执行“黑盾行动”前，在冲绳岛的嘉手纳空军基地拍摄的。（弗兰克·默里提供）

20 世纪 60 年代中期，在臭鼬工厂，爱德华·洛维克站在一台波导仪旁边。他的任务是减少 A-12 的雷达截面，以达到中情局的要求。（洛克希德·马丁公司提供）

这张 U-2 飞机在空中飞行的照片大约拍摄于 1965 年。飞机上没有任何标志显示其归属者，包括国家航空咨询委员会。（洛克希德·马丁公司提供）

从1962年到1967年，查理·特拉普是51区的首席搜救员。在一次严重的坠机事故后，特拉普曾驾驶H-43B直升机，找到了“牛车”飞行员沃尔特·雷的遗体及失事飞机残骸，并因为这次为期25天的搜救行动获得了一枚空军奖章。（查理·特拉普提供）

这张照片大约拍摄于1965年。身着全套航空服的中情局飞行员肯尼斯·柯林斯被悬挂在51区的游泳池上空进行海上生存训练。查理·特拉普与一名技师坐在跳水板上。（查理·特拉普提供）

秃岭顶峰的雷达工作站。(查尔斯·E. 特拉普提供)

这张照片大约拍摄于1965年。在中情局代号为“塔格伯德”的项目中，一架马赫3无人机将从A-12背部发射。为了避免与A-12混淆，母机被命名为M-21(M代表“母亲”)，而无人机被命名为D-21（D代表“女儿”)。(洛克希德·马丁公司提供)

“阿波罗号”的宇航员登月前在内华达试验场的沉陷坑中接受训练。他们的向导埃内斯特·威廉姆斯帮助中情局开凿了 51 区的第一眼水井。（美国能源部提供）

宇航员们一边背着模拟航空背包和其他装备，一边研究原子坑中的地质结构。（美国能源部提供）

1968 年，从空中鸟瞰 51 区。（美国地质勘查局 / 美国科学家联盟提供）

51 区的雷达，此照片约拍摄于 1968 年。T. D. 巴恩斯与 EG&G 公司特别项目小组的其他工程师就在左侧的建筑物内工作。每当苏联的人造卫星从上空经过，为了打发时间，他们就开始搞恶作剧，比如给停机坪上形状怪异的飞机模型涂上颜色，并使用便携式加热器对它们进行加热，以迷惑苏联的红外摄像卫星。（T. D. 巴恩斯 / 走鹏国际提供）

1968 年，51 区郊外的雷达天线。（T. D. 巴恩斯 / 走鹃国际提供）

1968 年 7 月 26 日，前 U-2 侦察机飞行员托尼·贝瓦夸驾驶传奇飞机、A-12“牛车”的变种机型 SR-71“黑鸟”飞抵越南河内。这张侦察照片显示，一枚从地面发射的 SA-2 导弹瞄准了贝瓦夸。这是 SR-71 第一次遭受导弹攻击。（托尼·贝瓦夸 / 美国空军提供）

1968 年，杰克·威克斯和肯尼斯·柯林斯正在嘉手纳空军基地的指挥中心为前往越南北部执行“黑盾行动”做准备工作。几个月后，据推测威克斯已经死亡，但是没人找到他的遗体及失事飞机的残骸。（肯尼斯·柯林斯提供）

51 区的飞机库中停放着一架中情局从摩萨德那里借来的苏联米格-21战斗机。工程师们对其实施了逆向工程，然后在内华达沙漠中进行模拟空战演习。该秘密项目始于1968年冬，代号为“甜甜圈行动”，并且催生了美国海军最先进的一所战斗机飞行员学校。（走鹃国际/美国空军提供）

1970年，尼克松总统在白宫向80岁高龄的万尼瓦尔·布什颁发原子先驱奖章。照片上的其他人物从左至右依次为：钚元素的发现者之一格伦·T.西伯格（左一），国防研究委员会的詹姆斯·B.科南特（左二）及莱斯利·R.格罗夫斯将军（右一）。后者虽然身为“曼哈顿计划”的指挥官，但是却不得不听命于万尼瓦尔·布什。（美国能源部提供）

在“牛车计划”期间，休·斯莱特上校担任51区指挥官。接管“牛车”项目前，他曾经担任中情局“黑猫”U-2飞行中队队长，并多次赴中国执行秘密侦察任务。这张照片大约拍摄于1971年，斯莱特上校身后是A-12“牛车”的变种攻击机型YF-12。（休·斯莱特上校 / 美国空军提供）

在长达几十年的时间里，明格斯先后在51区和内华达试验场从事保安工作。此照片拍摄于1979年，他正在接受武器训练。（理查德·明格斯 / 美国国家核安全局提供）

1985 年，雷玛·霍顿在阿根廷。
（戴维·迈拉提供）

1987 年，沃尔特·霍顿在德国的“巴登 - 巴登”手持一个霍顿 10B 的缩小模型。
（戴维·迈拉提供）

2008 年 6 月，一架“掠食者”停放在内华达州克里奇空军基地的停机坪上。该基地位于 51 区以南 30 英里（约 48 公里），其飞机跑道所在地曾经被命名为“印第安泉”。在这里，原子云采样飞行员进行了穿越蘑菇云的训练；在进行核试验之前，“氢弹之父”爱德华·泰勒博士从这里着陆；鲍勃·拉扎尔闯入格鲁姆湖公路后，也是在这里接受审讯的。（美国空军 / 史蒂夫·赫克维尔提供）

在内华达州的克里奇空军基地，美国空军飞行员正通过遥控技术操纵无人机飞往伊拉克和阿富汗。（美国空军 / 笔者提供）

2009 年，拉斯维加斯市郊区的前 EG&G 公司办公楼所在地。（笔者提供）

权威推荐

《纽约时报》

作者在调查过程中所投入的心血使得这本书值得人们关注。它实在激动人心、富有启示性，且令人信服。

《科克斯书评》

雅各布森完整、翔实地记录了整个冷战的历史，每个部分都相当精彩，作者为我们呈现了一个无限神奇、充满神秘和恐怖色彩的故事。

《达拉斯观察家报》

雅各布森描述的发生在新墨西哥州沙漠的事情比 UFO 本身还要令人恐惧……

《彭博资讯》

这是具有教育意义的历史记录……记录了二战结束后，美国空军、中央情报局（CIA）所显现出来的创造力、勇气及政治敏锐性。

著名机械师　厄尔·斯威夫特

这本书所写的并不是关于阴谋的叙述，而是直击每一个读者可能想得到的方面。

序言

生而涉密

这本书的内容不是虚构的，书中所有故事和人物都完全属实。在本书的创作过程中，我采访了 74 位掌握这个秘密基地绝对第一手材料的人，其中有 32 位曾经在 51 区生活和工作过。

51 区是美国国内最高级别秘密军事基地。该区位于内华达州南部拉斯维加斯以北 75 英里（1 英里≈ 1.609 34 公里）的高原荒漠之中。其中各项设施是在过去的 60 年里环绕着格鲁姆湖平坦干涸的湖床构筑而成的。然而，美国政府却从未承认过 51 区的存在。

要想了解 51 区的历史，首先要知道它坐落于内华达试验和训练靶场内，而该靶场是美国政府控制下最大的一片土地，其面积约合 4 687 平方英里 (1 平方英里≈ 2.59 平方公里。——译者注)，仅次于康涅狄格州，相当于罗德岛的 3 倍和特拉华州的 2 倍还多。在这片广袤无垠的荒漠中，有一处名为内华达试验场的土地，面积为 1 350 平方英里，是美国内陆唯一一个与 51 区类似的地点。

从 1951 年起，经杜鲁门总统批准，共有 105 枚核武器在该试验场的地面上引爆，有 828 枚在地下隧道和纵深竖井中引爆。1992 年 9 月 23 日，美国本土最后一次核武器试验的地点就是内华达试验场。除了戒备森严的核试验室以外，这里还拥有大量武器级别的钚和铀[1]，堪称美国之最。

51区紧邻内华达试验场，位于其最北端东北方向的5英里处，因此也同样处于内华达试验和训练靶场之中。由于51区所发生的一切事件与内华达试验和训练靶场所发生的大部分事件在活动开展之时都属于高度机密，所以本书的目的就是揭开这些秘密。中央情报局于1998年和2007年分别解密了2项在格鲁姆湖开展的早期计划，即U-2侦察机和A-12“牛车”侦察机。但是，在长达数千页的解密文件和报告中，51区的名字不是经过涂改，就是被全部抹黑，只有2处更像是笔误的例外。

在过去的几十年中，相关部门对书中提到的政府计划和行动一直讳莫如深，个中缘由有的无可厚非，有的却饱受争议，还有的也许根本就不应该发生。这些行动大都以国家安全为名，并且涉及许多尖端科技。“原子弹之父”罗伯特·奥本海默在晚年接受采访时曾经说过：“科学并不等于一切，但是科学却很美好。”对于奥本海默的这句名言，读者们不妨在阅毕本书以后再做定论。

对于本书中所讲述的黑色行动和政府计划，被蒙在鼓里的不仅是国会，还有全体美国民众。为了了解这些黑色计划何以成形及为什么时至今日仍在继续运作，我们必须从原子弹的发明说起。正是“曼哈顿计划”的负责人制定了此后黑色行动的最初规则，从而使原子弹成为一切黑色计划和秘密行动的鼻祖。

制造原子弹是美国历史上代价最为高昂的工程项目。从1942年起至1945年7月16日在新墨西哥州高原沙漠中的白沙试验场进行核爆，按当时通货膨胀率算，这项工程的开支竟然高达280亿美元[2]。这项计划不仅在当时看来可谓匪夷所思，而且其秘密程度至今仍然未减。当美国首次在广岛投下原子弹后，举世震惊，而最感到意外的还是美国国会，因为在此之前所有的议员对这项计划都毫不知情。

1945年4月12日，副总统哈里·杜鲁门在就任总统之际，当得知有关原子弹的消息时，同样感到瞠目结舌。因为作为副总统，杜鲁门还兼任参议院国防项目调查特别委员会主席，这就意味着他负责监督战争期间资金的流向，但是在成为总统之前他对于制造原子弹的工程却一无所知，而将有关信息转达给他的有两个人：总统的科学政策顾问万尼瓦尔·布什和战争部长亨利·L. 史汀生。布什主管“曼哈顿计划”，而史汀生主管战争。

“曼哈顿计划”共雇用了约20万人，在全国各地有80处办公地点和数十座制造工厂。其中包括田纳西州乡村一处占地6万英亩（1英亩≈0.4公顷）的设施，在某些夜晚，该地区的耗电量甚至超过了整个纽约市。至于这些黑色行动究竟有多么神通广大，从中或许可窥一斑。

战争结束后，虽然这项工程曾经在议员们的眼皮底下瞒天过海长达两年半之久，但最终还是由美国国会接管了原子弹的管辖权，并且决定由谁来掌控这种“难以置信的巨大破坏力量”③。1946年，随着《原子能法案》的通过，一套前所未有令人恐惧的保密制度初露端倪。在此之前，凡是涉及国家安全的信息，需要服从于总统的行政命令。但是现在，前身为“曼哈顿计划”的原子能委员会负责管理所有关于核武器信息的分类，并且完全独立于总统系统之外进行运作。换句话说，这是美国历史上第一次由一个民间联邦机构“原子能委员会”操纵一个秘密团体，而其划分密级的依据并非总统的行政命令。

正是1946年的《原子能法案》带来了“生而涉密”④（born secret，根据维基百科的解释，生而涉密是指某类信息无论从何处形成，尤其是那些与核武器有关的信息从创始之日起就自动成为机密的信息政策。——译者注）这一概念，原子能委员会也一跃成为65种不同规格和外观的7万枚核弹的监管者。从此前公开的信息中可以得知，原子能是第一个占据51区的项目，它的力量之大不仅令人心惊胆战，而且史无前例。只有认清这一冷酷无情、最终有可能毁灭一切的事实，我们才能真正揭开51区历史的神秘面纱。

至于原子能委员会受限数据的密级制度，其诞妄程度更加令人不寒而栗。正是这一制度使它可以根据“私人参与方的意见和研究”在政府之外进行运作。也就是说，原子能委员会可以聘请私人公司为其进行研究。鉴于该公司的所有意见和研究成果“生而涉密”，根据按需知密原则（need-to-know，据维基百科的解释，按需知密指在政府、军队等机构中，只有经正式批准并出于公务需要才能够获知有关受限数据。——译者注），即使身为美国总统也有可能不得与闻。举例来说，1994 年克林顿总统曾经发布行政命令，设立了“人体辐射实验顾问委员会”[⑤]，以深入调查原子能委员会那些不为人知的隐秘，但是仍然无法获得 51 区内部及周边某些项目的相关记录，理由是总统只能按需知密。其中 2 个至今仍然秘而不宣的项目将在本书中首次公之于众。

原子能委员会前密级官员唐纳德·伍德布里奇曾经一针见血地指出，“生而涉密”这种说法“赋予了密级划分专业人员某种无可辩驳的职权”。51 区能够经久不衰就是最好的例证。在原子能委员会即现称能源部所拥有的诸多设施中，最大的一处始终且仍然是内华达试验场。除此以外，内华达试验和训练靶场隶属国防部管辖，但是诸如 51 区那样恰好位于内华达试验场边界之外崎岖不平的山脉和平坦干涸的河床之中的灰色地带却不属于国防部的管辖范围，因此便成了开展高度机密计划的理想场所。对于这些计划，任何人都没有按需知密的权限。

本书的出版，将使这些在过去数十年中不见天日的秘密大白于天下。

目 录

权威推荐 I

序 言 生而涉密 III

第一部分 缘起罗斯威尔事件

为什么一提起 51 区，人们就会想到外星人？为何美国在二战刚结束就震惊地认为苏联掌握了空中悬停技术？为什么中情局启动高空侦察实验后，有关 UFO 的报道突然甚嚣尘上？这一切都要追溯到 1947 年坠落在罗斯威尔的“飞碟”和里面的“外星人”，甚至让 51 区瞒天过海的灵感也源自这起事件。

2 **第 1 章 秘密基地**

51 区泄密者 2

直击“外星人” 8

UFO 前传 11

飞碟还是飞机 17

26 **第 2 章 “世界争霸战”真实上演**

不是科学幻想，而是科学真相 26

“十字路行动”：珊瑚礁上的核爆 31

美国的 V-2 火箭：试验“诸神信使” 37

纳粹技术争夺战 42

50 **第 3 章 幕后操纵者**

冲上云霄 6 万英尺 50

测试 U-2 侦察机 55

中情局骗局 60

矛盾的媒体公关 66

失控的飞碟热 73

第二部分　冷战时期的逆天试验

51 区就像难以索解的谜中之谜，外界对里面的事情一无所知：突破 9 万英尺高空、以 2 300 英里时速飞行的隐形侦察机在这里研发，拥有 7.4 万吨 TNT 炸药爆炸当量、杀伤力是广岛核爆 6 倍的原子弹在这里引爆……这片不毛之地试验了世界上飞得最高、速度最快的飞机，以及迄今为止在美国本土爆炸的最大威力核弹。

82

第 4 章
冲出“铁幕”

苏联版 51 区　82
U-2 出动：窥视“铁幕”背后的秘密　87
死尸测验　93
“脏鸟”能飞多高?　99

104

第 5 章
鬼城重生

从动物天堂到核爆地狱　104
守卫脏弹　111
引爆“胡德”原子弹　118
反雷达试验复活 51 区　128
从“臭鼬计划”到“牛车计划　132

140

第 6 章
终结猫鼠游戏

“捅进”赫鲁晓夫眼睛里的刀　141
美苏碟中谍　144
信息战新纪元　152
来到“月球的阴暗面”　161
炸开臭氧层　166

174

第 7 章
沙漠惊变

A-12“牛车”：领先时代 40 年　174
古巴导弹危机与高空侦察计划　179
“牛车”试飞：命运就像一个猎手　183
“黑鸟”：空军的攻击型侦察机　193
“我们的总指挥死了？”　196

第三部分　禁区黑科技

X-15 火箭动力飞机可以直抵太空边缘；D-21 飞机成为世界上第一架 3 倍于音速的无人侦察机；逆向分解苏联战斗机使美国得到米格 -21 “鱼窝”；隐形飞机 A-12 “牛车”的雷达截面已近乎零……把时代远远甩在后面的 51 区黑科技，将如何影响美苏暗战、间谍较量，以至今日军事？

202

第 8 章
无人机先锋

“黑猫”坠落　203
D-21：3 马赫无人驾驶飞机　203
飞进蘑菇云　210

214

第 9 章
空中间谍

全球最快的飞机　214
雷达截面必须无限缩小　219
电子战工程师　225
复杂迷宫：51 区的组织结构　232
“牛车”项目起死回生　241

248

第 10 章
黑盾行动和普韦布洛号事件

高空侦察机的越南北部首秀　248
被侦察机阻止的另一场朝鲜战争　253

262

第 11 章
逆向分解米格 -21

何为逆向工程？　262
“带翅膀的导弹”：X-15 火箭动力飞机　265
“吃甜甜圈”：米格战术研究　272

第四部分　51 区早已无法无天

登月宇航员奥尔德林胖揍了阴谋论者，为何民众仍然相信 51 区是登月拍摄地？谁在为这个谣言推波助澜？人们很难想到，没有底线的试验正在此类烟幕弹的掩护下悄然展开：比如蓄意制造失控的核反应堆以测试火箭需要的核动力，还比如在活人身体上进行突破道德限制的实验。

280

第 12 章
共同毁灭机制

核事故清道夫　280
人造核灾难　287
坠毁北美的苏联核卫星　296

300

第 13 章
登月阴谋论

51 区，月球布景？　300
一望无际的“镜海”　307

315

第 14 章
秘密拓殖 52 区

核弹组装区“遇袭”　315
F-117 隐形轰炸机的专属试验场　320
未来战争将是无人机之战　327

331

第 15 章
“你没有需知权限”

刺杀本·拉登　331
太空军事化与隧道核试验　338
人体实验：51 区的魔鬼交易　345

后　记　355
致　谢　365
注　释　371
访谈人物　395

距托诺帕试验靶场和52区50英里
内华达试验和训练靶场
375
提卡布谷地
格鲁姆山
鲍尔德山，
9 348英尺
空中禁区
贝尔特德山
史库纳火山口
宇航员训练基地
帕尤特台地
57计划
13区
东门
格鲁姆湖
P隧道
N隧道
20区
19区
12区
15区
8区
51区
雷尼尔台地
色当火山口
10区
2区
9区
18区
17区
亚卡平原
帕普斯湖
空中禁区
4区
7区
30区
16区
1区
3区
斯波特德岭
品特沃特靶场
亚卡湖
29区
14区
6区
11区
内尔瓦工厂
25区
26区
弗伦奇曼沼泽
内利斯空军靶场
亚卡山
亚卡山计划
弗伦奇曼湖
27区
5区
蠢驴谷
印第安泉谷地
22区
默丘里
23区
莱斯罗普井
克里奇空军基地
95
印第安泉
距拉斯维加斯65英里
内华达州
内华达试验场

内华达试验和训练靶场

PART 1

第一部分
缘起罗斯威尔事件

为什么一提起 51 区，人们就会想到外星人？为何美国在二战刚结束就震惊地认为苏联掌握了空中悬停技术？为什么中情局启动高空侦察实验后，有关 UFO 的报道突然甚嚣尘上？这一切都要追溯到 1947 年坠落在罗斯威尔的“飞碟”和里面的“外星人”，甚至让 51 区瞒天过海的灵感也源自这起事件。

第1章

秘密基地

51区是一个不解之谜。虽然发生在那里的事情鲜为人知，但是有不计其数的人们想要一探其中的究竟。对于很多人来说，51区无异于先进间谍技术和作战系统的代名词。对另外一些人来说，51区是被俘外星人和不明飞行物的一个地下世界。事实上，这里坐落着美国赫赫有名的联邦秘密基地，以推动军事科学和技术迅速深入发展，并且始终领先于世界上的其他任何一个国家。那么，为什么要将其隐匿于内华达州南部群山环绕的高原荒漠之中？其中的原因正是揭开51区之谜的关键所在。

51区泄密者

要想进入51区，不仅需要拥有高度机密的安全级别，而且必须接到来自美国军方最高层或情报机构精英分子的邀请。任何人在造访该基地之前都必须进行保密宣誓，这一宣誓不仅庄严神圣，而且具有严格的法律效力。如果得不到相关人士的邀请，即使驾驶一辆四轮驱动的汽车，穿上一双质地上乘的远足靴，以超乎常人的毅力在崇山峻岭之间跋涉10个小时，也难以一窥51区全貌。在位于51区以东26英里开外的提卡布峰顶，借助望远镜，间或可以看到那里的一丝动静。白天不适合进行观测，因为沙漠上不断蒸腾的空气会造成视觉失真，所以很难从漫天黄沙中分辨出飞机库的准确位置。夜晚才是目睹51区尖端技术的最佳时间。

纵观美国历史，秘密飞机和无人驾驶机在前往世界各地执行任务前，都要在夜色的掩护下进行试飞。如果你在一个伸手不见五指的夜晚登上提卡布峰，朝着黑漆漆的山谷那端连续眺望几个小时，不知在什么时候，51区机场上的灯就会突然亮起来。一架飞机滑出停机棚，出现在微光一现的跑道上。片刻之后，飞机开始起飞，而当起落架的轮子刚刚离开地面，灯光就会立刻熄灭，整个山谷于是又重新陷入一片死寂之中。这里是一个黑暗的世界。

根据那些熟知51区历史的大多数黑暗世界成员的说法，1955年，当中情局的2名官员理查德·比斯尔和赫伯特·米勒选中这里，作为他们第一架侦察机U-2的试飞地点时，这个基地才打开了自己的大门。51区的历史之所以神秘莫测，正是因为早在中情局将其作为理想的秘密试验场所前，所谓的“第51号区域”就已经存在了4年之久。在此之前一个不为人知的事实就是，51区的第一个主顾不是中情局，而是原子能委员会。从1951年起，原子能委员会利用类似的保密制度，在毫无有效监管和道德约束的情况下，对有关飞行器甚至飞行员的项目进行了一系列极端的、颇有争议的研究、开发和设计。

然而，有关飞机和飞行员的项目并不在原子能委员会的管辖权限之内，他们的职责只限于核弹和原子能，仅从这一点便可以看出51区黑色行动掩人耳目的一面。如果把一个争议巨大的秘密项目置于某个与该项目风马牛不相及的部门之中，那么人们到这个部门进行调查的可能性就微乎其微。在过去的60多年中，谁也没有想到要从原子能委员会入手去解开51区之谜。

1955年，在中央情报局进驻51区以后，随之而来的还有美国第一个和平时期空中间谍项目的合作方——美国空军。此外，其他几个与这项侦察机计划有着利益瓜葛的关键部门也因此获知了51区的存在以及中情局与空军在这里进行合作的消息。为了遮掩事实，美国宇航局的前身“国家航空咨询委员会”和美国海军不得不编造故事，对外界解释为什么会有飞机在一个从未正式存在的军事基地飞进飞出。此外，国家照片解读中心由于需要对 U-2 飞机在执行海外侦察任务时搜集到的照片进行解读，所以也得知了 51 区的相关讯息。

从 1955 年起至 20 世纪 80 年代末，这些部门与其他几个在此期间产生的秘密政府机构，包括国家侦察局、国家安全局和国防情报局，在保密制度的屏障后就 51 区的有关项目进行了通力合作。但是，除了联邦雇员的高层人物和具有最高安全级别的秘密项目承包者之外，很少有人确凿无疑地知道 51 区是否真正存在过。直到 1989 年 11 月，一个戴着眼镜、语气和蔼、年届而立的佛罗里达州居民鲍勃·拉扎尔与一个名叫乔治·纳普的调查记者在拉斯维加斯的《新闻直击》节目上露面，才终于向世人揭开了 51 区的真实面目。

几十年来，在数以万计曾经在 51 区工作过的人员中，拉扎尔是唯一一个在公众场合违背誓言打破沉默的人。无论是科学家还是保安人员，无论是工程师还是清洁工，能够在 51 区工作既是一种荣耀，也是一种特权。这里的保密宣誓无比神圣，而一旦违背就意味着要面临监禁的危险，因此人们才选择了三缄其口。但是，鲍勃·拉扎尔的出现却让 51 区长达 40 多年的秘密神话从此戛然而止。

鲍勃·拉扎尔能够进入 51 区，得益于匈牙利裔核物理学家爱德华·泰勒博士的引荐。泰勒是世界上最具威力、大规模杀伤性武器热核弹的发明者之一，并且在内华达试验场的数字分区内一处距离 51 区仅有数英里的山头上对这种残酷无情的武器进行了多次试爆。内华达试验场既是美国本土唯一一个原子弹爆炸试验点，也是 51 区的合作伙伴。此外，位于内华达试验场法定边界以内的 12 区、19 区和 20 区也都留下了泰勒博士的手笔：大片大片的焦土、深不可测的弹坑以及遭到钚元素污染的地下隧道。但 51 区却是个例外。

1982 年 6 月，年仅 20 岁的鲍勃·拉扎尔在新墨西哥州的洛斯阿拉莫斯第一次遇见爱德华·泰勒。当时，拉扎尔正作为柯克 - 迈耶公司的承包者在洛斯阿拉莫斯的核试验室里从事放射性微粒的探测工作。有一次，泰勒将要在该试验室的礼堂里进行演讲，拉扎尔提前来到会场，并且注意到泰勒正在浏览《洛斯阿拉莫斯观察报》。

无独有偶，在这份报纸的头版有一篇报道对鲍勃·拉扎尔和他的新发明火箭车进行了专题介绍。拉扎尔立即抓住了这个机会："您看到的这个人就是我。"他试图和泰勒搭讪，而这句话也在随后不胫而走。这是一个野心勃勃的年轻科学家与一个筋疲力尽、心灰意懒的大规模杀伤性武器开山祖师之间的会面。不过在事后看来，有一点是毋庸置疑的，那就是这一刻产生的最终结果对拉扎尔有害无益。

6 年以后，拉扎尔的人生陷入了空前的低潮。他失去了自己在洛斯阿拉莫斯的工作，并且陷入了严重的财务危机。在和比自己年长 13 岁的妻子卡萝尔·斯特朗搬到拉斯维加斯以后，他们开了一家照片洗印店，但是两人的婚姻却很快宣告破裂。后来，拉扎尔与他们的店员特蕾西·默克结了婚。在鲍勃·拉扎尔与特蕾西举行婚礼 2 天以后，他的前妻卡萝尔在一间门窗紧闭的车库中吸入一氧化碳自尽。拉扎尔随即宣布破产，并且开始寻找高级工程项目工作。为此他找遍了自己能够想到的每一个人，包括时任里根总统战略防御计划即"星球大战"带头人的爱德华·泰勒博士。1988 年，泰勒为拉扎尔找到了一份工作。

这份工作远非寻常意义上的高级工程项目。爱德华·泰勒将鲍勃·拉扎尔推荐给了 51 区势力最大的国防工业承包商 EG&G 公司。在内华达试验场和 51 区数以万计从事机密与黑色计划并且拥有最高安全级别和忠贞调查合格资质的承包者中，EG&G 公司不仅位高权重、神通广大，而且几乎无人监管。在泰勒的授意下，拉扎尔拨通了一个电话号码。电话那头有人让拉扎尔在 12 月的某一天前往位于拉斯维加斯市中心麦卡伦机场 EG&G 公司的办公楼里报到。这个人还告诉拉扎尔，他会乘坐一架私人飞机到格鲁姆湖去。

拉扎尔感到兴奋不已，并按照指示找到了 EG&G 公司的办公大楼。有人将他介绍给一个名叫丹尼斯·马里亚尼的男人，此人便是后来拉扎尔的上级主管。他们一起来到机场南端的一个秘密飞机库里，飞机库的四周围着保安护栏，外面还站有不少荷枪实弹的卫兵。EG&G 公司的 737 机群就是在这里和格鲁姆湖之间来回飞行的，时至今日仍然如此。因为机群的飞行呼号为“珍妮特”，所以这趟往返于 51 区的私人航班就成了鼎鼎大名的“珍妮特航班”。经过安检以后，拉扎尔和他的新任主管登上一架白色的飞机，机身上没有任何花纹或标志，只有一条长长的红线贯穿前后。

从内华达州的拉斯维加斯向北飞往 51 区，所到之处无不呈现出一派典型的美国西南部风光：冰封雪覆的山峦、绵延起伏的丘陵、黄沙茫茫的深谷。但是，在通向格鲁姆湖的航程中，鲍勃·拉扎尔却什么也看不到，因为每逢有人初来乍到，珍妮特航班上的舷窗就会全部关闭。自 20 世纪 50 年代起，51 区的上方就被列为空中禁区，这就意味着除了盘旋在外层空间的人造地球卫星外，任何人未经授权都不得从 51 区的顶空向下窥视。

早在拉扎尔抵达这里之前，这块方圆 575 平方英里的领空就被人们谑称为“盒子”。距离此处不远的内利斯空军基地的飞行员都知道，他们绝对不能染指该区。在这个“盒子”的正中心，可以清晰地看到一个几近完美的直径约 6 英里的内流盆地，或者说是一个干涸的湖底。中情局看中的也正是这个湖床，在过去的几十年里，它一直充当着 51 区秘密侦察机的天然跑道。

在前往 51 区的途中，凡是能够从空中看清的地方都属于政府限制区域。这里既没有民用公路和购物中心，也没有 20 世纪城市扩张的任何痕迹。在层峦叠嶂之间，除了约书亚树就是其他丝兰属的植物，它们锋利的叶子仿佛一把把刀剑直插天际；而在地势平坦之处，除了沙漠中零星可见的石炭酸灌木丛和风滚草，到处都寸草不生、一片荒芜。整个基地的实体飞机库、跑道、宿舍和塔楼始于格鲁姆湖床的最南端，然后一排排继续向南延伸至移民谷的谷底。飞机库的屋顶是金属的，所以会将阳光向上反射到进入“盒子”里的珍妮特航班上。

一座巨大的电线塔从荒漠中拔地而起，接着映入眼帘的是发电站的冷却塔，还有滑行跑道尽头处无线电操作室房顶上的天线，这条跑道与另一条滑行跑道垂直。这些雷达天线不停地旋转，其中一个直径60英尺的碟形天线始终朝向空中，它发出的射线威力强大到足以将任何生物的内脏化作焦土。

由雷神公司设计的专门用来侦测来犯导弹信号的“快杀系统”（Quick Kill System）坐落在干涸河床的一侧，不远处就是洛克希德公司宣传照上声名赫赫的电缆塔架，但是官方却从未承认它存在于51区。内部人士将其称为“杆子”，隐形飞机雏形的雷达截面就是在这里进行测量的。许多技术尖端、价值连城的秘密飞行器被高高地倒悬在这根“杆子”上，从远处望去，它们在格鲁姆湖—马平川的河床里显得异常渺小，就像一截木桩上的一只只小虫。

随着珍妮特737航班逐渐驶近，上面的乘客可以轻而易举地目测出这里的距离。军事基地最北端的格鲁姆峰高达9 348英尺，仿佛一座参天巨擘耸立在那里，其间遍布着51区的历史和传奇。每逢周末，不计其数的指挥官们会来到山间猎鹿。在海拔较低、崎岖不平的山峰里隐藏着两座古老的铅矿和银矿，即黑矿和希恩矿。在20世纪50年代，一位长居此地的矿主曾异常顽固地坚守着自己的合法采矿权，无论政府如何施压也无法说服他搬离，最终政府不得不给予他一定的安全级别，并且就51区内开展的活动对其进行了通报。但是这位矿主终生守口如瓶，最后将51区的早期机密带入了自己的坟墓。

在基地的最南端有一个采砾坑和一些可以迅速临时搭造起来的混凝土建筑。从坡度平缓丘陵的另一侧一直向西是一个老式的燃料库，这里曾经储存着中情局侦察机专用的JP-7燃料，这种燃料可以经受90～285

华氏度(32.2 ~ 140.6 摄氏度)的温度变化。再往南去是一个天然的高台，这里是组装和储存军械的地方。如果从空中俯瞰，就会发现这个平台的四周围布满了高高的土堆，一旦发生意外事故，这些土堆就可以减轻爆炸造成的危害。在这座军械库的背面，有一条单行的土路通往山顶，然后急转直下，一路延伸至内华达试验场隔壁的 800 关口处（有时也被称作 700 关口）。U-2 侦察机时代的老派人士一度将其称为 385 关口，如果不是从天而降，这里是进入 51 区的唯一入口。在这个关口 51 区的一侧还可以看到一个货物装卸处，在如火如荼开展核试验的 20 世纪 50 年代和 60 年代，从原子能委员会车库开过来的卡车经常需要在这里的停车场待上几个小时，而在这段时间里，那些通过安检的驾驶员就可以借机大快朵颐，尽情享受 51 区闻名遐迩的美食了。

直击“外星人”

1988 年 12 月，假如拉扎尔在珍妮特 737 航班着陆之前透过舷窗向外望去，他就会看见西北方向不远处在谷底呈对角虚线状排列的 EG&G 公司雷达点。这些雷达设施属于 1968 年成立的空军外国技术部，其中包括令人觊觎的苏联雷达系统，这一雷达系统是在中东战争期间俘获的，而相关技术则来自东方阵营的某些国家。如果继续往北，就能看到以海军上将斯莱特的名字命名、越南战争期间挖掘的斯莱特湖。湖畔倾斜的堤岸上栽满了高大葱茏的树木，这些树木是 51 区唯一一种不是本地土生土长的植物。这一景象在这里不能不说极为罕见，因为刹那间令人仿佛置身于欧洲或者美国东岸。

如果把时间推迟到 1998 年 12 月，在平坦干涸谷底的另一端距离斯莱特湖大约 5 英里的地方，就会看见一队身着“危险物品应急处理”制服的人们正忙着清除这里一块面积为 269 英亩的土地上层厚约 6 英寸（1 英寸≈2.5 厘米。——*译者注*）被钚污染过的土壤。这片区域被命名为 13 区，

13区虽然位于51区的领空内，但是却拥有自己的象限。至于他们究竟在这里做什么，知悉内情者寥寥无几。发生在51区内的任何事情，如果某个人没有按需知密的权限，他就会知道自己决不应该过问。

根据拉扎尔的回忆，在他抵达51区的第一天，有人带他在一条颠簸不平的土路上行驶了二三十分钟之后，来到了一处颇为神秘的飞机库区，这个库区建于格鲁姆湖畔的一座山峰之中。拉扎尔还记得，他在一个被称作S-4的岗哨前接受了安全检查，但是这一次比此前刚刚进入51区时经历的那次安检要严格得多。接着，他分别签署了两份文件，一份是同意有关部门监听自己的家庭电话，另一份是表示自愿放弃美国宪法赋予自己的权利。

随后，有人带他来到一架飞碟前，告诉拉扎尔他的职责就是逆向开发它的反重力推进系统。拉扎尔称，在S-4地区一共有9架飞碟。有人拿给他一份说明书，上面显示这些飞碟来自另一个星球。拉扎尔还记得，自己看到了一些类似外星人的照片①。这些大概就是外星飞船的飞行员了，他在心中暗想。

据拉扎尔回忆，接下来的那年冬天，他一直在S-4一带工作，不过大都是在夜间，加起来共有10天左右。这份工作虽然强度很大，但却时有时无，为此拉扎尔感到十分苦恼。有时他一周只要工作一个晚上，所以他想要更多的任务。他从来没有告诉任何人自己在S-4是做什么的，即使是对自己的妻子特蕾西和挚友吉恩·赫夫也不例外。1989年3月的一天夜里，拉扎尔在2名荷枪实弹卫兵的护送下走进了S-4内部的一条通道，卫兵命令他只能向前看。

然而，出于某种强烈的好奇心，鲍勃·拉扎尔用余光朝着过道两侧偷偷望去，透过一扇9英寸见方的小窗②，他看到了一个表面上看起来毫不起眼的房间。拉扎尔恍惚看见，在2个穿着白领制服的男人中间，站着一个个头矮小但脑袋硕大的灰色外星人。当他想凑近看个究竟时，一名卫兵猛地推了他一把，让他的目光朝前下方看。

对于拉扎尔来说，这次事件无疑是一个巨大的转折点。他的内心产生了某种变化，他觉得自己再也无法继续保守飞碟和那些可能的外星人的秘密了。就像歌德笔下的悲剧人物浮士德一样，拉扎尔渴望了解那些不为人知的秘密情况和消息。但与浮士德不同的是，对于这笔交易，拉扎尔最终没能信守自己的承诺。他忍不住把这些天来的所见所闻告诉了自己的妻子和好友，这就意味着他违背了51区的保密誓言。因为拉扎尔对格鲁姆湖飞碟试飞的日程安排了如指掌，所以他提议特蕾西、吉恩·赫夫和他的另外一个朋友——UFO研究专家、里尔喷气飞机发明人之子约翰·李尔和他一起前去亲眼看看那里正在发生的事情。

随后，他们带着一副高倍望远镜和一台摄像机从375号公路进入格鲁姆湖后面的山区。在那里等了很久以后，他们说，山谷内终于有了一丝动静。拉扎尔的妻子和两位朋友看到，一个闪闪发光的飞碟从层峦峻岭间腾空而起，挡住了他们观察51区的视线。他们看见飞碟在空中盘旋了一阵，然后缓缓着陆。在接下来的一个星期三，他们几人再次来到这里进行观测。1989年4月5日，他们沿着通向秘密基地的格鲁姆湖大道第三次造访该地，但却以失败告终。51区的卫兵发现并且扣留了这群不速之客，要求他们出示证件。在接受林肯郡警察局的盘问之后，他们被无罪释放。

第二天，拉扎尔按时来到了麦卡伦机场的EG&G公司办公大楼。丹尼斯·马里亚尼早已在那里等候，马里亚尼告诉拉扎尔，他不用再去格鲁姆湖了。随后，拉扎尔被带往印第安泉空军基地。前一天夜里抓住拉扎尔的那名卫兵也乘直升机从51区来到了这里，并且认出拉扎尔就是那天晚上在丛林中到处窥探的4个人中的一个。接着，拉扎尔被告知，他已经不再是EG&G公司的雇员了，如果他胆敢再次出现在格鲁姆湖附近，不论是独自一人还是和其他人在一起，都会立刻以间谍罪被逮捕。

在印第安泉接受讯问期间，有人为拉扎尔播放了一段据称是他妻子的电话录音。拉扎尔这才知道，特蕾西已经与他人有了私情。此外，拉扎尔坚称，自己还遭到了政府特工人员的跟踪。他说，在他驾车前往机场时，曾有人射中了他的轮胎。由于担心自己的人身安全，拉扎尔决定将这段经历公之于众，并且与《新闻直击》节目的主持人乔治·纳普取得了联系。1989 年 11 月，拉扎尔在电视台公开露面。虽然这次节目的收视率打破了该电视台有史以来的最高纪录，但是观众却仅限于当地居民。数月之后，拉扎尔的故事才变得举世瞩目，而这主要归功于洛杉矶一个名叫早川纪夫的日裔美籍殡仪师。

UFO 前传

虽然时隔数十载，早川纪夫仍然清清楚楚地记得自己第一次在广播中听到拉扎尔故事的情形。“当时已经是深夜，”早川解释说，“我正在殡仪馆里工作，广播中传来拉斯维加斯 KVEG 电台谈话节目《现场秀》（*The Happening Show*）主播比利·古德曼的声音。要知道，那可是 20 世纪 90 年代。直到很久以后才出现了阿特·贝尔和乔治·诺瑞的《覆盖全美》（*Coast to Coast*）节目。”早川回忆道，“在听到鲍勃·拉扎尔讲述自己在 S-4 的故事以后，我的好奇心顿时被勾了起来。”

早川一边在位于“小东京”（位于洛杉矶市中心的日裔美国人聚集区——译者注）的福井殡仪馆忙碌，一边收听鲍勃·拉扎尔关于飞碟的谈话。由于没有电视制作方面的经验，早川与日本因研究不明飞行物而著称的《穆》杂志社（《穆》即 *Mu*，是日本一本旨在研究 UFO、史前文明和超科学等神秘现象的著名杂志。——译者注）取得了联系。“《穆》杂志社很快就与我取得了联系，告诉我不只是他们很感兴趣，日本电视台对此也十分关注。”数周以后，日本最大的电视台从东京往洛杉矶派出了一个 8 人摄制组，由早川将他们带到拉斯维加斯，然后安排他们对鲍勃·拉扎尔进行了采访。这是发生在 1990 年 2 月的事情。

“我们特地选在星期三前往，因为我们从广播上听说他们会在每周三进行飞碟试验，”早川回忆道，“对拉扎尔的采访持续了三四个小时。他是一个怪人。即使是在自己的家中，他的保镖也总是形影不离。但是对这次采访，我们还是感到相当满意。我们决定设法拍到一些51区的飞碟踪迹。”早川问拉扎尔，是否能够带他们前往375号公路旁提卡布峰上的观测点。拉扎尔断然回绝了他们的请求，但是却详细地告诉了他们那里的准确位置和观测的具体时间。“我们来到拉扎尔所说的地方，架设好摄像器材。我们目不转睛地看着，就在太阳刚刚落山时，一道亮橘色的光从格鲁姆湖畔渐渐升起。我们不停地拍摄。这个东西出现以后迅速转向，如此反复了3次。我们简直不敢相信自己的眼睛。”早川说道。当时，他对拉扎尔所说的话深信不疑，认为自己看见的就是飞碟。

随后，早川把这段胶片拿给了日本的杂志社总编，电视台也付给拉扎尔5 000多美元的酬劳，并且将他在51区的经历制作成一部长达两个小时的短片。此外，他们还邀请拉扎尔和早川纪夫一起到东京进行一次15分钟的采访。但是，就在节目准备开拍的前几天，拉扎尔突然致电东京电视台台长，告诉他有几名政府特工阻止自己离境。不过，拉扎尔同意通过电话采访的方式参与他们的节目，并且回答观众提出的有关问题。“这档节目在日本的黄金时间播出，”早川说道，约有3 000万名观众同时收看，“让日本认识了51区。”

当拉扎尔在51区的故事变得家喻户晓以后，各大媒体开始对鲍勃·拉扎尔这个人穷追不舍。他过去犯下的一丝一毫的错误都被媒体当作丑事揪了出来，成为人们街谈巷议的热门话题。还有报道说，拉扎尔曾在自己的学历问题上造假，他声称自己拥有麻省理工学院的学士学位，但该校却声明说并没有此人的记录。更有甚者说，拉扎尔还在拉斯维加斯被指控拉皮条而遭到逮捕。没过多久，他就从公众的视野之中销声匿迹了。但是，对于自己在51区S-4的所见所闻，鲍勃·拉扎尔始终没有改变自己的说法。

那么，拉扎尔是否真的目睹了外星人和地外科技呢？有关拉扎尔个人品行的种种指责是不是政府为了让他保持沉默而在幕后一手策划的？或者他只是一个信口开河的好事之徒，想要利用51区的所见所闻作为自己的生财和成名之道？1993年，拉扎尔把自己故事的摄制版权出售给了新线电影公司。此外，他还接受了2次测谎试验，但是每一次的测试结果都没有定论。据进行测试的负责人说，对于他自己讲述的那些故事，拉扎尔似乎深信不疑。

“最令人感到奇怪的是，”早川纪夫说道，“在拉扎尔的事情过去多年以后，他对于51区的说法竟然与罗斯威尔的故事不谋而合。如果你在大街上随便拉住一个人，问他知不知道51区的事情，他立刻就会提起外星人。”或者提起罗斯威尔。

对数以千万计认为UFO来自其他星球的美国人来说，罗斯威尔不啻他们心中的圣杯。但是，罗斯威尔并非从一开始就被人们视作UFO事件登峰造极的代表，多年以来，它同样有着一段鲜为人知的历史。

“值得注意的是，罗斯威尔事件在1978年，较之于其他不明飞行物坠毁的报告，其重要性在人们的心目中几乎不值得一提。”年逾古稀的斯坦顿·弗里德曼解释说。从一名核物理学家转变为UFO研究专家，在美国著名脱口秀节目主持人拉里·金和其他许多人看来，弗里德曼堪称这个圈子里的泰斗级人物。“在20世纪80年代以前，关于UFO最重要的资料就是一个名叫弗兰克·爱德华兹的新闻记者撰写的《飞碟研究》（*Flying Saucers, Serious Business*）一书，”弗里德曼说，“这本书探讨了数千次关于不明飞行物的目击报告，而涉及罗斯威尔的内容却只有半段文字。当然，这种情况如今早已大为改变。”

在1978年斯坦顿·弗里德曼揭开罗斯威尔事件的真相之前，人们对它的了解仅限于官方对外界公布的寥寥数语。在1947年7月的第一个星期里，雷电交加，暴雨倾盆，突然有东西坠落在新墨西哥州罗斯威尔镇W.W.布雷泽尔农场主的牧场里。布雷泽尔在年轻时曾经是当地小有名气的牛仔。他把这些从天而降的奇怪残骸装进自己的敞篷卡车里，然后开车到了罗斯威尔镇上的警察局。在那里，乔治·威尔考克斯警长把布雷泽尔发现的东西向附近罗斯威尔陆军航空基地进行了汇报。随后，该基地 509 轰炸大队的指挥官派出两名军官（情报处官员杰西·马塞尔少校和公关处官员沃尔特·豪特）前来处理 W.W. 布雷泽尔一案。

当天晚些时候，美国合众国际新闻社记者兼罗斯威尔 KGFL 电台播音员弗兰克·乔伊斯接到了来自罗斯威尔陆军航空基地的电话。公关处官员沃尔特·豪特告诉乔伊斯，他即将带来一则非常重要的新闻稿，需要在当地电台播出。豪特很快就赶到了 KGFL 电台，然后将罗斯威尔声明的原稿交给了弗兰克·乔伊斯。这则稿件随后于当天下午即 1947 年 7 月 8 日刊登在当地报纸上，并于次日在《旧金山纪事报》上转发：

> 昨天，在当地某位农场主和查韦斯县警察局的通力配合下，罗斯威尔陆军航空基地第八军 509 团轰炸队情报处官员有幸获得了一架飞碟的残骸，使得近来许多有关飞碟的传闻成为现实。
>
> 该飞行物于上周某个时候在罗斯威尔镇附近的一个牧场里降落。由于缺少通信设施，这名农场主暂时将飞碟保管，并且尽快与当地警察局取得了联系。在获悉这一消息后，警察局局长立即通知了 509 团轰炸队情报处的官员杰西·马塞尔少校。
>
> 军方火速采取行动，从这名农场主的家中搜集了飞碟的残骸，经罗斯威尔陆军航空基地检查后，由马塞尔少校交呈上级部门。

就在豪特播报了这则声明的三个小时以后，罗斯威尔陆军航空基地的指挥官再次派遣沃尔特·豪特来到 KGFL 电台，并且带来了第二则新闻稿，表示此前发表的声明有误。他们声称，在位于罗斯威尔镇附近 W.W. 布雷泽尔牧场坠毁的东西只不过是一个气象观测气球。作为证明，他们还提供了几张情报处官员杰西·马塞尔在气象侦测气球旁拍摄的照片。于是，这场风言风语很快就平息了下来。

在随后的30多年里，新墨西哥州罗斯威尔镇很少有人再在公众场合提起这段往事。1978年，斯坦顿·弗里德曼和自己研究UFO的搭档比尔·穆尔一起出现在罗斯威尔，开始四下打探。“为了寻求事情的真相，比尔和我费尽了心力，”弗里德曼说道，“当时还没有互联网。我们只能泡在图书馆里，一遍又一遍翻阅电话记录，然后与一个又一个知情者联系。”在2年的调查研究中，弗里德曼和穆尔一共采访了62个罗斯威尔事件的现场目击者，其中包括情报处官员杰西·马塞尔少校和公关处官员沃尔特·豪特。

他们发现，1947年7月的前2个星期里在新墨西哥州罗斯威尔镇所发生的事情远非气象探测气球坠毁那么简单。一开始，有大批军事人员来到镇上，而W.W.布雷泽尔则被囚禁了将近一个星期。有人看见基地的军警把一些大号的盒子和箱子搬上了军车，还有人看见一些大箱子被抬上了一架军用飞机。当地的验尸官曾经接到了一个神秘的电话，要求预订几口儿童款式的、密不透气的棺材。

此外，还有人威胁镇上的人们，假如他们向外人透露了自己看到的事情，就会遭受牢狱之灾。对于UFO研究专家弗里德曼和穆尔来说，这62名目击者所讲述的故事存在以下两个共同点：

> 其一，这次事件的坠落地点不止一处，而且坠毁的东西中包括一架飞碟，或者说一个圆盘状的物体；
>
> 其二，令人感到目瞪口呆的是，所有的目击者都异口同声地断定自己看到了几具人体形状、身材像儿童的尸体。

这些尸体显然来自飞碟的内部，他们长着硕大的头颅和椭圆形的大眼睛，但是却没有鼻子。UFO研究专家认为，从大多数目击者的描述中可以推断，这些儿童身材的飞行员不属于地球。

1980年，根据弗里德曼和穆尔的研究成果[③]，一本名为《罗斯威尔事件》（*The Roswell Incident*）的新书终于问世，从而揭开了罗斯威尔的神秘面纱。随后，人们的种种揣测就像决堤洪水般纷至沓来。“截至1986年，共有92人带着1947年罗斯威尔事件目击者的叙述站了出来。”弗里德曼肯定地说。正是这些研究者把罗斯威尔事件上升到了令人不可企及的高度，并且最终成为UFO界的一尊圣杯。

鲍勃·拉扎尔曾经向外界讲述了自己在51区边界S-4看到几架飞碟和一个矮小外星人的故事。可以想见，斯坦顿·弗里德曼及其同事很可能会对这种说法表示支持，然而事实恰恰相反。“鲍勃·拉扎尔纯粹是个骗子，”弗里德曼辩驳说，“作为一位科学家，他毫无诚信可言。他声称自己来自麻省理工学院，但事实并非如此。他自诩为一名核物理学家，但他显然不是。

令人气愤的是，他还试图为自己辩解，说他曾经被麻省理工学院录取，但是却负担不起学费。如果你总是无中生有，怎么能够指望他人相信你说的话？”弗里德曼说，他不在乎拉扎尔宣称自己看到了些什么，因为他无法原谅拉扎尔对自己的学历弄虚作假。弗里德曼也曾经设法与拉扎尔会面。

“1990年，我和拉扎尔通过电话。我们约好了（在内华达州）共进午餐，但是他却没有露面。”弗里德曼解释说，“一般来说，科学家都有一定的学历。他们需要撰写论文，他们的名字可以从学术文库中进行搜索。我想要问问鲍勃·拉扎尔，为什么上面几条他一条也不符合。我想要相信他，也并不打算与他的说法针锋相对。毫无疑问，拉扎尔是一个聪明人，不仅是因为他发明了火箭车。但是，就个人而言，我的结论是，他是一个彻头彻尾的骗子。”

不幸的是，最终这两人没有共进午餐。假如拉扎尔和弗里德曼有机会进行讨论，他们就会发现自己距离真相只有一步之遥，这一真相不仅与外星人无关，而且其令人震惊的程度远远超出了世人的想象。在过去的70多年中，51区的真实面目始终不为人知。实际上，罗斯威尔事件只不过是一条线索而已，51 区这座位于荒漠之中的秘密基地与远在这片方圆 50 平方英里绰号“盒子”的空中禁区以外的一系列地点和事件有着极深的渊源。

飞碟还是飞机

吉姆·弗里德曼还记得在 51 区第一次向自己 EG&G 公司的主管提起 UFO 时的情形。在 20 世纪 60 年代中期，“UFO 是一个热门话题。”弗里德曼解释说。从 40 年代末起，有关飞碟的目击报道就不绝于耳，但是还没有像现在这样在新闻上大行其道。“我听到传言说，有一架 UFO 来到了莱特 - 帕特森空军基地，随后被运往内华达试验场一处偏远的地区，”弗里德曼说，“我还听说，那个地方就是 22 区。一天，当我和自己的主管开车穿过试验场时，我告诉他自己听到了一些传闻，然后问他有没有听说过。但是他始终目视前方，过了一会儿才转过头来对我说：‘吉姆，如果你想要保住自己的工作，我不想再听到你提起类似的事情。’”于是，弗里德曼保证，自己再也不会在公众场合提起有关 UFO 的话题。

20 世纪 60 年代中期，当 A-12“牛车”侦察机开始飞出格鲁姆湖时，经常会被人误认为 UFO，因此有关在 51 区附近发现不明飞行物的报告几乎在中情局分析员的办公桌上泛滥成灾。这种情况在 U-2 飞机身上也出现过。1962 年 4 月 30 日，就在“牛车”侦察机正式首飞的 4 天后，中情局收到了第一份有关 UFO 的目击报道。

上午 10 点前，当国家航空航天局一架 X-15 喷气式飞机在从加利福尼亚州德莱顿航空研究中心到内华达州伊利之间的空中通道进行试飞时，一架 A-12 也在毗邻区域的不同高度航行。按照行动计划，X-15 飞机的试飞员乔·沃克开始拍摄照片。由于 X-15 是一个公开项目，所以航空航天局经常向外界发布有关情况，其中包括沃克当天拍摄的照片。但是在发布这些照片前，航空航天局没有进行严格筛选。人们发现，在沃克拍摄照片的一角，出现了一架小小的“飞碟”。

实际上，这只是一架“牛车”侦察机，但是媒体却误认为是 UFO。至于外星人为什么要造访地球，当时不明飞行物专家中最流行的一种看法是，这一定与人类在原子弹技术上的突飞猛进有关。在这些人看来，X-15 是第一种能够接近太空的有人驾驶航天器，其最高飞行高度可达 354 200 英尺④，几乎相当于海拔 67 英里，因此很可能引起了外星生物的兴趣。

这次事件发生两周以后，中情局新任局长约翰·麦科恩收到了一份秘密特急电报：“4 月 30 日，一架 A-12 于当地时间 9 时 48 分至 10 时 6 分在 3 万英尺的高空航行，X-15 飞机也于同时试飞……有报道称在 X-15 发布的照片上发现了不明飞行物。”这份电报直至 2007 年才得以解密，从中可以窥知，当时中情局收到的有关 UFO 的目击报告虽然多如牛毛，但大都属于此类。

在 6 年中，共有 2 850 架次“牛车”侦察机飞出 51 区，至于其中有多少与 UFO 的目击事件存在关联，人们不得而知。然而，正如 10 年前的“U-2 计划”一样，对局外人来说，有很多现象似乎都难以解释。内华达和加利福尼亚州的商务班机飞行员可以遥遥看到“牛车”侦察机闪闪发光的底部，当这些物体以 3 倍于音速的速度从他们的顶空急速掠过时，他们脑子里冒出的第一个念头就是 UFO。除此以外，还有什么可能？

当“牛车”侦察机的时速达到 2 300 英里时，这一速度几乎相当于商务班机的 6 倍，在当时可谓闻所未闻。太阳落山后，低层大气空间变得昏暗起来，很多人就是在这时候看见“牛车”侦察机的。然而，在距离地面 17 英里的高空，也就是“牛车”侦察机的上方仍然烈日炎炎。当宽阔的钛制机翼和后部三角形的机身将阳光反射到外层空间时，可以理解的是，这一景象足以引起人们的警惕。

对于新一轮有关 UFO 的目击报告，中情局采取的措施与 U-2 时代毫无二致。时任 51 区指挥官、人称“瘦子”的休·斯莱特上校解释说：“民航班机的目击报告应该送往联邦航空局。当这些班机在加利福尼亚州或者其他地方降落时，联邦调查局的特工会在那里守候，然后要求所有乘客签署保密文件。”中情局本以为这样就可以万事大吉了，然而事实却恰恰相反。公众不仅对 UFO 的兴趣有增无减，而且再次向国会施压，想要知道联邦政府是否在 UFO 问题上有所隐瞒。但是，每当有国会议员询问中情局是否与 UFO 事件有关时，得到的答案都是否定的。

1966 年 5 月 10 日，哥伦比亚广播公司声誉卓著的新闻节目主持人沃尔特·克朗凯特播出了一期题为“朋友，敌人，还是幻想？”的特别新闻报道。面对数百万美国观众，克朗凯特宣布，中央情报局也参与了政府企图在有关 UFO 问题上掩人耳目的活动。尽管该部门再三向国会表示否认，但是暗中一直在对 UFO 的资料进行积极分析。

事实的确如此。从 20 世纪 50 年代起，中情局就开始对世界范围内的 UFO 目击事件进行跟踪调查，但是却极力掩盖自己的兴趣。中情局不能泄露“U-2 计划”的有关细节，虽然加里·鲍维斯的坠机事件暴露了这个项目，但是大部分内容直至 1998 年才得以解密；也不能泄露“牛车计划”与这些目击事件之间有关联。在 2007 年以前，“牛车计划”的所有内容始终被列为高度机密。在克朗凯特的报道里，中情局无疑成了一个骗子。

更为糟糕的是，克朗凯特的报道再次激起了 12 年前人们对一则 UFO 报道的疑问。1953 年，罗伯特森·帕内尔博士曾经在哥伦比亚广播公司的节目上露面，并且透露，虽然中情局的有关官员一再否认，但是他从 1952 年起进行的 UFO 调查实际上正是中情局发起的。1966 年 7 月，在众议院武装部队委员会就 UFO 问题举行的听证会上，空军将责任推到了中情局身上。“空军方面……曾经与中情局交涉，要求解密有关文件。”空军部长哈罗德·布朗证实。布朗还说，鉴于没有证据显示“来自太空的外星人”曾经到过地球，中情局应该坦白自己对 UFO 从事的秘密研究。

按照中情局历史学家杰拉尔德·海恩斯的说法，“中情局再次拒绝。

科学情报处副主任卡尔·H. 韦伯致信空军部门，称‘我们迫切希望，中情局发起的相关调查信息不会进一步公开’”。海恩斯认为，韦伯的这番言论“目光短浅，考虑不周”，因为随后空军就向《周六观察》的科学版编辑约翰·里尔透露了这一消息。

1966 年 9 月，里尔发表了一篇题为“关于中情局 UFO 文件的虚实”的文章，再次让中情局成为众矢之的。里尔并不相信地外生命，并且要求将这些文件公之于众，但是中情局却坚称这些信息属于机密。至于中情局在不明飞行物研究方面究竟扮演了怎样的角色，全部事实真相仍然有待解密。

对 UFO 事件上的层层迷雾，公众感到极为愤慨。1966 年，越南战事不断升级，政府讲真话的能力受到了强烈的质疑。为了了解更多信息，公众不断向国会施加压力。其结果是，就像 20 世纪 40 年代末一样，空军部门再次受命对 UFO 事件展开正式调查。之所以要让空军负责，国会表示，是为了对已失去信任的中情局进行监督。然而在这项调查中，最具有讽刺意味的是，对于从 51 区进进出出的“牛车”侦察机，有资格了解情况的空军将领屈指可数。这就是说，在大部分负责调查的空军军官看来，人们看到的 A-12 飞机就是不明飞行物。更有甚者，空军内部负责对 UFO 事件进行调查的几名关键人物认为，空军方面也参与了对不明飞行物的掩饰活动。最终，其中几个调查人员离开了军界，并且出版了关于 UFO 的著作，协助公众敦促国会采取进一步措施。

自热气球诞生之日起，即过去的 200 多年中，世界各国的人们就开始对不明飞行物感到惊恐不已，因为来自空中的敌人让他们感到自己不堪一击。广播剧《世界争霸战》曾在美国引起大规模恐慌，这一事件绝不是没有先例的。第一次有图片记载的类似事件发生在 1783 年 8 月。在路易十六的资助下，法国的约瑟夫和艾蒂安·蒙戈尔菲耶兄弟（相当于 18 世纪的国防承包商）设计并放飞了第一只热气球。

在蒙戈尔菲耶兄弟进行的早期试飞实验中，有一次，一只热气球遭遇暴风雨后在法国一个名叫戈内斯的村庄坠毁。镇上的农民把这只热气球当成了一头从天而降的怪物。在当时的一张钢笔画上，人们纷纷拿起叉子和镰刀，把这只热气球砍成了碎片。还有些人一边在头顶挥舞着手臂，一边惊慌逃窜。从中可以看出，每当有新型的飞行器问世时，就会激起人们担心从空中遭受攻击的原始恐惧。在过去的 200 多年中，这种恐惧经历了一次又一次戏剧性的变化。

在美国进入喷气时代的 20 年后，也就是 20 世纪 60 年代中期，对于不明飞行物的担忧不仅仍然影响着人们的文化思维，而且催生了大量产业。数以百万计的美国民众相信，政府部门的不同机构都一直在试图掩盖有关 UFO 和外星人存在的事实。

然而，人们不知道的是，对于“火星人”的过度关注，只会分散他们对另外一些有关 UFO 事实的注意力。实际上，许多目击报告涉及的并不是来自外星的飞碟，而是人类制造的尖端飞机。直至 20 世纪 60 年代末，最让公众感到愤愤不平的两个政府机构，即中情局和空军，一直利用各种手段，掩饰和欺骗，好让他们的秘密项目远离公众的视线。

掩饰是为了隐藏事实，而欺骗则是为了进行误导。从对坠机事件的遮遮掩掩到试图混淆视听的公关运动，这两个机构用谎言精心编织了一张错综复杂的罗网。至于这些骗术是如何在平民百姓身上运作的，从发生在喷气时代之初陆军航空队的一个真实的故事中便可窥一斑。

1942 年，当喷气式引擎刚刚发明时，对于这种新型的尖端飞机，陆军航空队始终秘而不宣，等待军方按照自己的计划公布这项技术。喷气引擎尚未问世时，飞机需要依靠螺旋桨来推动，因此在 1942 年前，大多数人都会觉得一架没有螺旋桨的飞机是匪夷所思的。为了让人们对这项技术上的重大突破保持沉默，陆军航空队授意一批飞行员开展了一场试图混淆视听的战略运动。每当有试飞员驾驶“贝尔”XP-59A 喷气式战斗机从加利福尼亚州莫哈韦沙漠的缪罗克湖盆出发前，机组成员就会在这架飞机的鼻部安装一个螺旋桨模型。

虽然“贝尔”飞行员有自己专属的试飞区域，但是P-38“闪电”战斗机的飞行员在进行训练时，总会有意无意地飞到邻近的领空，想要看一看这种新型飞机。有人看见飞机的后面拖着长长的尾烟，随后这条消息很快就在当地的飞行员酒吧里流传了开来。飞行员们都想知道，他们被蒙在鼓里的东西究竟是什么。

根据爱德华兹空军基地历史学家詹姆斯·扬博士的回忆，XP-59A“贝尔”战斗机首席试飞员杰克·沃勒姆斯想出了一条妙计。他从好莱坞的一家道具公司那里订购了一个大猩猩的面具。在接下来进行试飞时，沃勒姆斯卸掉了装在喷气式飞机鼻部的螺旋桨模型，然后给自己戴上了大猩猩的面具。当P-38“闪电”战斗机的飞行员来到附近时，沃勒姆斯操纵飞机靠近了这架P-38，好让对方能够看到自己驾驶舱里面的东西。

然而，让“闪电”战斗机飞行员大惊失色的是，他看到的不是沃勒姆斯，而是一只大猩猩在驾驶飞机。更令人惊讶的是，这架飞机竟然没有螺旋桨。这名飞行员顿时面如土色，他慌忙飞回基地，直奔当地的酒吧，然后坐下来点了一杯烈酒。随后，他向其他飞行员讲起刚才自己亲眼看到的事情，但是其他人却说他肯定是喝多了，让他不要再信口开河，还是赶紧回家吧。与此同时，其他XP-59A“贝尔”战斗机的试飞员也开始纷纷效仿沃勒姆斯。

在接下来的几个月里，又有几名P-38“闪电”战斗机飞行员说他们看到大猩猩在驾驶一种没有螺旋桨的飞机。据某些版本的记录显示，美国陆军航空队的精神病专家也介入其中，试图向“闪电”飞行员解释，即使对一名思维清晰的战斗机飞行员来说，在高空迷失方向时，也会认为自己看到了一些根本就不存在的东西，因为每个人都知道大猩猩不可能操纵飞机。至于这些精神病专家是否真的涉及此事，以及他们是否提出了使用大猩猩面具的建议，爱德华兹空军基地现任的历史学家克雷格·卢瑟博士不置可否。但是至于这次战略欺骗行动，其用意不言而喻，因为谁都不想被他人误认为傻子。

奥卡姆剃刀原理是 14 世纪时圣方济各会修士奥卡姆的威廉提出的。他曾经设问，当人们试图解释某种现象时，另一种说法是否较最初的说法能够解释更多迹象，或者这种说法只是对同一迹象更为复杂的一种解释？换句话说，在奥卡姆看来，对于任何谜题来说，其谜底应该比谜题本身更加简单，而不是更加复杂。在解释不明飞行物现象时，人们经常会用到奥卡姆剃刀原理。譬如，在大猩猩驾驶飞机的故事中，对于这种看似不可索解的现象，正确的谜底实际上是飞行员戴着大猩猩的面具在驾驶飞机，真相往往是最简单的解释。对于罗斯威尔坠机事件来说，道理同样如此，只不过这一谜底时隔数十年后才终见分晓。

在罗斯威尔之谜中，还有一个神秘莫测的人物就是中央情报局的第一任主管海军少将罗斯科 · H. 希伦科特⑤。从 1947 年 5 月 1 日至 1950 年 10 月 7 日，希伦科特担任中情局局长。离开中情局后，希伦科特回到了海军部门，并于 20 世纪 50 年代末退休。随后，他加入了一个名为国家空中现象调查委员会的 UFO 研究组织，成为其中的董事会成员之一，这一点不得不令人称奇。希伦科特在董事会中出现本身就是一件自相矛盾的事情。从某种程度上来说，他在中情局的职责应该是了解 UFO 研究者们对不明飞行物究竟知道些什么的，不过他同样热衷于新的工作。虽然希伦科特并不相信 UFO 来自外太空，但是他清楚不明飞行物事关国家安危。

在担任中情局局长期间，希伦科特知道，罗斯威尔的飞碟是斯大林派来的；他也知道，参谋长联席会议担心苏联人会故伎重施。更为奇怪的是，1960 年 2 月，某前内阁成员一度透露，希伦科特曾在国会陈词，表示对于空军在处理 UFO 事件上的做法感到非常失望。此外，他还在参议院科学和航空委员会上声言，“在幕后，某些空军高级军官对有关 UFO 的事情一清二楚。但是由于官方的故弄玄虚和冷嘲热讽，很多民众受到了误导，认为不明飞行物纯属子虚乌有”。他进一步宣称，“为了掩人耳目，空军在内部下了封口令”。

作为国家空中现象调查委员会的高级成员，希伦科特突然于 1962 年神秘辞职。同样令人大惑不解的是，1969 年，中情局第一任政治和心理战略处主管约瑟夫·布莱恩三世接替他成为该委员会主席。由于布莱恩在中情局究竟负责哪些工作直至 2011 年仍未解密，所以他在 UFO 研究者中扮演了怎样的角色，人们也不得而知。

如果你对布莱恩这个名字感到熟悉，那是因为他就是原本计划要与理查德·比斯尔的朋友以及中情局前任局长弗兰克·威斯纳一起外出打猎的人。然而 1965 年 10 月 29 日，就在布莱恩露面之前，威斯纳举枪自尽。在 20 世纪 60 年代中期，中情局内部对于 UFO 的看法开始出现了新的动向。从 1947 年 6 月现代 UFO 现象出现之日起，中情局始终认为，UFO 可以归结为以下三类：新型实验飞机、偏执狂头脑里的幻想，或者是苏联发起的心理战术，以在美国民众中制造恐慌，从而对政府失去信任。

到了 1966 年，中情局内一部分人士为上述分类增加了第四种可能：也许真的存在 UFO。这种假设源于中情局对苏联的监视，与此同时，后者对 UFO 的态度也发生了巨大的变化。

从 20 世纪 40 年代起直至 1953 年斯大林逝世期间，中情局在对苏联的出版物进行分析后发现，其中仅在 1951 年莫斯科某报的一篇社论中公开提到了 UFO。赫鲁晓夫似乎也沿袭了中情局的一贯政策。此外，负责监视苏联媒体的中情局分析师还发现，在赫鲁晓夫任职期间，苏联从没有出现过有关 UFO 的报道。然而令人奇怪的是，1964 年，在赫鲁晓夫下台，列奥尼德·勃列日涅夫被扶植当权后，有关 UFO 的研究开始初露端倪。

1966 年，莫斯科的官方通讯社俄新社发表了一系列关于 UFO 的文章。莫斯科航空学院的两位顶尖科学家分别就此撰文，但是意见却截然相反。对于由政府出资进行研究的苏联科学家来说，这种情况并不多见。其中一位科学家维伦·吕斯蒂伯格认为，美国政府不仅制造了

UFO，而且“对其进行大肆宣传，以便将人们的注意力从美国侵略行为的失败上转移开来”。但是，另一位著名科学家费利克斯·齐格尔[6]却认为 UFO 确实存在。

据中情局当时的一份解密备忘录显示，如果苏联的顶尖科学家和天文学家认为 UFO 是真的，那么也许 UFO 的确是真实存在的。1968 年，中情局获悉，苏联空军将领波尔菲利·斯托利亚罗夫被任命为“全苏宇宙航天委员会 UFO 部”主席，总部位于莫斯科。在得知苏联人建立了 UFO 的官方机构后，中情局也开始拼凑起自己的 UFO 研究部门。这是美国间谍机构内部有史以来首次承认，UFO 或许来自外层空间。“有关 UFO 源于其他世界及其来自其他星球而非地球的假设，应当进行严格审查。”在中情局分析师间传阅的一份秘密备忘录中这样写道。

这种看法之所以阴魂不散，是否与此前中情局对于“UFO 事件”，即霍顿兄弟制造的飞碟在罗斯威尔坠毁一事上的刻意遮掩有关？中情局的分析师们之所以会认为自己也被蒙在鼓里，是否与 51 区外内华达沙漠中在暗中实施后续项目时所采取的保密措施有关？难道政府部门想要极力隐藏的不可告人的秘密真的是 UFO 来自外层空间？或者，那些具有需知权限的内部人士是否别有用心地听任甚至助长了分析师们的这种猜测，好让他们只能水中捞月，而永远无法让 51 区之谜真相大白？

第2章

“世界争霸战”真实上演

1938年的万圣节前夕，在哥伦比亚广播电台播出了一则根据维多利亚时代科幻小说《世界争霸战》(*The War of the Worlds*)改编的故事后，整个新泽西州陷入了一场巨大的恐慌之中。很多正在收听这个直播节目的人们相信，火星人即将从新泽西州入侵地球，并且美国将会有大量人员伤亡。“女士们、先生们，”节目主持人说道，“现在我们暂停播放舞曲，插播一则特别新闻。”他告诉听众，一颗巨大的、熊熊燃烧的陨石在新泽西州首府特伦顿以北22英里处格罗弗磨坊（Grover’s Mill）地区的一座农场中坠落。

不是科学幻想，而是科学真相

饰演卡尔·菲利普斯的哥伦比亚广播公司记者弗兰克·雷迪克宣称当时自己正在事发地点，并且立刻进行了现场报道：“这个物体看起来不太像陨石，”菲利普斯声音颤抖地说，“而更像一个巨大的圆筒，它的金属外壳肯定来自外星！”很快，这起事件就从无伤大雅的玩笑发展到了恶搞，菲利普斯开始惊声尖叫：“女士们、先生们，这是我有生以来看到的最可怕的事情！有人从空筒的盖子里爬了出来！”菲利普斯接着描绘道，“这些外星生命开始扭曲着自己的身躯，钻出了坠毁的飞行器。

他们的个头像熊一样高大，而四肢是像蛇一样的触手。”

“树林着火了。”菲利普斯高喊。“仓库被付之一炬，停车场上汽车的油箱也燃起了冲天火光。”收音机旁的人们只听到一片哀号，紧接着便是万籁俱寂。显然，那名记者已经死于非命。接着，一名自称是内政部长的男子语调沉重地打断了这次直播。“美国同胞们，”他宣布，“我无意掩饰，当前局势的紧急程度已经危及全国。数十人在此次事件中丧生，其中包括新泽西州的警务人员。美国军方已经开始采取行动。纽约市接到了全体疏散的命令。星际大战一触即发。”

尽管这档晚 8 点的广播节目从一开始就发表了一则简短的声明，表示该故事是根据赫伯特·乔治·威尔斯的小说改编的一部科幻作品，但还是有不计其数的美国民众相信这是真实发生的事情。许多听众在收听过程中纷纷打来电话，以确认这则消息的真实性，结果却获悉其他电台全部中断了自己的节目，并且开始追踪哥伦比亚广播公司对火星人入侵事件的独家现场报道。

成千上万的听众打电话到广播电台和警察局，使得电话交换台一度陷入瘫痪。各大医院也说，因为情绪失控和震惊过度而入院的人数也在持续攀升。虽然新泽西州警察局通过内部通信系统发布了一份电传，指出该广播剧的内容“纯属虚构”，但是人们的恐慌情绪已经超出了当地执法部门的控制范围。在纽约州和新泽西州，人们开着满载货物的车辆竞相逃亡。在大多数人看来，这是世界末日的前奏。

次日清晨，《纽约时报》在头版头条的显著位置刊登了一篇题为“广播剧以假乱真，诸听众一片恐慌”的报道。全国上下关于“人民流离失所、教堂人满为患、交通严重堵塞、通信信号中断”的报道纷至沓来。整个晚上，从哈莱姆到圣迭戈的教堂里，人们纷纷祈祷上帝的救赎。在接下来的一个月里，共有 12 500 篇新闻报道对《世界争霸战》进行了讨论。联邦通信委员会也对此事展开了调查。但鉴于对言论自由的尊重，最终决定不对哥伦比亚广播公司进行任何处罚。联邦通信委员会没有权利“决定广播节目应该说什么和不应该说什么”，T.A.M. 克雷文委员解释说，“公众也不希望看到一个奴颜婢膝的广播电台”。

1938 年的《世界争霸战》节目导致举国上下人们的恐惧感日渐增长。2 周之前，阿道夫·希特勒的铁骑入侵捷克斯洛伐克，欧洲的安全前景变得扑朔迷离。对于处在大萧条时期的大多数美国民众来说，科学技术日新月异，雷达、喷气引擎和微波等新发明层出不穷，他们深刻地意识到，在很大程度上，科技将会影响这场迫在眉睫的战争。

1938 年，见血封喉的死光（美国作家斯蒂芬·金恐怖小说《死光》中虚构的一种恐怖残忍的生物——译者注）和杀戮成性的火星人也许只是科幻小说中才会出现的场景，但这一场景却与人们对遭到强敌入侵和灭顶之灾的担忧不谋而合。人们往往害怕他人突然偷袭，而这正是希特勒此前在捷克斯洛伐克和日本随后在珍珠港玩弄的鬼蜮伎俩。首次在二战战场上使用的武器，包括火箭筒、无人机和原子弹，都似乎在威尔斯的小说中见过。科技进步从根本上改变了战争的形式，从而使过去只存在于科幻小说中的场景变成了活生生的现实。

从《世界争霸战》在电波中传出的那一刻起，这部广播剧就开始对美国军方产生了极为深刻的影响。在接下来的 1 个月里，虽然要经过严格审查，还是有大量“军中听众”就这一话题对美联社记者谈起了自己的看法。“最让军中听众感到震撼的是，这部广播剧产生了立竿见影的情感效应，”这位军官告诉记者，“成千上万的官兵相信，一场真正的侵略战争已经拉开序幕。因此，他们表现出了实战当中可能出现的种种症状，比如恐惧、惊慌、坚定、绝望、勇敢、激动或者听天由命等。”这就意味着，“在未来的战争中，政府必须继续坚定不移地与无线电台进行密切合作”。

然而，有一点这些军官们全都只字未提。实际上，最让战略家和决策者们感到担心的是，区区一个广播节目竟然可以如此轻而易举地颠倒是非、混淆视听。对于这起纯属子虚乌有的风波，美国民众采取了实实在在的行动，整个局势乱作一团。这种控制民众的做法闻所未闻，但现在却成了无可辩驳的事实。

让政府官员感到震惊的是，一个广播节目竟然可以对人们产生如此深远的影响，不仅是美国，阿道夫·希特勒同样注意到了这一点。他在柏林的一次讲话中提到了美国民众对于广播剧《世界争霸战》做出的失控反应，指出这正是“民主制度腐朽没落的证据”。事后人们还发现，斯大林也曾关注此事。对于这部科幻广播剧造成的巨大影响，罗斯福总统的高级科学顾问万尼瓦尔·布什也不禁感到忧心忡忡。后来，他曾经告诉自己在卡耐基学院的同事 W. 卡梅隆·福布斯，正是公众惊慌失措的情绪为他敲响了警钟。3 个月后，广播中再次传出令人不安的消息，不过这一次不是科学幻想，而是科学真相。

1939 年 1 月 26 日，卡耐基学院举办了一场新闻发布会，准备对外界公布核裂变这一重大发现。当发言人宣布 2 名德裔科学家成功地分裂了原子时，不少与会的物理学家立刻跑到了屋外。这一发现既意义深远，又极具毁灭性。如果科学家能够分裂一个原子，那么他们一定能够制造一系列分裂原子的连锁反应，从而释放巨大的能量。

3 个月以后，据《纽约时报》报道，在这场新闻发布会的一次后续会议上，人们曾就“某个科学家利用极少量铀炸毁大片陆地的可能性”展开了激烈的辩论。世界正面临着某种可怖的前景。《波士顿先驱导报》在一篇题为“科学界发现真正的弗兰肯斯坦”（《弗兰肯斯坦》，即 *Frankenstein, or the Modern Prometheus*，是英国作家玛丽·雪莱于 1818 年创作的一部小说，讲述了疯狂的科学家弗兰肯斯坦在实验室制造出一个人形怪物并且最终与其同归于尽的故事，而弗兰肯斯坦也成了科学怪人或作法自毙的代名词。——译者注）的报道中进一步解释道，在当今世界，“一个肆无忌惮妄图征服一切的独裁者，完全有可能把波士顿、伍斯特和普罗维登斯从地图上抹去”。

但是，万尼瓦尔·布什却不同意舆论的这种看法。原子分裂这一发现带来的“真正危险”，他告诉福布斯，“不在于原子能本身，而在于公众对自己无法理解的事情产生的恐慌情绪”。为了阐明自己的观点，布什还提到了广播节目《世界争霸战》所导致的结果作为例证。

事实证明，原子能已经远远超出了以往任何一种人工方式产生的能量。在科学家宣布发现原子分裂的6年7个月之后，美国在日本的广岛和长崎投下原子弹，转眼之间就将这两座城市夷为平地，造成25余万居民死亡。（由于当时日本官方没有公布广岛、长崎两地平民、驻军以及劳工、俘虏的准确人数，所以具体伤亡人数至今仍然众说不一。——译者注）罗斯福总统任命万尼瓦尔·布什为“曼哈顿计划”的主管，负责制造原子弹。这是美国历史上第一次真正的黑色行动，而布什则是一个不折不扣的独夫。

当日本帝国投降以后，万尼瓦尔·布什并没有像大多数人那样欣喜若狂，而是开始考虑下一步计划。在接下来的18天里，万尼瓦尔·布什眼睁睁地看着斯大林挥师东亚，将苏联红军部署在库页岛、朝鲜、中国及其陆路口岸满洲里。第二次世界大战结束后，布什的思路变得更加清晰。他告诫杜鲁门总统不要相信苏联人。要想在未来的战争中挫败这个新的敌人，美国需要更加先进的技术。上一场战争或许已经结束，但是科学研究绝对不能就此止步。

在国人对和平额手相庆之际（广岛和长崎的原子弹爆炸后，民意测验显示，超过85%的美国民众对这一行动表示赞成），万尼瓦尔·布什和战争部的官员开始计划再次进行核试验，并且希望能够于次年夏天在太平洋的马绍尔群岛进行一次模拟水下核战。他们将要在比基尼环礁一个深深的潟湖中使用核弹炸毁数十艘被俘的日本和德国军舰，从而向世界展示美国这种新式武器强大的震慑力量。这就是“十字路行动”。从这个代号中可以看出，这次行动标志着美国的战略导向发生了关键性的转变。美国向苏联暗示，它已经决意在未来的战争中使用核弹。

“十字路行动”：珊瑚礁上的核爆

在不到一年的时间里，“十字路行动”开始在比基尼环礁大规模展开。比基尼环礁是一座周长约 25 英里的红色珊瑚岛，岛的中间是一个湛蓝的潟湖。在 1946 年 7 月的一份秘密备忘录中，有人曾经提醒美军不要身着红色泳裤在湖中游泳，因为那里到处都是梭鱼。据说这种长着毒牙的生物会在事先毫无征兆的情况下突然对游泳者发起袭击。

比基尼环礁上共有 167 名土著，他们的国王名叫朱达。但是从 1946 年 7 月以后，他们当中的任何人再也没有出现在这座岛上。美国海军将这些土著疏散到了比基尼环礁以东 125 英里的朗格里克环礁上，并且告诉他们，即将进行的 3 次核爆试验有可能会暂时为他们的国土带来不安全因素，但是却有利于保卫世界和平。

在这座珊瑚岛的海滩上，一位名叫艾尔弗雷德·奥唐纳的年轻人正躺在自己的活动房屋里，海风呼啸，暴雨猛烈地敲击着经过加固的金属屋顶。他辗转反侧，夜不成眠。“这是因为我担心的事情太多了。”奥唐纳解释说。虽然时隔 60 余载，他还能够清楚地回忆起开展“十字路行动”时的情形。“事情会一切顺利吗？爆炸会不出意外吗？”让这位年仅 24 岁的武器工程师最为担心的是环礁中的海洋生物。

“假如有一只章鱼碰到了炸弹上的某根电线会怎样？或者有东西被撞歪了会怎样？”奥唐纳所说的电线从比基尼环礁上水泥工事里的控制点开始，一直延伸到海洋深处一枚代号“贝克”、爆炸当量为 2.3 万吨 TNT 炸药的原子弹上。美国海军第一特遣队的队员为这枚炸弹取了一个美丽的名字——比基尼的海伦。就像特洛伊战争中的海伦一样，这些水兵说，核武器是一种致命的诱惑。

作为“十字路行动”中军方负责连接和引爆原子弹的主要成员，初出茅庐的奥唐纳深感责任重大。“5 年前，我还只是波士顿一个普普通通的孩子。那时我唯一的愿望就是将来能够成为一名棒球职业选手。”奥唐纳回忆道。1941 年，尚在读高中的奥唐纳就已经因为 423 的出色击球率加入了波士顿勇士队。第二次世界大战发生后，一切都变得面目全非。在和露丝结婚后，奥唐纳参加了海军，并且开始学习无线电和电子技术。由于天资聪颖，他很快就取得了骄人的成绩。战争结束返回波士顿以后，奥唐纳被神秘地招聘到大型国防合约商雷神生产公司工作，而万尼瓦尔·布什正是该公司的创办人之一。

在签署合约时，奥唐纳并不清楚这份工作的具体内容。招聘人员告诉他，在获得一定的安全级别后，他会进一步了解到更多细节。“当时我并不懂得什么是安全级别。”奥唐纳回忆道。一个月后，他才知道自己已经成了“曼哈顿计划”的成员之一。奥唐纳被调往一家小型工程公司，该公司名称是以麻省理工学院 3 位创办人（即埃杰顿、格梅斯豪森和格里尔）的名字命名的，后来简称为 EG&G。奥唐纳就是在那里跟随轰炸日本原子弹点火系统的发明者赫伯特·格里尔学习如何为核弹布线的。

“我记得随后便接到命令，让我于 1946 年夏天前往比基尼环礁，”奥唐纳说，“我本来不想去。第二次世界大战期间，我曾经在那里出生入死，海面上到处都漂浮着年轻士兵的尸体，所以我发誓再也不会回到那个地方了。当时露丝和我正准备要孩子，她同意让我去，所以我就来了。”

他接着说道：“我非常想念露丝。感谢上帝，她怀孕了，不过我还是很担心她在波士顿家中的状况。她能自己顺利地把垃圾带到门外吗？”当时共有 4.2 万多人齐聚比基尼环礁，见证“十字路行动”这一历史时刻。奥唐纳觉得自己仿佛成了万众瞩目的焦点，因此根本无法安然入睡，总是为炸弹上的电线是否连接好而感到忧心忡忡，唯一能够让他忘记这些的就是露丝。

在比基尼环礁的另一个地方，理查德·萨利·莱格霍恩上校俨然成了一名战争英雄。莱格霍恩留着两撇胡子，相貌英俊潇洒，看起来就像电影《一夜风流》中的克拉克·盖博。莱格霍恩是第一特遣队第五大队二分队的指挥官，也是负责从空中拍摄核弹爆炸场面的主要飞行员之一。

每逢下午，莱格霍恩就会和海军导航员一起演练飞行线路，以便让自己在核爆当天顺利进入原子云的可视范围之内。虽然莱格霍恩只有 27 岁，但他已经是一个家喻户晓的公众人物。在诺曼底登陆的战场上，他是进行侦察拍摄的最年轻的军官。

“莱格霍恩不畏艰险，深入西欧硝烟弥漫的防空据点，拍到了大量桥梁、铁路中枢、空军基地和其他目标的照片。”美国陆军航空军不无骄傲地说。莱格霍恩拥有麻省理工学院的学位，是一位物理学家。他热衷于摄影理论，因此在战后来到了伊士曼柯达公司工作。直到 1946 年初，海军将他召回，莱格霍恩临时加入了“十字路行动”。在新墨西哥州的罗斯威尔陆军航空基地接受训练后，他载着军方最尖端的摄影器材飞越太平洋，来到了比基尼环礁。很快，莱格霍恩就会驾驶飞机在蘑菇云的上空翱翔，并且对军舰遭受核弹攻击后的情形进行跟踪拍摄。

在指挥中心，柯蒂斯·爱默生·李梅使劲踩灭了地上的烟头。他正在重温“十字路行动”的步骤和规定。年仅 39 岁，李梅就已经作为在二战中立下汗马功劳的人物登上过《时代》周刊的封面。45 岁时，柯蒂斯·李梅又成为美国军中继尤利西斯·辛普森·格兰特（Ulysses Simpson Grant，1822 年 4 月 27 日—1885 年 7 月 13 日，美国军事家、陆军上将和第 18 任总统，1866 年 4 月晋升陆军上将——译者注）以来最年轻的四星上将。李梅肤色深暗，总是一副若有所思的模样，而固执己见的性格更是尽人皆知。李梅曾经率领美军，对包括东京在内的一系列日本城市进行了猛烈的轰炸。当凝固汽油弹无法结束太平洋地区的战事时，杜鲁门总统授权李梅指挥位于提尼安岛的 509 轰炸大队分别在广岛和长崎投下原子弹。

柯蒂斯·李梅一向不苟言笑。每当他说话的时候，更像是在咆哮。在评论家们看来，他之所以会成为一位冷酷无情、老谋深算的军事战略家，与他坎坷的身世不无关系。李梅的父亲酗酒成性，他不得不在年纪尚幼时就独自撑起家庭的重担。7 岁那年，他为隔壁的老奶奶打麻雀，以换取每只5美分的酬劳。虽然新闻记者I.F.斯通讥讽他是“开着喷气式轰炸机的野人”，但李梅深得部下的爱戴。在这些人的眼中，李梅不是一个只会调兵遣将的军官，而是一个亲自披坚执锐、身先士卒的统帅。

在太平洋战场上，李梅经常一马当先发动空袭。第二次世界大战刚刚结束，李梅就已经开始思考未来的军事战略。从“十字路行动”起，他对美国空军的个人影响无人能及。作为美国陆军航空队伍空军方面负责进行研究开发的副主管，李梅也亲自来到比基尼环礁，以便对核弹究竟能够在未来美苏之间的海战中发挥多大威力进行实地观测。

“十字路行动”的声势如此浩大[①]，因此有人将其喻为“轰轰烈烈的世界末日”。对于那些尚不知道二战业已结束的人们来说，当天比基尼环礁上的景象仿佛是一场梦幻。在一批美国退役的巡洋舰和驱逐舰旁，停泊着一排排被俘的德国和日本战舰。每一艘舰艇的占地都相当于一个足球场大小，它们个个体型巨大、威力惊人，其力量加在一起更是无与伦比。此外，在太平洋底的铁锚上，还系着8艘潜水艇。也就是说，洋面上漂浮着超过100万吨在战争中变得千疮百孔的钢铁。

这些舰艇上空无一人，但是在南太平洋落日之前，却有成千上万的猪、羊和老鼠被关进铁笼或戴上脚镣运了上来。它们将和这些舰艇一起经历即将到来的核爆。有些动物的脖子上戴着金属牌，有些的耳朵上用盖革计数器（又叫盖革-米勒计数器，是一种用于探测电离辐射的粒子探测器，至今仍然被广泛应用于核物理学、医学、粒子物理学及工业领域。——译者注）做了标记，因此海军部门能够准确掌握生物在核弹爆炸中的存活率。在距离潟湖以西40英里的地方，阿尔弗雷德·奥唐纳站在一艘观测船甲板下的控制室里，负责监测控制舱里的动静。在他头顶的甲板上，洛斯阿拉莫斯的科学家、陆军上将、海军上将和一些政界要人正在满怀希望地急切等待着。

他们都戴上深色的、光密度为4.5的护目镜，以防核爆产生的强烈光波造成双目失明。奥唐纳小心翼翼地操纵着仪表盘。还有60秒，他看到自动定序计时器上的数字正在不断跳动。在不到 1 分钟的时间里，发射系统将进入自动控制模式。随着信号依次通过 DN-11 继电系统，示波镜上的波形也从左至右不停移动。只剩下 10 秒钟、5 秒钟，引爆信号开始闪烁，2 秒钟，发射信号猛然迸现。

时间到。

直至最后一秒，奥唐纳的目光始终没有离开控制仪，因为这是他的职责所在。其间一旦出现故障，他必须立刻向指挥官汇报。但是一切正常，信号正通过海底电缆急速向一枚代号为“贝克”的核弹传输。如果跑得够快，奥唐纳就可以及时赶到甲板上，亲眼观看爆炸时的场景。于是他飞一般地冲出控制室，猛地拉上护目镜。他站在甲板上，深深地吸了一口海上的空气。他什么也看不见。透过护目镜，伸手不见五指。

奥唐纳凝视着漆黑的天空，整个世界万籁俱寂，仿佛连一根针掉在地上都听得见。在一片静默中，他只能听到身旁人们的呼吸声。奥唐纳面向潟湖，松开栏杆，朝着甲板前方走了几步。对于控制按钮到核弹之间的距离及信号传输所需的时间，他了若指掌。数秒后，信号将抵达终点。

一道炫目的强光过后，黑暗便不复存在了。接着，天空又划过一道似乎比太阳还要耀眼的光芒，将奥唐纳面前的世界化作一片火红。他看到一股巨大的洪流从湖底涌起，蘑菇云逐渐成形。“太可怕了！太恐怖了！它越变越大，”奥唐纳回忆道，“简直就是一个庞然大物。好像一片片巨大的花瓣正从一个硕大无比的花朵中绽开。花瓣向上伸展，卷曲，然后又落回蘑菇云的菌盖之下。”紧接着狂风大作。奥唐纳说：“我看到水柱开始弯曲。我目不转睛地望着蘑菇云的顶端，那里已经开始结冰。冰块碎裂开来，接着向四周散落，最后消失在一团火球之中。这是我第一次观看核弹爆炸，这一景象令我终生难忘。”

“贝克”释放出的巨大能量让奥唐纳感到目眩神迷，他一动不动地站在甲板上，凝望着远处的大海。眼前的一切让他不知所措，甚至忘记了即将到来的冲击波。一枚核弹造成的冲击波其速度约每小时 100 英里，这意味着第一次爆炸后 4 分钟就可以抵达观测船。“我忘了抓住栏杆，”奥唐纳解释道，“冲击波一下子就把我掀了起来，然后猛地掷到 10 英尺后的隔离壁上。”他跌倒在甲板上，浑身被摔得瘀青。奥唐纳心想：你真是个笨蛋！事先明明有人警告过你！

在潟湖上方的高空，莱格霍恩上校正驾驶飞机在漆黑的天空中穿行。在遥远的南方，他看到巨大的积云正在逐渐形成。美国陆军航空军将其派遣至爆心投影点附近，以确保在不受到蘑菇云辐射的前提下，上校能对潟湖上方发生的一切进行准确观测。眼前的景象让莱格霍恩感到目瞪口呆。他看到核弹“贝克”在水底形成的火球激起一道烟囱模样的空心巨浪，或者说是一股放射性的水柱，这股水柱高达 6 000 英尺、宽 2 000 英尺、厚约 300 英尺。

昔日威风凛凛的舰艇就像一个个浴缸形状的玩具一样被抛上半空。日本一艘名为“长门号”的战舰（曾经是偷袭珍珠港行动的策划者海军大将山本五十六的旗舰）被掷到了 400 码开外。美国退役的战舰“阿肯色号”虽然重达 2.7 万吨，也在瞬间头朝下没入水柱当中。在这次犹如地狱之火般的核爆中，共有 8 艘巨型战舰消失不见。假如潟湖中的这些舰艇上全部都配备了船员，那就意味着将有 3.5 万人在顷刻之间命丧黄泉。

莱格霍恩上校认为，当时自己在飞机上目睹的场景，正是核弹爆炸的那一刻。战争有多么残酷无情，莱格霍恩并不陌生。从 1943 年至 1945 年，他曾经深入欧洲敌占区执行过 80 余次侦察任务。在诺曼底登陆当天，理沃纳先后 3 次驾驶着一架没有配备机枪的单座飞机，只身飞越敌军的滩头堡。但是就像奥唐纳一样，时隔 60 余载，莱格霍恩上校仍然能够清清楚楚地回忆起“十字路行动”的所有细节，甚至还有当时的切身感受。

“那是我人生中的一个重大时刻。我知道，世界无法承受核战争带来的惨痛后果。”莱格霍恩说道。在当今核时代中，要想在军事上取得优势，唯一理智的办法就是通过刺探敌情掌握更多的情报，超过敌国对己方的认知。他说："只有这样才能防患于未然，我也因此萌生了发展空中侦察的念头。"

美国的 V-2 火箭：试验"诸神信使"

时值 1946 年，对于苏联在伏尔加河以西尤其是乌拉尔山以西的一举一动，美国的情报部门几乎一无所知。莱格霍恩认为，如果美国能够在广袤无垠的苏联大陆上空进行秘密侦察，并且将其军事设施拍摄下来，就可以在情报方面遥遥领先。通过这些间谍活动，美国就能够了解苏联究竟拥有多强的核能力，采用了何种钚或铀处理设备，兴建了哪些船坞及导弹发射基地等。

作为一名科学家，对于怎样才能实现这一目标，莱格霍恩可谓胸有成竹。按照他的想法，美国应该设计一种飞行高度远远超出敌方战斗机或防空导弹的尖端侦察机。在"十字路行动"当中，莱格霍恩用自己的表现证明了对敌空中侦察，也可称作高空侦察或空中间谍理念的可行性。正是这一努力将他从国会大厅带到了美国空军战略空军司令部的廊前。然而，他的观点却与来此对这枚爆炸当量为 2.3 万吨 TNT 的核弹"贝克"进行客观测评的另外一个人产生了巨大的分歧。这个人就是柯蒂斯·李梅。

李梅断然反对莱格霍恩关于空中侦察机的设想。在李梅看来，美国之所以能够在二战中取得胜利，并不是因为常规武器，而是因为有了原子弹。燃烧弹虽然将东京化作一片火海，但是日本并没有屈服，直到美国投下第二颗原子弹，日本帝国才屈膝投降。关于在比基尼进行的核试验，李梅了解到许多只有少数人才能获悉的内幕。近来，参谋长联席会议一改往常，致使美国长期以来奉行的战争政策发生了大幅逆转，即只有在首先受到别国攻击的情况下才能参战。

参谋长联席会议制定了一项代号为"铁钳"（Pincher）的高度机密的

新政策，允许美国军队“在必要的情况下先发制人”，而仅在一次行动中就可以投放多达 30 枚原子弹。1945 年 8 月 15 日，日本宣布投降。在随后不到一个月的时间里，这项史无前例的新政策已形成计划草案，并且于 10 个月后，即 1946 年 6 月 18 日正式生效。这无疑对李梅在“十字路行动”中的态度造成了巨大影响。

当李梅就此次核试验向参谋长联席会议进行汇报时，他将自己的看法概括为以下 3 个要点。第 1 个观点：“在可以预见的未来，美国承认拥有的原子弹数量，应当足够抵消其他任何一个国家的军事能力，并且摧毁其社会和经济结构。”换句话说，在李梅看来，美国要制造的原子弹应当多多益善。他的第 2 个观点更为偏激：“把核武器的力量与其他大规模杀伤性武器结合起来，就有可能让地球大片土地上的人们消失殆尽，只留下一片废墟。”然而，最终对美国空军的未来产生决定性影响的还是李梅在次年形成的第 3 个观点：“要想最大限度地发挥原子弹的力量，就要建立一支高效的核打击队伍。”有鉴于此，李梅认为，美国必须组建起规模庞大的轰炸机机群用于投掷核弹。

李梅的 3 个愿望全都变成了现实。3 年以后，随着他升任战略空军司令部司令，参谋长联席会议获得的原子弹数量从最初的 30 枚飙升为 133 枚，以确保美国有足够的能力对苏联先发制人。他和其他一些人一起，强烈呼吁建造一种能量为原子弹数千倍的新型武器——氢弹，而这一计划的带头人正是爱德华·泰勒博士。在接下来的 44 年中，美国一共制造了 7 万枚核武器。因此，李梅对所谓的高空间谍或空中侦察方案毫无兴趣。侦察机上既没有配备机枪，也无法运载武器。李梅认为，在当今核时代，强大的军事力量才是克敌制胜的唯一法宝。

远在世界的另一端，对于“十字路行动”中所发生的一切，在莫斯科的军事堡垒克里姆林宫里，斯大林的态度截然不同。最初，苏联被美国排除在外，后来却邀请他们参观海军在比基尼环礁进行的核试验。苏联派遣 2 名代表前往观察，一名是来自苏联科学院镭研究所的物理学家，另一名是来自克格勃的前身国家安全部的间谍。为了掩人耳目，这名间谍的公开身份是《真理报》的通讯记者。

对斯大林来说，在比基尼环礁上进行的核试验无异于美国向世界其他国家发出的一个信号：美国不会就此停止使用核武器。此时的斯大林早已疑虑重重，并且越发确信，就像 4 年前自己与纳粹德国签署互不侵犯条约后，希特勒却出尔反尔突然对苏联发起偷袭一样，美国人也打算欺骗自己。然而美国人不知道的是，在观看“十字路行动”时，斯大林之所以显得成竹在胸，是因为他的核计划已经胜利在望。

仅仅 5 个月后，苏联在一片批评声中成功地建造起第一个链式原子反应堆。此外，当时还有一个不为人知的事实，除了原子弹以外，斯大林正在为自己的军械库开发另一种秘密武器。这种武器与恶作剧《世界争霸战》里描述的几乎毫无二致，正是它在这些可怖的帝国主义者心中播下了恐惧的种子，也正是它让惊慌失措的美国人四散奔逃。

10 个月过去了。1947 年 5 月 29 日，格兰德河上夜幕已经降临，在位于新墨西哥州的白沙试验场上，一群陆军科学家、工程师及技术人员正在满怀希望地与美国的秘密武器“赫尔默斯”（Hermes）进行最后一次接触。这枚长 25 英尺、重达 3 000 磅的火箭最初被命名为 V-2，即 Vergeltungswaffe 2，在德语中意为“复仇”。但是赫尔默斯听起来显然更顺耳一些，因为在古希腊神话中，“赫尔默斯”是诸神的信使。

2 年多前，这枚位于第 33 试验区的火箭曾经属于阿道夫·希特勒，与那些在二战期间“第三帝国”用于对伦敦、安特卫普和巴黎实施恐怖袭击的火箭出自同一生产线，都是由纳粹德国奴役之下的劳工制造的。二战末期，美军从德国在佩内明德的火箭制造厂缴获了近 200 枚 V-2，并且在战争结束后将它们运往白沙试验场。“回形针行动”[②]与此类似，甚至可以说更为机密，直至 2011 年，该项行动的所有细节仍然秘而不宣。在这次行动中，共有 118 名被俘的德国火箭专家重获新生，随后被带往美国的导弹试验基地。

其中两位德国科学家正在为“赫尔默斯”的试射做最后准备工作。一位叫韦纳·冯·布劳恩，他发明了世界上第一种弹道导弹，或者说是飞弹。另一位是欧内斯特·斯坦霍夫博士，他负责设计 V-2 火箭的控制设备。1947 年春季的一个夜晚，这枚 V-2 火箭从发射台上腾空而起，开始速度较为缓慢，韦纳·冯·布劳恩和斯坦霍夫在一旁急切地注视着。在第一个 2.5 秒内，“赫尔默斯”仅上升 50 英尺就消耗掉 1 000 多磅火箭燃料。但是接下来的 50 英尺、100 英尺显然要轻松得多，火箭开始加速升空。

根据物理学定律，任何事物只要具有一定的速度，就能够在空中飞行。现在“赫尔默斯”已经遥遥在望，并且在夜色中继续朝着高层空间迅速攀升。至少他们计划如此。几分钟后，出人意料的是，这枚火箭突然改变了航向。按照原定路线，“赫尔默斯”应该在面积为 200 万平方英亩的白沙试验场内朝着荒无人烟的北方飞行，但是与此相反，它却朝着南方得克萨斯州埃尔帕索的闹市区飞奔而去。

此时，斯坦霍夫博士正在距离发射台南 1 英里远的一个观测点，通过望远镜密切注视着这枚导弹的运行轨道。由于在为阿道夫·希特勒工作期间，斯坦霍夫博士设计了 V-2 火箭导弹的制导系统，所以理所当然地成了监测这次试射行动的不二人选。在导弹发射过程中，如果斯坦霍夫发现任何错误，就应当立即通知军方有关工程师，由他们通过远程控制迅速切断火箭助推器的燃料供应，让导弹在白沙试验场内安全坠落。

然而，当“赫尔默斯”按照错误的弹道穿越埃尔帕索冲向墨西哥时，斯坦霍夫博士却什么也没有说。几分钟后，这枚火箭在墨西哥华雷斯城南部 3 英里处的特佩亚克公墓坠毁，而华雷斯的人口有 12 万之多。巨大的爆炸几乎撼动了埃尔帕索和华雷斯的每一栋建筑，也吓坏了这两座城市中的所有居民。他们“一窝蜂地打电话到报社、电台和警察局，急切地询问究竟发生了什么事情”。“赫尔默斯”留下了一个宽 50 英尺、深 24 英尺的弹坑，但是却没有造成任何人员伤亡，这不能不说是一个奇迹。

美国陆军火速赶往华雷斯以平息事态，大批墨西哥士兵也被派至现场，在弹坑四周建立警戒。此次任务及相关人员和这枚火箭均被列为高度机密，其中的详情任何人都不得而知。为了让墨西哥官方保持沉默，调查人员立即清理了地面巨大的碗形弹坑，并对“赫尔默斯”造成的损失进行了赔偿。但在白沙试验场，补救工作难以顺利展开。情报部门不得不把大量精力用于调查对这次高度机密计划进行蓄意破坏的德国科学家。

对于那些曾经效命于前“第三帝国”而现在为美国政府工作的科学家，当时人们的态度大致可以分为两类：以“回形针行动”负责人陆军军官博斯盖·韦夫为代表的一派认为，美国应当“既往不咎”，如果仍然在这些德国科学家过去一些“无关紧要的细枝末节”上纠缠不休，无异于“鞭打死马，徒劳无益”[③]。按照这种看法，纳粹德国已经土崩瓦解，所以不再对美国的未来构成威胁，而苏联日渐壮大的军事力量才是美国的心腹之患。因此，如果能够将这些德国科学家网罗到美国，那么他们就不会再为苏联政府卖命。

另一些人对此持有异议，包括阿尔伯特·爱因斯坦。就在“赫尔默斯”在华雷斯城坠毁前的 5 个月，爱因斯坦和刚刚成立的“美国科学家联合会”曾向杜鲁门总统请愿：“我们认为，这些人是一种潜在的威胁……作为纳粹组织的知名成员和支持者，他们是否适合成为美国公民，并且在工业、科学和教育机构出任要职，美国政府应当三思而后行。”对爱因斯坦来说，与这些战犯进行交易既违背了民主精神，又是一种危险之举。

就在舆论为此争论不休时，一场内部调查也在暗中展开，而白沙试验场上的火箭研究工作却仍在继续。在那里，德国科学家已经对 V-2 火箭进行了为期 14 个月的试验。在军方对华雷斯导弹坠毁事件进行调查的过程中，又有 3 枚导弹从 33 号试验架发射升空后在军事禁区外先后坠毁：一枚落在了新墨西哥州阿拉莫戈多附近，另一枚落在了新墨西哥州拉斯克鲁塞斯，还有一枚又一次在墨西哥的华雷斯城外坠毁。

德国科学家将这几场灾难的发生归咎于 V-2 零件老化。在从德国装船运抵美国的途中，海水侵蚀了其中的部分火箭。然而，根据有关高级机密报告记载，陆军情报部门已经立案，准确对这几起事故中德国科学家的责任进行追查。战争部情报处一直监视着这些德国科学家，并且指出基地中的某些德国人“有造成安全隐患的嫌疑”。在工作之余，这些德国科学家被软禁在白沙试验场内一处面积为 6 平方英亩的区域。即使是对这支火箭研究团队的带头人斯坦霍夫和冯·布劳恩，军官俱乐部也不开放。就在火箭试验屡遭失败引起双方互相猜疑时，美国发生了一起不同寻常的事件。从表面上看，这起事件似乎与导弹发射毫不相干。

纳粹技术争夺战

1947 年 7 月的第一个星期，有 2 架飞行物以惊人的速度横跨美国西南部，引起了陆军通讯团工程师们的高度关注。虽然它们仍然按照传统模式向前推进，但令人感到惊讶的是，这些不明物体却能够在飞行的间隙在空中作短暂盘旋，而这种技术远远超出了当时美国空军正在研发的任何空气动力推进系统。

随着越来越多的媒体开始报道同样的内容，有一件事情显而易见：雷达上显示的既不是幻象，也不是鬼影，而是一种真实存在的物体。位于白沙试验场北部的柯特兰空军基地曾对其进行跟踪，并且一度接近了这些物体。基地指挥官下令，派遣二战中屡立奇功的飞行员肯尼·钱德勒驾驶喷气战斗机，对这些不明飞行物进行定位追踪。在此之前，这一事实鲜为人知。

钱德勒并没有亲眼看到自己正在追踪的物体，但是就在他进行长达数小时空中搜索的过程中，一架飞行物在新墨西哥州的罗斯威尔附近坠落。参谋长联席会议立即掌控了局势，并且复原了机身和包括供电装置或能量来源在内的部分推进设施。经过复原的飞行物看起来迥异于普通的飞机，因为它既没有机尾，也没有机翼，圆形的机身顶部高高凸起。在 1994 年解密的陆军部门秘密情报备忘录中，这个物体被称作“飞碟”。

最令人感到震惊的是，飞碟内部有一处显系人为的标记：沿着机舱内壁，压印着一圈用西里尔字母印刷体组成的俄语。

在这样一个关键时期，美国军方最担心的事情竟然变成了事实。苏联政府一定早就开始下手物色德国的航空工程师，这些工程师不仅比埃内斯特·斯坦霍夫和韦纳·冯·布劳恩更加出色，而且极有可能早在数年前就已经为德国空军研制出了这种飞行器。苏联人绝不可能仅凭自己的力量发展这种尖端技术。

在第二次世界大战中，苏联的武器储备及其研究队伍几乎损失殆尽，人口也减少了 2 000 多万。那些侥幸活下来的科学家，大部分都是在“古拉格”(Gulag，是俄语“苏联劳动改造营总管理局”的缩略语，作家安妮·安波鲍姆将其定义为：苏联内务部主管劳动改造营并监督在押犯服刑与运输的分支行动部门。——译者注)里度过他们的战争岁月的。然而，就像美国、英国和法国一样，苏联也把那些曾经为希特勒效命的出类拔萃的科学家作为战利品进行大肆掠夺，并且试图利用他们保持自己在全世界的领先地位。

1947 年 7 月，令人震惊的是，苏联的最高领导人竟然神不知鬼不觉地设法渗入到阿拉斯加边境附近的美国领空，并成功飞越美国西部高度敏感的几处军事基地。这无疑是一次厚颜无耻的侵犯，它不仅动摇了美国国家安全坚不可摧的观念，而且挫伤了美国军队的空中防御能力。于是情报部门立刻介入其中，迅速掌控了整个局势。他们采取的第一个措施就是，下令撤回罗斯威尔陆军航空基地关于坠毁事件的最初声明，即“一架飞碟……在罗斯威尔镇附近的一个农场上降落”，取而代之的是另一则新闻稿，对外宣称此前坠毁的只不过是一个气象探测气球，而不是别的什么东西。从此以后，为了掩人耳目，官方始终坚持这种说法。

美国当然有理由感到害怕：他们担心苏联人已经掌握了空中悬停技术，担心苏联战机能够在美国的雷达下瞒天过海，担心苏联会对自己发起致命的打击。然而，当时最让参谋长联席会议惊恐不安的是：这些苏联飞行器会不会是利用原子能推进的？更为糟糕的是，就像现代世界的脏弹一样，它们会不会传播放射性物质？1947 年，美国政府仍然认为，原子弹是自己的独门武器。但是，早在 1942 年 6 月，德国空军元帅赫尔曼·戈林就曾经在“美洲轰炸机”的研发过程中负责监督“第三帝国”研究委员会将核物理学应用到武器制造上。

在这些科学家中，也许已经有人在为苏联工作。然而，中央情报处(中情局的前身）所不知道的是，洛斯阿拉莫斯国家实验室里一个名叫克劳斯·福克斯的间谍已经盗走了原子弹的设计图，并且将其送给了斯大林。两年以后，苏联成功地进行了原子弹试爆。因此，罗斯威尔坠机事件发生后，参谋长联席会议的当务之急就是立即推断苏联的核技术究竟发展到了哪一步。

对于军方来说，摆在眼前的事实是新墨西哥州的领空受到了侵犯，这不能不令人感到震惊，因为这里是全国唯一一处与高度敏感武器相关的区域。白沙导弹试验场是美国秘密武器发射系统的大本营，正是在这里的核试验室和洛斯阿拉莫斯的国家实验室里，科学家发明了原子弹，并且正在研究威力为其千倍的核设施。在阿尔布开克郊外一个名为桑迪亚基地的生产厂内，装配工人正在按照洛斯阿拉莫斯的设计制造核弹，而且其体积变得越来越小。在距离此处西南 45 英里的罗斯威尔陆军航空基地，第 509 轰炸大队是唯一一个能够运载和投掷核弹的远程轰炸队。

随后，有消息说坠机事件再次发生，致使业已错综复杂的局面变得更加扑朔迷离。仍在就华雷斯导弹坠毁事件接受审查的“回形针行动”科学家韦纳·冯·布劳恩和埃内斯特·斯坦霍夫被召来进行专业分析，而该行动中的另外几位航空医学专家也被带至事发地点。1947 年 7 月的第一个星期里，在新墨西哥州罗斯威尔地区及其附近坠毁的不明飞行物残骸被参谋长联席会议技术服务处收集起来，然后效仿“曼哈顿计划”开展初期为运送铀元素而制定的安全规则，不露形迹地秘密将其运出该地。

眼下的当务之急就是弄清这种技术究竟来自何方，因此参谋长联席会议组建了一支直接受命于陆军情报部门 G-2 的精英团队，开始执行一项高度机密的计划，并且将其命名为“骚扰行动”。根据美国“回形针行动”科学家的证词，陆军情报部门认为，这架飞碟很可能出自沃尔特和雷玛·霍顿的设计，他们曾经是“第三帝国”的航空工程师，现在效力于苏联军方。于是，美国陆军立即下达命令，对霍顿兄弟展开搜捕。

二战末期，美苏两国对科学家进行了大肆争抢，但是却唯独低估了航空工程师沃尔特和雷玛·霍顿的重要性，正是他们后来在飞机制造方面产生了巨大的影响。希特勒的飞翼式飞机便出自霍顿兄弟之手，其中包括霍顿 229（也称作霍顿Ⅸ）。在二战期间，他们在德国的巴登 - 巴登地区研制出这种无尾飞翼喷气式战斗轰炸机，并且立即成为德军的秘密武器。陆军情报部门从莱特空军基地“回形针行动”的科学家那里获悉，有传言说希特勒曾经命令霍顿兄弟制造一种速度极快的碟形飞行器。这些科学家说也许在德国投降前夕，这种飞行器即将大功告成。这就意味着，即使斯大林没有将霍顿兄弟纳入囊中，也很可能已经拿到了这种飞行器的设计图纸和方案。

显然，罗斯威尔失事飞碟的技术含量大大超出了美国空军的能力范围，其推进系统令人叹为观止。它为什么能够具有如此迅疾的飞行速度？它是怎样悄无声息地穿越边境，又是怎样躲过雷达监测的？在美国陆军的雷达屏幕上，这架飞碟曾经一闪即逝。罗斯威尔事件发生后数周，《国家安全法》宣告出炉。也就是说，中央情报局对这起事件的调查不过是一个幌子。与此同时，成百上千来自美国陆军欧洲司令部反情报部队的军官被派往德国各地，对任何可能了解沃尔特和雷玛·霍顿下落的人进行搜索，并且跟踪和追查霍顿兄弟的所有亲属、同事、教授和熟人。这次行动急如风火，其程度丝毫不亚于盟军在二战期间为搜索希特勒原子物理科学家和核研究项目有关信息而开展的“丛林行动”（Operation Alsos）。

陆军情报部门在一份长达 300 页的文件记录中披露了“骚扰行动”的诸多细节。1994 年，直到一个名叫蒂莫西·库珀的研究者根据《信息自由法》提出查阅申请，这些文件才终于解密。在其中一份题为“对所谓‘飞碟’形状飞行物进行空中侦察的指南”的备忘录中[④]，详细记载了军方要求反情报部队官员搜集的飞碟技术参数，而这些特征已经在罗斯威尔坠毁的飞行物上显露无遗。

> 可操作性极强，具有明显的空中悬停能力；形状近似椭圆或碟形，表面有圆顶凸起；能够高速消失或完全解体；如果出现一架以上的飞行器，能够迅速紧密编队；有可能通过人工、电动或遥控操纵进行躲避。

反情报部队在 1947 年至 1948 年间对霍顿兄弟展开搜捕的官方记录，有些地方读起来就像间谍小说一样紧张刺激，还有些地方读起来就像大海捞针一样希望渺茫。在这次搜捕过程中，第一条真正有价值的线索来自阿道夫·斯梅卡尔博士，正是他为反情报部队提供了一系列潜在知情者的名单。从这些知情者当中，特工人员获悉了一长串令人头晕眼花的“事实”：雷玛潜藏在东普鲁士；雷玛在格丁根的英占区居住；1946 年下半年，雷玛“有可能已经被苏联人”绑架。

要想知道雷玛的下落，一名线人透露，必须首先找到住在巴德诺海姆的著名德国飞行员汉娜·莱契。至于沃尔特，他正在法国从事顾问工作；他最后出现在法兰克福，并且曾经到当地的一所大学里谋职；他也许在德绍；事实上他也许在苏联；他也许在卢森堡，也许在法国。其中一名线人曾是德国的科学家，对于反情报部队特工的讯问，他反唇相讥道，如果他们真的想要知道霍顿兄弟身在何方，以及他们究竟有多大本事，就应该去美国莱特空军基地，问问那些“回形针行动”的科学家。

在反情报部队盘问过霍顿兄弟的同事和亲属后，数百份版面干净整洁但内容极尽芜杂的情况概要纷至沓来。为了跟进这些线索，陆军情报部门花了几个月的时间，最终仍然一无所获。1947 年秋，搜捕霍顿兄弟的任务眼看希望渺茫，直到 11 月，反情报部队突然苦尽甘来。一个名叫弗里茨·温德尔的前梅塞施密特战斗机试飞员提供了自己掌握的一些第一手情况，而这些情况似乎所言不虚。

二战刚结束时，霍顿兄弟的确曾经在东普鲁士的海利根布鲁特着手研制一种飞碟形状的飞行器，温德尔说。这种飞机没有机尾，机身长约 10 米，看起来像半个月亮。最初的设计方案仅能容纳一人侧卧其中进行操纵，可以上升到 1.2 万英尺的高空。温德尔简单勾勒出了这架碟形飞行器的草图，这份草图与另一名德国线人乔治教授提供的图案不谋而合。

乔治提到，这种飞行器后来经过霍顿兄弟的改进，看起来就像是“一个缺了一大块的圆形蛋糕”，并且能够容纳一个以上的飞行员。改进后的模型飞得更高，速度也更快，由于其推进器不是喷气引擎而是火箭，所以时速可以达到 1200 英里。乔治还听说，在进行超高空飞行时，机舱内能够维持一定的大气压力水平。

为了得到更多信息，美国人对温德尔紧追不舍：

这种飞行器能够在空中悬停吗？据我所知，不能。

你是否知道，它们能紧密编队飞行？温德尔回答，没有听说过。

该飞行器内是否设计有高速逃离模式？温德尔说，不太清楚。

这种飞碟是否能够进行远程操控？可以，温德尔说，他知道西门子和哈尔斯克公司曾经在该公司位于柏林的电厂内进行无线电操控实验。

陆军军官又问温德尔，他是否听说过空中悬停或类似悬停的技术？没有。

设计这种飞行器是否出于某种战术目的？温德尔说，他不清楚。

第二批关于霍顿兄弟的确凿消息来自一个名叫沃尔特·齐格勒的火

箭工程师。在二战期间，齐格勒曾经在“巴伐利亚发动机制造股份有限公司”，即宝马公司从事汽车制造工作，而该公司当时处于先进火箭科技的研究前沿。在那里，齐格勒和整个团队一起，共同致力于研发火箭推动的尖端喷气式战斗机。接下来，齐格勒讲述的故事虽然令人不寒而栗，但是情报部门却从中得到了一条重要的线索。二战结束后一年，也就是 1946 年 9 月的一天晚上，苏联军方邀请宝马公司前火箭研究团队成员约 400 人赴宴。宴会极尽奢华，主人不停地劝酒布菜。几个小时以后，这些科学家才被带回家中，其中大部分人早已烂醉如泥。又过了几个小时，大批苏联军官突然在半夜三更将这 400 名科学家从睡梦中叫醒，并且告诉他们要进行一次长途旅行。但是齐格勒却不在这份名单之中，其中的原因谁也不清楚。

这些德国科学家得知，他们可以带上自己的妻子和孩子，以及长途跋涉需要携带的一切物品，就连情妇和家畜也不例外。在当时的情况下，没有人胆敢表示异议，齐格勒解释道。这些科学家及其家属搭乘火车，来到了莫斯科郊外的一个小镇上[5]。从此以后，他们就一直待在那里，并且在恶劣的条件下被迫从事秘密军事工程研究。按照齐格勒的说法，这是苏联一个高度机密的军事基地，具体位置任何人都不得而知。正是在这里，这些德国科学家不得不在苏联人的监督下从事火箭和其他尖端技术的研究工作。他们就像美国“回形针行动”的科学家一样，只不过身在苏联而已。

在长达 9 个月的时间里，关于霍顿兄弟的下落、他们设计飞碟的目的及每一条线索的真实程度，反情报部队的特工们递交了一份又一份报告，提出了各种各样的理论。接着，1948 年 3 月 12 日，也就是调查工作开展的第六个月，突然有消息说发现了霍顿兄弟的下落。对此，970 反情报部队的厄尔·S. 小布朗宁在提交给欧洲司令部的一份备忘录中做出了解释。

“美国情报部门已经找到了霍顿兄弟，对其进行了讯问。”布朗宁说。

不过，苏联人很可能已经拿到了飞碟的设计图纸。“霍顿兄弟认为，苏联人有可能已经在哥达有轨电车制造厂找到了霍顿IX的设计图。”备忘录中写道。对于这一点，另一份题为“关于沃尔特·霍顿的情报节略”的备忘录做出了更加详尽的解释，并且证实了前梅塞施密特战斗机试飞员弗里茨·温德尔提供消息的可靠性。霍顿兄弟的确曾经设计了一种无翼无尾、能够容纳一人以上乘坐的碟形飞行器。沃尔特·霍顿认为，“苏联占领德国以后，获得了大量正处于开发或设计阶段的飞行器模型，并且在这些模型的基础上制造出了飞碟”。

虽然军方确认已经找到并且审讯了霍顿兄弟，但是在蒂莫西·库珀根据《信息自由法》申请解密的长达数百页的资料中，没有一处提到雷玛·霍顿。对于霍顿飞碟改进后的模型，雷玛·霍顿说了些什么，或者没有说什么，这些资料中并没有记载。但是，在其中一份备忘录中被称作“霍顿X”的战机，在另一份备忘录中使用了“霍顿13”的说法。除此以外，这些文件没有提供进一步的细节。2011年，笔者再次依据《信息自由法》申请查阅相关资料，但是却无果而终。

1948年5月12日，欧洲司令部给美国空军驻奥地利情报部门的主管发去了一份令人费解的备忘录。“沃尔特·霍顿承认，他曾经与苏联人有过接触。”记录中写道。在陆军情报部门就“骚扰行动”解密的所有文件中，这是有关霍顿兄弟的最后一句话。

至于官方对霍顿兄弟以及他们设计的尖端飞碟还了解些什么，直至2011年仍然是一个待解之谜。罗斯威尔坠机事件发生后，飞行物的残骸被迅速运往美国政府最为机密的区域。在接下来近4年的时间里，这些残骸一直保存在莱特-帕特森空军基地。随后，它们又被装上船只，悄无声息地一路向西，运往内华达沙漠中央的一个秘密基地，而了解这些残骸下落的人屈指可数。

第3章

幕后操纵者

1951年一个雾锁烟迷的晚上，理查德·比斯尔坐在自己位于华盛顿特区家中的客厅里。这时突然传来一阵敲门声，门外站着的是弗兰克·威斯纳。虽然此前两人素昧平生，但是按照比斯尔的说法，威斯纳“绝对是我们的圈内人士之一”，这个圈子指的是那些外交官、政治家和特工人员。当时，比斯尔担任“马歇尔计划”的财务执行官，该计划始于1948年，为了帮助欧洲在战后经济复苏，美国为其提供了130亿美元的资金援助。这无疑是一项重大的举措。身为财务执行官的比斯尔实际上成了该项目投资的最高决策者。对于弗兰克·威斯纳，比斯尔只知道他是新近成立的中央情报局的一名高级官员。

冲上云霄6万英尺

威斯纳曾经参加过奥运会，年轻时是一个公认的美男子。在二战期间，他是中情局前身战略服务处的一名间谍。有传言说，当时他还是罗马尼亚公主克拉德佳的情夫。但是现在，年近不惑的威斯纳不仅头发稀疏、身材走样，就连昔日英俊的外表也已经不复存在。虽然后来有人说这可能是精神疾病和长期酗酒造成的结果，但是其中的真正原因大概没有人弄得清楚。在华盛顿特区的这间客厅里，理查德·比斯尔和威斯纳坐在火炉边进行了一次长谈。很快比斯尔就得知，弗兰克·威斯纳是中情局政策协调处的负责人。因为中情局是三年半前刚刚成立的，所以对于美国的这个情报机构，很多人都不甚了了。

至于神秘莫测的政策协调处，知道情况的人更是寥若晨星。从威斯纳隐约其辞的谈话中，比斯尔得知，政策协调处的职责是“通过地下手段打击共产主义”。实际上，这个看似平淡无奇的部门正是中情局所有秘密行动的权力中心，因为一切暗中的准军事行动都需要通过政策协调处运作。这个部门是美国前海军部长兼第一任国防部长詹姆斯·福里斯特尔一手建立起来的。

1951 年的这天夜里大雾弥漫，威斯纳坐在客厅的火炉边告诉比斯尔，政策协调处急需资金。“他请我从‘马歇尔计划’中拨出少量现款，以支持政策协调处开展秘密行动。”比斯尔后来回忆道。比斯尔清楚，威斯纳的请求涉及灰色地带，所以他想要威斯纳解释得更加详细一些。但是威斯纳却断然回绝，并且声明能够讲的自己都已经讲过了。为了让比斯尔放心，威斯纳告诉他，埃弗里尔·哈里曼已经批准了这项申请。哈里曼不仅是著名的政治家、金融家和前任驻苏联大使，更为重要的是，他还是“马歇尔计划”中比斯尔的顶头上司。

“如果对威斯纳的说法持有疑问，我可以向哈里曼确认。”比斯尔回忆道。但是他相信了威斯纳，并且毫不犹豫地同意从“马歇尔计划”中抽出部分资金，转入中情局的政策协调处。这笔资金成了中情局早期秘密黑色预算的一个重要部分，其幕后操纵者正是理查德·比斯尔。对于这一点，时至今日大多数人仍然不得而知。

在情报工作对美国的重要性上，莱格霍恩上校与威斯纳的见解可谓英雄所见略同。1946 年开展的模拟海上核战“十字路行动”促使莱格霍恩开始采取实际行动。他向参谋长联席会议提交了一份报告，认为飞越苏联领空并探察其军事实力不能只停留于口头，而应该作为美国的当务之急。1946 年“十字路行动”结束后，莱格霍恩立即带着自己的这份报告走进了五角大楼的大厅，并且于1948年再次将其提交国防部，结果却石沉大海，杳无音信。

随后，朝鲜战争爆发。人们常说，这是一场被遗忘的战争。简而言之，这是韩国和朝鲜之间的一场战争，然而它同时也是由德国航空科学家组成的敌对双方在科技力量上进行的首次公开较量。在这些德国科学家中，一方为美国的“回形针行动”服务，另一方为苏联的秘密工程效命。朝鲜半岛上空这场喷气式飞机的混战，实际上是在美国制造的F-86“佩刀”和苏联制造的米格-15之间展开的，而这两种飞机全都出自那些曾经为阿道夫·希特勒卖命的德国人之手。

美国宣布参战后，莱格霍恩上校被召回部队。作为俄亥俄州代顿莱特航空发展中心侦察队的指挥官，莱格霍恩负责为美国飞行员制订行动计划，飞越朝鲜和满洲里敌占区的上空，以拍摄对方的武器库和导弹发射地点。虽然每架美国侦察机都有战斗机护航，但还是有些被敌军的米格喷气式战斗机击落。

对于失事战机的具体数目，军方始终秘而不宣。在遭受了如此惨重的损失以后，莱格霍恩认为，自己关于高空侦察的设想出现了一丝转机。当时米格战斗机的最高飞行高度只有4.5万英尺。这就是说，如果美国能够发明一种在6万英尺以上高空飞行的侦察机，敌人就会束手无策。1953年，韩国和朝鲜签署停火协议后，莱格霍恩立即返回华盛顿，第三次向空军部门提交了自己关于高空侦察的设想。

莱格霍恩需要首先说服一个人，即唐纳德·L. 普特中将。二战结束前，作为美国陆军的一名指挥官，他在“健将行动”（Operation Lusty）中率部一举攻克了赫尔曼·戈林在福尔肯罗德建造的飞机制造厂。此外，普特还曾将最早为纳粹服务的一批德国科学家偷运出境，带往美国，其中包括V-2火箭专家韦纳·冯·布劳恩和埃内斯特·斯坦霍夫。

现在，普特正在五角大楼的办公室里审查着这些科学家的研究成果。他不仅是五角大楼研究和发展部的副主管，而且作为一位三星将军，完全有权力游说美国军界考虑空中侦察的方案。但是，在听过莱格霍恩关于侦察机的汇报后，普特立即表示他对此毫无兴趣，并且认为美国空军没有必要制造同时配备摄像机和武器的两用飞机。此外，由于空军飞机都带有装甲，普特说，因此机身十分沉重。在 20 世纪 50 年代早期，这类重型战斗机的飞行高度不可能超过 6 万英尺。

但是，莱格霍恩却不肯善罢甘休。他索性跳过普特，直接找到战略空军司令部的指挥官，也就是那位在“十字路行动”中素来与自己不睦的柯蒂斯·李梅将军。1954 年冬，李梅观看了莱格霍恩提供的第一份草图，这份高空侦察机的图纸是由洛克希德公司设计的。对于莱格霍恩的这一设想，普特只是漠然置之，李梅更是表现得异常反感。他一边大步走出会议室，一边声明整个高空侦察的方案纯粹是在浪费时间。

艾森豪威尔总统之所以能够耳听八方，离不开顾问团里经过精挑细选的那些科学家，其中就有莱格霍恩上校在麻省理工学院的朋友和同事。一个是该校的校长詹姆斯·R. 基利安，另一个是发明了波拉德一次成影照相机和即显胶片的行为古怪的百万富翁埃德温·H. 兰德。对于莱格霍恩的设想，总统的科学顾问想出了一个主意。别管空军了，那些将军个个缺乏创见，他们只不过是一群抱残守缺的官僚而已。

为什么不去中央情报局试试看呢？特工人员的唯一目的就是进行间谍活动，他们一定会对高空侦察的想法感兴趣的。与空军部门不同的是，基利安和兰德推测，中情局有机会接触到总统的秘密储备资金。事实上，高空侦察项目缺少的就是一个领头人或守护神。至于这个人究竟应该是谁，后来的事实证明，他们在心中已经有了一个合适人选。1954 年 2 月，一位杰出的经济学家、“马歇尔计划”的财务执行官作为局长艾伦·杜勒斯的特别助理加入了中情局。这个人就是理查德·比斯尔，他理所当然地成了高空侦察项目的不二人选。

理查德·比斯尔的祖上就有人做过间谍。在美国独立战争时期，丹尼尔·比斯尔中士曾经为乔治·华盛顿将军执行间谍任务。100 多年后，也就是 1910 年 9 月 18 日，理查德·比斯尔出生于康涅狄格州一个贵族家庭。由于天生内斜眼，在 8 岁那年，比斯尔接受了一次手术，虽然险些为此丢掉了性命，但是终于能够看清书上的字迹了。在此之前，一直是妈妈为他读书。从孩提时代起，他就喜欢听历史和战争的故事。比斯尔 10 岁时，父母带他来到了法国北部的战场上。比斯尔凝望着大片遭受狂轰滥炸后荒无人烟的土地，这一景象深深地触动了他的心灵。直至后来，他始终认为，“第一次世界大战就是一场巨大的灾难”。

尽管出身优越，无论是在格罗顿寄宿学校还是在耶鲁大学，青少年时期的比斯尔总是有一种强烈的自卑感，但是隐藏在这种自卑后面的是他无比坚毅的性格。从 21 岁起，比斯尔一改往常，开始变得自信起来。一个周末，他和家人与朋友一起到康涅狄格州的一处滩头堡平纳克尔岩旅行。在攀登过程中，他一不小心跌下了高达 70 英尺的悬崖。从医院醒来后，他患上了轻微的失忆症。几个月后，当他能够行动自如时，比斯尔只身悄悄来到上次的出事地点，成功地登上了这个悬崖。

“我的双手不停地颤抖，”比斯尔在谈起自己第二次攀登的经历时说，“但是一想到自己终于做到了，而且再也不用回到那里时，我由衷地为自己感到高兴。”正是这次死里逃生的坠崖事故，让比斯尔从自我怀疑变得信心倍增。1932 年大学毕业后，比斯尔又前往英国的伦敦经济学院就读，并拿到了硕士学位。随后，他再次返回耶鲁学院攻读博士学位。在那里，他以每天 20 页的惊人速度完成了许多复杂的金融条款。对于比斯尔取得的成就，他的同事纷纷表示赞叹，认为他简直就是一个“人体计算机”。他的大脑，这些人说，工作起来“就像是一台机器”。很快，比斯尔的课堂上就变得人满为患。

比斯尔在经济方面的才华最终引起了麻省理工学院校长詹姆斯·基利安的注意，并且聘请比斯尔到学院执教。就在弗兰克·威斯纳和理查德·比斯尔炉边谈话数年之后，即 1954 年，当詹姆斯·基利安准备再次聘用比斯尔时，他已经成了中情局历史上最具野心也是最为秘密的一个项目的负责人。这就是代号“感光板计划”（Project Aquatone）的 U-2 侦察机项目。[①]

测试 U-2 侦察机

1955 年冬，理查德·比斯尔与中情局的同事、研究苏联核武器的专家赫伯特·米勒乘坐一架没有任何标志的豪客比奇 V-35 活塞式单引擎螺旋桨飞机飞越美国西部，开始为中情局在国内的唯一一处秘密试验场选址。至于他们究竟意欲何为，只有少数中情局官员和一个绰号“奥齐”的空军上校奥斯蒙德·里奇兰德略知一二。艾森豪威尔总统直接授命比斯尔，责成他寻找一处秘密基地，用于测试中央情报局为刺探苏联尚在萌芽之中核武器项目而设计的新型侦察机。与中情局官员一道前往的，还有洛克希德公司负责设计和建造这种新型飞机的航空动力学顶尖专家、绰号“凯利”的克拉伦斯·约翰逊。

约翰逊坐在比奇飞机的后排，在膝盖上摊开了一幅地质勘测图。他们从加利福尼亚州的伯班克出发，途经莫哈韦沙漠，然后来到内华达州。他们正在寻找内华达试验场外一个叫作格鲁姆湖的干涸湖床。早在 1950 年 7 月，高度机密的“豆蔻计划”（Project Nutmeg）开展时，霍姆斯 - 纳尔维尔公司就已经确立了这里的边界，从而使得内华达州成了美国洲际原子弹的试射基地。驾驶这架小型飞机的是一位颇具传奇色彩的飞行员及试飞员托尼·勒维耶。至于他们的目的地是哪里，勒维耶只知道一个大概。

数周以前，他在洛克希德公司的同事、试飞员雷·古迪曾带他到过格鲁姆湖，对这里进行了一次提前侦察。有时候，古迪还会往返于加利福尼亚州和内华达试验场之间，负责运送那些原子弹科学家。有一次，他甚至可以把飞机停在格鲁姆湖，然后在那里享用自己随身携带的午餐。

“我们降低飞行高度俯瞰，可以隐约看见一条临时的起落跑道，”比斯尔后来回忆说，“在第二次世界大战期间，这种类型的跑道遍布美国境内，以便那些正在训练之中的飞行员进行紧急迫降。”这个干涸的巨大盐窝无异于一条完美的天然跑道，因此勒维耶毫不费力地停稳了飞机。他们走了出来，然后开始四处查看，一边讨论这个区域是否足够平整，一边踢开那些像石头一样的炮弹壳。北部高高矗立的秃岭和西南部绵延不绝的帕普斯峰在谷地边缘形成了一道天然屏障。按照比斯尔的说法，“事实证明，格鲁姆湖完全符合我们的要求”。

比斯尔非常清楚，作为政府的原子弹试验基地，格鲁姆湖已经开始日渐式微。虽然这意味着从保密方面来看也许不尽如人意，但是比起这里，美国大陆上没有什么地方更适合中情局开始侦察机项目并从事地下活动了。“我向艾森豪威尔建议，把包括格鲁姆湖在内的邻近区域也加入到原子能委员会在内华达州的试验场。”比斯尔晚年在自己的回忆录中写道。

在理查德·比斯尔、赫伯特·米勒、凯利·约翰逊和托尼·勒维耶来到格鲁姆湖 4 个月后，51 区的第一批居民开始进驻此地。其中包括 4 名洛克希德公司的试飞员、24 名洛克希德公司的机械师和工程师、数名负责安防工作的中情局官员，还有空军中校里奇兰德及其部下。这里的第一个夏天奇热无比，因此那些机械师们经常把鸡蛋摊在金属的表面上，用不了多久就煎熟了，让人感觉仿佛置身于西部牛仔的故乡。

最初，这里只有一个飞机库和几座防水帐篷，帐篷的底座是木制的，上面盖着一层帆布。每逢大风天气，这些帐篷就会被刮跑，而当暴风雨来临时，湖床里就会积起约 1 英寸的雨水，因此什么也做不了。可是太阳一出来，积水就会迅速蒸发掉，试飞员们就可以再次起航了。这里唯一的供电设备就是一台柴油发电机。除此之外，还有一个厨师和一个临时搭建的肮脏不堪的餐厅。1 个月后，基地里终于建起了差强人意的淋浴。即使是在埃及或者印度的前哨站服役，也要比在这里舒适得多。

每一个人都配有工作靴，以防响尾蛇侵袭，还要戴上头顶带灯的帽子，用于夜间照明。黄昏将至，夕阳西斜，天空逐渐从紫色变成灰色，然后又很快从灰色变成一团漆黑。夜幕降临后，除了蟋蟀的鸣声、郊狼的嗥叫和断断续续的广播外，什么声音都没有，更没有电视。距离此地最近的城市也有 75 英里，那就是仅有 3.5 万名居民的拉斯维加斯。每到深夜，仰头望去，51 区的夜空中到处都是闪烁的星星。

尽管 51 区地处西部原野，从表面上看一派荒凉，但是其幕后的操纵者却是华盛顿政府。U-2 侦察机是美国总统暗中下令开展的一个高度机密项目。1955 年，该项目的预算高达 2 200 万美元，约相当于 2011 年的 1.8 亿美元。

每一架 U-2 侦察机都是被拆解后藏在 C-124 运输机中，从洛克希德公司位于伯班克的工厂暗中运往 51 区的。无论是尖窄的机身还是狭长的机翼，都盖上了白色的单子，任何人都没有机会看清里面的东西。“一开始，我们把刚刚造好的 2 架飞机都放进了机库，在进行试飞之前，谁也不会看到。”基地上洛克希德公司一个名叫鲍勃·墨菲的机械师回忆道。从开始在格鲁姆湖启动这个项目的那一刻起，中情局就严格按照“按需知密”的原则进行管理。与该项目相关的一切内容都被划分为敏感分类处理信息，即 SCI。“在 U-2 侦察机飞过我的头顶之前，我根本不知道它是什么样子。”负责安防的理查德·明格斯回忆说。

对于试飞员雷·古迪来说，能够对 U-2 侦察机进行测试是一件梦寐以求的事情。“还没有学会开车的时候，我就会开飞机了。”古迪解释道。十二三岁时，古迪就加入了萨米·梅森大名鼎鼎的“飞行团”，开始进行飞行表演。二战结束后，他又参加了一支名为“好莱坞之鹰”的飞行敢死队，因为擅长进行抗离心力的外滚特技飞行，一时成了一位家喻户晓的传奇人物。1955 年，33 岁的古迪打算像常人那样安顿下来。

对古迪这样的飞行员来说，为中情局测试 U-2 侦察机算不上一项可怕的任务。但是这种机型却非同寻常，由于机翼狭长，当停在格鲁姆湖的碎石沥青路面上时，其末端会有所下垂。开始起飞时，装满燃油的机翼会左右摆动，因此机械师们不得不在扬沙遮天蔽日的跑道两侧跟着飞机奔跑。铝制的机身像纸一样，厚度只有 0.02 英寸，这就意味着，这种飞机不仅在地面上容易受损，在空中飞行时更要加倍小心。

如果 U-2 飞行员的速度过慢，飞机就会中途熄火。然而，让问题变得更为复杂的是，同样的速度在某个高度可能太慢，而在另一个高度也许太快。此外，经过几个小时的飞行后，由于燃油不断减少，机身的重量也随之变轻，这又是一个可能引起变化的因素。鉴于上述原因，最初进行试飞时，U-2 侦察机的飞行范围被限制在以格鲁姆湖为中心、半径为 200 英里的区域内。一旦发生坠机事故，中情局必须确保不能让任何残骸落入他人之手。

“一开始，我们的任务除了试飞还是试飞，”古迪回忆说，在 51 区内，“我们就只是睡觉、起床、吃饭，还有试飞。”没过多久，这个基地开始扩充地盘，而且又增加了 100 多人。这里多了一些活动房屋，还开掘了两口水井。指挥官鲍勃·扬西从拉斯维加斯带来了一桌台球和一部电影放映机。现在，除了仰望星空以外，这群人终于有了一些娱乐活动。

截至 9 月，51 区的总人数达到了 200 人，他们分别来自 3 个不同的机构：1/3 来自中央情报局，1/3 来自空军，另外 1/3 来自洛克希德公司。所有人都怀着同一个目标，那就是让 U-2 飞上 7 万英尺的高空。这是一道来自美国最高层的命令，也是一个迄今为止世界上任何一个国家都不曾完成的使命。

每逢周一，雷·古迪的飞机就会带着洛克希德公司干劲十足的年轻机械师鲍勃·墨菲，一起从伯班克飞往格鲁姆湖。接下来的几天里，当墨菲研究 U-2 飞机的引擎时，古迪就会和其他试飞员朝着更高的海拔不断推进。特别设计的飞行服可以起到局部减压的作用，就像潜水服一样又紧又窄，大部分管子都露在外面。只有在 2 名航空军医的帮助下，试飞员才能顺利地穿上这种飞行服。在进行试飞之前，他们必须躺在椅子上，吸入 2 个小时的纯氧，去除血液中的氮，以降低由于高空减压而感到不适的风险。

这就是 51 区最早期开展的活动，人们最终打破了纪录，并且创造了历史。“我是第一个上升到6.5万英尺高空的人，但这个人本来不该是我，”古迪回忆说，“按照原定计划，鲍勃·梅特应该在这个高度进行第一次试飞，但是他的耳朵突然出了毛病。所以我才能够代他飞行。”最终，古迪成为首个抵达这一高度的飞行员，并且坚持了相当长的一段时间。洛克希德公司将其在记录簿上记了下来，但是直至1998年，当U-2侦察机项目大白于天下时，这一事实才终获解密。“当时我正在内华达州的上空，”从6.5万英尺的高空俯瞰下去，古迪解释说，“我甚至可以看到300英里以外的太平洋。”

此外，雷·古迪还是全世界第一个在6.4万英尺遭遇引擎失灵的飞行员。这种状况极为危险，因为U-2飞机只有一部引擎，如果这部引擎失灵，飞机就会熄火。但是，古迪设法向下滑翔了4 000英尺左右，并且利用风力重新发动了引擎。“接着，引擎又熄火了。”古迪说。这一次，他下降了3万英尺，约合5英里还多。来到低空后，古迪重新发动了引擎，而且没有再熄火。古迪的飞机刚刚着陆，鲍勃·墨菲就开始查找引擎故障的原因。当然，在1955年，世界上还没有哪位机械师能够解决引擎在6.4万英尺的高空意外熄火的问题。

25岁的试飞机械师鲍勃·墨菲总是一副志在必得的样子，没有什么飞机引擎故障能够难得住他。1956年冬，他顺理成章地被提升为负责引擎机械的主管。“我之所以会喜欢这份工作，是因为凡事你都可以亲手去做，”在回忆起格鲁姆湖早年的岁月时，墨菲说，“而绝对不用担心政府部门的干预，所以我们才能最终完成任务。”负责对51区进行严密监视的只有一个人，那就是理查德·比斯尔，这里的人们都把他称作“比先生”。比斯尔的大部分职责就是保证51区能够正常运转，正如他本人所言，“处理好与这种激进新型飞机有关的政策问题”。比斯尔经常往返于华盛顿和51区之间，并且对自己统治下的这个基地感到十分满意。

“他总是神不知鬼不觉地在这里来回走动。”鲍勃·墨菲回忆道。“有时候，他会突然出现在湖床上，向飞行员和机械师问好，然后看着U-2

飞上天空，”墨菲说，“对于我们所做的事情，比先生总是表现出极大的热情。很快，他就会乘坐一架没有任何标志的飞机，再次消失得无影无踪。”但是对墨菲来说，他很少去担心自己的“客户”（这是洛克希德公司称呼中情局的代号）。墨菲总是忙着试飞，有时候每天要负责 2 ～ 3 架 U-2 的飞行。“我的职责就是帮助飞行员检查飞行设备，设法让飞机上升到 7 万英尺的高空并在那里飞行 9 ～ 10 小时，然后开始拍摄照片。从来不会没有事情可做。我喜欢这份工作，这就是我们每天所做的事情。”

洛克希德公司试飞员的任务就是尽快完成 U-2 飞机的试飞工作，然后交给中情局的飞行教官汉克·梅尔迪克，再由他教给中情局从全国各大空军基地招聘来的飞行员如何驾驶这种飞机。比斯尔雄心勃勃地表示，要在 1 年之内飞越苏联的领空。

对于共产党在氢弹和远程导弹上取得的进展，中情局表示高度关注，因此才在仓促之间决定对苏联进行高空侦察，结果导致一架 U-2 在西部地区坠毁。当时，“铁幕”之后的人工情报工作陷入了空前的低谷。但是对于中央情报局来说，好消息是世界上并不存在真正的铜墙铁壁，只有继续进行高空侦察，才能确保美国的安全。U-2 飞机无疑是中情局获取苏联重要情报的最佳选择，因为只要能够拍摄到一张照片，就相当于 1 万名地面特工人员提供的所有信息。

中情局骗局

艾森豪威尔总统之所以要让中情局负责整个高空侦察工作，正如他后来写到的那样，是因为空中侦察项目只能通过“非传统手段开展”[②]。也就是说，除了少数经过精挑细选具有“按需知密”权限的人员以外，艾森豪威尔总统希望包括国会在内的任何其他人都对这个秘密项目一无所知。此外，他还希望 U-2 侦察机的驾驶员不要穿军服。在 U-2 问世以前，还没有哪个国家在和平时期对另一个国家定期进行空中侦察。因此总统担心，U-2 执行的任务一旦暴露，苏联乃至整个世界就会参透美国的居心，并且进行公然对抗。反之，如果驾驶员是中情局的特工，总统就可以宣称美国军方对此毫不知情。

尽管比斯尔总是神龙见首不见尾，但是 51 区发生的一切却处于他的绝对掌控之中。最为突出的是，在他的操作下，这个地处偏远荒漠之中的基地成了一个完全独立的机构[③]。比斯尔说服艾森豪威尔总统，将 U-2 项目从中情局的组织系统图中去掉。“U-2 成了中情局一个与世隔绝、自给自足的项目。”在提到格鲁姆湖的这个秘密王国时，比斯尔这样说道。暗中开展 U-2 行动的部门代号为“发展计划部”，然而这个貌似平淡无奇的部门却是中情局唯一一个拥有独立通讯处的分支机构。

在比斯尔看来，政府部门的监督只会带来不必要的干扰，他告诉自己的同事，国会及其委员会妨碍了自己完成那些必须完成的事情。这样一来，比斯尔在 51 区从事的活动几乎不会受到任何掣肘。每个月，他都会向总统提交一份长达 5 页的关于该项目的情况汇报。与此同时，在美国第一个侦察机项目上，比斯尔独断专行、大权在握的做法却得罪了军中的一位高级将领。历史证明，一旦遭到此人的愤恨，将是一件极为危险的事情。这个人就是柯蒂斯·李梅将军。

对于整个“感光板计划”，中情局全权负责；但是在 U-2 项目的具体行动上，却需要中情局、美国空军和洛克希德公司三方的通力合作。洛克希德公司负责设计飞机、提供第一批试飞员和机械师。空军方面负责开展支持行动，并为中情局提供从追踪战机到轮胎装卸工具的一切必需物品。但是从一开始，比斯尔就玩弄权术，把洛克希德公司而不是美国空军作为“感光板计划”的合作方。他与洛克希德公司的凯利·约翰逊心照不宣，准备在尽量减少空军参与的情况下，让 U-2 侦察机飞上天空。

事实上，在该项目开展的初期阶段，空军方面几乎被完全排斥在外。早在空军研发部门负责人获悉 U-2 侦察机和 51 区的试验基地之前，洛克希德公司就已经制造出第一架 U-2 飞机，并且由该公司的试飞员在格鲁姆湖进行了首次试飞。这无疑是对空军方面的公然蔑视，而比斯尔也因此惹毛了不少高级将领。其中很多人都对中情局心怀怨恨。

然而，截至 1955 年底，数十位现役空军人员被派遣参与 U-2 行动。很快，中情局开始进行飞行训练，每天都要派出多架 U-2 侦察机执行实地任务，而“感光板计划”也准备开始执行海外作业，此时空军部门的飞行技术成了不可或缺的因素。但是现在，这些空军军官和现役士兵实际上的指挥官却不是柯蒂斯·李梅，而是理查德·比斯尔。可以想见，李梅对此感到极为恼火。

1955 年初秋，这两人之间的矛盾终于爆发，艾森豪威尔总统不得不出面进行干预。李梅质问，为什么负责这个项目的不是自己。现在，总统必须就谁是 51 区和 U-2 计划的正式主管做出最终决定。比斯尔不顾一切地想要继续自己在这个重大项目上的控制权。“这是一项富有挑战的至高无上的事业，它不仅获得了总统的大力支持，而且还有很多杰出的科学家鼎力相助。”数十年后，比斯尔在自己的回忆录中这样写道。虽然李梅从一开始就对 U-2 计划十分反感，但是他仍然据理力争，认为凡是与飞机有关的项目，都必须由空军部门掌管。直到事后，人们才发现，李梅之所以想要将 U-2 项目据为己有，很可能只是为了获得控制权。

最后，是否具有巧言令色的雄辩能力，是总统做出决定的一个重要因素。④中情局完全符合这个特征，而空军却无法做到这一点。如果由中央情报局负责，一旦有 U-2 飞机被击落，政府就可以对外宣称，美国根本不存在任何侦察机项目。此外，空军飞行员必须身着制服，但是驾驶 U-2 飞机的中情局特工却穿着平民的服装，为了掩人耳目，可以说自己正在从事气象研究，至少他们计划如此。于是，1955 年 10 月底，这场争端终于尘埃落定。艾森豪威尔总统指示空军参谋长内森·特文宁，将侦察机项目和 51 区的管辖权授予中情局。空军部门的责任，艾森豪威尔说，是为该项目提供一切必需的行动支持。

其中之一便是负责管理进出 51 区的航班。由于 U-2 属于机密项目，所以比斯尔不希望看到总是有人从基地进进出出或者住在拉斯维加斯。正如比斯尔担心的那样，如果有权了解该项目的人员住在这个“罪恶之城”，并且经常搭乘航班出入51区，他们就会吸引外界的注意。更何况，当地居民都有自己的亲朋好友，但是这些外来者却不会与他人交往。这就意味着，每天都有一架C-54运输机从洛克希德公司在加利福尼亚州伯班克的飞机场和51区之间往返，运送有关人员。在过去的4个月中，雷·古迪总是载着鲍勃·墨菲在伯班克和基地之间穿梭，而现在他们也要像其他人一样搭乘空军的C-54运输机。

鲍勃·墨菲对C-54运输机的机械构造十分熟悉。1948年至1949年，在冷战时期第一次严重的国际危机——柏林危机期间，墨菲身在德国，是C-54上的一名工程师，负责从威斯巴登的一个军事基地向柏林空运燃煤以及其他物资。在伯班克和51区之间往返时，鲍勃·墨菲经常和这架秘密行动飞机上经验丰富的驾驶员乔治·帕帕斯闲谈。一旦提起C-54飞机，帕帕斯和墨菲就会聊上几个小时。

1955年11月16日晚，帕帕斯载着墨菲、雷·古迪和洛克希德另一个名叫罗伯特·西克尔的飞行员从基地飞往伯班克，共同参加洛克希德公司在鲜花峡谷大橡树旅馆举行的一次聚会。鲍勃·墨菲只会在那里待一个晚上，按照原定计划，次日清晨他必须乘坐帕帕斯的C-54运输机飞回基地。但是，墨菲在宴会上喝多了，很快就沉沉睡去。

第二天，当闹钟响起时，鲍勃·墨菲仍在呼呼大睡，因此共有11个与理查德·比斯尔“感光板计划”有关的人员穿过伯班克的机场，登上了帕帕斯的C-54运输机，准备返回51区。除了帕帕斯外，飞机上还有副驾驶员保罗·E.温纳姆和乘务员盖·R.法索拉斯。在旅客名单上，他们的目的地是“沃特敦机场”（Watertown Airstrip）。

按照要求，帕帕斯必须保持无线电静默，但是在起飞一小时后，他突然打开无线电求救，并且表明了自己在空中的位置。当时，帕帕斯所处的拉斯维加斯北部正下着大雪，因此他担心飞机可能已经偏离了航向。

在附近的内利斯空军基地，一个名叫阿尔弗雷德·阿内霍的参谋军士无意间收到了这个令人困惑的信号。在他管辖的这个地区，当天的记录上没有任何民航班机或者军用飞机。

阿内霍仔细倾听，希望能够收到进一步的讯息，但是这个信号却再也没有出现。阿内霍感到大惑不解，于是将这次事件记到了自己的航空日志上。几分钟后，帕帕斯驾驶的运输机撞上了查尔斯顿山由花岗岩构成的峰顶，机上所有成员全部丧生。假如帕帕斯的飞行高度再高出 30 英尺，他就应该能够安全飞过这座山峰。

在加利福尼亚，鲍勃·墨菲猛然惊醒。他看了看闹钟，这才意识到飞往 51 区的航班已经离开 3 个小时了。墨菲感到异常愤怒。酩酊大醉后睡过头，这完全不像自己的作风。在洛克希德公司工作的 4 年中，他从来没有请过一天假，甚至没有迟到过一次。

墨菲知道，即使现在赶往机场也无济于事，因为运输机肯定早就飞远了。他只好强打精神，到外面吃早饭。鲍勃·墨菲坐在一家餐馆里，听着柜台那边传来的广播。这时，一则插播新闻突然打断了正在播放的音乐。一架 C-54 运输机在拉斯维加斯北部的查尔斯顿山顶坠毁。播音员说，目前还没有进一步消息，但是飞机上的人员很可能已经全部遇难。墨菲立刻想到，在查尔斯顿山顶失事的那架飞机一定就是自己没有赶上的 C-54 运输机。

刹那间，墨菲简直不敢相信眼前发生的事情。他满怀悲痛地回到自己的住所，在房间里踱来踱去，最后决定找一家酒吧喝酒。“当我打开前门时，洛克希德公司有人正准备举手敲门，”时隔 54 载，墨菲仍然清楚地记得当时的情形，“我盯着他，他也盯着我。接着，这个人突然变得面色惨白，好像遇见了鬼一样。我的名字也在那架飞机的旅客名单上，在清点人数时，负责安全的官员划掉了我的名字。洛克希德公司的人来这儿是准备向亲属通知我的死讯，但是我却活生生地站在那里。”

在 250 英里的查尔斯顿峰顶以东，失事飞机的残骸仍在噼啪作响。

远在拉斯维加斯以南 10 英里外的亨德森，人们可以清清楚楚地看到山上冒出的滚滚浓烟。当天下午，哥伦比亚广播公司派出一队新闻人马从 158 号公路驶向出事地点时，却在中途遭遇了军方设置的路障。荷枪实弹的军官告诉记者，一架军用飞机在前往印第安泉基地例行公事时不幸坠毁。军方关闭了通往凯尔峡谷的公路。

与此同时，比斯尔从 51 区派出数架 U-2 侦察机，以协助空军准确定位失事飞机的方位。这次突如其来、出人意料的惨剧反倒成了 U-2 飞机的“首次任务”。为了找到那些装满机密文件的手提箱，U-2 侦察机的高空精准定位能力恰好派上用场。最后，中情局负责训练 U-2 飞行员的教官汉克·梅尔迪克终于找到了失事飞机的残骸。

在接下来的 10 年中，发生了一系列与 51 区有关的空难，而这次坠机事件仅仅是一个开始。由于飞机坠毁本身就是一条耸人听闻的消息，因此从事故调查员到当地媒体，泄密的可能性不计其数，从而极大地增加了行动暴露的风险。查尔斯顿山上发生的第一次坠机事件，以一种出人意料的方式为中情局开创了一个先例。就像往常一样，中情局立即封锁了事发现场，并且针对媒体准备了一篇托词。但是，随着调查的不断深入，中情局已经无法完全控制整个舆论。人们急不可耐地想要了解情况，由于缺少可靠的消息来源，媒体就将自己不够准确的版本拼凑了起来。

据当地最大的一家报纸《拉斯维加斯评论报》披露，官方之所以对此次坠机事件讳莫如深，是因为飞机上的核物理学家很可能正在内华达试验场研究一种高度机密的新型武器。直到此时，记者们才不再刨根问底，而这些主观臆测的报道很快就被人们当成了确凿无疑的事实。这次经历让中情局恍然大悟：它完全可以利用公众的普遍预期和媒体想要澄清事实的欲望，让事情朝着有益自己的方向发展。公众有可能在不知不觉间为中情局将那些意义重大的虚假情报传播出去。

借用中央情报局的术语来说，战略上的欺骗有两种：一种是遁词，另一种就是虚假信息。所谓遁词，就是让人们把真相当作假象；反之，虚假信息就是让人们把假象当作事实。换句话说，遁词可以用来掩盖事实，而虚假信息可以用来传达错误的情报。在需要传播虚假情报时，中情局可以故意误导媒体。当媒体大肆报道错误的讯息反而让机密隐藏得更深时，中情局就可以高枕无忧了。查尔斯顿峰的坠机事件造成了U-2项目最大的一次人员伤亡，但是始终不为人知。直至2002年，中央情报局才承认了这一事实，而那些遇难者的家属也才知道，自己的亲人死于中情局一个高度机密的项目。

这次坠机事件导致空军丧失了承担51区运输任务的资格。在接下来的17年中，往返于该基地的航班均来自洛克希德公司。从1972年起，中情局逐渐将51区的管辖权交给了空军部门，而进出航班的任务也开始由国防部接替。然而，国防部并没有真正向这个地下基地派出过一架军用飞机，而是雇用EG&G公司全权负责。截至1972年，EG&G公司变得位高权重，并且深得美国政府最高层的信任，就连“空军一号”的部分安全系统也出自该公司之手，因此国防部的这一举动并不让人意外。

矛盾的媒体公关

当U-2侦察机开始飞出51区时，商务班机飞行员和空中交通管制员关于UFO的目击报告很快就在中央情报局泛滥成灾。虽然后来U-2侦察机被涂成了黑色以便在空中遮人耳目，但在当时它们的机身却是银白色的，狭长的机翼由于反射了上层空间的光线而闪闪发亮，因此在加利福尼亚州、内华达州和犹他州的居民看来，这些飞机就是一架架UFO。此外，U-2侦察机所处的海拔也容易让人们产生误解，因为在20世纪50年代中期，商务班机的飞行高度一般在1万到2万英尺，但是U-2侦察机却可以在7万英尺的高空翱翔。此外，这种飞机奇异的外形也着实令人费解，由于机翼长度将近机身长度的2倍，整架飞机看起来就像一个由烈焰组成的十字架。

1955 年，UFO 现象席卷美国已经长达 7 年之久，而现代人对于不明飞行物的狂热正式开始于 1947 年 6 月 24 日。当时，一个名叫肯尼思·阿诺德的搜救飞行员正在搜寻一架失事飞机，忽然发现有 9 架飞碟在华盛顿州的上空疾驰而过。大约 2 周以后，又发生了罗斯威尔坠机事件⑤。截至当月底，新闻媒体关于不明飞行物的目击报道已逾 850 次。有关飞碟的传闻也在国内不胫而走，公众的恐慌情绪日渐升级，人们强烈要求军方对此做出回应。

1997 年，中央情报局解密了一份关于 UFO 的调查报告。据该报告记载，空军最初曾经部署了两项计划。其一是秘密的，开始叫作“碟子计划”（Project Saucer），后又更名为“痕迹计划”（Project Sign）；其二是公开的，即人称“怨恨计划”（Project Grudge）的空军公共关系运动。“怨恨计划”的目标是，“说服公众相信，UFO 并不奇怪也不值得人们大惊小怪”。本着这一宗旨，一些空军军官陆续在电视台和广播电台露面，就 UFO 事件发布报告。这些空军军官声称，人们所看到的不明飞行物只不过是行星、流星甚至“巨大的冰雹”而已，并且断然否定它们有可能会对人类造成威胁或者来自地外文明的说法。然而，这项计划并没有平息公众的舆论。

时值核军备竞赛进入高潮阶段，由于担心世界会在核武器的浩劫中毁于一旦，许多美国人的心理天平已经极度失衡，到处都是有关“善恶对决”和“世界末日”的风言风语。1951 年，好莱坞制作了一部名为《地球停转之日》的影片，内容讲的就是外星人准备毁灭地球。两年以后，《世界争霸战》也被拍摄成电影，并且荣获了奥斯卡金像奖。就连名噪一时的精神病学家卡尔·荣格也趁热打铁出版了一部专著，认为 UFO 是民众对于核毁灭集体焦虑情绪的一种心理投射。有关不明飞行物的目击报告仍然接连不断，而空军方面和中情局也对此展开了密切关注。

在51区，U-2侦察机曾经一而再再而三地被误认为UFO，分析家们虽然不以为然，但是却不得不面对这一事实。然而，中情局的官员普遍认为，较之于应对公众对于空中某种奇怪物体的狂热情绪，他们有更重要的事情需要考虑。在他们看来，关于UFO的报告显然更适合那些整日坐在办公桌前的空军军官们进行处理。尽管百般无奈，中情局还是设立了一个专门搜集不明飞行物数据的秘密部门。鉴于该部门的分析人员能够轻而易举地获准接触U-2侦察机的有关情报，设立这一部门也就不足为奇。他们认为，中情局不应该纡尊降贵，去处理诸如UFO目击事件之类的街谈巷议。这种态度在局里可谓上行下效、蔚然成风。

中央情报局局长艾伦·杜勒斯不仅从骨子里就是一个精英主义者，而且还是出身于二战期间陆军间谍部门战略服务处的老牌谍报人员。杜勒斯倾向于那种绅士作风的间谍手段，对高科技的东西不太感冒[⑥]，而这也正是他从一开始就指派理查德·比斯尔掌管U-2侦察机有关事宜的原因所在。至于UFO的问题，杜勒斯委任自己过去在战略服务处的同事托多斯·M.奥达伦科进行处理，并且将UFO部设在奥达伦科执掌的物理部之下。然而几乎与此同时，根据1997年解密的一份中情局专题报告显示，奥达伦科“开始想方设法让自己的部门摆脱调查有关UFO报告的责任”。但是无论如何，对于中情局来说，UFO事关国家安全，仍然是一个至关重要的问题。

艾伦·杜勒斯手头有关不明飞行物的档案是从中情局前任局长沃尔特·比德尔·史密斯将军那里继承过来的。这些档案无论是在过去还是现在，都是中情局历史上屈指可数的高度机密之一。因为这些档案至今仍未解密，对于比德尔·史密斯究竟向自己的继任者吐露了多少实情，人们无从得知。但是比德尔·史密斯极有可能根据“按需知密”权获准了解到陆军情报部门某些最为机密的计划，而其中也可能包括军方在罗斯威尔搜索飞碟的内幕。

在“骚扰行动”（Operation Harass）对霍顿兄弟展开搜寻期间，比德尔·史密斯时任纽约州总督岛第一军军长，而那里正是军方对“回形针计划”（Project Paperclip）的科学家们进行监控、评估以及他们从事研究和建造工程的所在地。当俄亥俄州莱特 - 帕特森空军基地遗留的残骸被运往内华达州的沙漠地带时，比德尔·史密斯已经成了中情局的局长。至于当时有关此类秘密项目他究竟获准了解多少，时至今日仍然是 51 区最大的一个谜团。

1950 年至 1953 年，比德尔·史密斯出任中情局局长，是哈里·杜鲁门总统和陆军五星上将德怀特·艾森豪威尔绝无仅有的几名心腹之一。数年前，艾森豪威尔将军在第二次世界大战期间担任欧洲最高统帅，而他的参谋长正是比德尔·史密斯。史密斯的几位挚友经常熟不拘礼地称他为“甲壳虫”，但是大多数人都把他视作艾森豪威尔的“打手”敬而远之。由于比德尔·史密斯雷厉风行，有一次乔治·S. 巴顿需要整肃军纪，这个责任自然而然地落在了比德尔·史密斯的肩上。当纳粹在盟军的包围圈中四面楚歌时，也是比德尔·史密斯受命为最终协议措辞。

在冷战刚刚拉开序幕时，比德尔·史密斯从美国权力最核心的地带对苏联进行打击。从 1946 年到 1948 年，他代表杜鲁门总统出任驻苏联大使，这一经历让他成了中情局第二任局长的不二人选。在冷战初期，有关苏联的情报是中情局的重中之重，因此对于苏联人的一举一动，凡是美国政府获悉的情报，比德尔·史密斯可谓无不知情。1950 年 8 月 21 日，史密斯接任中央情报局局长，但是关于不明飞行物他根据“按需知密”权究竟了解多少内幕，几乎无人知晓，这更让他在人们的眼里变得深不可测。

从业已解密的文件中来看，比德尔·史密斯要求所有手下必须接受自己从应对苏联人和所谓 UFO 的个人经历中得到的教训：只有那些惊慌失措、精神失常的人们才会妄想 UFO 来自其他星球。史密斯将军断然否认 UFO 来自地外文明，并且据此制定了中情局的有关政策。“这简直是无稽之谈”，1952 年，他在自己的回忆录中这样写道。与杜勒斯不同的是，比德尔·史密斯独具慧眼，早就看到了UFO对于中情局在国家安全方面可能造成的影响。

对于一个像史密斯将军这样的理性主义者来说，“早在几百年前就有过这样的记载，天空中曾经飞过一些奇形怪状的东西”，这话倒也不错，因为不明飞行物的历史至少和《圣经》一样古老。在《旧约全书》的几种译本中，都提到了一个碟子形状的“以西结之轮”（Ezekiel’s wheel）在空中飞驰而过。在中世纪，飞碟也曾以包括油画和马赛克镶嵌画在内的不同艺术形式出现过。UFO研究者们最喜欢引用的一个例子就是，据英国1783年以来的油墨印件记载，有2名国王剧团的成员在位于伦敦温莎城堡的台阶上亲眼看到，幕后曾经飞过几个小型的飞碟，不过研究人员无法确认他们所说的那些东西究竟是什么。

史密斯表示，“对于人们在空中看到的种种物体”，他不能“一概而论”，比如喷火战斗机“在二战期间的飞行员看来就是一种无法解释的现象”。这些现象，史密斯解释说，其实就是“像圣艾尔摩之火那样的……一道道光弧”（圣艾尔摩之火，St. Elmo’s fire，是一种由于雷雨中强大电场造成场内空气离子化在船只桅杆顶端等尖状物体上产生的蓝白色闪光。——译者注）。

和总统的科学顾问万尼瓦尔·布什一样，中情局局长比德尔·史密斯最担心的也是政府部门对事态的控制能力。为此，他责成中情局就民众对UFO的狂热情绪采取果断措施。根据业已解密的文件，在比德尔·史密斯的任期内，中情局认定，苏联正在酝酿一个极为恶毒的计划，而该计划已经在罗斯威尔事件中初露端倪。幸运的是，当时参谋长联席会议仅用一个气象探测气球的故事掩盖了全部事实。

但是，敌人的暗中宣传很可能再次出现，而一场巨大的飞碟骗局会让美国的早期防空预警系统陷入瘫痪，届时苏联一旦发动空袭，美国就会变得岌岌可危。“如果任由这些与敌对势力无关的低级报道充斥于信息渠道，有朝一日民众的恐惧也许就会弄假成真。”史密斯不无忧虑地警告国家安全委员会说。现在，全国境内有关 UFO 的目击报道源源不断，这就像有人在喊“狼来了”一样，中情局局长提醒道。

1952 年，为了应对民众对 UFO 的狂热情绪，比德尔·史密斯在中情局内部建立起“心理战略委员会”，并指示其成员集思广益，为美国国家安全的最高政策制定机构——国家安全委员会提供“有关不明飞行物问题”的建议。比德尔·史密斯的心理战略委员会成员认为，从国家利益的角度来看，美国民众极易受到“集体狂热行为”的影响。此外，该委员会声称，民众轻信 UFO 的存在，已经对国家安全构成了日渐严重的威胁。从心理学角度来看，民众易于受到蛊惑，有可能“危及当局”，甚至动摇中央政府的地位。如果斯大林发动飞碟骗局，美国国内就会再次出现广播剧《世界争霸战》播出后所导致的混乱局面。

鉴于上述原因，比德尔·史密斯授意中央情报局转告国家安全委员会，应当从官方来对所谓飞碟的真实性表示质疑。据 1993 年解密的有关文件显示，中情局开展了一场大规模的“揭秘”行动，以减少公众对于飞碟的兴趣。唯一与比德尔·史密斯的想法背道而驰的，是苏联方面进行的“狡诈的敌对宣传”，因此中央情报局需要采取相应的秘密措施。中情局建议，可以联合“包括电视、动画和流行文化等在内的大众媒体”，在民众中开展一场教育行动。

此外，中情局还提议，可以通过广告机构、商务会所甚至“迪士尼公司”，将这一讯息传遍全国。其中一个计划就是在电视上播放 UFO 事件的真实记录，然后证明它是错的。“借助这些迷惑视听的手段”，心理战略委员会解释说，就像魔术师的把戏被揭开后人们不再相信魔力了一样，“揭秘行动会使公众对飞碟的兴趣大幅减少”。

至于中情局究竟采取了哪些实际行动，直到 2011 年仍然没有解密，但是让比德尔·史密斯始料未及的是，对于中情局的设想，媒体表现得毫无兴趣，因为它们有自己的计划，UFO 的故事可以让报纸的销量大增。

1952 年，《生活》杂志的出版商准备发布一篇关于 UFO 的大型独家报道。该杂志的记者不知从何处获悉，美国空军一面对飞碟的档案秘而不宣，一面极力向公众否认这一事实。这可是一则大新闻，届时一定会让《生活》杂志变得炙手可热。就在该杂志出版前一周，空军部门听到了有关这则报道的风声。为了减轻报道可能造成的巨大影响，军方决定改变过去5年中否认自己正在对飞碟进行积极调查的做法，并且主动参加在加利福尼亚州洛杉矶召开的一次UFO会议。

要想知道空军对这个奇异圆形飞行物的态度，必须先了解过去5年中军方开展的两项自相矛盾的行动：其一是“痕迹计划”，旨在对空军关注的UFO问题进行调查；其二是“怨恨计划”，旨在向公众表明，空军并没有对UFO现象感到担忧。1947年7月，在“飞碟热”开始的1个月内，媒体上共有850起关于UFO的目击报道，其中至少有150起引起了军方情报人员的关注，他们曾经就此撰写报告，并且将其递交莱特空军基地的技术情报处进行分析。

6个月后，即1948年1月，美国空军技术服务指挥部的主管内森·特文宁将军发起了始称“碟子计划”的“痕迹计划”，在空军内部建立了第一个研究UFO的秘密组织。在这次行动中，空军部门一面坚持否认自己正着手调查飞碟现象，一面派遣数百人对成千上万起UFO目击事件进行搜集、研究和分析。

在暗地里，空军部门的圈内人士十分清楚，正是美国军界对UFO表现出的兴趣，煽动了民众的狂热情绪，因此官方需要结束这项名为“怨恨计划”的公共关系运动。

1949年12月27日，空军方面对外界宣布，鉴于没有必要继续进行UFO调查，现在正式终止这项计划。与此同时，UFO的秘密研究项目仍在暗中展开。1952年，美国空军建立了另一个更为机密的UFO调查组织，即“蓝皮书计划”（Project Blue Book）。对于军方正在从事的UFO研究活动，空军部门向公众隐瞒了全部实情，而这一事件成了后来那些相信飞碟来自地球以外的研究专家激烈争论的一个焦点。

UFO 的目击报道似乎源源不断。在这些报道中，人们除了认为自己看到过飞碟以外，还有越来越多的民众声称，他们在天空中看到了一些明亮的绿色光线。

这些报道引起了空军的格外关注，因为大多数目击事件发生在新墨西哥州包括洛斯阿拉莫斯、桑迪亚和白沙试验场军事敏感区域的附近。从 20 世纪 40 年代末起，关于"绿色球状发光体"的报道就不绝于耳，其目击者中甚至包括一些声名卓著的科学家和天文学家。在空军部门的档案里，这些目击报告被列入"绿色火球"的类别下。

1949 年，空军地球物理研究部启动了"闪烁计划"(Project Twinkle)，对上述与光有联系的现象进行专门调查。这些物理学家在美国多处空军基地建立观测点，并采用陆军通信工程试验设备对其电磁频率进行测量。空军部门为国内的所有空中交通管制员秘密配备了绰号"维睹"(vidoon) 的 35 毫米照相机，要求他们拍下任何异常的现象。这项计划是在严格的保密程序下进行操作的，而当事人均受到了警告：在任何情况下，都不能让公众得知军方正在对 UFO 进行调查。但是，随着"闪烁计划"和"蓝皮书计划"的规模变得越来越庞大，一些国会议员开始心生好奇。而对他们，空军官员则反复重申，根本不存在此类档案。

失控的飞碟热

这些空军调查员逐渐发现，许多 UFO 现象是可以解释得通的。被派往白沙导弹试验场，在"回形针行动"科学家住所附近霍洛曼空军基地的一组科学家认为，大多数声称看到了飞碟的目击者其实只是看见了 V-2 火箭尾部的飞行云，还有一些人看到的可能是流星、宇宙射线或者正在航行的飞机。另一队研究人员认为，鸟类，尤其是"一群海鸥或大雁"很容易被人们误认为飞碟。然而，有关 UFO 的目击报告仍然泛滥成灾。

1997 年，中情局解密了一份有关 UFO 的报告——《情报研究》。该报告记载，截至 1951 年，空军部门对全国境内 800 至 1 000 次目击事件进行了暗中调查。到了 1952 年底，这一数字攀升为 1 900 次。负责搜集数据的官员约见了上千名公民，并且告诉他们不要向外界透露自己曾经与军方见面的消息，然后在保密协定上签上自己的名字。

在过去的几十年中，这些长达 7.4 万页的调查报告始终不见天日，如果将它们堆积起来，足足有 37 立方英尺（1 立方英尺≈0.03 立方米。——译者注）。然而，在每件可以解释的目击事件中，都存在着少数对于空军部门派出搜集数据却不具有“按需知密”权限的军官来说无法解释的现象，正是这种现象在这些空军调查员及某些高级官员的心中播下了怀疑的种子，其中有相当一部分人后来不仅离开了政府部门，而且还加入到了过去与自己势不两立的 UFO 研究专家队伍当中。

最终，空军部门为国家安全委员会得出的结论是，“几乎所有目击事件都与以下 3 种原因当中的一种或一种以上有关：集体恐慌产生的幻觉、对已知事物的错觉，或者是恶作剧”。那些用以上 3 种原因无法解释的目击事件被逐级提交至上级部门，然后由少数具有“按需知密”权限的内部人士进行解读。

20 世纪 50 年代中期，这群人包括在托多斯·奥达伦科手下工作的中央情报局高层精英团体，他们负责将中情局 U-2 侦察机的航行路线与空军部门提供的不明飞行物报告进行对比。但是，无论有多少起目击事件可以进行善意的解读，发生在罗斯威尔的恶意坠机事件始终是一切无法解释的不明飞行物现象的鼻祖。除了极少数人以外，与这架飞碟有关的一切事情必须绝对保密。如果美国民众发现了事情的真相，以及政府在应对这一事件时的所作所为，就会引起一场轩然大波。

负责协作解决 UFO 问题的中情局分析师和空军方面有关人员都非常清楚：不能让公众知道 UFO 对政府造成的困扰。这是最高级下的命令。至于为什么要这样做，他们的级别不足以获得需知权限，而下级军官只能服从上级的命令。因此，空军部门派遣“蓝皮书计划”的两名军官柯克兰上校和E. J. 鲁佩尔特中尉前往加利福尼亚州参加UFO会议，坐在他们身旁的人们坚信UFO来自外层空间，其中一些是来自“洛杉矶民间飞碟研究组织”的国内顶尖的不明飞行物研究专家。

1952年4月2日，就在《生活》杂志关于UFO的独家报道发行前一周，柯克兰和鲁佩尔特与当时诸多研究UFO的知名人士一起坐在梅费尔宾馆的会议室里。这次会议吸引了大批媒体,其中包括《时代》《生活》《洛杉矶镜报》《哥伦比亚画报》等。这两名空军军官说在UFO事件上这些研究专家可能过虑了，为了让他们安定下来，柯克兰和鲁佩尔特答应向他们透露内幕消息。

作为回报，空军方面表示，他们需要“丢给”民间飞碟研究组织一些该组织可能“感兴趣的案件”。但当科学家们进一步施压，要求军方给予他们涉密权限以获取高度机密的资料时，空军部门则又开始支支吾吾了。“在我看来,我们没有理由不进行合作,”柯克兰开始转移话题，“如果我们不相互配合，我认为，那将是一件非常愚蠢的事情。”鲁佩尔特提出，为了表示诚意，空军部门将准许民间飞碟组织成员参阅军方搜集的有关情报。

1952年4月7日,《生活》杂志在头版发表了一篇题为“星际飞碟案件揭秘”的独家报道。在这篇长达16页的报道中，一开始就提到了空军部门。在文章的末尾，作者写道 :“时至今日，空军方面才终于承认，许多飞碟和火球的目击事件仍然无法解释。在此，本文将为您提供有关科学依据,以证明星际飞碟确实存在。”这篇报道进行了深入浅出的阐述，最后得出结论，UFO很可能来自地外文明。但是，空军部门参加此次UFO会议，还存在另一个原因。中情局的心理战略委员会曾敦促国家安全委员会“对诸如洛杉矶民间飞碟研究组织的私人UFO团体进行监视”，也正因为如此，中情局才经过暗中举荐，在洛杉矶举行的UFO会议上安插了两名空军军官。

在民间飞碟研究组织中，中央情报局最感兴趣的是一位参加过“回形针行动”的德国科学家沃尔特·里德尔博士。坐在梅费尔宾馆UFO会议室前排中央的里德尔博士是一个矛盾的结合体。当里德尔微笑时，如果凑近细看，就可以发现他的门牙是假的，他的真牙于1945年在德国斯德汀的盖世太保监狱里被踢掉了。里德尔曾经和佩内明德的火箭科学家韦纳·冯·布劳恩一起，在这座监狱里被关押了好几个星期。二战期间，里德尔是希特勒V-2导弹设计处的负责人。当陆军情报人员传来消息说，除了设计V-2以外，里德尔博士还曾为希特勒研制过细菌弹，在盖世太保监狱看守他的美国士兵便开始对他拳脚相加。在接下来进行的严刑审讯中，里德尔丢掉了自己的门牙。

第二次世界大战结束后，就像韦纳·冯·布劳恩一样，里德尔千方百计地想要美国军方雇用自己，只有这样他才能够在美国继续从事火箭研究。德国的军队已经土崩瓦解，更不用说火箭研究项目了，这也就意味着里德尔已经失去了工作。而苏联人对德国恨之入骨，因此对待这些从战争中掠夺过来的科学家就像奴隶一样。对于里德尔来说，如果美国能够给予自己这个工作机会，即使丢掉门牙他也在所不惜。

1947年1月，里德尔博士终于如愿以偿，加入到“回形针计划”当中。在科学的名义下，他昔日为纳粹研究化学火箭和细菌弹的不光彩经历也被洗刷得一干二净。现在，他即将面临的不再是纽伦堡的审判，而是前途一片光明的新生活，而唯一的条件就是，里德尔必须服从美国军方的所有要求。但是，仅仅数年以后，里德尔就开始在UFO问题上大肆鼓弄唇舌，这无疑说明，只有在特定的情况下，他才受制于“回形针计划”。

这一次，里德尔又参加了在加利福尼亚州举行的飞碟会议，意在煽动人们对于UFO的狂热情绪。他接受了《生活》杂志的采访，并且宣称自己“完全相信UFO来自地外文明”。在比德尔·史密斯看来，再没有比这更能激起民众精神恐慌的事了。里德尔已经不只是一个与美国最大的流行杂志遥相呼应的前火箭科学家了。当记者问及他的职业时，里德尔告诉《生活》杂志，他“正在为美国政府从事秘密工作”。

众所周知，里德尔博士在美国的事业是从得克萨斯州的布里斯堡军事基地开始的。在那里进行了数年的 V-2 火箭研究后，他被政府神秘地派到北美航空公司，并且成为该公司的一名工程师。有传言说，这是因为他与白沙导弹试验场的其他“回形针计划”科学家之间产生了“过节”。当他摇身一变进入私营部门，不再需要从政府那里支领薪水后，便立即摆脱了军方的控制。

显而易见，他是北美航空公司不可多得的人才，所以该公司才会让他负责火箭引擎的研究工作。然而，自从里德尔脱离政府部门的那一刻起，他就成了中情局的眼中钉、肉中刺。飞碟会议召开 1 年以后，中情局的特工仍在对里德尔进行秘密监视。1953 年初，特工人员尾随里德尔，来到了他在洛杉矶的课堂上。当他们获悉这位前“回形针计划”科学家及其热衷于 UFO 的同事“准备在洛杉矶地区上演一场精心策划的‘恶作剧’，以测试公众对于空中异常现象的普遍反应和可靠程度”时，不由得感到瞠目结舌。

于是，这场精心策划的恶作剧立刻被逐级上报至中央情报局，为那些高层人物敲响了警钟。1993 年解密的一份秘密备忘录中记载，1953 年 2 月 9 日，中情局科学情报处的主管对里德尔所在公司的做法极为愤怒。但是，现在的里德尔已经不再是“回形针计划”的科学家，因此除了对他以及和他有过密切交往的那些人继续进行密切监视以外，中情局很难采取其他措施。

此外，中情局还秘密跟踪了里德尔一个名叫乔治·P. 萨顿的同事⑦。萨顿既是北美航空公司的一位火箭科学家，也是一名 UFO 研究者。有一次，萨顿进行了一次题为“‘铁幕’后的火箭研究”的演讲，中情局发现这个飞碟研究团体对于苏联境内的 UFO 目击事件比所有专门负责监视类似情报的特工人员掌握的信息还要多，这让他们大为震惊。

自从 1950 年比德尔·史密斯就任中情局局长之际，他就发现关于苏联 UFO 的情报少之又少，并且因此大感懊丧。斯大林似乎将一切媒体都阻挡在了有关UFO的信息之外。在1947年至1952年，中情局的分析人员检索了所有的苏联媒体，仅发现了一处相关内容，一篇社论中一带而过地提到了美国的UFO。那么为什么关于苏联UFO的情报，里德尔的飞碟组织比中情局知道得还多？

这件事情引起了中情局的高度关注，比德尔授意“回形针计划”中里德尔的上级设法让里德尔规矩一些。这位上级“客客气气地向里德尔博士间接暗示，要他与民间飞碟研究组织的正式成员脱离关系”。但是，这位固执己见的科学家却拒绝停止自己正在从事的活动。谁也不清楚他后来的下场如何。至于里德尔和他那些热衷于UFO的同事是否成功地实施了这场恶作剧，以及他们是如何不受约束地搜集“铁幕”后苏联UFO和火箭有关信息的，都被封存进了“回形针计划”里德尔的档案中，其中大多数资料在时隔50余载后仍然没有解密。

1957年，根据中情局一本名为《中央情报局在UFO研究中的作用》的专著记载，美国本土发生的UFO目击事件，半数以上都与U-2侦察机有关。奥达伦科曾经千方百计地想要将UFO的责任推卸出去，但是却无功而返，而且不得不开始着手制定中情局应对UFO的政策。奥达伦科在一份秘密备忘录上阐述了在他看来中情局应该如何对待有关UFO报道的态度，并且将其转交给了科学情报处的主管：

保存现有的UFO档案，“维持现有对不明飞行物目击事件的了解”。

否认中情局保存了有关UFO的现有档案，并宣称“该项目从未启动”。

分清可以通过U-2解释的UFO现象与无法解释的UFO现象，“将那些可以辨识及可以解释的现象同那些真正属于‘不明飞行物’范畴的现象分离开来”。

在 UFO 的问题上，中情局煞费苦心地想要在国会和公众的眼皮底下瞒天过海。10 年后，这一做法就像打开了潘多拉盒子一样，引发了一场关于中情局的信任危机。“中情局掩盖了自己对 UFO 的兴趣，这正是后来导致人们指控其居心叵测、混淆视听的主要原因。”杰拉尔德·K. 海恩斯写道。海恩斯不仅是国家侦察局的一位历史学家，也是众所周知的中情局 UFO 问题专家。

为了将 UFO 这个麻烦的差事推掉，艾伦·杜勒斯亲自发起了“攻心战术”。当有民众写信对自己看到 UFO 表示忧心忡忡时，中情局采取的策略是置之不理。当有 UFO 团体写信来进行探讨时，中情局采取的策略是对该团体中的每一个人进行监视。当有众议员或参议员写信表达关注时，比如 1955 年 9 月，俄亥俄州众议员戈登·谢勒曾经致函杜勒斯，中情局采取的策略是由杜勒斯局长亲笔书写了一张措辞客气的便条，解释 UFO 属于执法问题，而这是中情局不便干涉的领域。

毫无疑问，这张便条将艾伦·杜勒斯盛气凌人的态度体现得淋漓尽致，但是却被 UFO 的爱好者们视作珍宝。因为在他们看来，这正是中情局试图掩盖外星飞碟存在的罪证。无论中情局的上述策略是真是假，事实证明，公众对于 UFO 的痴迷程度远比中情局预想的要强大得多。对于这些在天空中疾驰而过的神秘物体，普通民众远远无法获得足够的信息。随着他们了解的信息越多，他们的好奇心变得越发强烈，而他们不解的问题也越来越多。很快，美国民众就开始相信，中央情报局一定在隐瞒着什么事情，而这种猜测当然不是无中生有。

PART 2

第二部分
冷战时期的逆天试验

51 区就像难以索解的谜中之谜，外界对里面的事情一无所知：突破 9 万英尺高空、以 2 300 英里时速飞行的隐形侦察机在这里研发，拥有 7.4 万吨 TNT 炸药爆炸当量、杀伤力是广岛核爆 6 倍的原子弹在这里引爆……这片不毛之地试验了世界上飞得最高、速度最快的飞机，以及迄今为止在美国本土爆炸的最大威力核弹。

第4章

冲出“铁幕”

51 区发生的任何事情从一开始就被列为 TS/SCI，即高度机密或敏感分类处理信息，就连这一神秘安全政策的有关规定也同样属于高度机密。“TS/SCI 的秘密分级说明也被列为机密。”国家侦察局名誉历史学家卡吉尔·哈尔说道。这一政府间谍机构从 1958 年成立之日起，甚至连机构名称都成了高度机密，直到 1992 年才宣告解密。2011 年，大多数美国人仍然不知道国家侦察局是一个什么样的部门，它的职责是什么，以及它曾经是 51 区的合作机构，因为这些都是涉密信息。

苏联版 51 区

如果某个信息被列为 TS/SCI，就可以确保外人无法了解他们不了解的内容，而内部人士也只能获知他们具有需知权限的部分。在谈到苏联时，丘吉尔有一句名言被人们广为传颂，“它是一个难以索解的谜中之谜”。这句话同样可以用来形容 51 区。然而，丘吉尔这句名言的后半句却鲜为人知，“但是这个谜有一把钥匙，这把钥匙就是苏联的国家利益”。

在苏联这样一个国家里，保守秘密并不是什么难事，因此在面对苏联时，51 区必须效仿其保密措施，以确保 U-2 计划的安全。由于人工情报日渐式微，只有进行高空侦察，才有利于捍卫美国的国家利益。“从传统的秘密行动中，我们几乎得不到任何关于苏联的重大情报。”总统的科学顾问纷纷抱怨道。1954 年，在一份秘密国家安全报告中，他们竭力谋求“通过科学技术改善我们的情报工作”。

他们终于在 51 区如愿以偿。中情局不仅借用苏联的保密规定开展了有关行动，而且还将这一战术应用到了内华达州的荒漠之中。对于这一点，在欣慰之余，他们的头号敌人一定会感到瞠目结舌。就连空军运输机上的驾驶员在飞往这个秘密基地时，也不清楚自己究竟要去哪里。执行秘密任务的飞行员需要按照某个坐标飞到莫哈韦沙漠的上空，然后通过无线电呼叫一个名为“赛其”的超高频控制中心，再由该中心给出接下来的具体坐标。当飞机经过允许，准备在群山环抱的一片谷地中降落时，就会发现下方似乎根本没有跑道。只有当飞机距离地面仅余数百英尺时，跑道上的灯光才会突然亮起来。

中情局的飞行员也被蒙在了鼓里。这些人全都是从佐治亚州特纳空军基地的战略空军司令部和得克萨斯州的伯格斯特隆空军基地经过严格筛选出来的。在签订合约时，他们并不清楚是谁雇用了自己。现在回想起来，也许不难发现其幕后主使就是中情局，但是在 1955 年底，中央情报局成立仅有 7 年。“就好像小说中的情节一样，”赫维·斯托克曼回忆道，“有人告诉我在某一天下午 3 点 15 分到奥斯汀宾馆的 215 房间报到。于是，我按照指定的时间来到那里，然后敲了敲门。这时房间里走出一个身穿粗花呢大衣、相貌非常英俊的男子。他说：‘来吧，赫维……’这就是我第一次被引荐到中情局的经过。”

赫维·斯托克曼是美国最优秀的飞行员之一。他虽然为人和蔼，但也很英勇无畏。从普林斯顿大学毕业后不久，第二次世界大战爆发，他立即放弃了自己优越的生活，投身军中抗击纳粹。从在陆军航空兵团第一次驾驶飞机的那一刻起，他就爱上了飞行。在来到 51 区参加训练并成为首批 7 名 U-2 侦察机 A 分队的成员之一前，他已经在第二次世界大战和朝鲜战争中执行过 168 次飞行任务。

“51 区是一片荒野，”斯托克曼说，“我还记得，我们住在一辆拖车的三节车厢里。在格鲁姆湖，我们既不能给家人写信，也不能打电话。”1956 年 1 月，当斯托克曼他们首次进入 51 区时，那里“大约有 50 人”。从拖车停靠的地方步行就可以来到飞机库，“那里就是我们的训练地点，同样也是在一个拖车里面”。斯托克曼被安排到房门的右侧，他就是在这里度过了自己在 51 区的大部分时光。在他的记忆中，基地上唯一一处永久性建筑就是一个杂乱不堪的大厅。“四面望去，到处都是沙漠，”斯托克曼回忆道。有时候，还会有成群结队的野马来到格鲁姆湖畔寻找食物和水。“要想回到文明社会，就只有登上那些飞机。但是，偶尔有车辆来往，也都被严密监视，保安人员几乎随处可见。”

这些飞行员的身份同样被掩盖了起来。“每一个人都有自己的假名，我的是桑普森……但是我讨厌桑普森这个名字，于是便问，我能不能叫斯特里特？我说：‘斯特里特更适合我。因为我体型矮小，这个名字更像是真的。’他们回答：‘无所谓。你想当斯特里特，你就是斯特里特。’但是在他们的档案里，我还是桑普森。这些档案至今还保存在 51 区，而我的档案在桑普森这个名字下面。在这一点上，中情局考虑得十分周密。”

在休假期间，这些飞行员同样会受到严密的监视。虽然他们的行为也许没有什么值得关注的地方，但是必须确保他们没被苏联的克格勃盯上。A 分队的飞行员全都住在中情局为他们配备的位于加利福尼亚州的好莱坞的公寓里。每逢周末，他们就会在布朗·德比饭店聚会。“就连在这样的聚会场所里，也有保安监视我们。”斯托克曼解释说。

星期一早上，需要返回 51 区时，他们就在德比饭店集合，因为“这里是当地少数几个凌晨 5 点开门的地方”。前一天晚上，德比饭店的这些顾客大部分都没有睡觉。这 6 名飞行员都理着空军发式，个个身强力壮、目光犀利，护送他们的是两个身穿运动衫、打着领结的中情局特工。如果有人看到了这个场面，一定会觉得匪夷所思。他们经由卡胡恩加通道穿越好莱坞山，到达伯班克机场，再从那里乘坐洛克希德公司的航班飞往秘密基地。

“当时我们并不知道洛克希德公司也参与了这个项目，”斯托克曼解释道，“就连这一点我们也被蒙在鼓里。我们被称作‘驾驶员’。虽然其中有很多原因，但是在那个时候我们并不理解。这就是我们的职责。天知道，我们只不过是‘驾驶员’而已，而不是什么值得骄傲的人物。”除了学会怎样驾驶 U-2 飞机以外，对于其他的一切事情，这些驾驶员都没有“按需知密”的权限。有一次，斯托克曼问他的上级，如果飞机被击落、自己被俘该怎么办，“我们得到的回答直截了当：一旦被敌方俘虏逼问，我们知道什么就可以说什么。显然，作为地位低下的‘驾驶员’，我们了解的事情十分有限”。斯托克曼还说，在格鲁姆湖训练期间，“我们就连格鲁姆湖的名字也没有听说过”。

在地球的另一端，苏联人正在忙着打造自己的间谍计划。假如说 51 区有一个翻版，那就是位于莫斯科东北 40 英里处一个被称为 NII-88 的高度机密的地方。正是在那里，苏联的“韦纳·冯·布劳恩”——火箭科学家谢尔盖·科洛列夫正在从事一个秘密研究项目，该项目不仅很快就会让美国的军事科技显得黯然失色，而且还会将美苏之间的军备竞赛和太空竞赛推向高潮。由于担心苏联的顶尖火箭专家会遭到中情局暗杀，斯大林宣布将科洛列夫的名字列为国家机密，直至 1966 年斯大林死后，这一秘密才大白于天下。

就像在 51 区，中情局以外的人员只知道比先生而不知道理查德·比斯尔一样，在苏联人们只知道火箭首席设计师，而不清楚谢尔盖·科洛列夫这个名字。同样，51 区的内部人士习惯将其称作“农场”，而 NII-88 的科学家也将该地称为“局里”。正如 51 区一样，地图上没有 NII-88 这个地方。在之前，NII-88 还是一个名为“波德利普基”的小村庄。实际上，格鲁姆湖最初也只不过是一个叫作“格鲁姆矿”的“矿区”而已。无论是 51 区还是 NII-88，一开始都只有几顶帐篷和几座仓库，而且仅限少数政府高层人士进入。但是，后来它们却日渐壮大，均建立起了价值数百万美元的研发设施和间谍平台，其唯一目的就是为了超越对方。

1956 年，对于 NII-88，中情局只知道这是苏联俘获的数百位德国科学家忍耐辛劳从事秘密科研项目的地方。这些人就像是苏联版的“回形针行动”科学家，其中包括梅塞施密特飞行员弗里茨·温德尔所说的苏联设宴款待后在深夜掠夺过来的 400 名德国火箭专家。

直至 1955 年末，中央情报局才获悉 NII-88 的存在。当时，苏联认为他们已经榨干了这些前“第三帝国”科学家身上的血汗，所以准备将这些人遣送回德国。在得知苏联的遣返计划以后，中情局立刻抓住了这个机会，开始实施“龙回行动”（Operation Dragon Return）。大批中情局官员被派往德国境内，追捕那些曾经为苏联效命的科学家，并且从他们那里搜罗到了不少重大情报，其中包括苏联在无线电、电子和武器设计方面的技术资料。但是最让这些中情局特工感到困惑的是，在这些被遣返回国的科学家中，任何人都不清楚 NII-88 内部的情况。

可以想见，就像 51 区一样，NII-88 一定有着极为严格的保密措施，而这些德国科学家都不具有“按需知密”的权限。尽管中情局的特工们百般盘问，对于 NII-88，这些德国人也只知道，一批莫斯科的顶尖科学家和工程师正在那里从事某种高度机密的工作。在白沙导弹试验场，负责最为机密的导弹项目的是德国的火箭专家；与在美国不同的是，在苏联德国科学家只能屈居次席。因为无法获知 NII-88 重大技术项目的确凿消息，中情局所能做的就是进行推测。他们认为，苏联人很可能正在开发能够穿越高空到达美国本土的洲际弹道导弹。

如果中情局的猜测属实，那么美国必须迅速对这一威胁做出反应。1956 年，美国媒体经常大肆渲染“红色威胁”已迫在眉睫。当年 1 月的《时代》周刊也曾在苏联的导弹技术上大做文章。在这本杂志的封面上画着一枚具有人体形状的火箭，无论是眼球还是大脑都栩栩如生，这枚携带着核弹的火箭正在逼近美国的一座大城市。《时代》周刊的分析家称，大约5年后，苏联会在这场军备竞赛中大获全胜。接着，这位编辑又大胆预言，太平洋上空将爆发核战，而“致命的辐射云会一路飘到美国上空”。

让这一威胁变得更为严重的是，苏联元首目空一切的夸夸其谈似乎从未停歇。“我们制造导弹就像制造香肠。”赫鲁晓夫在电视上宣称。正如美国人担心的那样，如果苏联成功制造出了洲际弹道导弹，那么他们只需把核弹头装在导弹上，就可以攻击任何一个地方。“我完全相信，我们很快就能造出装有氢弹弹头的制导导弹，可以打到世界上的任何一个地方。”《时代》周刊的这篇文章发表不久，赫鲁晓夫就公然吹嘘道。

当苏联千方百计发展导弹技术时，性格强悍的李梅将军说服了参谋长联席会议，只有远程轰炸机才能够保证美国在战争中处于上风。对于导弹技术，李梅毫不掩饰自己的轻蔑，并且对此表示坚决反对。他手下负责研发的最高司令官托马斯·S. 鲍维将军告诉五角大楼的官员，与轰炸机飞行员不同的是，导弹“根本无法应对意外事件”。李梅的另一位部下克莱伦斯·S. 欧文将军也曾坦言：“我不知道怎样用导弹去震慑敌人。”

当参谋长联席会议还在就优先发展导弹技术还是轰炸机犹豫不决时，一枚枚核弹头正在以惊人的速度从新墨西哥州桑迪亚的生产线上滚落。10年前，即1946年，美国只拥有2枚核弹。到了1955年，这一数字剧增为2 280枚。李梅之所以要对导弹项目持反对态度，其中的原因显而易见：如果听任五角大楼将大笔资金用于研制能够携带核弹头的导弹，他的轰炸机就会失去重要性。事实证明，因为中情局理查德·比斯尔在51区开展的无谓的高空侦察，他已经失去了不少资金和人员。

U-2出动：窥视“铁幕”背后的秘密

1956年初，对赫鲁晓夫口头上的挑衅，美国空军发起了反击，而这正是柯蒂斯·李梅将军最擅长的事情——威胁、恫吓和展示实力。李梅集结了近千架B-47轰炸机[①]，对苏联能够携带核弹的轰炸机发动了一次模拟进攻。大批美军飞行员从阿拉斯加和格陵兰岛的空军基地出发，向着北冰洋的另一边直奔而去，在接近苏联边境时突然调头，然后急速返航。由于苏联事先并不知道李梅的轰炸机会中途撤离，对他们来说，这场演习无疑是一次令人心惊胆战的经历。为了进一步刺激敌人，1956 年 3 月 21 日，李梅指挥轰炸机飞行员开始执行一项高度机密的任务，这也是“全垒打行动”（Operation Home Run）的组成部分，而该行动直至 2001 年才得以解密。李梅派遣美国速度最快、经过改进的 B-47 轰炸机，从格陵兰岛的图勒空军基地出发，穿越北极圈，来到西伯利亚冰封雪覆的冻原进行侦察。这次行动的目的是刺探敌方的电子情报，迫使苏联的雷达开始运行以分析其运行模式。一旦这些雷达开始跟踪李梅派出的轰炸机，技术人员就可以搜集电子信号，待返回国内后进行破解。后来，当有人问起这次危险的挑衅行动时，李梅说道：“要是运气再好一点，我们就可以挑起第三次世界大战了。”

在战略空军司令部开展的这次间谍行动中，萨姆·皮佐担任领航员，为飞往苏联核设施、导弹基地、海军基地和雷达站的轰炸机制定行动路线。从 1956 年 3 月 31 日至 5 月 10 日，他们执行了 156 次侦察任务。在苏联领土与北冰洋交界处，24 小时都处于黑暗的笼罩之下，外部气温在零下 70 华氏度至零下 35 华氏度（零下 21.1 ～零下 1.7 摄氏度）。对于冷战期间的这些行动，萨姆·皮佐记忆犹新：“我们来到了苏联的安巴奇克、季克西和新地岛。这不是纸上谈兵。我们的任务不是报告中所说的那样，在距海岸线 12 英里处研究电磁波的传播方式，而是真的飞了进去。”

在这次行动中，被击落飞机的架数至今仍然没有公布。有人认为，其中几名飞行员很可能成功跳伞降落，但是却不幸沦为苏联古拉格集中营里的囚徒。每一个人都知道，一旦落入古拉格，就会生不如死。由于这项行动属于高度机密，皮佐解释道，所以图勒空军基地只有极少数人知道他们的目的地是哪里。作为领航员，皮佐是制定飞行路线的核心人士之一。与地球上其他所有地方不同的是，要想飞越北冰洋，就必须具备极为高超的导航技巧。因为磁场在北极地带会发生剧烈偏转，所以指南针根本无法使用。反之，萨姆·皮佐在进行导航时采取的办法是对北极星进行天体拍摄，然后再根据照片绘出地图。后来，当皮佐被招募到51区时，中情局看中的正是他的这一本领。

随着“全垒打行动”的继续，中央情报局开始担心，李梅将军咄咄逼人的攻势极有可能对美国安全构成威胁。1956年冬，中情局一名忧心忡忡的官员提醒总统道：“苏联领导人也许会认为，美国真的打算在不久的将来大举入侵。”几位科学顾问向艾森豪威尔总统表示，派遣U-2飞机前往苏联进行高空侦察势在必行。中情局的赫伯特·米勒，也就是那位曾经与理查德·比斯尔一起前往51区进行首次勘察的美国核武器专家一针见血地指出，其他任何项目“都不会如此迅速地，以最小的危险和最低的代价，获取如此之多的重要情报”。

按照中情局的计划，第一批U-2侦察机将飞往据推测可能是苏联制造轰炸机、常规导弹、核弹头和地对空导弹的基地进行拍摄。此外，U-2飞机的驾驶员还要设法找到秘密基地NII-88的具体位置。在51区完成训练后，一支由4名飞行员组成的特遣队已经蓄势待发，准备深入劲敌苏联的领地。他们将在那里对苏联650万平方英里领土的一半区域进行拍摄。这次行动必须速战速决。

艾森豪威尔总统对此感到极为忧虑，他在自己的白宫日志中写道：“我担心，一旦其中的一架飞机被击落，核战就会一触即发。”理查德·比斯尔向总统保证，U-2飞机不可能被击落，也几乎无法进行追踪。此外，如果真的有U-2飞机被击中，比斯尔说，在它撞向地面的刹那就会分崩离析、机毁人亡。

1956年6月24日，苏联进行了一场盛大的航空表演，预示着中情局向艾森豪威尔做出的承诺很可能难以兑现。苏联元首赫鲁晓夫邀请了包括美国空军参谋长内森·特文宁将军在内的来自28个国家代表团的空军将领参加了这场表演。虽然在空中呼啸而过的轰炸机和歼击机极尽其耀武扬威之能事，但是更重要的事件却发生在数小时后高尔基公园里的一张木制野餐桌旁。特文宁和英法两国代表坐在那里，耐心倾听赫鲁晓夫发表冗长的演讲。在演讲进行到一半时，这位苏联元首高举自己手中的伏特加，表示要为“捍卫和平”而干杯。

数年后，退役的苏联上校亚历山大·欧罗夫回忆起接下来发生的事情：“在向来宾敬酒之际，赫鲁晓夫突然转向特文宁说：‘今天你已经看到了我国空军的实力。你还想再见识一下我们的导弹吗？’这个提议让特文宁感到十分惊诧，他说：‘是的。’但是，赫鲁晓夫立刻回敬道：‘那就先让我们见识一下你们的飞机，不要再派它们侵犯苏联的领空。’”赫鲁晓夫所说的飞机正是李梅将军手下穿越北极圈的轰炸机。“我们将击落任何不速之客，一架都不留。它们只不过是一些会飞的棺材！”

这位喜怒无常的苏联领导人急转直下，突然从高唱捍卫和平谈起击落美国战机，餐桌上的气氛顿时变得极为尴尬。特文宁将军陷入了这场蓄意挑起的争端中。然而，让情况变得更为糟糕的是，当赫鲁晓夫环顾餐桌四周察看人们的反应时，发现树丛下一名美军武官正在为自己斟酒。“当我在这里谈论和平与友谊时，你们的武官都做了些什么？”赫鲁晓夫冲着美国驻苏联大使查尔斯·波伦咆哮道，且命令那名武官罚酒。

这名武官一口咽下了杯中的伏特加，随即起身快步离开了野餐会。如果苏联元首认为高尔基公园的这一幕是美国人的有意侮辱，那么两周以后，当他得知中情局的 U-2 侦察机直接飞到了克里姆林宫上空，并且拍摄了尼基塔·赫鲁晓夫下榻之处的照片时，他一定会变得暴跳如雷。

在 51 区 1717H 街一处没有任何标志的中情局大楼里，五楼有一间办公室就是 U-2 项目的指挥中心。在“感光板行动”中，首次飞往苏联执行秘密任务的指令就是从这座不为人知的大楼里发出的。1956 年 7 月 3 日，距午夜只有片刻时，理查德·比斯尔通过保密线路拨通了一个电话，这是一个具有历史意义的时刻。他接通了 U-2 位于联邦德国威斯巴登的秘密基地的电话，授权基地指挥官按计划执行任务。在指挥官附近的一个房间里，赫维·斯托克曼正坐在那里从一个气孔中吸入纯氧，旁边有一名军医负责监控他血液中的氮气含量。

在他们的门外，几名手持机关枪的中情局特工严阵以待。根据时差，当斯托克曼吸氧时，51区恰好是次日清晨，也就是独立日。美国已经建国180周年了。如果一切进展顺利，赫维·斯托克曼将是首个渗入“铁幕”后敌方领空的飞行员。他将一路飞往列宁格勒（现圣彼得堡），然后绕波罗的海沿岸返回联邦德国，从而成为第一个驾驶U-2侦察机飞越苏联的飞行员并载入史册。

早上6点刚过，斯托克曼的U-2就从威斯巴登起飞了。飞机几乎是从地面直冲云霄，每分钟的速度高达1.5万英尺。对于地面上不熟悉这种机型的飞行员来说，急剧升空的斯托克曼仿佛立刻就会跌回地面，停止运转。上升到一半高度时，斯托克曼在极短的时间内平衡了机身，好让燃料箱内的液体和自己的血液扩张能适应高空环境。

曾有一次，一架U-2因为上升的势头过猛，导致油箱突然爆炸，飞行员也在顷刻间丧生。在接着向上飞行了几分钟后，斯托克曼到达了原定的飞行高度。他朝上望去，只见头顶的天空一片漆黑，能够看见的只有星星。在他的下方，可以清楚地看到地球的曲面。斯托克曼连续飞行了八个半小时，其间既没有喝一口水，也没有吃一口东西。

在U-2的摄影舱里，有一台重达500磅的宏康牌照相机，相机上装有美国迄今为止最先进的拍摄镜头。为了验证这台相机的精确度，比斯尔曾派遣一架U-2侦察机从格鲁姆湖出发，来到了艾森豪威尔总统位于宾夕法尼亚州的农场上空。在距离地面13.5英里的高空，U-2上的相机竟然清清楚楚地拍到了艾森豪威尔家的奶牛在食槽里饮水的照片。

几个小时后，斯托克曼接近了苏联的海港城市。“按照原计划，我应该在抵达列宁格勒时打开照相机，”斯托克曼回忆道，“据悉这里不仅有苏联的海军设施，还有部署着远程轰炸机的空军基地，我要一边驾驶一边拍照。”但是他并没有看到远程轰炸机。后来的事实证明，中情局得到的关于苏联轰炸机的情报纯属谣言。在首次对苏联进行高空侦察的过程中，斯托克曼拍摄的照片为中情局提供了重要的资料，解决了一个曾经引起激烈争执的问题。在斯托克曼拍摄的照片破译完毕后，美国武器专家赫伯特·米勒立刻向艾森豪威尔报捷，认为有许多“新发现得以证实”。斯托克曼此行为中情局拍摄下了面积为 40 万平方英里的土地。

“很多此前闻所未闻的空军基地，以及很多由于规模较小而未曾留意的工业中心，纷纷出现在我们的眼前……战斗机在苏联 5 个最重要的秘密军事基地一字排开，仿佛正在阅兵式上接受正式检阅。”最让米勒感到惊讶的是这些情报的迅捷程度。“我们现在知道，苏联防空炮上的机枪不是朝向天空‘蓄势待发’，而是处于水平位置。我们还知道，有些地方正在收割小片的庄稼，有些人正在小型的商品蔬菜园里种菜。”

他们的身上体现了“苏联的真实意图、目标和特点”。对此，斯托克曼的解释是：“这些照片反映出，作为一个民族，人们没有准备随时开战，而是过着普普通通的生活。因此，‘铁幕’后并没有紧锣密鼓、坦克声隆隆，这一切只不过是我们的想象，而他们仍然在按照自己的方式生活。”

1956 年 7 月 17 日一份高度机密的备忘录显示，斯托克曼拍摄的照片让中情局感到兴奋不已，因为这些照片证明整个 U-2 计划是行之有效的。“1956 年 7 月 4 日，我们第一次可以说自己真正了解了苏联正在发生的事情。”米勒写道。尽管斯托克曼此行让中情局获益良多，但是却导致艾森豪威尔总统与赫鲁晓夫的关系急剧恶化。虽然比斯尔此前曾经信誓旦旦地表示，U-2 侦察机根本无法追踪。然而实际上从它们出现在雷达屏幕上的那一刻起，苏联的防空预警系统就开始对其紧追不放。

当斯托克曼拍摄的照片冲洗出来以后，中情局的解读员发现，苏联先后 20 多次试图拦截斯托克曼的飞机。“从这些照片上可以看出，多架米格 -17 和米格 -19 竭尽全力想要接近这架 U-2，但是在上升到一定海拔时，由于缺氧，它们的引擎纷纷熄火，于是不得不降低飞行高度以重新发动引擎。”1998 年 U-2 项目宣告解密时，照片解读员迪诺·布鲁焦尼告诉《航天航空》杂志道。

在意识到美国人背叛了自己以后，赫鲁晓夫勃然大怒。高尔基公园的野餐会结束后，赫鲁晓夫原本同意在7月4日当天前往克里姆林宫附近美国大使查尔斯·波伦的官邸斯巴索大厦。但是，当他得知就在自己与查尔斯·波伦庆祝美国独立日之际，一架U-2正在苏联的领空翱翔时，赫鲁晓夫顿时恼羞成怒。“眼看我们束手无策，美国人正扬扬得意呢。”赫鲁晓夫对自己的儿子谢尔盖说。

21岁的谢尔盖是一名雄心勃勃的导弹设计师。这次高空侦察事件除了让赫鲁晓夫本人颜面扫地以外，还使苏联军方深受其辱。就像莱格霍恩上校所预言的那样，苏联的米格喷气式战斗机根本打不到赫维·斯托克曼的U-2飞机，即使在处于最佳状态时，它们的飞行高度距离U-2所处的海拔仍然有数英里之遥。1956年，苏联发射的地对空导弹尚不足以将U-2飞机从空中击落，因此美国的侦察机如入无人之境。如果将这一事实公之于众，苏联就等于是在向美国示弱。

是羞辱苏联军队，还是羞辱美国总统，或者对此只字不提，在权衡利弊之后，赫鲁晓夫选择了保持沉默，至少可以在国际舆论一片哗然之前装聋作哑。正因为如此，对于这次U-2飞机高空侦察事件，两国政府始终秘而不宣，但是本已相当脆弱的关系却变得更加剑拔弩张。艾森豪威尔总统下令，让中情局立刻停止一切在苏联领空进行的高空侦察活动，并等候进一步通知。更为糟糕的是，总统还告诉理查德·比斯尔，对于中情局的高空侦察项目，他已经“失去了热情”②。

死尸测验

在51区，比斯尔需要考虑的事情有很多。由于担心总统会取消U-2项目，他暗中聘请了一队人马，分析U-2侦察机被苏联击落的可能性。分析结果不容乐观：苏联的地对空导弹技术发展迅猛，在接下来的18

个月内，其萨姆 -2 防空导弹极有可能打到 7 万英尺的高空。比斯尔认为，眼下唯一能够保住这个项目的办法就是发明某种能够吸收雷达波的涂料，以便让 U-2 飞机在苏联的雷达屏幕上消失不见。于是，他把这一想法告诉了洛克希德公司的凯利·约翰逊，但是约翰逊却认为给 U-2 飞机涂上涂料是一个十分糟糕的主意。涂料很重，而 U-2 之所以能够飞得这么高，正是因为它的重量很轻，约翰逊解释说。涂料会增加机身的重量，从而导致飞行高度下降 1 500 英尺。

但是，比斯尔对此却置若罔闻。他找到总统的科学顾问詹姆斯·基利安，问他能不能组织一批科学家，为中情局发明出一种可以吸收雷达波的涂料。最终，来自哈佛大学和麻省理工学院林肯实验室、人称“波士顿集团”的科学家们告诉比斯尔，他们可以发明出比斯尔想要的东西。他们已经有了一种极为大胆的设想，但是还从来没有进行过实验。在这些来自麻省理工学院的科学家和工程师们看来，挑战其他科学家认为无法解决的困难，是一件值得引以为傲的事情。

1956 年夏，理查德·比斯尔需要面对的第二个难题就是李梅将军。由于对 U-2 侦察机的出色表现印象深刻，李梅的态度发生了巨大的变化，开始谋求对 U-2 飞机的控制权。在一个名为“蛟龙夫人计划”（Project Dragon Lady）的项目中，李梅一下就为空军订购了 31 架 U-2 飞机。为了将国会蒙在鼓里，空军直接将资金转给了中央情报局。这就意味着，在提防李梅将整个项目据为己有的同时，比斯尔还不得不为这些稍加改良的 U-2 飞机在空军部门和洛克希德公司之间充当中间人。这些飞机完工以后，51 区就需要更多的“驾驶员”，他们将分别效力于两个部门：一个是中情局，另一个就是美国空军。在那些经过空军部门反复筛选的飞行员中，其中一个就是昵称为“托尼”的安东尼·贝瓦夸。

“在 51 区，我也许是唯一一个小时候没有做过飞机模型的 U-2 驾驶员。”贝瓦夸回忆道。反之，大部分时间里他都手不释卷。贝瓦夸最喜欢读的就是赞恩·格雷（Zane Grey，1872—1939 年，美国小说家，他一生写了 60 多部关于西部边疆骑士故事的情节剧，其中最著名的是《紫艾灌丛中的骑士们》。——译者注）和厄尔·加德纳（Erle Gardner，1889—1970 年，美国最具代表性的侦探小说作家，主要作品有《逃尸案》和《宝石蝴蝶》等。——译者注）的平装书。

他的父亲患有阅读障碍症，人们担心贝瓦夸也会像父亲一样，但是这一爱好却让他摆脱了对阅读的恐惧。贝瓦夸的祖上来自意大利的西西里岛，1957 年冬，年仅 24 岁的贝瓦夸来到格鲁姆湖以后，便成了这里最年轻的 U-2 飞行员。早在英俊潇洒、精力充沛的贝瓦夸进入中情局的秘密基地之前，他曾经与另一名活力四射的年轻飞行员同处一室，而这位飞行员的名字很快就会举世皆知。

在来到 51 区驾驶 U-2 飞机之前，贝瓦夸和弗朗西斯·加里·鲍维斯都是佐治亚州特纳空军基地 508 战略歼击团 A 分队的飞行员。人们都喜欢把加里·鲍维斯称作“弗兰克”，他们一起住在距离基地大门 2 英里处一栋租来的四居室房子里。贝瓦夸和鲍维斯驾驶 F-84 喷气式战斗机已经快 2 年了，一天，弗兰克突然消失得无影无踪。“有传言说，弗兰克正在执行某项秘密任务，”贝瓦夸说，“但这也只是传言而已，所以我很难信以为真。”几个月后，一名中队领导找到贝瓦夸，问他是否愿意成为“一个有趣的航空项目”的志愿者。

“什么项目？”贝瓦夸问道。这名招募者回答自己不能多说，只知道这个项目与飞行有关。如果贝瓦夸愿意参加，他会暂时离开空军部门，但是将来可以返回。接下来，贝瓦夸得知，这个项目需要“一名志愿者”。这件事情十分重要，中队领导告诉贝瓦夸，语气中充满了神秘感。于是，贝瓦夸签署了合约。

随后，他被载往康涅狄格州的纽黑文市，然后来到距耶鲁大学不远处的伯杰兄弟公司：一座毫不起眼的建筑物，里面有许多女裁缝正在加工腹带和胸罩。贝瓦夸感到大惑不解，自己在这里能做什么。接着，有人带着他穿过工作区，并且进入一间密室。原来这个看似毫无关联的女士内衣制造厂正是中情局从事地下工作的绝佳掩护。事实上，这家后来更名为戴维·克拉克公司的机构曾经屡立战功。在第二次世界大战期间，他们为美国空军和海军飞行员制造了大批降落伞。

在内衣生产线后面的这间密室里，托尼·贝瓦夸试穿了一身专门为自己定做的高海拔飞行服。在合约规定的期限内，贝瓦夸必须保持现有的体重，误差甚至不得超过数盎司（一盎司约合 28.35 克）。如果因身材走样引起飞行服变形，对 U-2 飞机的驾驶员来说，就意味着机毁人亡。贝瓦夸知道自己没有“按需知密”的权限，所以明白绝不可以过问这套飞行服是干什么用的。但是，贝瓦夸对局部压力飞行服的了解足以让他意识到，他将要驾驶的飞机一定要飞到极高的海拔。

他的第二站是莱特 - 帕特森空军基地，以进行体能和心理方面的考验。在那里，贝瓦夸接受了一系列忍耐力的测试，其中有些他十分熟悉，但是另一些却让他觉得匪夷所思。所有 U-2 飞机的驾驶员都要进入一个高空实验室，以模拟身着飞行服坐在机舱内的情形。这套飞行服对他们来说可谓生死攸关，因为在 6.3 万英尺的高空，由于气压降低无法维持血流中的氧气含量，血液会开始沸腾。

此外，还有一个名为“火炉”的测试，在这项测试中，U-2 飞行员需要待在一间比桑拿浴温度还高的房屋里。贝瓦夸虽然没有进行这项测试，但是却有人将液体泵入他身体上的每个毛孔，一开始是水，后来是某种矿物油。很多 U-2 飞行员被固定在一些稀奇古怪的机器上，还有一些接受了电击。贝瓦夸把自己参加的测试称为“可怕的死尸”。他还记得，“我被放进一个极为狭窄的空间里，然后将双臂交叉于胸前，就好像躺在殡仪馆的棺材里一样。我的四肢根本无法动弹。有人告诉我，看看我能够在过度呼吸的情况下坚持多久。”

贝瓦夸推测，只有通过了每一项测试，自己才能被选中参加这项高度机密的重要任务。他非常想要得到这个机会，所以心甘情愿地将自己的体能推向极限。“在死尸测验中，再坚持一口气我可能就会昏厥过去，”

贝瓦夸解释说，“当他们告诉我可以呼吸时，护理员用力拉动我的手臂和胳膊，但是怎样也无法移动或弯曲我的四肢。随着氧气不断进入体内，我僵硬的脸颊开始慢慢松动，身体其他部分也逐渐恢复了知觉。”数分钟后，贝瓦夸的生命体征才趋于稳定。“显然，这项测试是为了检查会不会有疾病突然发作。”

接下来进行的是一项冷冻试验。“有人让我将手放进一个冰桶里，坚持的时间越长越好。我已经记不清最后的具体结果了，不过记不住或许更好。我只记得，自己就像一只被拿来做实验的小白鼠。”然而，无论是贝瓦夸还是美国民众所不知道的是，在莱特 - 帕特森空军基地进行 U-2 飞行员测试的航空医学分部负责人，正是那些个人历史颇有争议的“回形针计划”科学家。只要这些人将来能够让 U-2 侦察机飞上高层甚至外层空间，至于他们过去的事情，空军方面宁愿睁一只眼闭一只眼。但是，这些“回形针计划”的科学家在二战中所从事的工作，却在美国空军的记录上留下了极不光彩的一笔。

1980 年，一个名叫琳达·亨特的记者在《原子能科学家公报》（*Bulletin of the Atomic Scientists*）上发表文章首次向公众披露，国内几位首屈一指的德裔航空航天学博士在来到美国之前曾经在纳粹集中营里工作。为了得到航空医学的有关数据，他们在数以千计的犹太人、波兰人、吉卜赛人及其他被认为可以随意处置的人种身上进行了野蛮的实验[③]。随后，许多新闻报道和医学论文竞相效仿，不仅挖掘出了“回形针计划”科学家的隐秘出身，而且就政府部门对这些科学家肮脏的过去究竟了解多少提出了严重的质疑。

虽然媒体对此进行了广泛的报道，但其中的道德问题并没有引起公众的足够重视。如果说美国军方及其情报人员以推进科学发展的名义，对这些人犯下的战争罪和反人类罪视而不见，那么这不仅现在是，将来也是美国历史上最令人作呕的观点。或许正因如此，时至今日，联邦政府仍没有将“回形针计划”的有关档案完全解密。1999 年，某官方委员会公开了长达12.6万页此前被列为机密的相关文件，同时透露仍有逾6亿页文件“有待解密”[④]。然而此后，官方没有再公开任何重要资料。

1957年3月，贝瓦夸最终通过了所有测试并来到51区。这时的51区生活条件已大为改善：帆布帐篷变成活动房屋，工作区的淋浴设施一应俱全，肮脏不堪的餐厅经过扩建，还搭造了一间临时酒吧。但是，这里进行飞行训练的方式与此前雷·古迪和其他飞行员首次让U-2侦察机飞上高空时并没有什么两样，仍然简单粗糙。托尼·贝瓦夸在51区接受的训练与他在其他任何空军基地所看到过的训练都大相径庭。

对于空军飞行员来说，中情局训练U-2驾驶员的方法相当极端，且闻所未闻。在特纳空军基地，贝瓦夸是按照空军部门的方式学会操纵F-84战斗机的。也就是说，他首先要认真研读飞机的操作手册，然后在飞行模拟器内进行练习，接着在训练机中加以实践，然后才会在教官的陪同下最终登上一架真正的飞机。然而，51区既没有U-2飞机的操作说明，也没有模拟器和训练机，更不用说有教官陪同了。

“最初的U-2飞机只有一个座位和一部引擎，这意味着中情局的教官只能在地面进行训练。”贝瓦夸解释道。在驾驶这种外形奇特的秘密侦察机之前，既没有人为你讲解基本规则，也不需要经过层层审核，整个过程令人无从索解。“飞行教官首先略加讲解，然后递给你一张纸板。纸板的正面是注意事项，背面画着燃料和氧气设施的示意图。接下来就该登机了，仅此而已。”

此外，51区的飞行员还要遵守极为严格的保密章程。除了特纳空军基地从前的室友加里·鲍维斯以外，没有人了解托尼·贝瓦夸的真实身份。在51区，人们只知道他的姓氏和飞行员编号。在接下来的几十年中，贝瓦夸的家人既不知道他身在何方，也不知道他在执行什么秘密任务。在随后的几次行动中，包括U-2侦察机上的这些飞行员在内，很少有人清楚他们的目的地究竟是哪里。人们唯一知道的就是，如果有飞行员在敌国领土被击落，几乎无一例外地都要接受严刑审讯。也就是说，这名飞行员了解的情况越少，对所有相关人员就越有利。

贝瓦夸迫不及待地想要一试身手。由于通过体能测试的飞行员仅占入选者的25%，所以对这一小群人来说，能够驾驶U-2侦察机执行任务会激发一种神圣的民族自豪感。托尼·贝瓦夸不仅生活在这个美国梦里，而且还在努力保护着这一梦想。他从来都不会忘记自己有多么幸运。“要充分利用每一次机会。”当贝瓦夸还是个孩子时，他的父亲操着浓重的意大利口音对他说。托尼·贝瓦夸也正是这样做的。这一次，他得到的无疑是最好的机会。他是美国最重要的侦察机飞行员之一。他将为拯救自由世界贡献自己的一份力量。

“脏鸟”能飞多高?

1957年冬，“波士顿集团”制出了理查德·比斯尔想要的能够吸收雷达波的涂料。比斯尔拿到涂料，随后将其转交给51区洛克希德公司的工程师，并且要求他们把涂料涂在几架U-2飞机的机身上。比斯尔知道，凯利·约翰逊早就反对开发这种吸收雷达波的涂料，因为他认为这会让U-2飞机变成一只“脏鸟”。但是，迫于总统施加的巨大压力，比斯尔无暇顾及凯利·约翰逊对此事的态度。为了测试这几架“脏鸟”在雷达下的性能，比斯尔聘请另外一家公司，即国防承包商EG&G公司对雷达回波进行测量。

EG&G公司本身就是一个谜。1947年，EG&G突然从一家名不见经传的公司成为国内最大的国防承包商。直至2011年，该公司仍然神通广大。之所以从一开始就要隐姓埋名，完全是有意为之，因为这有利于保守秘密。EG&G公司最初名为埃杰顿、格梅斯豪森和格里尔，是由3位来自麻省理工学院的教授创办的一家工程公司。1927年，人称“博士”的哈罗德·埃杰顿发明了定格摄影技术，这项技术采用了他的另一个专利发明——闪光灯。埃杰顿著名的定格摄影照片包括子弹穿透苹果、水滴滴落台面和飞行中静止的蜂鸟等。

埃杰顿最喜欢说的一句话就是，因为他想让时间停止不动，所以才成就了自己今天的事业。在第二次世界大战期间，EG&G 公司首次崭露头角，签订了一份国防承包合同。埃杰顿博士发明的闪光灯和闪光灯泡取代了过去的照明弹，在夜间执行侦察任务时可以用来照亮地面。正是因为有了埃杰顿的这个发明，理查德·莱格霍恩上校和其他飞行员才得以在登陆日深入诺曼底进行拍摄。

肯尼斯·J. 格梅斯豪森在麻省理工学院是研究高能脉冲理论的。他拥有 50 多项专利，其中有不少都与雷达技术相关。格梅斯豪森与 EG&G 公司的第三位创始人赫伯特·格里尔一起，为在广岛和长崎爆炸的原子弹设计了发射系统。由于这 3 位教授与麻省理工学院工程系前系主任、“曼哈顿计划”的负责人万尼瓦尔·布什过从甚密，所以这项计划的合约自然而然地落在了他们的手中。

除了发明基于 DN-11 单向转换继电系统的核弹发射系统，合约规定，EG&G 公司还需负责拍摄数百万张在太平洋地区和内华达试验场爆炸核弹的定格照片。只有从这些照片中，EG&G 公司的科学家才能为原子能委员会和国防部确定爆炸核弹的具体爆炸当量。接下来的数十年，绝大多数与核武器试验相关的高度机密的工程项目都交给了 EG&G 公司。

20 世纪 60 年代，当 51 区需要雇用专业工程队以清理核试验残留的致命辐射废弃物时，这份合约同样落入了 EG&G 公司之手。毫无疑问，他们得到了联邦政府的绝对信任，其所有操作都是在不见天日的情况下进行的。此外，EG&G 公司还开展了其他业务，比如雷达测试。在 50 年代早期，他们在 51 区以南大约 30 英里处一个名叫“印第安泉”的地方开办了一家雷达测试厂。至于在这一期间，EG&G 公司究竟做了些什么，有关档案仍然封存在该公司的受限数据中，外界能够获得的信息微乎其微。1957 年，在比斯尔的授意下，EG&G 公司同意在 51 区的外围建立一处雷达试验场，为“脏鸟计划”测量雷达回波。

1998年,中央情报局解密了一份有关U-2项目的专门报告。该报告称，EG&G 公司的跟踪站“仅包括一系列雷达设施及一辆用于安置相关仪器的拖车”，以便工程师记录数据并分析结果。然而，在 U-2 项目的这份解密报告中,有关 EG&G 公司“小型试验场”的具体位置却经过了涂改。其原因何在？答案的关键仍然在于 EG&G 本身。因为外界一旦获知有关 EG&G 公司的更多信息，就不可避免地泄露一系列不可告人的秘密。因此，除了具有“按需知密”权限的高层人士，任何人都不知道 EG&G 公司是否在 51 区设有试验场，以及它们是否位于这个秘密基地之外。

1957 年 4 月，洛克希德公司的试飞员罗伯特·斯克尔驾驶着刚刚涂好涂料的 U-2 飞机来到了格鲁姆湖上空，同时由 EG&G 公司的雷达技师对飞机的雷达回波进行测量。斯克尔得到命令，测试这架“脏鸟”究竟能飞多高。他从 51 区起飞，并且顺利地驶出了 90 英里。然而，当他飞到内华达州东部的皮奥奇时，由于“波士顿集团”设计的涂料导致机身过热，飞机突然失去控制，最终在迅速旋转中坠落。

斯克尔虽然成功地从驾驶舱中弹射了出来，但是却不幸被一块飞机残片击中头部而当场殒命。凯利·约翰逊的看法是对的。对 U-2 飞机进行改造的确是一个馊主意。4 天以后，中情局派出的搜索人员终于找到了斯克尔的遗体及失事飞机的残骸。但是，这次坠机事故早已吸引了大批闻风而动的媒体，而中情局此前编造的那套气象研究飞机的故事再也无法自圆其说。《芝加哥论坛报》在头版刊登了一则题为“洛克希德‘超级侦探’高空喷气式飞机 U-2 大揭秘”的新闻报道，顷刻之间就传遍了全国各地的大街小巷。

新型涂料不仅没有使 U-2 飞机隐形，反而大大增加了它的风险，并且导致一名飞行员身亡。比斯尔十分清楚，他必须立即采取行动，否则就会失去整个 U-2 侦察机项目及他在 51 区一手创建的一切。他接下来的想法，可以说一半是因为天才的奇想，一半是因为狂妄，即恳请总统批准另一项全新的侦察机计划。

中情局需要一种性能更卓越、速度更快捷、技术更先进的飞机，这种飞机不仅可以打破科技的屏障，而且能够在苏联的雷达下来去无形。按照比斯尔的构想，这种具有隐形功能的新型飞机必须飞到9万英尺以上的高空，而他的任务就是将这一构想变成现实。然而，对比斯尔来说，这项耗资数十亿美元的计划是一个天大的赌注。在总统对51区之前取得的成果备感失望之际，敢于再次提出另一个需要大笔秘密预算的新型侦察机项目，这个人不是天才就是疯子，就看你从哪个角度来考虑了。

就在理查德·比斯尔准备向总统呈交这个野心勃勃的激进计划时，美国突然遭遇了一场空前的国家安全危机。1957年10月4日，苏联成功地发射了一个184磅重的银色球体，即世界上第一颗人造卫星："旅行者一号"。（sputnik的俄语原意为"旅行者"，也有人将其音译作"斯普尼克号"或"史普尼克号"，sputnik后被用于泛指苏联卫星。——译者注）这就是谢尔盖·科洛列夫在苏联的51区——NII-88从事的秘密研究项目。

一开始，对于美国在太空技术上惨败给苏联这一事实，白宫方面想要尽量减轻其影响。此时，艾森豪威尔总统正在宾夕法尼亚州乡下的家中度周末，所以没有立即就此发表评论。然而，次日清晨，《纽约时报》在头版头条以半英寸高的大写字体为标题进行了横贯6个专栏的通栏报道，而此前这种情形只有在对外宣战时才会出现：

> 苏联向太空发射地球卫星；该卫星正以1.8万英里的时速绕地球旋转；全美共有4处地点可见。

这次卫星发射意味着，苏联火箭已具备了足够强大的推进系统和异常先进的制导能力，可以打到世界上的任何一个地方。对于世界上首屈一指的火箭专家、"回形针计划"的科学家韦纳·冯·布劳恩和埃内斯特·斯坦霍夫来说，这无疑是一次沉重的打击。艾森豪威尔的科学顾问詹姆斯·基利安后来回忆道："随着'旅行者一号'冲上云霄，就像燎原的烈火一样，一场信任危机在全国迅速蔓延开来。”英国《卫报》的记者发出警告：“我们必须做好准备，等待苏联人告诉我们月球的另一面是什么样。”

法国记者也毫不讳言，认为美国在这场太空竞赛中一败涂地，从而产生了强烈的“幻灭和愤恨”。他们还进一步强调，这对美国的科学界来说无疑是一种耻辱。《费加罗报》的一篇文章写道：“在技术领域，美国极少像今天这样屈居人下。”显然，美国民众对中情局开展的U-2侦察机项目毫不知情，所以在他们看来，苏联完全可以借助地球卫星了解美国的所有秘密,但是美国却对自己的敌国一无所知。在接下来的21天里，“旅行者一号”以每小时18 000英里的速度围绕地球旋转，直到其无线信号不断减弱并最终消逝。

艾森豪威尔立刻召集有关科学顾问，以制定最佳行动方案。在“旅行者”升空后的一个月内，总统科学技术特别助理詹姆斯·基利安的地位产生了巨大的变化，而在随后的2年中，基利安几乎每天都要与总统会面。对理查德·比斯尔来说，这同样是一个极为关键的时刻。仅仅1个月前，51区的前景还是一片黯淡，然而具有讽刺意味的是，“旅行者一号”升空的消息却成了他扭转乾坤的有利契机。

詹姆斯·基利安与理查德·比斯尔私交甚笃，两人已经是十余年的挚友。就在苏联发射卫星后，基利安和比斯尔立刻站到了一起。但是，这一次他们不是同在麻省理工学院经济系执教，而是将齐心协力启动一个耗资数十亿美元、高度机密的项目，即在51区打造并试飞美国最强大的侦察机。

现在，推进军事科学技术的发展⑤已经成了总统一切工作的重中之重。比斯尔蓦然发现，有了詹姆斯·基利安助自己一臂之力，他所处的位置可谓得天独厚，几乎可以从美国总统那里得到自己想要的任何东西。但是，在理查德·比斯尔能够利用51区制造出来的秘密武器煞一煞苏联人的威风，让他们知道谁才是真正的强者之前，这项计划意味着要耗费无穷无尽的经费及不计其数的人力，绝对机密的操作及至高无上的控制权。

第5章 鬼城重生

理查德·比斯尔曾表示，如果将51区建在一个核试验场内，那些好事之徒就会无迹可寻。1957年，当“铅锤行动”（Operation Plumbbob）进行了包括30次连续核爆在内的一系列核试验后，比斯尔终于如愿以偿，其结果超出了他的期望。时值军备竞赛进入高潮阶段，因此国防部断言，用不了多久，就会有敌机在美国的领土上投下原子弹，引发一场史无前例的核辐射灾难。在21世纪，人们将这种武器称作“脏弹”。

从动物天堂到核爆地狱

脏弹的威胁日益严峻，成了美国国家安全巨大的隐患。正因如此，五角大楼才希望提前进行试验，以减轻脏弹可能造成的危害。无论由谁来实施这一计划，都必须远离人口密集的地区，在一个可以完全掌控的环境中暗中进行，并且绝不允许向这项行动以外的任何人走漏半点风声。来自武装部队特种武器计划处的官员认为，开展这项行动的最佳场所就是51区格鲁姆湖以西四五英里处的上空。如果在内华达试验场的法定边界外引爆脏弹，外界几乎无从得知。除了要考虑上述细节问题以外，这个地点还要符合一个其他任何国家的政府此前都闻所未闻的可怕前提，即进行武器测试的区域“在今后的2万多年内将无法继续使用”。

在这项名为“57 计划”的行动中，原子能委员会、美国空军和EG&G 公司将共同模拟以下场景：一架载有 XW-25 核弹头的空军飞机意外坠毁，导致放射性物质在地面传播。模拟坠机地点四周的土地被钚元素污染，根据科学家的说法，24 100 年以后，这块土地的污染程度将减轻一半。对于钚元素在户外通过自然环境进行意外传播时会对生物和物质造成的危害有多大，当时的科学家们并不清楚。此外，还有一些先决条件将可能的试验地点最终缩小到了内华达试验场的范围之内。

首先，这一地点不能包含“业已存在的污染物质”，要相对平坦，面积 50 平方英里左右。其次，这个地方最好是一个干涸的湖谷，“四周高山上相互交错的河道能够带来水流”。再者，必须远离人烟，使外人无法窥知真相，绝对不能让公众得知官方曾经虑及这种灾难性的场景，更不用说正在设法提前应对了。按照有关决定，在新闻稿件中不允许出现“57 计划”的字样，只能说这是“一次安全试验”，不准透露其他任何详情。在詹姆斯·施里夫博士的筹备下，这项计划已经蓄势待发。

一开始，有人提到了位于内华达试验场外侧格鲁姆湖正南方 6 英里处的帕普斯湖，那里有一个干涸的湖床。但是，土壤抽样检测的结果显示，湖床泥土中已经存在有少量的钚元素，这显然是 1951 年至 1953 年在帕普斯湖以西 5 英里处一个名为弗伦奇曼沼泽的干涸湖床里进行核爆试验后造成的结果。此外，让事情变得更为复杂的是，帕普斯湖曾经在原子能委员会和当地 2 名农民斯图亚特兄弟之间引发了一场激烈的争执。

1953 年 3 月，一枚绰号“南希”、爆炸当量为 2.4 万吨 TNT 炸药的核弹在帕普斯湖附近引爆，8 头在湖床内吃草的奶牛随后相继死亡，这一事件成了双方争执不下的焦点。“南希”释放的放射性沉降物波及了当地所有的家畜，包括正在帕普斯湖畔被放牧的那些奶牛。斯图亚特兄弟的 16 匹马和 8 头奶牛在经历辐射后全部死亡。原子能委员会向斯图亚特兄弟支付了每匹死马 300 美元的赔款，但对 8 头死牛却坚决拒绝赔偿。

与此相反，来自陆军兽医队的伯纳德·F. 特拉姆中校在一封术语连篇、佶屈聱牙的信中告诉这 2 名农民，“没有任何证据显示，奶牛的真正死因与这次爆炸有关”。原子能委员会坚称，导致这些奶牛死亡的原因是“典型性……维生素 A 缺乏症”。

随后，原子能委员会不仅不以为耻，反而再次指使洛斯阿拉莫斯的一名牛科动物专家致信斯图亚特兄弟，确认这些奶牛致死的原因是“牧草搐搦症”或“缺少精良饲料”，而不是山上的核爆炸。紧接着，原子能委员会还火上浇油地告知这 2 名农民，1945 年，在美国进行首次核试验“三一核爆”期间，洛斯阿拉莫斯的科学家把自己喂养的奶牛捐赠给了新墨西哥的试验场。该委员会声称，“这些奶牛的整个背部都被放射性物质烧焦，但是在接下来的数年里却始终安然无恙”。

总而言之，原子能委员会的意思是，既然我们的奶牛在核试验后活了下来，那么你们的奶牛绝不会因为核爆而死亡。对于原子能委员会的说法，斯图亚特兄弟一直表示怀疑，并且要求他们用自己能够看得懂的语言进行解释。1957 年，当有关人士即将就执行“57 计划”的地点做出决定时，这场争端仍然没有平息。由于担心外界对帕普斯湖的关注会再次引发这场悬而未决的争端，官方从备选地点中划掉了帕普斯湖的名字。

最后，人们把目光聚集在了格鲁姆湖谷地一个平坦开阔的区域，而这片谷地也正是中情局开展 U-2 项目的场所。51 区西北角有一块面积约 16 平方英里的土地，这块土地不仅相对平坦，而且此前几乎无人涉足。有记录显示，这一区域不存在放牧权的问题，也就是说，当地农民和牧场主禁止在这里放牧。随后，这次武器试验的筹划者对格鲁姆湖进行了空中勘察，其中包括 E.A. 布鲁上校和“57 计划”的负责人施里夫博士。在一份秘密备忘录中，这两人开玩笑说，他们在指定地点发现了一群四处游荡的奶牛，“有 60 到 80 头奶牛大概还没有得到命令，不过它们和它们的主人一定是从哪里听到了风声”。这种幽默真是令人哭笑不得。

国防部和民间机构原子能委员会最终敲定了这宗土地使用协议，由前者负责掌管空军区域，而后者负责控制试验地点。这片理想区域的边界就像 51 区的其他地方一样模棱两可，但是却恰好位于内华达试验场东北角的法定界限以外。这就意味着，“57 计划”属于军事行动，正如官方把这次行动称作安全试验一样，这一做法可以防止原子能委员会对外界公开有关消息。任何想要打探这次危险核试验内幕的人都会觉得无从下手。最后，在进行土地命名时，官方甚至将“57 计划”从内华达试验场的地图中排除在外①。直至 2011 年，这一情况仍然没有改变。

1957 年 3 月，工作人员封锁了这片区域，开始为“57 计划”做准备。很快，一枚核弹头就从新墨西哥州的桑迪亚实验室空运至试验场内的亚卡湖跑道上，然后被转移到 11 号楼，至核爆那天前，由有关人员负责保管。为了便于保存记录，官方决定将这一区域命名为“13 区”。

理查德·明格斯感到筋疲力尽。24 岁的明格斯来自俄亥俄州，从朝鲜战争的前线回国后，他开始在“沙滩宾馆”上班，迄今已有 3 年 4 个月了。婚后不久，明格斯的妻子格洛莉亚就怀上了第一个孩子。沙滩宾馆是拉斯维加斯大道上最受欢迎的去处。很多挥金如土、喜欢彻夜狂欢的有钱人都是这里的常客。在这里，他们可以在歌厅一睹“鼠帮乐队”的风采，可以在餐厅使用银质餐具，享受专业侍者带来的一流服务。

理查德·明格斯为自己的工作感到骄傲。有一次，他服务的对象居然是伊丽莎白·泰勒和艾迪·费舍尔。直到 1956 年夏，情况发生了变化。作为一名服务生，明格斯的收入很不稳定，一旦想到这些，著名歌星弗兰克·辛纳屈、迪恩·马丁和小萨米·戴维斯的表演就再也不像从前那样吸引人了。在得知妻子格洛莉亚怀孕的消息后，明格斯感到欢天喜地，但是很快就不得不开始考虑他们的经济问题了。于是，明格斯把独自寡居的母亲接来东部，帮助他们照料即将出生的孩子。

回想起自己当年的经历，明格斯不禁感慨万千。“你永远不知道将来会发生什么事情。”他说。那年夏天，理查德·明格斯和格洛莉亚夫妇遭受了一次残酷的人生打击。由于妻子早产，刚刚出世的婴儿死在了医院。他们两人都没有医疗保险，因此除了要面对丧子之痛以外，他们还要应付巨额的账单。格洛莉亚开始变得心灰意懒、一蹶不振。“我急需一份有固定收入和医疗保险的工作，”明格斯解释道，“这个时候，我必须找到适合自己的职业。于是我问沙滩宾馆的另一名服务生，想看他知不知道有什么地方可去。”当明格斯听说联邦政府正在聘请保安人员后，第二天一早，他就开车来到第二大道和博南扎街应聘。

在这列有一百多人的长队中，明格斯等了几个小时，才知道位于此处西北 65 英里的内华达试验场需要人手。有传言说那里的薪水很高。从 1951 年开始的核试验迄今已有 5 年之久，它们为拉斯维加斯带来了数千万美元的生意。拉斯维加斯之所以会签署这些核试验的合约，正是因为其中蕴含着巨大的商机。一年多前，在上一次核试验“茶壶行动”中，这里共进行了 12 次核爆，其中包括一枚从飞机上投下的核弹。

人们听说，官方正在对核爆沉降物，尤其是铀和钚分裂后的致命产物锶-90 进行激烈的讨论。有一段时间里，当地甚至还传出试验场即将被取缔的消息。然而，站在这样一列长长的队伍中，明格斯知道关闭试验场的说法恐怕只是人们的传言而已。他的想法没错。事实上，这次行动的策划者正在紧锣密鼓地为美国本土最大的一系列核试验进行筹备。

明格斯站在那里等了很久。最后，一名中士提取了他的指纹，然后问他以前是否在部队待过。当明格斯说他曾经参加过朝鲜战争时，这名中士满意地点了点头，并且将他送进了一个单独的房间。在 20 世纪 50 年代，拉斯维加斯的大部分居民不是赌徒和骗子，就是寻求一夜暴富的投机之辈。作为一名光荣退役的前美军士兵，明格斯无疑是官方需要的最佳人选，因为对于这份与核武器有关的工作来说，忠贞可靠是不可或缺的先决条件。随后，明格斯填写了几张表格，然后回答了招聘者提出的一系列问题。几个小时后，明格斯终于获得了试用许可。

至于这份工作的具体内容是什么，招聘者则说无权奉告。但是，这里的薪水很高，几乎相当于沙滩宾馆一流侍应生酬劳的两倍。对于明格斯来说，最重要的是这份工作包含医疗保险，而这正是格洛莉亚翘首企盼的东西。在得到相应的安全级别以后，他可以立刻开始工作。在接下来的 5 个月中，明格斯一直待在那里。

理查德·明格斯并不知道，他已经成了 51 区第一个由联邦政府雇用的保安人员。在随后进行的一系列核试验中，他即将守卫的是美国的第一枚脏弹，即“57 计划”。

从“十字路行动”的首次核爆开始至 1951 年内华达试验场开启大门之前，美国一直在太平洋的一些环礁和岛屿上进行核武器试验。太平洋试验场一望无际，其面积相当于得克萨斯州的 2 倍，因此无论五角大楼在那里做了什么，外界都难以觉察。马绍尔群岛距离美国本土有几万英里之遥，所以开展保密工作并不是什么难事。但是，每进行一系列核试验都需要成千上万的人力资源和数以百万计的武器装备，这就意味着国防部不得不劳师动众，在美国本土和太平洋试验场之间进行长途跋涉。

此外，这些船只上不仅运载着极其危险的核物质，还有许多出类拔萃的核物理学家、科学家和武器工程师。当这支队伍浩浩荡荡地远涉重洋时，就必须出动大批战机进行空中掩护和驱逐舰沿途护卫。但是这样大张旗鼓的行动只有在战事迫在眉睫的情况下才说得过去。正因如此，当匈牙利移民、人称“氢弹之父”的爱德华·泰勒博士提出，如果在美国国内设立一个核试验场对各方来说都更加有利时，华盛顿方面几乎没有提出异议。来自国防部、武装部队特种武器计划处和原子能委员会的官员一致同意，并纷纷鼓动总统授权在美国本土设立核试验基地。

科学离不开反复试验，泰勒博士解释道。随着核弹的威力变得越来越强大，其爆炸当量从数千吨 TNT 飙升至数百万吨 TNT，洛斯阿拉莫斯国家实验室里的科学家们发现，他们根据理论从方程式里推算出来的数据与这些武器实际释放出来的能量并不一致。如果把远在千里之外的太平洋试验场比作他们的奥林匹克盛会的话，那么这些科学家们还需要在当地建立一个小型的健身场所，以便在平时保持活力并不断尝试各种新的想法。他们一致认为，这个场所的最佳地点就是内华达州。从美国本土前往太平洋试验场需要耗时一周，而从新墨西哥州的洛斯阿拉莫斯到内华达试验场，坐飞机只要 2 小时。

1950 年，有关方面向杜鲁门总统提交了一份代号为“豆蔻计划”高度机密的可行性研究报告。该报告指出，内华达州地处内陆且人烟稀少，其南部广大区域是进行核武器试验最理想的场所。很快，面积为 4 687 平方英里的内华达试验和训练靶场就被划归联邦政府所有。这份可行性报告中写道：“这里不仅气温适宜、地处偏远，而且便于提供后勤保障。”更为凑巧的是，距离内华达试验场入口 7 英里开外的“印第安泉”机场属于政府管辖范围，那里就有一条现成的飞机跑道。

在成为核试验基地之前，内华达试验场曾经是野生动物的天堂。20 世纪 30 年代，内务部将这片土地列为动物保护区。在这片广阔无垠的高原荒漠中，随处都可以见到漫山遍野的羚羊和拔足狂奔的野马，还有不计其数的美洲狮和大角羊。这里的沙狐和响尾蛇比美国其他任何一个地方都要多。数百年前，当地的土著在崇山峻岭间的岩洞里居住，并且在这些岩洞的石壁上留下了蔚为壮观的图案和精美绝伦的岩画。19 世纪初，前来开采银矿和铜矿的人们开始在这里定居，从此以后，很多地方都有了生动有趣的名字，比如头骨山、印第安泉和愚人谷等。

1942 年美国参战后，这片区域被战争部借用，不再对民众开放。美国陆军在后来属于内华达试验场、51 区和内利斯空军基地的地方建立起一个常规爆炸试验场。这里地处偏僻、远离人烟，到处都是平坦干涸的湖床，不仅适合进行射击练习，而且便于飞机起降，是训练战机炮手的绝佳场所。第二次世界大战结束后，军方虽然取缔了这个爆炸试验场并任其逐渐荒废，但是却保留了对这片土地的所有权，以备将来不时之需。事实证明，这片土地很快就又派上了用场，其中 1 350 英亩、约占这片禁区四分之一的土地被政府圈走，并且命名为“内华达试验场”。1951 年 1 月 27 日凌晨 5 时 45 分，一架空军 B-50D 轰炸机来到了内华达试验场弗伦奇曼沼泽的上空，首次在美国自家的领土上投下一枚核弹。

内华达州近在眼前,随时都可以进行核爆试验,所以深得泰勒的钟爱。与此同时，原子能委员会在利弗莫尔也建立起一个核试验室，即“劳伦斯辐射实验室”,其目的是为了与洛斯阿拉莫斯竞争。在该实验室成立前，在核弹的将来应当向何处发展这一问题上，洛斯阿拉莫斯的科学家们不肯听任军方摆布，并且向他们发出了挑战。然而，国防部并不关心这些原子弹发明者的态度，而是立刻转向了利弗莫尔。因为在他们看来，竞争有助于提高效率，而对手越是强大，这场竞争就会变得越发激烈。

没过多久，利弗莫尔和洛斯阿拉莫斯的实验室之间就展开了一场殊死角逐，以得到军方的武器合同及可行性研究资金。只有不断推出新型武器的蓝本，才能成为这场竞争的赢家。借用泰勒博士的话来说，就像氢的放射性同位素氚能够增强热核反应一样，每一项实验都需要一定的“助推剂”。无论是哪一个实验室的科学家发明了这一蓝本，只要他们有足够的理由证明有必要对其进行试验，就能够轻而易举地得到来自武装部队特种武器计划处和原子能委员会的拨款。其目的只有一个，那就是制造出体积最小、威力最大的核弹，并且保证这种核弹能够装进韦纳·冯·布劳恩设计的导弹的鼻锥体里。

从 1951 年 1 月到 1956 年 1 月，共有 49 枚核弹先后在内华达试验场爆炸。这使美国在世界范围内进行的大气层核试验达到 85 次。正是在这个时候，明格斯来到内华达试验场和 51 区从事保安工作，也恰好赶上了高度机密的“铅锤行动”。在这项计划中，美国进行了迄今为止最野心勃勃的一系列核试验,而“57 计划”就是这 30 次核爆中的第一次。

守卫脏弹

在平坦浩瀚的内华达沙漠中，这份高度机密的工作让明格斯感到如鱼得水。他喜欢一切都按部就班、秩序井然。“那时候，我曾经以性格强悍而著称。”明格斯回忆道。从人员清单到无线电码，内华达试验场和

51 区的一切都是按照明格斯所熟悉的军事制度严格管理的。也许在其他很多人看来，在这片莽莽荒漠中守卫核武器，一站就是几个小时，只会令人感到枯燥乏味，但是明格斯却觉得这份工作极富挑战性。他不仅顺利地通过了枪支训练，而且因为态度认真、勤奋刻苦，明格斯的成绩在所有受训者中名列前茅，因此和其他四个人一起被派往亚卡谷地山间最为秘密的基地执行任务。

作为联邦政府的雇员，他们要牢记的第一件事情就是只能把这里称作“德尔塔”。因为明格斯及其同事用来联络的通讯频道试验场内所有的保安人员都可以收听得到，所以使用代号至关重要。“德尔塔”就是“德尔塔”，而绝对不是别的什么地方。明格斯至今仍然记得，**51 区内发生的所有事情都是严格按照敏感分类处理信息秘密制度操作的。**

“我的上级是一名中士，就连他也无权前往德尔塔地区。因为没有按需知密的权限，他并不清楚我在那里从事什么工作，”明格斯解释道，“所以第一次开车前往那里时，我感到十分好奇，并且忍不住偷偷向窗外张望，想知道前方究竟会发生什么惊天动地的事情。但是，当我们到达德尔塔以后，才发现那里看起来也平淡无奇，只是沙漠中的一条飞机跑道而已。后来，有人告诉我们，这个地方叫沃特敦，但是在交谈时绝不允许提到这个词语。在使用无线电时，我们所处的位置就是德尔塔。”

这是他们第一次来到德尔塔，即 51 区，中情局的一名安全代表已经在西门口等候。“他开车带我们进入这个地区，然后直接来到行政处。所谓的行政处实际上就是一间小木屋，木屋里的桌子上安装着电话调度系统。这名中士看了看我，然后指着一把椅子说：‘伙计，这里就是你的岗位。’”听到这话，明格斯吓了一跳。

“我从小在乡下长大，没有使用过电话交换台这种东西。看着面前的调度系统，我心想，这里是中情局进行联络的地方，所以线路一定十分繁忙。我知道，要想保住这份工作，就必须尽快掌握这门业务。但是后来的事实证明，我有大量的时间学习怎样调度，因为这里的电话几乎没有响过。‘32，32。’每当有电话进来时，我只能这样回答。我接到的电话寥寥无几，而一旦有人打过来，绝大多数都是要找同一个人，那就是乔·史密斯，而这个听起来普普通通的名字正是51区指挥官的代号。”

在51区，明格斯和其他几名同事在4个岗位上轮替放哨：行政处、一座75英尺高的水塔顶部及东、西大门。把守两座大门是为了防止有人从陆路接近51区。明格斯不止一次碰到过这样的情况，一些“极度好奇的空军军官，自认为军衔很高，所以有权进入这个地区”。然而，凡是没有获准通行的人都被明格斯拒之门外。

“有几次，情况变得非常紧张。这里有着极为严格的规定，而我的职责就是阻止外人入内。”水塔上设置的岗哨是为了防止有人从空中窥视51区。“我们必须时刻提防，有不听指挥的直升机或者小型飞机擅自闯入。”明格斯回忆说。在这里执勤让他们结识了不少U-2侦察机的飞行员。“有时候，他们飞得很低很低，我甚至能够看清机舱里驾驶员的面孔。他们经常在我们上空嗡嗡盘旋，等到着陆以后，这些飞行员会开玩笑地说，他们这样做是为了防止我们在执行任务的时候打瞌睡。”

理查德·明格斯来到51区一个多月后，洛斯阿拉莫斯的科学家和EG&G公司的工程师开始在13区为“57计划”做最后准备。内华达试验场的一名主管问明格斯，在接下来的几周里他是否愿意多工作一段时间。如果同意的话，他将要同时参与51区和13区的执勤工作。一下子增加这么多的工作量，就意味着他的薪水会加倍，于是明格斯一口答应了下来。随后，明格斯得到消息，发射时间最终定在4月3日。明格斯很快知道，所谓发射，其实是原子能委员会对“核爆”的隐语。按照该委员会和内华达州政府之间的协定，国防部向媒体准备了一则简短的声明。“1957年4月，一次高度机密的安全试验将在詹姆斯·施里夫博士的指导下进行。”由《拉斯维加斯太阳报》报道。

然而，美国公众不知道的是，国防部和原子能委员会即将在13区通过烈性炸药进行单点引爆，以模拟一架携带有XW-25核弹头的飞机坠毁时的场景。对于这次行动的内幕，即使是那些住在距离此处以东仅数英里外活动房屋里的 U-2 项目的参与者也毫不知情。科学家们预测，核弹头会释放辐射性极强的钚元素颗粒，但是由于此前从来没有人开展过类似“57 计划”的实验，所以他们并不清楚最终究竟会发生什么事情。

工作人员在长 16 英里、宽 10 英里的封锁范围内设置了 4 000 个沉降物收集器。这些镀锌的铁盘叫作粘盘，上面喷有黏糊糊的松脂，以捕获空气中飘浮的钚元素颗粒。此外，他们还在方圆 70 平方英里的区域内搭建了 68 个带有微孔滤纸的空气取样站。如果核弹不是在格鲁姆湖这样荒无人烟的沙漠之中引爆，而是在人口密集的市区炸开，那么一场意外核事故造成的灾难会变得更加严重。国防部想要知道，钚污染会对一个城市的地表造成多大危害，于是在沙漠中建起了仿真的人行道和硬化路面，并且将 1 400 块由沥青和木块制成的混凝土铺在了地上。

为了检验暴露于钚元素之中的汽车会受到多大污染，一批汽车和卡车被停放在了刺柏丛和约书亚树林中。随着最终日期不断逼近，明格斯注意到，准备工作也正在加速开展。在 13 区内，许多巨大的空气采样气球被固定在不同海拔的地点，有些距离地面只有 5 英尺，而另一些却达到了 1 000 英尺，让这里看起来就像是一个热闹的马戏团。9 头驴子、109 只猎兔犬、10 只绵羊和 31 只小白鼠被关进笼子里，面向那枚威力巨大的脏弹。

EG&G 公司在这里架设了高速摄像器材，以拍摄核弹引爆瞬间辐射云的景象。在距离明格斯岗位数百码的地方，矗立着一幢木制的建筑物，用于排除污染。这幢建筑物并没有什么奇特之处，只不过是“一间堆满了辐射测量仪器和防护服的木屋，里面设有淋浴间……还有 350 加仑（约 1.3 立方米）的热水供应，以及一个配有长凳和衣架的更衣室”。在行动的前几天，工作人员在这里铺设了一条宽约 2 英尺的通道，并且在上面覆盖了一层厚厚的牛皮纸。

4 月 3 日，试验并没有如期进行。一切核爆试验都必须在合适的天气进行。如果说决定这次行动最终日期的不是五角大楼武装部队特种武器计划处的高级官员，而是大自然母亲，那么她派出的信使就是来自加利福尼亚大学洛杉矶分校的一位气象学家，人称“哈尔”的哈罗德·米勒。在“57 计划”进入倒计时之际，恶劣天气接踵而至。在这样一片高原荒漠之中，4 月就意味着狂风暴雨、浓云密布，甚至有几天还飘起了雪。在当月的第二个星期里，狂风呼啸而至，一架停在距离此处 12 英里以南亚卡谷地的小型飞艇从空中被刮落后坠毁。

接着，4 月 19 日，“57 计划”的一只热气球突然挣脱缆绳，致使斯塔伯德将军不得不立刻发出紧急电报，向华盛顿方面通报了这次有可能引发一场公共关系危机的意外事件。在离开 13 区后，这只热气球一路朝着拉斯维加斯的闹市区飘去。“西部太平洋时间 4 月 19 日 22 时 25 分，一只高 23 英尺的热气球拖着一条长 200 英尺直径 1/8 英寸的航空钢丝缆绳飘离 13 区。”斯塔伯德将军在这份简明扼要的电报中写道。

据他估计，“最好的情况是，这只热气球可能自行爆裂，并在拉斯维加斯轰炸和射击靶场内坠毁。”这样就不会引起外界的注意。但是，斯塔伯德将军及任何一个与此事有关的人都十分清楚，热气球一旦飞出试验场的边界，整个“铅锤行动”极有可能就此告吹。幸运的是，这只热气球终于在内华达试验和训练靶场内坠毁，斯塔伯德这才长舒了一口气。

这是美国第一次在核试验中使用热气球。在“铅锤行动”的 30 次核爆中，有 13 次将于 1957 年春夏进行，并由热气球将核设施带离地面。在此之前，工程师们需要耗费巨资建造一座金属塔以承载核弹。理查德·明格斯负责守卫的正是这样一座高塔，在塔上值勤的几个小时里，他经常从上面扔纸飞机。明格斯说：“你必须努力不让自己去想，一枚货真价实的核弹就在身边，它眨眼之间就能将一座城市夷为平地。”

这些金属塔的高度一般为 300 英尺、500 英尺或 700 英尺高，为了将诸如阿尔弗雷德·奥唐奈一样的武器试验工程师送到塔上连接导线，还需要在金属塔的旁边搭建一部垂直升降的临时电梯，而这项工程同样造价不菲。与此相比，热气球不仅能够大大降低成本，而且与金属塔不同的是，它不会产生大量的辐射能。但是对于公众来说，这种做法的安全性和可靠性显然值得怀疑：如果热气球挣脱缆绳，带着核弹飘走了怎么办？

直至4月24日凌晨，天气终于好转，13区接到执行“57计划”的命令。当地时间上午6时27分，由EG&G公司的一名工程师手动引爆这枚核弹，在不存在真实飞机的情况下，模拟飞机坠毁的场景。明格斯还记得核爆的确切时间，因为“当时复活节刚刚过去几天，这里终于风停雨歇。那天虽然没有下雪，但是我记得通向值勤地点的道路仍然十分泥泞。因为这是一次军事行动，再加上13区地处偏远，所以路上几乎没有行人来往，车辆也寥寥无几。从我停车的地方望去，这条路上1英里内可以看得清清楚楚。我还记得当时天气非常寒冷，我也已经穿上了冬装，但是却没有采取任何防辐射措施”。

科学家们预计，这枚脏弹的沉降物将朝北方扩散。当这团小型的放射云尘埃落定后，钚元素已经在与格鲁姆湖毗邻的895英亩的区域内扩散开来。明格斯回忆道：“这里的景象并不十分壮观，我也没有看到巨大的火球。但是，由于核爆产生了大量辐射，所以整个地区看起来灰尘漫天、污浊不堪。”

这枚核弹的确肮脏不堪②。一旦被吸入人体，钚就成了迄今为止人类所发现的最可怕的化学元素之一。有些放射性物质，比如X射线，在剂量较小的情况下不会对人体造成伤害，但是只要有百万分之一克的钚进入人体肺部，就足以导致死亡。时至今日，这次行动原始报告中的大部分内容仍然被列为高度机密或受限数据。

1982年，核防局申请调阅了这份报告的非涉密“摘要”。这篇摘要显示，“57计划”证实了科学家此前的推断：钚被吸入人体后，“主要分布在骨骼当中，其停留的期限远远超出了人类寿命的长度。由于钚-239的α半衰期长达2万多年，所以在此之前会一直对人体产生影响”。这就是科学家们在那些因为暴露在脏弹下而死掉的驴子、猎兔犬、绵羊和小白鼠身上进行反复试验后得出的结论。既然如此，理查德·明格斯为什么能大难不死呢？

这份报告同时透露，“空气取样结果显示，通过空气传播后，下风处存在异常显著的高浓度可吸入钚元素”。从表面上来看，钚是一种自相矛盾的毒素。钚接触人体后，并不会导致死亡，因为它释放出的 α 粒子只具有极其微弱的辐射，皮肤或一张纸便足以阻挡其侵入人体。此外，另一个让人难以置信的事实是，如果钚被误食，却并不一定会导致死亡。“钚进入胃部后，作为惰性物质，其微粒用不了多久就会被排泄出去，而很难被人体吸收。”另一份报告中写道。换句话说，只有当这些微粒进入人类或动物的下呼吸道中，钚才会成为一种致命的元素。

这次核爆发生时，理查德·明格斯正处于 13 区和 51 区之间一处荒无人烟的地带，守卫着二战结束以来美国历史上最为机密的两项行动：“57 计划”和“感光板计划”。幸运的是，在长达十几个小时的执勤过程中，他并没有吸入任何钚元素的微粒。数周以后，当“57 计划”留下的钚元素颗粒全都落入沙漠之中时，明格斯注意到，一些来自桑迪亚空军基地、雷诺电子工程公司和 EG&G 公司的人员开始在受到污染的地区进进出出。他们全部戴着防毒面罩，所有衣物的边缘都用胶带密封了起来。这些人经过一块小小的金属牌，牌子上写着：污染区域，严禁入内。

他们取出里面的盘子，给那些仍然活着的动物喂食，并且移走已经死掉或者奄奄一息的动物。接着，他们用新的微孔滤纸换掉旧的，然后返回内华达试验场的实验室和动物尸体存放处。与此同时，明格斯还看到，U-2 侦察机的飞行员正在自己的上空进行最后试飞，并且希望在执行任务前能够尽可能多地进行训练。很快，他们就会被派往海外的秘密军事基地，执行一些似乎根本就不存在的危险任务。至于这些任务究竟是什么，在接下来的几十年里，美国民众始终被蒙在鼓里。

引爆“胡德”原子弹

作为“57 计划”的成果，科学家们获得的数据只是向国防部证实了此前他们早已了解的事实：“钚的半衰期是 24 000 年，它不会腐烂。”钚一旦进入土壤，就很难继续移动。“没有事例可以证明，随着时间的推移钚会逐渐减少，或者改变其在土壤中的位置与深度。”假如一个人没有吸入钚元素的颗粒，而且这些颗粒也没有通过其他渠道进入他的血液或者骨骼，那么即使这个人生活在充满钚元素的环境中，他仍然可以安度余生。对于这一观点，理查德·明格斯就是最好的例证。

在这枚脏弹爆炸后的一年内，科学家们对他们获得的初步数据表示满意，而“57 计划”仍在继续艰难推行。工作人员用普通的带刺铁丝网把 13 区一带围了起来。原子能委员会所有车辆的保险杠和车篷上都贴上了“污染物”的标签，然后深埋于地下。此外，他们还将所有被“能够释放 α 粒子的物质污染过的衣物装进塑料袋后，埋进这块由于遭受污染而废弃的土地中”。

但是，1958 年夏，“57 计划”的负责人詹姆斯·施里夫博士却撰写了一份令人不安的报告，指出测量研究小组观察到了一个极有可能导致严重危害的事实，这份报告随即被列为秘密受限数据。“查尔斯·达尔文在对果园进行研究时发现，每英亩的土壤中约有 53 000 条蚯蚓，而这些蚯蚓每年会挪动 18 吨泥土，”施里夫写道，“如果这些被挪动的泥土中含有蚯蚓吞下的钚，那么这一行为无论是无心之举还是蓄意而为，必然会对污染环境的恢复产生严重的影响。”

换句话说，这些携带着钚元素的蚯蚓有可能离开 13 区，并且在经过一段时间后来到另一个地方的果园里，或者有小鸟吞食了这些蚯蚓，然后飞到了其他地方的树上。“1957 年夏，有人（姓名不详）曾经设想，要就 13 区的生态问题设立一个单独的项目，”施里夫写道，“但是负责对该项目进行调查的小组过分热衷于‘铅锤行动’，因此很难对这个问题进行深究。”如果“铅锤行动”从第一次核爆“57 计划”开始，就采取措施防止将来造成的危害，那么接下来的 29 次核爆就会如法炮制。

然而，远在内华达州的荒漠之中，这些人不仅大权在握，可以为所欲为，而且缺乏有效的监管。EG&G 公司的一名武器工程师曾经说过：“内华达试验场内早已无法无天。”直到 1998 年，13 区的表层土壤才被刮除移走。但是，在长达 40 多年的时间里，不知道已经有多少条携带着钚的蚯蚓和多少只吃下了这些蚯蚓的小鸟离开了 13 区，去到了它们所能去的任何地方。

随着首次钚污染试验告一段落，武装部队特种武器计划处开始继续推进“铅锤行动”中的其余 29 次户外核试验。它们极大地推动了拉斯维加斯的经济发展，为当地带来了数百万美元的资金和大量的工作机会。据有关报告记载，每一次核试验耗资约 300 万美元，这笔资金在 2011 年相当于 7 600 万美元。但是，至于这个数字当中究竟包含哪些开支不包含哪些开支，任何人都无从知晓。

在“铅锤行动”中，共有近 7 000 名平民受雇在内华达试验场工作。此外，国防部也派出了大批雇员，官方提供的具体人数数字从 14 000 至 18 000 不等。虽然这项行动为拉斯维加斯带来了滚滚财源，但是关于放射性沉降物危害的争论却始终没有停止，甚至威胁到了“铅锤行动”的继续开展。在“57 计划”中，钚元素污染了与格鲁姆湖毗邻的 895 英亩土地。

就在核爆两周前，诺贝尔化学奖得主莱纳斯·鲍林的一番言论曾让美国公众大惊失色，并且公众纷纷呼吁终止核试验。鲍林指出，核试验会导致次年出生的儿童中有 1% 患有严重的先天缺陷。原子能委员会立即对此做出高调回应，在媒体上公布了有关专家的看法。该委员会负责生物医药的副主任 C.W. 希林博士讥讽莱纳斯·鲍林说：“在过去 5 年中，过度热水浴与放射性沉降物对人体性腺造成的损害大致是相当的。”虽然从现在看来，这种观点纯属不经之谈，但是当时的美国人却宁愿信以为真。

国内几乎所有的报纸都对这场争论进行了连篇累牍的报道，且在同一版面上经常出现两种针锋相对的观点。“在那些散落有核沉降物的岛上，儿童的体型相对矮小。”《圣菲新墨西哥报》写道；而另一篇报道却题为“研究显示在马绍尔群岛出生的儿童完全正常”。

《洛杉矶镜报》宣布，“2 000 名科学家联名请求总统禁止核试验”。此外，多家报纸先后发表社论，其中包括 6 月 7 日《洛杉矶时报》刊登的一篇短评，认为加利福尼亚州太平洋沿岸近来有大批海鸥和鹈鹕相继死亡，证明《圣经》中所说的世界末日已经逼近。

欧洲各国纷纷表示抗议。日本也呼吁，要求美国停止核试验。当有迹象显示这些试验会继续进行时，100 多名怒不可遏的日本学生来到东京的美国大使馆前进行抗议。随着事态进一步恶化，政府不得不出动大批警察进行干预。印度总理贾瓦哈拉尔·尼赫鲁将这些试验称为“重大威胁”，并郑重呼吁艾森豪威尔总统，必须全面禁止核试验，否则整个地球都将会被拖入灾难的深渊。苏联科学家费德罗夫也公开指责，美国发明的这种武器将在世界范围内引起严重的干旱或洪涝灾害。为了对这场旨在终止核试验的运动进行反击，原子能委员会发起了大规模的宣传。

该委员会的顶尖科学家、人称“疯狂比尔”的原子弹专家威拉德·弗兰克·利比坚称：“科学就像一门艺术。如果一日不前，你就会遭到淘汰。试验只不过是一场小小的风险而已。”在这场论战中，核武器制造者赢得了最后的胜利。当总统批准继续实施“铅锤行动”中的一系列核试验后，官方发表了一则新闻声明，宣称这 24 次核试验（还有 6 次被称为“安全试验”）“杀伤力很低”，其中每次核爆均不会超过“3 万吨 TNT 炸药”，但是对其余 6 次“安全试验”却只字未提。在太平洋爆炸的百万吨 TNT 炸药级原子弹从根本上改变了人们对核武器巨大威力的认识。美国在广岛投下的原子弹导致 7 万人当场丧命，在接下来的数天内，还有 3 万至 5 万人由于遭受辐射而相继死亡。然而，与美国政府现在所谓“杀伤力很低”的核弹比起来，这颗原子弹无异于小巫见大巫，其威力尚不及前者的一半。

总统向民众承诺，这些试验至关重要。美国政府必须掌握“有关核武器的全面信息”。军方需要对核战进行“演练”，以观察士兵在核战中的实际表现。政府需要了解：一辆军用吉普车能够在核冲击波中行驶出多远的距离？冲击波对山区和谷地造成的影响有什么不同？当直升机、小型飞船和飞机接近蘑菇云时，核武器会对它们产生怎样的影响？五角大楼对这些问题感到十分疑惑，表示一定要弄个一清二楚。正因为如此，在内华达州南部人烟稀少的沙漠地区，“铅锤行动”的核武器试验最终得以如期进行。

1957 年 5 月 28 日，“铅锤行动”中继“57 计划”后的第一次核爆“博尔兹曼”形成了巨大的蘑菇云。由于这枚核弹的爆炸当量为 1.2 万吨 TNT 炸药，与在广岛爆炸的原子弹大致相当，所以距离试爆地点 11 英里的 51 区全体人员都被暂时疏散到基地以外。在官方发表的新闻声明中，这枚核弹被轻描淡写地称作“洛斯阿拉莫斯科学实验室里的一个装置”。

1957 年 6 月 9 日，《纽约时报》刊登了原子能委员会“铅锤行动”核试验的“部分计划表”，以便那些想要观赏蘑菇云的夏季游客据此做出安排。“现在正是进行原子弹观赏这一现代而又不失高尚的消遣活动的最佳时机。”《纽约时报》写道。

然而，根据理查德·明格斯的回忆，51 区中情局高级官员的表现似乎与这位“灰女士”(《纽约时报》——译者注)的描述大相径庭。“有一次，核爆让这里地动山摇，中情局的一群官员立即跳上一架私人飞机，一溜烟儿就不见了。”1993 年解密的一份报告中记录了这次核爆造成的损失：“飞机库的大门被炸得变了形，餐厅的窗户全都碎裂成片，集体宿舍的通风板也被炸坏了。”51 区的工作人员再次被全体疏散。

无论是理查德·比斯尔还是他手下的任何一名成员都没有料到会产生如此剧烈的反应，因此事先毫无防范。对于这次事件，中情局是表示抗议还是忍气吞声，有关文件仍待解密。但是，U-2 侦察机却被迅速转移到了加利福尼亚州爱德华兹空军基地，藏进了北方遥远偏僻的飞机库。任何人都无法阻止原子能委员会继续进行核试验。“铅锤行动”已经渐入高潮。接下来的一枚核弹代号为“胡德”。

1957 年 7 月 5 日，明格斯准备前往内华达试验场执勤。美国的独立纪念日刚刚过去，而格洛莉亚也再次身怀六甲。明格斯已经做好了心理准备，因为这一天一定十分漫长。由于这次试爆规模巨大，原子能委员会已经提前疏散了 51 区内除了保安以外的所有人员。明格斯吻别妻子，登上崭新的迪索托 1957。明格斯非常钟爱这辆有着颀长尾翼的四门汽车，这可是他在内华达试验场加班加点才能够买得起的奢侈品。

试爆当天凌晨，明格斯进入 95 号公路，来到距离住所 65 英里以外试验场最南端墨丘里军营的大门口。时间大约是凌晨一点半。按照计划，“胡德”将于当天清晨在第 9 区内引爆。明格斯的副驾驶座上放着一个小木盒，那是格洛莉亚亲手为他准备的午餐，其中包括一个三明治、一个开罐器，还有明格斯最喜欢的丁特·摩尔牌炖汤罐头。进入试验场大门后，明格斯停下了迪索托，将自己的所有物品放入原子能委员会的一辆卡车内。

接着，他像平时一样从墨丘里军营驶向自己的执勤地点。出发前，明格斯来到这里的冰室，先往一个 5 加仑的罐子里装满水，然后又放进了一个很大的冰块。“虽然核弹‘胡德’的大小属于机密，但是这里的每一个人都知道它是一个庞然大物。”明格斯说道。

接着向北行驶了 3 英里后，明格斯来到了第 9 区。在这次核爆期间以及结束后，军方将在这里进行成百上千次试验。在爆心投影点附近，70 头穿着军服的切斯特白猪被关进笼里，等待核爆的发生。所有白猪都实施了麻醉手术，以消除 β 辐射严重烧伤带来的疼痛感。军方希望通过这些猪来确定哪种动物在核爆当中耐受力最强。

在较远处的战壕里还有 100 名士兵在待命，他们将要参加接下来的 24 次科学实验。在笔者得到的秘密文件中，科学家们把这次行动称作

“教导计划”（Indoctrination Project）。人力资源委员会即将在这些士兵的身上进行秘密试验，以了解核弹爆炸时他们的心理反应。人力资源委员会旨在研究他们的“恐慌心理”，从而为将来战争中的士兵们建立起“情感工程项目”。

在距离此地更远的第 4 区和第 7 区的一处战壕里，驻扎着由 2 100 名士兵组成的另一个营。他们的任务是，“在侵略者连续 4 天对拉斯维加斯发动袭击的情况下”进行演习③。继续向南 1 英里，2 500 名海军陆战队士兵将在“胡德”爆炸期间使用 LVTP5 展开空地联合行动。履带式两栖装甲战车 LVTP5 曾经在第二次世界大战期间出现在太平洋战场上，就像一头“能够让海军士兵滴水不沾来到陆地上的装甲怪兽”。此外，还有数十架直升机也参加了这次演习。

部署在现场的医疗队得到命令，通过对“爆炸生态”进行研究，以确定被炸飞砖木和玻璃的初始效应及次生效应。军方还在这里建立了不同类型的房屋，从而了解核爆发生时，在木制或人造板、砖石或合金、石棉瓦或沥青中，哪种结构最不容易遭到破坏。联邦民防署负责就不同避难设施和地下工程进行试验。其中一处设施建在一条单轨铁道上，大门经过加固，约 90 英尺见方，重达 100 吨。莫斯勒保险箱公司还为这次行动赞助了一个价值 50 万美元的钢制防核保险库，这对那些想要在核战中尽量减少损失的保险公司和银行来说再合适不过了。

当爆炸当量为 7.4 万吨 TNT 炸药的“胡德”爆炸时，明格斯正在自己的岗位上执勤。核弹刚刚引爆后，明格斯的上级，一个叫梅的中士突然接到电话。有人告诉梅，这次试爆出现了严重的安全问题，原子能委员会忽略了 51 区的安全工作。梅决定派遣明格斯立即返回已经疏散一空的中情局秘密基地。“当梅挂断电话后，他马上转过脸来对我说道：‘去保险箱里拿一个盖格计数器，火速赶往 23 号楼。’”明格斯按照梅的命令，立刻跳上原子能委员会的一辆卡车，风驰电掣般地朝着 23 号楼奔去。

“胡德”的威力究竟有多大，至今仍然不得而知。尽管此前原子能委员会曾经保证，他们不会进行热核炸弹试验，但“胡德”无疑是一枚热核炸弹。“胡德”的爆炸当量为7.4万吨TNT炸药，不仅是美国在广岛投下的原子弹杀伤力的6倍，而且也是迄今为止在美国本土引爆的威力最大的一枚核弹。从加拿大到墨西哥，以及远在800英里开外的海上，都可以看见“胡德”爆炸发出的强光。

“这次核爆惊天动地，美国西岸大多数地区都能够感受得到。当它在一瞬间擦亮了黎明前的夜空时，人们可以看得清清楚楚。”美国合众国际新闻社报道。25分钟后，核冲击波来到了拉斯维加斯以西350英里的洛杉矶。“洛杉矶醒了。闪光划过，大地颤抖。电话不断涌入警察局造成线路拥堵。”《洛杉矶时报》在头版头条对此事进行了报道。就在冲击波到达洛杉矶时，明格斯也刚刚来到23号楼。这是一座坚固的混凝土掩体，在核爆期间，负责辐射安全工作的官员就待在这里。明格斯看到，不远处的大片沙漠已经陷入了火海。

“你知道德尔塔吗？”23号楼里的安全官员问明格斯。

“我在那里工作过不少次。”明格斯回答。

“再叫上一个人，马上离开这里，”这名官员说，“找一处辐射最弱的地方，并在那儿设置一处路障以隔开试验场和德尔塔。”在核爆进行前，原子能委员会从试验场疏散了51区的所有工作人员，但是德尔塔的大楼里仍然存放着不计其数的机密信息。显然，由于一时疏忽，这处设施竟然没有一名保安人员进行看守。现在，理查德·明格斯接到的命令就是堵住这个安全漏洞。

明格斯迅速驾车穿过试验场，朝着北方的51区飞奔而去。“整个班迪特山都火光冲天，”明格斯说。班迪特山海拔较低，位于帕普斯湖和亚卡平原之间，“我甚至可以看清一棵棵正在燃烧的约书亚树。”明格斯丝毫不敢懈怠，在不出意外的情况下尽可能地加速前进。但是，要想到达德尔塔地区，他必须穿过爆心投影点。

“大块岩石和卵石被爆炸崩到了路上，”明格斯解释道，“我关紧车窗，不顾一切地向前冲去，只听到盖格计数器发出刺耳的尖叫。我担心如果自己开得太快碰到了什么东西，那就会大事不妙。来到 385 哨卡时，我的盖格计数器简直像疯了一样。时至今日，我仍然清清楚楚地记得，上面的数字已经指到了 8.5R，意味着极不安全。因为这次核爆，我们已经放弃了原来的哨卡，而且那里的温度很高，根本待不下去，所以我只好从山上继续开往 51 区。”

当明格斯来到格鲁姆湖时，他的盖格计数器终于安静了下来。现在距离核爆约有 50 分钟，蘑菇云已经上升到了 4.8 万英尺的高度，很可能早已飘过 13 区和 51 区的上空，来到了犹他州的某个地方。“当我开进 51 区时，这里简直就像一座鬼城，”明格斯回忆道，“我搭建起一个西向的哨卡，从这里可以看出去很远。没过多久，另一名保安也赶了过来。他负责控制塔的岗哨，我把卡车停在通向西边的路上，然后一直待在那里。”明格斯距离爆心投影点不到 10 英里，而一个小时前“胡德”刚刚在那里引爆。强烈的冲击波撼动了 51 区，包括飞机维修库和给养仓库在内所有朝西的金属门都已经严重变形。

天空中飘浮着大量辐射尘埃。虽然核沉降物必然会引起连续降雨，但是安全工作仍然很重要。明格斯从自己随身携带的 5 加仑水罐中喝了一口水，然后继续在那里等待核爆形成的浓烟散开。他一边吃着格洛莉亚为自己准备的三明治，一边望着远处烈焰奔腾的群山。几个小时后，明格斯从午餐盒里取出那罐丁特·摩尔炖汤，然后用开罐器打开。

每次为丈夫准备午餐时，格洛莉亚会带上它。明格斯走出原子能委员会的卡车，揭开罐头的盖子，然后把它放在汽车的控制板上，用勺子搅了搅。汤很快就变热了。明格斯回到卡车里，想要检查一下自己的无线电是否仍然畅通。“德尔塔安全了。”说完，明格斯开始享用自己的炖汤。

在接下来的时间里，直至深夜，每隔半个小时，就会有声音通过无线电从控制中心传来，询问这里是否一切“正常”。每一次，明格斯都会告诉自己的上级，格鲁姆湖安然无恙。整整一天，他没有在沙漠中看到过一个人影。夜幕降临后，火势渐渐停止，山上剩下的只有那些仍然冒着黑烟的约书亚树。看来核试验选择在这个区域进行是正确的，因为这里除了零星可见的石炭酸灌木，再就是无边无际的沙漠。灌木丛已经被全部烧焦，而那些沙粒在经过 5 400 华氏度（约 2 982 摄氏度）的煅烧后，竟然凝结成了小块小块的玻璃。

这次核爆过后，51 区遭到了严重的破坏，再加上大量的放射性沉降物，这里已经不再适宜人类居住。一夜之间，“胡德”把这个曾经盛极一时的秘密基地（更不用说 100 年前生机勃勃的矿都了）变成了一座阴森可怖的鬼城。至于这个秘密基地的未来，毫不夸张地说，已经开始摇摇欲坠。

在“铅锤行动”进行的一系列核试验撼动了整个 51 区后，中央情报局的秘密基地看起来就像是一座鬼城。随后，从 1957 年夏到 1959 年夏这段时间里，51 区究竟发生了什么事情，几乎没有人知道。根据明格斯的说法，格鲁姆湖住进了一对夫妇，负责这里的安全工作，但是他们的名字在任何记录上都找不到。唯一能够知道的是，“铅锤行动”让 51 区的所有活动都陷入停顿，漫山遍野都是原子能委员会的工作人员。他们手持盖格计数器，开始对放射性沉降物进行测量。

在早期核试验中，当工作人员在充满大规模杀伤性武器的环境中执行任务时，根本就没有什么“危险品紧急处理小组”的制服。这在 21 世纪听起来也许令人难以置信，但在当时是不争的事实。这些在沙漠中爬罗剔抉、寻找核沉降物的人们只是穿着实验室里的白大褂和普普通通的工作靴。1993 年解密的有关文件记载，按照原子能委员会的说法，这些放射性残骸尺寸不等，从针尖大小的辐射颗粒到铅笔长短的铁条都包含其中。

让核物理学家感到出乎意料的是，“铅锤行动”的一系列核试验显示，有些时候，在核爆发生的千分之一秒内，原子能就会将金属塔的碎片抛离热源。由于没有遭到汽化，这些高放射性的碎片会被完好无损地带入蘑菇云中，然后沉积在格鲁姆湖一带，原子能委员会的工作人员通过磁铁就可以找到它们的位置。

就在工作人员对金属碎片的散落模式进行测量时，核武器的设计者们却开始着手筹备当年秋季开展的另外一系列核试验。从核爆次数来看，“硬饼干行动Ⅱ”（Operation Hardtack Ⅱ）的规模比“铅锤行动”更加庞大。从1958年9月12日至10月30日，共有多达37枚核弹被从高塔上、隧道中、竖井下、地面上和热气球上先后引爆。这些试验的爆心投影点分别为第3、5、7、8、9、12和15区，而这几个区域距离51区只有18英里。

中央情报局几乎已经将51区抛诸脑后，这座昔日门庭若市的秘密基地如今却饱经风霜，看起来阴森恐怖、一片荒凉。虽然间或还有试验场的保安过来巡逻，但是这里的秘密资料早已被转移一空。这片不毛之地上遍布核沉降物，格鲁姆湖一带的动物全都受到了殃及[④]。在废弃的飞机库旁和空空荡荡的飞机跑道上游荡的野马、梅花鹿和野兔浑身布满了β射线辐射造成的严重灼伤痕迹。二战结束后，广岛、长崎两地的居民和动物也曾经饱受β射线辐射带来的痛苦。

正是在这段时间里，51区上空出现了一次罕见的安全漏洞。1957年7月28日，道格拉斯航空公司一个名叫爱德华·K. 柯伦特的雇员自称需要紧急着陆，随后降落在格鲁姆湖U-2飞机曾经使用过的跑道上。当原子能委员会的安全官员对其进行讯问时，柯伦特辩解说自己正在进行跨国飞行训练，因为迷失了方向，再加上燃油几近告罄，不得不在这里紧急迫降。柯伦特被扣留了整整一夜，最后从51区释放。

第二天，内华达试验机构在新闻上只是轻描淡写地发表了一则声明，表示一名私人飞行员错误地在“沃特敦的飞机跑道上”降落。但是，对于自己的这次奇特之旅，柯伦特却没有公开发表任何声明。他也是迄今为止唯一一个未经邀请擅自驾驶私人飞机闯入51区，而后安然无恙从中脱身的一介平民。

反雷达试验复活51区

与此同时，在华盛顿特区，理查德·比斯尔正在等待总统批准，以便派遣更多驻扎在中情局海外秘密基地的U-2飞机执行侦察任务。在美国西岸加利福尼亚州的伯班克，洛克希德公司的凯利·约翰逊正忙着绘制新型秘密侦察机的图纸。如果约翰逊能够与比斯尔联手，签下中情局这份新的合约，这很可能意味着在接下来的10年中，洛克希德公司将继续在51区履行自己的使命。但是现在，凯利·约翰逊最需要的是一个研究雷达截面的奇才。

1957年9月，当爱德华·洛维克站在洛克希德公司的天线方向试验场上测量雷达回波时，凯利·约翰逊忽然走了过来。洛维克此时38岁，是洛克希德公司知名的物理学家。虽然在当时雷达技术还是一门相对年轻的科学，但是与洛克希德公司的其他人比起来，洛维克对此显然知之甚详。

“你是否愿意参加一个很有意思的项目？”约翰逊问洛维克。虽然洛维克在洛克希德公司任职已有八年半，但是还从来没有见过凯利·约翰逊。洛维克看到，站在约翰逊身边的是自己景仰的两位科学家（威廉姆·马丁和L.D.麦克唐纳）。马丁是洛维克的前任主管，他们三人曾经一起在天线实验室工作。

后来，马丁和麦克唐纳突然离开了实验室，前往51区北部的82号楼就某个项目进行研究，而这里正是洛克希德公司从事秘密行动的地方。凯利·约翰逊告诉洛维克，他即将参加的项目大概会在6个星期内结束。事实上，这个项目却持续了32年之久。当时洛维克并不清楚，他所加入的洛克希德公司秘密研究行动的官方说法是“试制计划”（Advanced Development Projects），又被昵称为“臭鼬计划”（Skunk Works）。1957年，该计划的第一位顾客正是中央情报局。

洛维克得到了最高的安全级别，并且了解了U-2飞机的有关情况。

他还听说，4 个月前，试飞员罗伯特·斯克尔在 51 区遇难。“这场悲剧成就了我在洛克希德公司的第一项任务。”洛维克回忆道。斯克尔之死在无意间促进了 20 世纪军用技术方面最重要的一项发明，从而使爱德华·洛维克最终成为隐形飞机的开山鼻祖[5]。事实证明，麻省理工学院波士顿集团在侦察机上添加隐形涂料的做法是徒劳无益的。随后，洛维克及其团队很快发现，如果从设计之初就考虑到这一因素，那么隐形并非不可实现。

“隐形技术或反雷达技术的目的，”洛维克解释说，“是为了不让敌方察觉或侦测到我们的飞机，从而无法对其进行追踪，更无法将其击落。因此，我们的目标就是通过伪装或者隐藏的手段，骗过敌方的防空力量。”自从人类造出第一支长矛起，伪装就成了军事力量最基本的战术之一。在古代战场上，士兵使用树枝进行伪装，以防敌人察觉自己的行踪。一千多年后，美国之所以能够取得独立，从某种程度上来说，与英国军队不谙伪装之术不无关系。他们穿着鲜红色的军装，很容易被那些身着土褐色服装的革命军发现。

在动物王国，所有物种的繁衍生息都有赖于自身迷惑捕食者的能力。譬如，变色龙能够根据周围的环境改变自己的皮肤颜色，而北极狐的皮毛在夏天是褐色的，到冬天却变成了白色。洛克希德公司制造的 U-2 侦察机没有躲过苏联的跟踪，正是因为它们不具备伪装术或反雷达技术，所以苏联人不仅能够发现这些 U-2 飞机，而且能够追踪它们的精确航线。

为了抢先苏联一步，理查德·比斯尔设想制造出一种能够瞒过苏联雷达的新型侦察机。中情局希望这种飞机具有极低的雷达截面，甚至可以接近隐形。按照这一设想，如果苏联人根本看不到这些侦察机，那么他们就无从反对。

这种飞机闻所未闻，大异于往常。它将从三个方面打败苏联在雷达技术上的优势：高度、速度和隐形技术。这种飞机需要飞到 9 万英尺的高空，而每小时 2 300 英里的速度相当于音速的 3 倍，可谓前无古人。在

20世纪50年代末，想要使一架飞机依靠自身的力量从地面起飞并保持2马赫的航行速度，已经是异想天开了。但是，速度是隐形技术的前提。假使一架3马赫的飞机遭到雷达的追踪，这种速度可使导弹很难将其击落。

相比较而言，U-2的速度只有每小时500英里，在进入射程10分钟前就会被苏联的SA-2导弹系统发现；而在进入射程后，U-2飞机在5分钟的时间内仍有可能被击落。但是，一架以3马赫的速度航行的飞机在进入导弹射程120秒前才有可能被发现，而在进入射程后只有不到20秒的时间会被导弹击落。20秒钟后，由于距离过近，苏联导弹根本无法对其进行瞄准。其原因在于，虽然当时导弹的速度最高可以达到3.5马赫，但是当它进入上层空间以后，就会失去原有的精确度和速度。因此，想要在9万英尺的高空击落一架3倍于音速的飞机，就像是用一发子弹瞄准17英里以外的另一发子弹一样困难。

在速度问题上，洛克希德公司显得胸有成竹，但是负责制造喷气引擎的不是他们，而是普拉特和惠特尼公司。高度同样不成问题，洛克希德公司已经掌握了U-2飞机在7万英尺高空飞行的技术。最具有挑战性的就是隐形技术，然而在中情局看来，对于一架侦察机来说这一技术正是最为重要的因素。要想攻克这一难关，洛维克及其团队就必须精通有关雷达回波的一切细枝末节。此外，他们还需要一处开阔的地点和一架真正的飞机。正因为如此，爱德华·洛维克及洛克希德公司的雷达截面团队才成了核爆后进驻51区的第一批人马。但是，他们首先要在洛克希德公司的飞机库里进行实验。

“雷达的工作原理类似于蝙蝠，”洛维克解释道，“当蝙蝠发出的吱吱声碰到昆虫时，这种声音会返回蝙蝠身上。它就是根据接收到的回波来测量自己与昆虫之间的距离及到达那里的时间的。”那么，怎样才能让这只昆虫吸收蝙蝠的吱吱声呢？“在洛克希德公司，我们解决这个问题的办法是，建立一个能够让雷达回波改变方向的平面。我们不能让声波返回苏联的雷达，而是需要将其引至另外一个方向。就像尿片可以吸收液体一样，我们也可以设法吸收雷达的回波。这个问题从理论上讲十分简单，但是想要真正解决却尤为复杂。”

在大萧条的年代里，洛维克出生于内布拉斯加州的福尔斯城。当洛维克还是个孩子的时候，他就善于解决各种各样的问题。1933 年，洛维克想要学弹钢琴，但是又怕练习时打扰到家人。“我把钢琴拆开，然后重新组装起来，以抑制钢琴发出的声音。然后，我利用电子技术把琴弦发出的颤音通过一个小型的扩音器传送到自己的耳机中。”对于一个 14 岁的孩子来说，这不能不说是一种罕见之举。

4 年以后，刚满 18 岁的洛维克就在《无线电技术》（*Radio-Craft*）杂志上发表了自己第一篇关于雷达的论文。洛维克有志于在雷达技术方面继续发展，因此写信给远在加利福尼亚州的洛克希德公司，想要谋取一份差事，但是却遭到了拒绝。于是，他转而来到当地的蒙特格马利·沃特公司，从事薪水微薄的无线电修理工作。对于这份工作，已是 91 岁高龄的洛维克仍然记忆犹新，认为这是自己事业上的一次巨大转机。

“现在看来，也许有人会说这是一个没有前途的职业，但是当时我从蒙特格马利·沃特公司学到的东西却在我日后从事侦察机设计的工作中扮演了至关重要的角色。”也就是说，只有知道哪些方法是不可行的，你才会知道哪些方法是可行的。

为了弄清怎样才能瞒过雷达的侦察，洛维克采取了自己从孩提时代起就屡试不爽的原则，即反复试验，并且从失败中找到解决问题的方法。他亲自设计和监制了洛克希德公司的第一间消音室，以测试“臭鼬计划”新型侦察机的比例模型。“消音室就是一个由那些能够吸收能量的材料覆盖的密闭空间。在消音室里，你会感到万籁俱寂。”洛维克解释道。由于消音室里格外安静，如果一个人置身其中，他只能听到自己体内血液流动的声音。“大脑中血流的声音尤其响亮。”洛维克说。

只有在这种严格控制的环境下，洛维克及团队才能对一架原飞机 1/20 大小的比例模型对雷达波束的反应进行精确测试。洛克希德公司的木工工厂为这些物理学家制造了许多小型飞机模型，这些模型与儿童玩具相差无几。洛维克及其团队一次又一次将能够吸收雷达回波的不同材料应用到这些模型上，然后把飞机模型悬挂在消音室里进行反复试验。随后，他们根据雷达回波的结果，不断改进飞机外形和设计。随之改变的还有侦察机的名称。在接下来的几个月里，天使长 -1（Archangel-1）经过了 11 次重大的改变，这种飞机最终被正式命名为天使长 -12，简称 A-12。

在负责构思和设计洛克希德公司新型侦察机的同时，每隔一段时间，洛维克会陪同凯利·约翰逊前往华盛顿特区，向比斯尔和总统的科学顾问汇报这个项目的进展情况并参加有关会议。艾森豪威尔总统将其称作“天字一号”。每当他们来到华盛顿特区，洛维克只知道是比先生的比斯尔，总是再三向凯利·约翰逊问起有关隐形技术或“低可见度”的专业问题，而这些问题当然需要洛维克进行解答。

“我们通报了消音室里的工作进展，事情进行得非常顺利，”洛维克回忆道，“但是‘客户’总是得寸进尺。无论我们达到的可见度有多低，‘客户’总是希望它们能变得更低。”

这就意味着洛维克需要加倍努力地工作。在新型侦察机的最后设计阶段，“臭鼬计划”的空气动力学专家和雷达技术团队在机身两侧增加了下行的坡度，现在整个飞机看起来就像是一条长着翅膀的眼镜蛇。再加上飞机的下腹部极为平坦，它的雷达截面已经锐减至 10%。然而，理查德·比斯尔却希望这架侦察机能够完全销声匿迹。当洛维克需要一个更大的实验场地时，约翰逊立即想到了一个主意——返回 51 区。

从“臭鼬计划”到“牛车计划”

约翰逊私下找到一位姓名不详的官员，以说服中央情报局准许洛克希德公司的一小队科学家和工程师返回 51 区，对该公司设计的新型飞机进行实地试验。只有在 51 区，约翰逊强调，他的团队才能满足中情局对反雷达技术的苛刻要求。尽管新型侦察机项目属于高度机密，但在设计阶段，洛克希德并不是唯一参与竞标的公司。最终将由谁负责为中情局设计 U-2 侦察机的替代机型，目前仍然是一个未知数。联邦政府一向擅长在国防承包商之间制造竞争，这就意味着康维尔飞机公司也涉足其中，并且希望自己能够获得中情局这份价值数千万美元的合同。约翰逊知道，只有将飞机的可见度降到最低，洛克希德公司才能够稳操胜券。1959 年夏末，经中情局允许，50 名“臭鼬计划”的工作人员终于返回了 51 区。

在伯班克的消音室里测量微缩飞机模型的日子已经结束了。现在，他们即将对世界上第一架和实物一样大小的隐形飞机进行测试。“3 月 31 日，我们开始建造一架实物大小的飞机模型，以及一台能够把这个模型吊起 50 英尺高的起重设施，以便进行雷达测试。”约翰逊在一份 2007 年 7 月解密的文件中写道。约翰逊在这里提到的“起重设施”后来成了 51 区人尽皆知的电缆塔，或者叫雷达测试杆。

洛克希德工程师们带来的飞机模型无论哪个方面都栩栩如生，几乎达到了以假乱真的地步。为了保证测试结果的准确性，从铆钉的尺寸到机身的倾斜度，飞机模型必须与实物毫无二致，所以洛克希德公司花了 4 个多月时间才终于竣工。这架机身长 102 英尺、机翼长 55 英尺的木制模型被装进一个巨大的木箱里，等待运往 51 区。

要把这样一个庞然大物从伯班克运往 51 区谈何容易，沿途必须提前做好准备。工作人员想把它伪装成一个普通的木箱，但是由于木箱的尺寸过于庞大，洛克希德公司不得不提前派人摘掉道路两旁的路标，修剪旁逸斜出的树枝才能通行。在公路上有几处地方，他们甚至还要把道路填平。

在洛克希德公司的雷达截面测试小组到来之前，51 区究竟经过了怎样一番清理，任何人都不得而知。12 个月前，这里经历了最后一次核爆，代号为泰坦尼娅，与莎士比亚《仲夏夜之梦》中喜欢恶作剧的精灵皇后泰坦尼娅同名。

至于51区的核辐射总量达到多少，以及返回这里是否安全，有关细节仍未解密。正如前文所述，洛克希德公司建立的雷达测试系统只是暂时的，因为迄今为止中情局的A-12计划还没有得到总统的批准。“在这个计划中，我只有不到50个人。”约翰逊在2007年解密的《一个制造者眼中“牛车”侦察机的历史》中写道。“臭鼬计划”工作人员进驻的活动房屋正是从前U-2飞行员和工程师曾经居住的地方。

从1959年秋开始，“臭鼬计划”的工程师和机械师每周一都会乘坐洛克希德公司的C-47飞机从伯班克来到51区，然后于周五入夜时分返回家中。这是爱德华·洛维克第一次来到人称“天堂牧场”的51区工作。由于洛维克在这项计划中的地位特殊，所以他乘坐的是洛克希德公司的另一架双引擎飞机“塞斯纳”，在大多数情况下，这架飞机上只有他和驾驶员2个人。洛维克不喜欢坐飞机，因为“塞斯纳”冒出的黑烟让他想要呕吐。

然而，一旦下了飞机投入紧张激烈的雷达研究工作中，他就会立刻忘记周围的一切。在伯班克的消音室里，洛维克测试的飞机模型只有自己的鞋子那么大，而这架实际尺寸的木制模型将最终反映出他们长达2年的工作成果。“要想获取一架飞机在雷达测试中的准确数据，唯一的办法就是用雷达光波对实物大小的模型进行探测。”洛维克解释说。

在格鲁姆湖床的边缘，科学家们把这架飞机模型安装在一个高约55英尺的测试杆子上。测试杆的底部是一个混凝土高台，人们可以在地下室操纵其上下运动。“高台两侧各有一个地下控制室。在高台边缘瞄准线的旁边还分别装有一台风速计和一个风向标。”洛维克回忆道。雷达天线位于测试杆1英里以外，由EG&G公司负责派人操纵。“这个模型的鼻尖朝下，这样雷达才能看到飞机的腹部。苏联的雷达正是这样发现U-2侦察机的。这是一个精密复杂、耗时费力的过程，”洛维克回忆道，“即将在测试杆上进行试验的飞机模型位于1英里以外的一个飞机库里，必须使用特殊的运输工具才能将它送到这里。”

1959年末，中央情报局并不知道苏联的卫星技术已经发展到了哪个阶段，以及他们是否能够从太空拍摄照片。中情局担心苏联可能拍到51区的活动，防范卫星使这里的雷达研究工作变得更加复杂。洛维克每个团队成员的口袋里都装着一份苏联卫星可能经过的时间表。他们经常需要加班加点，尤其是在夜间。

“这让很多技师都疲于奔命，”洛维克说，“卫星经常从我们的头顶经过。将飞机模型升到测试杆上需要18分钟，把它取下来也需要18分钟。用于进行雷达测试并记录数据的时间非常有限。”当技师们做完这些后，他们要立即把模型取下，迅速运回飞机库中。在这段时间里，洛维克对51区的记忆除了测试杆旁的紧张工作，就是无比恶劣的天气。每逢夜间，工作人员不得不裹上厚厚的棉袄，戴上羊毛帽；到了白天，有时候气温高达120华氏度（约48.9摄氏度）。“有次，我看到一只郊狼正在追赶一只野兔，与其说它们是在奔跑，倒不如说是在走路。”洛维克回忆道。

1959年12月，总统听取了有关A-12计划的进展情况汇报。艾森豪威尔急于推进这项计划，同时他也知道，要想组建一支由12架侦察机组成的编队，他就必须从自己的秘密金库中为洛克希德公司开出一张数十亿美元的支票。艾森豪威尔总统告诉比斯尔，他决定由洛克希德公司在反雷达技术上进行最后一次可行性测试。比斯尔只听说，洛克希德的A-12在敌方雷达上显示的截面大于飞鸟、小于人体，但是却不知道洛维克及其团队在51区对飞机模型进行测试时，在降低可见度方面碰到了一个无法解决的难题。洛维克解释说：“这种飞机有两部巨大的引擎，事实证明，它的排气管根本不可能隐形。显然，我们不能在排气口涂上伪装涂料。

在测试过程中，当雷达波射进排气管里时，它就会像洒进罐子里的水一样被反射回来。我们尝试了掩护材料和金属光栅等所有的方法，但是都行不通。”凯利·约翰逊认为，中情局应该能够接受这个设计缺陷。“艾克（艾克是艾森豪威尔的小名。——译者注）想让魔术师曼德拉克为他变出一架隐形飞机来。”约翰逊向自己的团队打趣说，并且声明总统只能不得已而求其次。但是，约翰逊错了。

总统已明确提出最终标准，差强人意肯定过不了关。在最后一次前往华盛顿特区时，凯利·约翰逊准备向比斯尔详细解释设计方面的问题。“我们在华盛顿特区一座年久失修的大楼里见面，会议室里还有一面镜壁，”洛维克回忆道，“基利安和埃德温·丁·兰德也在那里，当然还有比先生。”凯利·约翰逊向中情局说明了他们在对引擎排气管进行伪装时遇到的问题。对于隐形飞机的整体设计来说，这无疑是一个重大的缺陷。

“比斯尔大为光火。此前，我与凯利之间的合作一直十分愉快。直到这次会议，我才突然意识到问题的严重性。比斯尔威胁说，如果没有人拿出解决方案，他将立即取消全部合约。”洛维克回忆道。这一刻的形势可谓剑拔弩张。“我知道，为了窥知真相，已有一百余人丧生，不是被苏联的导弹击落，就是遇害或者被列入失踪人员名单。我意识到，我们在搜集情报方面存在重大问题。从前，我所关心的事情仅限于科学家的实验室内，但是那一刻我才突然发现，实验室外的情况有多么糟糕，以及这种飞机有多么重要，因此必须有人解决引擎排气管的隐形问题。”

在会议室里，爱德华·洛维克决定挺身而出，提出一个早在数十年前自己就产生过的想法。“这个办法就是将气体电离化，”他的意思是彻底改变原子的电荷状态，“我的建议是在飞机燃料中加入铯的化合物，从而导致气体电离化，这样一来雷达就难以发现飞机的行踪了。我提议，由于铯在气体状态下最容易导致电离，所以是自由电子的最佳来源。”洛维克相信，这种复杂的电离方案是有效的，当雷达波进入引擎排气管时，其结果就像是往一个装满海绵的罐子里喷水一样，雷达回波不仅不会反弹回去，反而会被完全吸收。

“比斯尔喜欢这个主意。”洛维克说。“客户”当中有几名顾问非常支持他的建议。随后，总统的科学顾问团对此进行了热烈的争论，但是在洛维克看来，其中大部分人对自己的提议都一知半解。这个方案最终是否行得通仍取决于洛维克，后来的事实证明，他提出的理论是正确的。虽然这场争论的结果对隐形飞机的未来尤为关键，但是有关文件直至 2011 年仍未解密。

洛克希德公司终于拿到了合同，洛维克也得到了一份庞大的圣诞礼物。具有讽刺意味的是，A-12 项目被命名为“牛车计划”。“牛车”是地球上速度最慢的运输工具，但“牛车”侦察机却是世界上速度最快的。1960 年 1 月 26 日，比斯尔通知约翰逊，中情局授权洛克希德公司制造 12 架隐形飞机。具体规格为：速度，3.2 马赫；航程，4 120 海里（约 7 630 公里）；海拔，84 500 ～ 97 600 英尺。这种飞机的速度相当于 U-2 的 5 倍，而飞行海拔也比 U-2 高出整整 3 英里。在“臭鼬计划”开始投入生产之前，必须找到一个地方对这种飞机进行试飞。如果想要瞒过世人，尤其是美国国会，只有一个地方最适合，那就是 51 区。

1960 年 1 月，“臭鼬计划”的工作人员进入 51 区。这是自 1957 年夏核爆试验后 51 区第一次重操旧业⑥。这一次，中情局和美国空军将联手打造一种体型更大、速度更快、耗资将近 U-2 飞机 5 倍的新型侦察机。参与这项计划的人员相当于以前的 10 倍，于是中情局不得不从旁边的内华达试验场雇用安全级别较高的现有人手。

新型飞机的试飞场地要具备两个条件：一条加长跑道和一个容量为 132 万加仑的燃料库。因此，首先必须建立一条新的跑道和一座燃料库。数百万加仑的水泥及足以盖起一座城市的大批建筑材料被运往 51 区。但如果这样大张旗鼓地用卡车搬运，会吸引外界的注意力，所以必须从北边修建一条通往格鲁姆湖的道路。在夜色的掩护下，洛克希德公司从内华达州的雷切尔市铺设了一条长达 18 英里的道路。这样一来，每个月需要将 50 万加仑改良燃料运抵 51 区的车辆就不会因为大量超载而毁坏路基。

A-12“牛车”就像一个会飞的油箱。它的油箱容量高达 11 000 加仑，占据了飞机上最大部分的重量。在此之前，人们并不清楚这种燃料的必需条件。在空中加油过程中，当飞机海拔较低、速度较慢时，燃料的温度会降到零下 90 华氏度（约零下 32 摄氏度）。如果飞机的航行速度达到了 3 马赫，燃料的温度就会骤然升至 285 华氏度（约 140.6 摄氏度）。

对于普通燃油来说，这个温度足以使其沸腾后爆炸。为了适应这种变化，洛克希德公司专门设计了 JP-7 燃料，它的蒸气压很低，即使用火柴也无法点燃。于是，经常有人利用这一点开玩笑，他们会故意往一桶 JP-7 燃油中扔一根火柴，而那些不明就里的新人就会吓得立即蹲下身来寻找掩护。因此，负责这支燃料保管队伍的人必须格外仔细，而中情局选中了空军中士哈里·马丁。

这意味着马丁是返回这座业已荒芜的秘密基地的第一个人。“格鲁姆湖的冬天非常寒冷。”马丁回忆道，有时气温会降到零下十几华氏度，“我住在一辆破旧不堪的拖车里，只能依靠煤油取暖。我还从来没有像来到 51 区的第一个冬天里那样拼命地工作过。”虽然马丁并不知道自己看守的究竟是什么东西，但是他推断仓库里的东西一定十分重要。有一天，马丁被一位两星将军从睡梦中叫醒。“他告诉我说我们要执行一次重大任务。于是，我在心中暗想：既然一位将军都能够在这个时候工作，那我一定也能。在 51 区工作的那段时间是我事业的顶峰期。”

现在，A-12 飞机只是粗具雏形，随时都可能产生出人意料的问题。由于空军的标准跑道无法达到“牛车”侦察机对跑道的要求，只能另外建起一条 8 500 英尺长的跑道。与空军飞机标准不同的是，这条跑道的纵断面不仅需要扩大，而且纵断面的接合处还要与飞机的腰部保持平行。此外，这里还建了不少巨大的飞机库，用于藏匿中情局的“私家空中力量”。为了让“牛车”侦察机飞上天空，还几乎配备了一个小型的机群：从 F-104 追踪机到训练机，从运输机到用于搜救的直升机，可谓应有尽有。

因为“牛车”侦察机的飞行速度相当于 U-2 的 5 倍，中情局需要一片更大的空中禁区。如果以每小时 2 200 英里的速度航行，这一区域的长度必须达到 186 英里，“牛车”飞行员才能进行 360 度转弯。这就意味着，基地四周还有约 38 400 英亩的土地要被政府收回，而联邦航空管理局所辖空中禁区的范围也从 50 平方英里扩大为 440 平方英里。联邦航空管理局的所有人员都接到命令，凡是在 4 万英尺以上高空飞行的物体，一律不得过问。对于北美航空联合司令部来说，情况同样如此。

当12架“牛车”侦察机的准备工作一切就绪时，51区测试杆上的试验工作仍在继续。长期以来，中央情报局一直在担心，苏联卫星有可能拍摄到这里的活动。在NII-88地区，谢尔盖·科洛列夫已经设计出了一颗名为“D项目”的间谍卫星，但是中情局并不清楚这颗卫星究竟能做些什么。此外，苏联正在秘密进行另一个名为“泽尼特”的间谍计划，在经过改进的“东方号”宇宙飞船上加装照相设备，用于从太空拍摄美国的军事设施。

对于利用自己通过间谍卫星掌握的情报来触怒美国国务院，苏联人似乎乐此不疲。有一次，他们通过外交渠道传递给中情局一张洛克希德公司秘密飞机的草图。谁也不知道苏联人是怎样获得这张草图的，因为在51区，每一名工作人员都格外小心地躲避着苏联的间谍卫星。难道这些人当中出现了双面间谍？中情局近乎偏执地认为，一定是有克格勃的奸细混进了51区。最后，洛维克终于弄清了真相：苏联人利用了红外卫星技术。在这片酷热的沙漠当中，夏季温度高达125华氏度（约51.7摄氏度），当工程师们等待飞机模型攀升到测试杆的顶端时，这个木制的模型会呈现出不同的热量特征。这一点从草图中就可以看得出来。

当苏联人从太空观察这里的动静时，中情局仍在监视并破译苏联对美国高空侦察项目的反应。从苏联炮兵元帅瓦连佐夫的回忆录中可以发现，对美国侦察机项目的迅速发展，苏联人感到怒不可遏。

瓦连佐夫曾经发出喟叹，苏联的侦察机项目从二战结束后就已经止步不前。一方面，中央情报局完全有理由表示乐观，因为在高空侦察的战场上，苏联已经被美国逼入守势；另一方面，苏联之所以未能推进自己的空中侦察项目，正是因为他们将大部分精力都用在了发展地空导弹技术上。如果资本主义敌人胆敢再次闯入苏联母亲的领空，赫鲁晓夫定会不惜一切代价将其击落。

第6章 终结猫鼠游戏

在执行任务的前一天夜里，加里·鲍维斯怎么也睡不着。1960年5月1日凌晨2点整，当叫醒电话响起时，鲍维斯感到异常紧张。他的飞行任务已经连续两次被推迟执行。在巴基斯坦北部的古城白沙瓦，到处都是热浪滚滚。

整个晚上，鲍维斯都待在中情局秘密基地飞机库里的一张帆布床上。这里气候炎热，周围声音嘈杂，所以鲍维斯只能偶尔合一下眼。这次任务从一开始就诸事不顺，再加上上述种种因素，更让他感到心神不安。加里·鲍维斯从床上起来，然后冲了个澡。

在巴基斯坦，五月是最热的一个月份。虽然还不到凌晨5点，但是太阳已经升了起来，让四周变得酷热难耐。几分钟后，鲍维斯已经通身是汗。他穿上衣服，一边匆匆吃着早餐，一边思索着这次不同寻常的任务。

在此之前，中情局还从来没有飞越苏联全境，即从与巴基斯坦接壤的南部边境处出发，一直飞到北极圈附近的北部边境。这一次，鲍维斯将驾驶U-2侦察机，从白沙瓦飞往位于挪威的一个中情局秘密基地，然后在那里着陆。事实上，中情局还没有哪一个U-2飞行员能够从一个基地起飞，而后在另一个基地降落。

“捅进”赫鲁晓夫眼睛里的刀

这次高空侦察对于中央情报局来说尤为重要。鲍维斯将在两个关键地点拍摄一系列极有价值的照片，其中一处是苏联最为繁忙的秋拉塔姆人造卫星发射基地。秋拉塔姆基地是苏联的卡纳维拉尔角，苏联所有的人造卫星都是从这里发射的。（卡纳维拉尔角是位于美国佛罗里达州布里瓦德县大西洋沿岸的一条狭长的陆地，附近有肯尼迪航天中心和卡纳维拉尔空军基地，美国的航天飞机都是从这两个地方发射升空的。——译者注）在长达数年的时间里，中情局只知道秋拉塔姆发射了一次人造卫星。有传言说，这里随后还会进行两次发射。当年 4 月，U-2 飞机在执行侦察任务时发现，秋拉塔姆正在为接下来的发射做准备，至于发射的究竟是什么，中情局想要得到具体情报。

离开秋拉塔姆后，鲍维斯将飞越西伯利亚，前往位于北极圈中阿尔汉格尔斯克市以南 186 英里的普列谢茨克基地。据说普列谢茨克是苏联最新型导弹的发射基地，而且这里距阿拉斯加州近在咫尺，所以情况非常危险。鲍维斯的航程将长达 3 800 英里，其中有 2 900 英里在苏联境内。这就意味着，他将在敌国的领空度过难熬的 9 个小时，因此苏联有很多机会可以将其击落。反过来，如果一架苏联侦察机长驱直入，从美国的东岸来到西岸，并且从比 7 万英尺还要高 2.5 万英尺的高空中拍摄大量高清晰度的照片，其后果简直不堪设想。

吃过早饭后，鲍维斯坐在飞机库里，等待最后的天气监测结果。在上厕所的时候，他已经汗流浃背了。至于什么时候才能开始行动，总是大自然说了算。一阵微风就可以让鲍维斯当天凌晨的飞行任务推迟执行，虽然不至于取消行动，但是他必须立即更正自己的导航图。漫长的等待让人备受煎熬。然而没有一丝风也不行，假如他即将拍摄的目标被云朵覆盖，那么 U-2 侦察相机里拍摄出来的照片就会变得毫无用处。导航员必须测算出天气是否会以及何时会转晴。当鲍维斯坐在那里苦苦等待时，他的指挥官谢尔顿上校从水泥地上走了过来。显然，他有话要对鲍维斯说。

谢尔顿上校伸出手来，掌心向上，手掌中间是一枚大个的银币。“你想要这枚银币吗？”上校问鲍维斯。谢尔顿手中的银币当然不是寻常的硬币，而是中情局的一种自杀装置。这枚硬币里面隐藏着一根极小的毒针，飞行员只要用一根手指在硬币边缘轻轻摩挲，就会被针尖刺中。针尖上涂有一种叫作箭毒的褐色黏稠物质，也就是亚马孙土人从吹管里吹出的致命毒药。一旦被毒针刺中，飞行员就会在数秒内猝死。

加里·鲍维斯是中情局最出色的U-2飞行员之一。他一共执行过27次任务，有一次，他的引擎在苏联的上空突然熄火，但是在千钧一发的情况下，他最终设法平安归来。每一次当有人递给他自杀药片时，他都会断然拒绝。但是，1960年5月1日，鲍维斯出人意料地接下了谢尔顿上校送给自己的毒针，随后悄然放进自己的飞行服口袋中。似乎从那时起，对于即将发生的事情，鲍维斯就已经产生了某种不祥的预感。

凌晨5时20分，出发时间到。一名负责飞行装备的中士将鲍维斯绑在U-2飞机的驾驶舱内，另外两个人在他的头顶撑开一件衬衫，以遮挡似火的骄阳和热浪。鲍维斯正在与中情局的官员一起重温无线电通信电码。U-2飞行员都知道，当飞越敌占领空时，不能使用无线电，但是必须认真倾听基地发送过来的信号。咔嗒一声意味着继续行动；咔嗒三声意味着立即调头，返回基地。鲍维斯戴着沉重的头盔，满脸都是汗水，看起来是那样无助。

最后，谢尔顿上校来到这里，向鲍维斯通报了最新情况。这次高空侦察仍在等候艾森豪威尔总统亲自发出最终指令。在此之前，还没有哪一次行动像今天这样，直到最后一分钟仍然犹豫不决，所以鲍维斯觉得，这次任务会再次被取消。然而，事实恰恰相反。清晨6时20分，一名情报官员向他发出信号，为鲍维斯遮阳的两人立刻走下舷梯，负责飞行设备的中士合上舱盖，将他关进了飞机里。现在一切就绪。

加里·鲍维斯腾空而起，U-2飞机几乎与地面垂直冲向天空。几分钟后，在鲍维斯所在的海拔，机舱外的温度已经降至零下 60 华氏度（约零下 51.1 摄氏度）。鲍维斯不再像刚才那样汗流浃背了。他打开 U-2 的自动驾驶系统，以便自己腾出手来记录航空日志。虽然漫长的等待令人沮丧，但是从飞机起飞的那一刻起，这种沮丧立刻被激动所代替。鲍维斯拿出一支钢笔写道："空军 360#，第 4154 次出击，格林尼治时间 0126。"他等待着无线电中传来咔嗒声，然后才能继续行动。很快，无线电中响起了一次咔嗒声。鲍维斯做好准备，接下来将是长达 13 个小时的连续飞行，而这次行动也将是迄今为止中情局对苏联最深入的一次侦察活动。

在距离此处以东约 2 000 英里的莫斯科，赫鲁晓夫突然被电话铃声惊醒。他立即从床上坐了起来，此时外面还是一片漆黑。电话是国防部长马歇尔·马林诺夫斯基打来的。一架飞机在高空从阿富汗进入苏联边境，马林诺夫斯基说。赫鲁晓夫顿时暴跳如雷。今天是 5 月 1 日，是苏联的国定节日。苏联即将进行五一大阅兵，大街小巷到处都飘舞着红旗和彩带。这只能说明一件事，赫鲁晓夫对自己的儿子谢尔盖说，艾森豪威尔打算再次嘲弄他。这位苏联元首有一个致命的弱点，他没有接受过正式教育。从四年级起，他就辍学在煤矿工作。赫鲁晓夫的读写能力很差，因此当另一位比他更有学识的国家领导人试图愚弄他时，只会招致他的无比痛恨。

赫鲁晓夫认为，美国人故意把行动选在今天。4 年前的 7 月 4 日，美国人欺骗了自己，派遣一架 U-2 侦察机首次飞越苏联领空。如果说上次行动就像在他的肋骨上踢了一脚，那么这次行动无异于朝他的眼里插了一刀①。在 1998 年解密的中情局有关文件中，苏联上校亚历山大·奥洛夫在回忆起这起事件时说："一种令人不安的局面正在形成。"46 岁的奥洛夫已经在苏联空军待了大半辈子，他亲眼看到了发生的一切。

当加里·鲍维斯被苏联导弹击落时，他正在莫斯科的作战指挥所。"五一大阅兵计划在上午举行，就像往年一样，届时将有苏共中央、政府部门和军方的领导人出席，"奥洛夫解释道，"这就是说，就在盛大的阅兵仪式准备展示苏联军威之际，一架行踪不明的敌机正在这个国家的心脏地带盘旋，而苏联空军对此束手无策。”

但是，赫鲁晓夫可不这么想。“无论采取任何措施，一定要将这架飞机击落。”他冲着国防部长咆哮道。在苏联全境，空军立即处于戒备状态。苏军将领慌忙派出战斗机，对鲍维斯展开了全力追踪。在西伯利亚，苏联防空力量接到命令，要求即刻前往指挥所，将美国间谍从空中击落。由于事关国家荣辱，发布这道命令的正是赫鲁晓夫本人。

美苏碟中谍

被塞进 U-2 飞机狭小的机舱后，鲍维斯一路向苏联驶去。他已经连续航行了一个半小时。天气比预计的还要糟糕，但是无线电中不断传来的咔嗒声指示，他必须继续行动。在巍峨的兴都库什山脉上空，云层在高达 2.5 万英尺的峰顶弥漫开来，因此鲍维斯很难确定自己究竟已经飞到了地图上的哪个地方。此时的鲍维斯身处 7 万英尺的高空，他的头顶一片漆黑。

在通常情况下，他可以借助星辰来判断自己在地球上的位置。但是今天，鲍维斯的天体导航测算法并不可靠，因为按照原来的设置他应该在清晨 6 时起飞，而不是 6 时 26 分。这样一来，在航行时鲍维斯只能使用指南针和六分仪进行定位。透过云间的缝隙，他推断自己应该位于咸海东南方，即现在的乌兹别克斯坦境内。距离此处以北 30 英里的地方就是鲍维斯的第一个目标：秋拉塔姆人造卫星发射基地。

鲍维斯意识到自己稍微偏离了预定航线，当他正准备纠正这一错误时，突然发现自己的下方出现了一架喷气飞机的凝结尾迹。“在另一条与我平行的航线上，这架飞机正以超音速从对面飞奔而来。”鲍维斯在 1970 年出版的回忆录《高空侦察行动》（*Operation Overflight*）中写道。5 分钟后，他知道至少有一架米格战机在跟踪自己。很快，他又发现另一架飞机出现在与自己相同的航向上。“可以肯定，他们正在通过雷达对我进行追踪，并试图利用无线电将我引至下方米格战机的附近。”但是，这架米格战机所处的海拔与鲍维斯的U-2相距遥远，所以并不构成威胁。在高空的保护下，鲍维斯继续前行。他相信自己绝不可能遭到攻击。

接着，鲍维斯首先飞越乌拉尔山脉，这里曾经被认为是东西方的分水岭。然后，他继续向苏联内陆距离此地1300英里的斯维尔德洛夫斯克飞去。斯维尔德洛夫斯克原名叶卡捷林堡。1918年，正是在那里，末代沙皇尼古拉二世及其家族被赶往地下室的厨房里一字排开后集体枪决，从而掀起了共产主义革命，并且使冷战变为现实。对于苏共来说，斯维尔德洛夫斯克是一个重要的军工复合体，也是坦克和火箭的制造地点。此外，那里还是苏联秘密生物武器项目的大本营。但是，在鲍维斯执行侦察任务时，中央情报局并不清楚这一点。

鲍维斯在斯维尔德洛夫斯克附近90度转弯，朝着一个类似空军基地的地方飞去。对于这个地方，他的地图上并没有标记。就在此时，天空突然乌云密布，鲍维斯的眼前立刻变得一片模糊。于是，他打开相机，开始拍摄。鲍维斯并不知道，他即将拍下的是苏联生产核原料和制造武器的一个秘密基地——克什特姆40。苏联的克什特姆40相当于美国洛斯阿拉莫斯国家实验室和桑迪亚军事基地的结合体。

在陆地上，负责防守克什特姆40的一个地空导弹营正在追踪鲍维斯的飞机。当地时间8时53分，该营营长发出正式命令：“摧毁目标。”一枚导弹从SA-2系统中发射升空，以3马赫的速度奔向U-2。加里·鲍维斯正在飞机里做正式记录，其中包括飞行高度、航行时间和仪表读数等，突然感到机身猛地一沉。霎时间，鲍维斯看到飞机已经被一道明亮的橘黄色闪光包围。“一股巨大的力量摇撼着机身，我在机舱里横冲直撞，”鲍维斯后来写道，“我估计两侧的机翼都已经被炸掉。飞机虽然机头朝上，但是却开始迅速向下旋转。”

随着U-2很快失去控制，鲍维斯的压力飞行服也开始膨胀，将他卡在了飞机的鼻部。U-2侦察机即将坠毁，他必须尽快出去。但是鲍维斯被抛向了前方，如果他按下按钮启动弹射座椅，他的双腿就会被立刻截断。鲍维斯无力地挣扎着，想要对抗下坠的力量。他必须立刻从这架飞机中出来，并且按下按钮，让飞机在自己离开的那一刻爆炸自毁，但是鲍维斯清楚地知道，离开机舱就意味着自己必须放弃双腿。加里·鲍维斯向来都天不怕、地不怕，但是这次却不由陷入了恐慌。

正当他的思维一片混乱时，突然间，他仿佛听到了一句话：镇定下来，快想办法。有一次，一位年长的飞行员曾经向他传授经验，无论遇到任何危险，他所要做的就是“镇定下来，快想办法”。鲍维斯立刻想起，最初在51区进行训练时，U-2飞机还没有安装弹射座椅，因此从飞机中逃生不能借助机械设备，只能依靠飞行员自己。

鲍维斯伸手打开舱盖，舱盖马上飞了出去，在夜空中消失不见了。机身旋转产生的巨大离心力随即把鲍维斯也甩了出去。他终于离开了飞机，现在只要打开自己身上的降落伞就行了。然而就在这时，可怕的情况发生了，鲍维斯发现，自己的氧气管还与飞机连在一起。他想要设法逃脱，但是无法抗拒巨大的地心引力。现在无论做什么都没有用了，一切只能听天由命。鲍维斯顿时昏了过去。

在距离这里2 000英里开外的地方，国家安全局在土耳其设有一处潜听哨。当克什特姆40的空军试图击落鲍维斯的U-2飞机时，国家安全局的操作员监听到了苏联雷达操作员的声音。在此之前，国家安全局已经参加过多次U-2高空侦察任务。他们的职责是为中情局的飞机配备潜听系统，即用于收集电子情报的特殊录音设备。当国家安全局的操作员听到位于鲍维斯飞机下方米格战机上飞行员与克什特姆40的导弹操作员之间的对话时，他们立刻意识到情况不妙。“他正在左转。”米格战机的飞行员正在帮助导弹操作员确定鲍维斯的准确位置。几分钟后，国家安全局的操作员听到克什特姆40的操作员说，鲍维斯的U-2刚刚从雷达屏幕上消失了。

国家安全局立刻向白宫发出急电。与此同时，在莫斯科的苏联作战指挥所，亚历山大·奥洛夫上校也从西伯利亚接到一份紧急报告，称美国的间谍飞机已被击落。导弹发射后，目标从雷达屏幕上消失。赫鲁晓夫从电话中得知了这一消息，下令活要见人，死要见尸。与此同时，比斯尔的特别助理鲍勃·金也接到了一份白宫发给中情局的密码电报："比尔·贝利没有回家。"理查德·比斯尔这才知道鲍维斯出事了。

在斯维尔德洛夫斯克，加里·鲍维斯正从空中自由落体。不知在什么时候，他脱离了旋转的飞机。"我的身体开始毫无羁绊地下落。这种感觉令人兴奋，真是美妙极了，"鲍维斯后来回忆道，"甚至比在游泳池中漂浮更加舒畅。"降落伞打开后，鲍维斯缓缓飘落到一片视野开阔、绿草如茵的空地上。在从 1 万英尺高空坠落的过程中，他的头脑一直非常敏锐和清醒。"周围是那样寒冷、静谧和安详。我感觉自己不像是在下坠，而像是悬在了半空中。"

一大片飞机残骸盘旋着、舞动着，仿佛一片片树叶般从他的身边飞落。向下望去，乡间的景色美丽如画，这里有森林、湖泊、道路，还有一座座小村庄，让他不禁想起了弗吉尼亚州的春天。当鲍维斯缓缓飘落时，他看到一辆汽车从土路上朝这边开了过来，好像在追踪他一样。最后，他终于落到了地上。汽车突然停了下来，有人下了汽车，向鲍维斯走了过来。其中一个割断降落伞的绳索，另一个将他搀扶起来。第三个人找到鲍维斯的急救包，拿走里面的手枪。他的周围很快就聚集了将近 50 个人，有人示意鲍维斯跟着他们走。他们把鲍维斯推进一辆卡车前面的座位上，然后发动了卡车。

这些人看起来十分友善，其中一个人还递给鲍维斯一根香烟。烟盒上的标志是一只狗。鲍维斯接过香烟，忽然感到这是一种莫大的讽刺。烟是莱卡牌的，莱卡是世界上第一只太空狗。当"旅行者二号"从一个小时前鲍维斯拍摄的秋拉塔姆人造卫星发射中心升空时，莱卡就在上面。加里·鲍维斯靠在椅子上，开始抽烟。令人惊讶的是，这支烟的味道几乎和美国烟一模一样。

一面是 U-2 侦察机，另一面是 SA-2 导弹系统，美国和苏联之间仿佛展开了一场猫捉老鼠的游戏：边追边逃，边逃边追。现在这场游戏已经结束，因为苏联人抓住了作为老鼠的鲍维斯。随后，一场更大的灾难接踵而至。当白宫获悉 U-2 飞机被击落时，他们认为鲍维斯一定已经遇难。这一推断完全是出自中央情报局提供的“事实”。

理查德·比斯尔曾经亲自向总统保证，SA-2 导弹根本无法追踪到 U-2 飞机，更不用说将其击落，即使真的出现这种情况，飞行员也不可能生还。“我们相信，如果 U-2 飞机在苏联境内被击落[②]，苏联人能够得到的只有一堆残骸。”比斯尔后来解释道。正因为如此，他们才认定鲍维斯已经遇难，所以针对赫鲁晓夫的百般指责，白宫方面矢口否认曾经派遣飞机从事任何间谍活动。在接下来的 5 天中，白宫始终坚持，加里·鲍维斯的任务是为国家航空咨询委员会收集高空气象数据。

然而，赫鲁晓夫已经掌握了确凿的证据，而且很快就会将其公之于众。5 月 5 日，赫鲁晓夫大张旗鼓地召集最高苏维埃的 1 300 名成员，在克里姆林宫演说厅的讲台上发表讲话。美国愚弄了祖国母亲，赫鲁晓夫慷慨陈词。在过去的 4 年中，美国人曾经多次向苏联境内派遣侦察机。为了强调事态的严重性，赫鲁晓夫做出了一个大胆的类比。“试想，如果苏联的飞机出现在纽约、芝加哥或底特律上空，其结果将会如何？这无异于是在挑起战争！”就在人们惊魂未定之际，赫鲁晓夫解释说，苏联首先通过外交渠道，对这一事件提出了抗议。

随后，他又呼吁联合国安理会采取措施，但是却无人理睬。4 天前，赫鲁晓夫说，也就是 5 月 1 日，美国再次从事非法间谍活动。但是这一次，苏联成功地击落了美国的侦察机。听到这里，人群中顿时爆发出一阵如雷的欢呼声。接着，为了进一步推波助澜，赫鲁晓夫提出了一个实质性的问题。“是谁向苏联边境派出了这架飞机？”他问，“是作为三军总司令的美国总统吗？还是五角大楼的那些军国主义者在总统不知道的情况下擅自采取了挑衅行动？如果美国军队能够像这样为所欲为，那么所有国家都应该为此感到担忧。”这时，讲台下的听众开始跺脚呐喊。

在世界的另一端，艾森豪威尔总统仍然不知道，加里·鲍维斯还活着，并且被敌人撬开了嘴巴。无论是白宫还是中央情报局都认为，苏联手里只可能有 U-2 飞机的残骸。赫鲁晓夫只不过是设了一个圈套，想让艾森豪威尔总统中计。于是，白宫派出发言人沃尔特·邦妮来到新闻发布会现场，对与会记者撒下一个弥天大谎。

加里·鲍维斯驾驶的气象取样飞机本应飞往土耳其，但是却迷失了方向。2 天后，也就是 5 月 7 日，赫鲁晓夫甩出了撒手锏。“同志们，”他再次对最高苏维埃的全体成员发表讲话，“我想要向你们透露一个秘密，”他笑着说，“2 天前，当我做报告时，我故意没有提到，我们不仅找到了飞机的残骸，而且还将飞行员生擒活捉。”赫鲁晓夫说道。对于美国来说，这无疑是一个晴天霹雳。

现在，美国总统陷入了进退维谷的境地。假如他声称自己对五角大楼“那些军国主义者”的所作所为毫不知情，就会显得自己连本国的军队都无法掌控。反之，假如他承认自己亲自批准了鲍维斯的这次行动，就会证明此前所谓被击落飞机是在进行气象研究而非从事间谍活动的声明，只不过是一派谎言。

2 天后，当这位三军总司令走进自己的椭圆形办公室时，对于眼下的尴尬处境，他感到异常沮丧。艾森豪威尔总统告诉自己的秘书安·惠特曼说：“我想辞职。”刺探苏联情报和入侵敌国领空是一回事，但是在对此撒下弥天大谎后立即被人戳穿却是另外一回事，这会让全世界人都把他看作一个骗子。在 20 世纪 60 年代，人们心中的美国总统应该直言不讳，还没有哪位总统胆敢公然欺骗民众。

赫鲁晓夫要求自己的敌人正式道歉，但是艾森豪威尔坚决不肯就范。美国已经进行了多次高空侦察，根本不可能向苏联完全公开，因此道歉无异于打开潘多拉之盒。仅李梅将军派往苏联执行侦察任务的就至少有

24 架 U-2 飞机以及数百架轰炸机。时值美苏双方的热核武器均已蓄势待发之际，而这场秘密进行的猫鼠游戏一旦大白于天下，它在公众当中引起的震惊和恐慌之情绝对不亚于美国总统谎言的威力。在全国范围内开展的一次民意调查显示，超过半数美国人认为，比起死于衰老，他们更愿意死在美苏核战的沙场上。因此，艾森豪威尔决定把重点放在加里·鲍维斯的高空侦察上，承认他亲自批准了这次行动。这是“世界上第一次有国家公开承认自己正在从事间谍活动”。艾森豪威尔的首席 U-2 飞机照片解读员迪诺·布鲁焦尼这样写道。

在这场猫鼠游戏中，赫鲁晓夫紧接着走出了异常危险而又咄咄逼人的一步。1960 年夏末，他授权在古巴建立了一处苏联的军事基地。这座岛屿距离佛罗里达州的海岸线只有 90 英里，处于美国的后院之中。赫鲁晓夫打算在华盛顿特区的致命距离内部署核弹头，如果苏联能够在哈瓦那发射导弹，那么 25 分钟后美国的首都就会被夷为平地。赫鲁晓夫想要艾森豪威尔知道，猫捉老鼠同样是他的拿手好戏。

加里·鲍维斯的 U-2 飞机被击落并发现后，苏联人立即将他从斯维尔德洛夫斯克带往莫斯科，并且关进卢比扬卡监狱的囚室里。这里也是克格勃总部的所在地，鲍维斯就是在这里接受审讯的。他决定将计就计，因此他虽然向苏联人吐露了部分实情，但是“肯定有所保留”。克格勃想要了解 51 区的情况。他们问鲍维斯，他是在哪里进行 U-2 飞机训练的。

根据鲍维斯的回忆录，他告诉克格勃说，自己是在美国西岸一个叫沃特敦的基地接受训练的。鲍维斯写道，苏联人认为沃特敦位于亚利桑那州。他们拿出一张该州的地图，让他指出沃特敦的具体位置。

究竟是苏联人玩弄了鲍维斯，还是鲍维斯虽然向苏联人吐露了部分实情，但是“肯定有所保留”，任何人都不得而知。无论上述哪一种情形为真，根据 1985 年中情局解密的 1960 年 8 月鲍维斯受审的记录，其中显示，苏联人不仅了解沃特敦的具体位置，而且也知道它位于内华达试验场内。在接受审讯期间，苏联的总检察长鲁丹科曾经问起他的检察官同志们，他们是否熟悉“鲍维斯在第一次接受审讯时在法庭上提供的证词，即 U-2 飞机的准备工作是在内华达州沙漠中的拉斯维加斯射击靶场（为多边形）进行的”。接着，他继续指出，中央情报局把这个基地“用于训练特种侦察机的飞行员”。显然，克格勃是在鲍维斯接受审讯期间得知 51 区的详细情况的。

此外，这次审讯还显示，对于美国军工复合体的内部运作方式以及国防承包制度，苏联人的了解要远远超出中情局此前的预料。鲁丹科甚至指名道姓地提到，“洛克希德公司”制造了 U-2 飞机。鲁丹科声称，就像自己所说的那样，“拉斯维加斯射击靶场”，即 51 区和洛克希德间谍飞机的存在，足以证明“美帝国主义某大型公司、间谍和侦察机构与美国军方沆瀣一气”，正在策划“一个无耻的阴谋”。在向苏联国际事务委员会发表演说时，鲁丹科一语道破了参与 51 区行动的三方，即国防承包商、情报机构和五角大楼。

经过为期三天的审讯，苏联宣布，加里·鲍维斯在苏联境内从事间谍活动被俘，充分暴露了美国的真实嘴脸，即“和平公敌”。鲍维斯被判处 10 年监禁，艾森豪威尔总统也被宣判为“希特勒的走卒”。不过，这个词语在俄语里并不算奇耻大辱。1941 年，希特勒欺骗了苏联的前任领导人斯大林，从而导致 2 000 万苏联人死亡。赫鲁晓夫将艾森豪威尔与希特勒相提并论，其用意昭然若揭，他想要告诉艾森豪威尔，事情已经没有任何回旋的余地。即将在巴黎召开的东西方峰会也被取消。情况还会有多糟？

国家航空咨询委员会随即发表声明，承认沃特敦曾被用于训练 U-2 飞机的飞行员，但是却佯称这里已经不再是一座训练基地。苏联人知道，这则声明只是为了误导美国民众，而不是为了迷惑他们的情报机构克格勃。中情局已经获悉，对于 51 区，苏联人手中掌握的除了人造卫星拍摄的图像，还有可靠的第一手信息。

信息战新纪元

加里·鲍维斯事件对白宫造成的影响仍余波未了，而中情局和美国空军就已经开始在51区为新型的马赫3飞机忙得不亦乐乎。他们在这里建起了一条长达8 500英尺的飞机跑道，并且将其命名为14/32，据说这是世界上最长的跑道。跑道尽头拓宽了一处直径为2英里的半圆形地带，人称“胡克”，以确保即使A-12飞机超出了跑道，飞行员仍有一定的机动空间。此外，这里还新建了4号、5号、6号、7号4座飞机库，而上次核爆中变形的几座飞机库被改成了设备维护和修理的场所。

140座海军活动房屋被运至51区，然后整整齐齐地分列排开。物资供应处、电影放映室和消防站也全都进行了扩建。在理查德·比斯尔的授意下，这里建起了一座网球场，而一座规模不逊于奥运会的大型游泳池也在筹划之中。整个地区的上空被命名为R-4808N，独立于此前代号为P-275的空中禁区之外，其中包括内华达试验场、13区和51区。对于中情局来说,余下的事情就是等洛克希德公司交付A-12飞机的订单了。

在洛克希德公司，每一架马赫3飞机上的所有零件都是由手工制造的，而且每次只能生产一架飞机。按照理查德·比斯尔的说法，马赫3飞机的制造“催生了一个独立的工业基地。从特殊工具、新型喷漆和化学药品，到电线、引擎、燃油和燃料，甚至连钛合金螺钉都需要专门定制。为了完成一架A-12飞机，洛克希德公司必须设计和制造出1 300万个不同的零部件”。一开始，他们就在钛合金的问题上遇到了困难。由于马赫3飞机机身的表面需要经受500～600华氏度(约260～315.6摄氏度)的温度,接近引擎的部分更是需要耐受近1 000华氏度（约537.8摄氏度）的高温，而钛是唯一符合这种要求的金属。这就意味着，钛合金的纯度必须极高，因此洛克希德公司此前设计的部分有近95%需要重新返工。

此外，钛对氯化物尤其敏感，这一点工程师们一开始也没有意识到。整个夏天，伯班克一带的水域中海藻肆虐，“臭鼬计划”的飞机零件经常莫名其妙地被侵蚀。最后，当工作人员终于发现问题的所在时，他们才开始换用蒸馏水。随后人们又发现，钛还容易受到镉的影响，而洛克希德公司的大部分工具都镀有镉。于是，人们不得不丢弃数以百计的工具箱和成千上万的工具。接下来的问题与用电有关。由于伯班克的风洞试验会消耗当地大量电力，这一点一旦被记者们发现，麻烦就会接踵而至。因此，国家航空航天局在加利福尼亚州北部的莫哈韦沙漠附近为凯利·约翰逊提供了另一处风洞试验地点，洛克希德公司的工程师就是在这里在夜色的掩护下进行试验的。虽然困难重重，但“牛车计划”还是按照计划一步一步向前推进。

在51区，最令人担心的仍然是隐形问题。试验杆上的雷达测试结果日臻完善，但是随着“牛车计划”的不断推进，苏联人的导弹技术也在迅速发展。他们已经在地空导弹的研究上斥资数十亿卢布，中情局很快获悉，“牛车”飞机的新一代劲敌是一种名为“高空之王”的A波段早期预警雷达系统。因此，在“牛车”侦察机开始执行任务前，想方设法获得“高空之王”的详细参数，成了中情局的当务之急。

为了弄清苏联的反制措施，中情局启动了一个颇为神秘的研发项目，代号为“钯计划”(Project Palladium)。这项计划最初始于古巴，后来被移至51区，以搜集有关电子情报。在20世纪60年代，“很多中情局官员都认为，电子情报是一个肮脏的字眼”。中情局科学情报处负责“钯计划”的工程师吉恩·波蒂特回忆道。但是后来，波蒂特和其他最早开展电子情报搜集的人员一起改变了中情局官员的这种看法。

“我们需要了解苏联雷达接收器的灵敏性以及操作员的熟练程度。”波蒂特解释道，“当赫鲁晓夫在古巴部署了导弹和雷达设施后，我们发现这正是测量SA-2防空导弹雷达系统灵敏性的最佳时机。”波蒂特说。为了达到这个目的，中情局需要一批由导弹奇才组成的人马，其中包括T.D. 巴恩斯。

在大多数同龄人尚未大学毕业之际，人称“TD”的桑顿·巴恩斯就已经成了中央情报局不可多得的人才。17 岁那年，在与自己高中时代的女友多丽丝结婚后，巴恩斯开始利用自学的电子技术，把买来的破旧零件组装成新的电视机，然后再以 5 倍的价格卖出去。巴恩斯出生于得克萨斯州的潘汉德尔牧场，家中一贫如洗，甚至连电和自来水都没有。但是，在满法定选举年龄之前，巴恩斯就依靠自己白手起家，为新娘买下了一栋理想的住宅。在巴恩斯看来，他之所以能够成为中情局最重要的反雷达专家之一，应当归功于自己的母亲。“在我 9 岁或 10 岁那年，妈妈在《生活》杂志上看到了一篇关于雷达技术的文章。她说我应该以此为题写一份报告，于是我就写了。从那时起，我便开始迷上了反雷达技术。”

在 17 岁时，巴恩斯谎称自己已满 18 岁，并且加入了国民警卫队，希望能够前赴朝鲜战场。他的梦想是有朝一日成为一名军官。两年后，巴恩斯被派往朝鲜半岛的三八线，与一名英国和一名土耳其步兵一起在那里驻防。正是在这儿，巴恩斯从最基层开始了自己的情报生涯。“我负责在山顶守望，一旦发现敌兵，我就要通过无线电向基地报告。”巴恩斯回忆道。他喜欢这样的军旅生活，从军队学到的东西影响了他的一生，“不要浪费任何时间；充分利用每分每秒；必须参加葬礼；关心自己的同伴”。当巴恩斯还在朝鲜时，有一次，一名伤兵冲进基地。巴恩斯听说，这个人必须立刻被送往医院治疗，但是由于当时汽油匮乏，只有上级签字后才能使用汽车。

巴恩斯找不到自己的上级，他担心如果得不到及时救治，这个人会很快死掉，于是他伪造了上级的签名。“我宁愿为此接受处分。”巴恩斯说。他的行为引起了基地一名高级将领卡尔·贾克少将的注意，并且授予巴恩斯一枚勋章以示嘉奖。朝鲜战争结束后，贾克将军告诉巴恩斯，他应当在雷达和电子技术方面继续深造。“他建议我前往布里斯堡，在那里接受正式教育。”巴恩斯回忆说。于是，巴恩斯和妻子多丽丝一起来到了得克萨斯州。正是在那里，他们的生活发生了翻天覆地的变化。没过多久，巴恩斯在雷达和电子技术方面的过人才智就引起了中情局的注意。

巴恩斯喜欢学习。在布里斯堡，他白天到耐克·阿贾克斯和耐克·赫拉克勒斯导弹学校上课，晚上到得克萨斯西部大学学习，并且坚持了54个月之久。这里的导弹是十年前由“回形针行动”的科学家根据德国V-2火箭设计的。在布里斯堡，巴恩斯阅读了大量由前纳粹科学家撰写的论文，有时候“回形针行动”的科学家也会来此授课。“从来没有人把他们看作纳粹组织的前任成员，”巴恩斯说，“他们都是顶尖专家。现在他们为美国服务，而我们也可以从中受益。”

到20世纪60年代初，巴恩斯已经成了一位名副其实的导弹专家。每逢白沙导弹基地的导弹没有点火，T.D. 巴恩斯就会被派往该地，从试验架上拆下这枚导弹。“我会大步流星地走上前去，掀开导弹上的盖子，然后把导线从点火器上卸下，”巴恩斯回忆说，“当时我年轻气盛，根本就不知道什么是危险。”巴恩斯不仅具有尖端的专业知识，而且具有丰富的实践经验，所以很快就成了中情局电子情报领域的不二人选。

23岁那年，T. D. 巴恩斯受雇于中央情报局，参加了“钯计划”中一项高度机密的任务，与苏联开展了一场险象环生的“懦夫博弈”。(The Game of Chicken，博弈论中一种影响深远的模式。在这一模式中，两名车手向对方驱车而行，最先避让的一方成为“Chicken”即“懦夫”，而另一方胜出；如果双方都不肯避让，任由两车相撞，最终谁都无法得益。——译者注）巴恩斯也许并不知道，他所采用的电子反制措施系统后来被应用于A-12“牛车”侦察机和51区。

1916年，美国的军用航空始于布里斯堡，第一飞行中队在墨西哥边境追剿潘丘·维拉时曾把这里作为集结地。近半个世纪以后，这里的空军基地被命名为“比格斯”，隶属战略空军司令部，成了诸如B-52“同温层堡垒”重型轰炸机的大本营。自1960年起，这里还是中情局开展“钯计划”秘密行动的集结地。同年，T.D. 巴恩斯也来到了比格斯空军基地。在他的监督下，一群飞行员小心翼翼地将一枚“霍克”导弹装进飞机的货舱里。导弹应该放在武器舱里，巴恩斯暗想。但是，他所参加的这次绝密行动不仅非同寻常，而且异常危险。

对于行动的内幕，巴恩斯没有“按需知密”的权限，而他也知道自己绝不应当过问。因此，他走进飞机的货舱，坐在这枚导弹的旁边。巴恩斯解释道：“在卸掉鼻锥体和部分外壳后，导弹被安装在飞机内部的一个架子上。我的职责是观察导弹的电子反应。”飞机载着机组成员离开了基地，一路向古巴飞去。按照原定计划，这架飞机要飞到古巴边境，并且在即将越境的那一刻迅速调头，返回基地。届时，位于古巴的苏联雷达专家一定已经启动了雷达系统，以追踪美国的飞机。此外，苏联的米格喷气式战斗机也一定会升空反击。“钯计划”的目的就是截获苏联雷达和米格战斗机发出的电子讯号，从而在51区为A-12侦察机设计相应的干扰系统。

然而，无论是古巴还是其幕后的苏联都不清楚，美国人究竟是在进行懦夫博弈，还是真的打算挑起战事。“苏联的米格战斗机立刻追了过来，”巴恩斯回忆道，“在当时，电子反制措施（ECM）和电子反反制措施（ECCM）对于飞机和导弹来说还都十分陌生。我们通过无线电模拟设施发出多普勒信号，好让米格战斗机上的飞行员以为，我们的导弹已经瞄准了他们。当苏联飞行员对我们采取电子反制措施时，我的职责就是坐在那里，观察这枚导弹的电子反反制措施。如果苏联人使用无线电信号进行干扰，使导弹偏离了目标，我就要不断调整电子反反制措施，以确定如何才能凌驾于苏联的电子反制措施之上。”

虽然这种做法在今天看来简单，但是正是在那时，巴恩斯和飞机中其他国家安全局情报人员所做的一切，为现代电子战打下了早期的基础。“在飞机中，我们将对方使用的频率记录下来，然后在布里斯堡进行训练和设计。一旦得到了我们想要的数据，我们立刻离开了那里，避免与苏联战机发生正面冲突。”

巴恩斯及其同事在古巴获得的信息填补了此前的空白。回到布里斯堡后，巴恩斯和其他人一起，负责对国家安全局在这次行动中记录下来

的苏联 / 古巴电子反制措施进行破译。在弄清了苏联对来犯敌机发出的秘密信号后，中情局了解了苏联人在雷达上能够看到什么以及不能看到什么。这项技术极大地推动了隐形技术和电子反制措施的发展，而这也正是中情局将巴恩斯招募到 51 区工作的原因。对于美国空军来说，这次行动无异于开创了信息战的新纪元。

虽然这架载有一队工程师、国家安全局特工和霍克导弹的美军飞机在即将进入古巴领空的最后一刻急转离开，“但还是引起了强烈的反响，”巴恩斯说，“这次行动吓坏了敌人，并且导致事态进一步升级。”1961 年 1 月，赫鲁晓夫在莫斯科的大使馆里召见了一批古巴外交官。“目前，古巴传来的一则消息令人警惕。侵略成性的美帝国主义蠢蠢欲动，妄图对古巴发动直接进攻。”赫鲁晓夫告诉这群人。巴恩斯认为，赫鲁晓夫“指的也许是我们的霍克导弹直逼苏联战机，让他们手忙脚乱”。如果真是如此，赫鲁晓夫倒是所言不虚。然而，这个喜怒无常的独裁者素来擅长歪曲事实，而苏联的宣传机器也以混淆是非而著称。

赫鲁晓夫的看法与这群古巴外交官看法完全相左，他错误地宣称：“更有甚者，美国人意欲证明，苏联已经在古巴建立了火箭基地。众所周知，这纯粹是一派谎言。古巴根本没有苏联的军事基地。”然而，事实却与赫鲁晓夫所言恰恰相反。“这一点我们当然清楚。1961 年 1 月 3 日，美国断绝了与古巴的外交关系。”巴恩斯解释道。

10 天后，中情局召集隶属国家安全委员会、负责监督秘密行动的特别行动小组，并且做出正式决定，“必须推翻”卡斯特罗政权，而这一行动的负责人正是理查德·比斯尔。现在，比斯尔不仅是特别行动小组中级别最高的中情局官员，而且还是年轻有为的新任总统约翰·F. 肯尼迪眼中少数最值得信赖的人之一。在肯尼迪上任之前，白宫过渡团队的一名成员曾经问起，在情报界他最信任的人是谁。“理查德·比斯尔。”肯尼迪几乎脱口而出。

比斯尔的官方头衔是计划处副主任。这一称谓看似毫不起眼，但实际上却是中情局所有秘密行动的总指挥。这就意味着，中情局所有的地下活动及准军事行动都处于比斯尔的掌控之下。在此之前，计划处原名政策协调处，简称 OPC。作为计划处副主任，理查德·比斯尔的活动范围不再仅限于温文尔雅的高空侦察。中情局的准军事行动血流成河。从匈牙利到希腊再到伊朗，这些秘密反共行动造成了大批人员死亡，而它们全都需要经过计划处副主任的策划、部署和批准。

当不祥之兆出现时，处在这样一个位置上的比斯尔是看不到的，或者说是不愿看到的。比斯尔的前任弗兰克·威斯纳不仅是他的挚友，而且正是他将比斯尔引荐到中情局的。11 年前，弗兰克·威斯纳突然敲响了比斯尔在华盛顿特区住所的大门，与他进行了一次炉边长谈。威斯纳请求比斯尔从“马歇尔计划”中划拨资金转入中情局，而不要问为什么。

从 1951 年 8 月到 1959 年 1 月，威斯纳一直担任中情局的计划处副主任，直至 1958 年夏末，由于这份工作给他带来了巨大的心理压力，弗兰克·威斯纳开始显露出精神失常的征兆。根据作家蒂姆·韦纳的说法，威斯纳被诊断为精神躁狂症。医生无能为力，药物也收效甚微，最后只好采取电击疗法。“在 6 个月的时间里，他的头部被夹在一个形似钳子的仪器中，然后通电治疗，电量足以点着一个 100 瓦的灯泡。”

从精神病院出来以后，弗兰克·威斯纳看起来形容枯槁，随后被派往中情局在伦敦的驻地担任主管。然而，此时的威斯纳已经失魂落魄，所以并没有在海外待多久。在接下来的几年中，他从精神病院几进几出，最终于 1962 年被迫退休。“他念念不忘阿道夫·希特勒，有时候还会看到一些东西，或者听到某种声音。他知道自己的疾病已经无望治愈。”1965 年 10 月 29 日，威斯纳本来和中情局的故友布莱恩约好前往乡下打猎，但是却突然从枪械柜里拿出一把猎枪，射中了自己的脑袋。这不能不说是一场悲剧。

作为中情局计划处的副主任，需要承担的压力就像上了膛的猎枪一样，随时都可能造成致命的危险。

当工作人员在51区为“牛车”侦察机昼夜劳碌时，理查德·比斯尔正在想方设法将菲德尔·卡斯特罗从古巴铲除出去。1961年，中情局决定在猪湾实施一项“准军事计划”。猪湾是位于古巴南岸的一处狭长地带，是实施这项计划的绝佳地点。这里不仅人烟稀少，只有几座渔夫和游泳者用来避暑的农舍，而且更为难能可贵的是，“距离岸边不远处就有一条飞机跑道”。

当然，比斯尔决定，U-2侦察机也可以用来协助搜集情报。在加里·鲍维斯的飞机被击落后，艾森豪威尔总统曾经向全世界保证，美国不会再对苏联进行空中侦察，但是这一承诺显然不包括诸如古巴这样危险的苏联代理国。在成为计划处副主任之前，比斯尔早就使用过U-2侦察机搜集情报。在策划老挝和多米尼加共和国境内的准军事行动时，U-2飞机拍摄的照片起到了重要的作用。

中情局高空侦察的照片显示了猪湾一带地形的诸多关键细节。照片解读员断定，除非突击队员对这里的小路了如指掌，否则很难迅速穿过这片沼泽地。从7万英尺的高空望去，猪湾的滩头堡看起来十分平坦，尤其适合从水上登陆。但是，由于U-2上的相机无法拍摄到水底的情形，所以比斯尔并不知道，就在这里的海平面以下，隐藏着许多险不可测的珊瑚礁，而它们后来成了突击队员进行水上登陆的最大障碍。

30年后，中央情报局解密了这次行动长达数百页的文件。从中可以看出，这次准军事行动的幕后策划者正是经济奇才理查德·比斯尔。比斯尔煞费苦心地钩玄提要：“应变计划……可能性……获胜的概率……T行动计划……Z行动计划……第一阶段，第二阶段，第三阶段……登陆日前计划……登陆日计划……登陆后计划……海军行动的归属问题……承认后计划……关于肆意破坏的争论……关于同时叛变的争论……某些中美洲国家宣战的可行性……可公开事项……不可公开事项……心理战计划的延续……如何应对以及如何漠视媒体。”

这次行动无论是策划还是组织都极尽周密，比斯尔本以为自己胜券在握，但是最后却功败垂成，其原因不一而足。在“猪湾行动”中，数以百计接受过中情局训练的反卡斯特罗古巴流亡人士在登陆时或登陆后被杀，而那些缴械投降者被关进了监狱，随后被美国赎回。当“猪湾行动”大白于天下后，突击队队长佩普·圣罗曼在被俘前的一段话也不胫而走，“在接下来的几个小时里，必须进行空中支援，否则我们就会全军覆没。我们遭到了米格喷气式战斗机和重型坦克的袭击”。佩普·圣罗曼请求比斯尔立即给予支援。“所有队员都士气低落……他们觉得自己上当受骗了。”就在日落西山之际，理查德·比斯尔的世界也开始土崩瓦解，而猪湾事件成了导致他垮台的最大败笔。

虽然导致这次行动失败的原因很多，但是最后中情局却成了众矢之的。随着时间的推移，还有其他三方显然也难辞其咎：国防部、国务院和肯尼迪总统。临终前，理查德·比斯尔将这次行动的失败归咎于自己的宿敌柯蒂斯·李梅将军③。比斯尔喟叹，如果李梅能够兑现自己的承诺，为猪湾提供足够的空中掩护，那么这次行动很可能大功告成。五角大楼为李梅辩称，B-26轰炸机之所以没有及时赶到猪湾，是因为“忽略了时差”。但是，比斯尔却把这一疏忽视作个人恩怨，并且认为李梅此举意在对自己进行报复，此人一直对U-2计划和51区怀恨在心。

无论是什么原因，在这次行动中，共有300人丧生，1 189名反卡斯特罗的突击队员由于孤立无援而遭到监禁。比斯尔和李梅之间的较量胜负已定，1962年2月，理查德·比斯尔被迫辞去公职。这次行动的惨败在美国政界引发了一系列后果，其中之一时至今日仍然鲜为人知。肯尼迪总统派遣时任中情局总检察官的莱曼·B. 柯克帕特里克前往51区，就这个基地撰写一篇报告。说得更为直白一些，总统想要了解，理查德·比斯尔还在51区留下了哪些隐患。

在这件事情上，柯克帕特里克怀有一己之私，这无异于让已经十分紧张的局面变得更加剑拔弩张。在猪湾事件发生前，理查德·比斯尔有望接任艾伦·杜勒斯成为中情局局长。但是早在8年前，觊觎这个位子的却是莱曼·柯克帕特里克。与比斯尔一样，柯克帕特里克也是在鼎盛时期栽了下来。但他的离开不是因为行动失败，而是因为命运多舛。1952 年前往亚洲执行任务时，莱曼·柯克帕特里克染上了脊髓灰质炎，随后腰部以下失去了知觉。在接下来的日子里，柯克帕特里克不得不在轮椅上度过余生，因此不得不屈居人下。

在一个旧式间谍技巧和高科技间谍技术盛行的世界当中，政府官员往往被视作一个国家的守门人，能够从事这种工作是一件令人引以为傲的事情。然而，当约翰·F. 肯尼迪总统将柯克帕特里克派往 51 区后，这个由理查德·比斯尔在内华达沙漠中一手创建的秘密基地的命运和前途就落在了莱曼·柯克帕特里克的手中。

来到“月球的阴暗面”

作为 51 区的资产管理者，吉姆·弗里德曼就像是这里的一个监工。“我的职责是为这个地区的各方提供服务，”弗里德曼解释道，“其中包括中央情报局、空军、EG&G 公司、雷诺兹电子工程公司，甚至还有霍华德·休斯。在这座牧场上，休斯拥有一座专属飞机库，但是他的名字却鲜为人知。”至于休斯究竟在 51 区做了些什么，迄今为止仍然属于机密。对于其中的奥妙，弗里德曼做出了如下解释：“中情局喜欢在不同机构之间制造竞争，因此 51 区既有柯达，又有宝丽来；既有洛克希德，又有北美航空；既有 EG&G，又有休斯。出于安全方面的原因，这些承包者都没有经过竞标，但是竞争却能够让他们保持活力。”

从 1960 年到 1974 年，吉姆·弗里德曼就像这群人的勤杂工。如果某位科学家需要一个小装置，某位工程师需要一个示波镜，或者某个雷达专家需要一卷磁带，就要由弗里德曼为他们弄到这些东西。这份工作的前提条件是，弗里德曼要对所有的事情都守口如瓶。从 1953 年起，他就通过忠诚度调查获得了高度机密的安全级别，并且开始为 EG&G 公司工作。“我们的行为准则是：'凡是在这里听到的东西，全都要留在这里。'这条准则并不难遵守，"弗里德曼说，"因为你无法承担泄密所要付出的代价。这不仅会让你失去工作，而且还会遭受排斥。因此，我的妻子和孩子一直以为我的工作是修理电视机。回家以后，每当孩子们问我：'今天过得怎么样啊，爸爸？''棒极了，'我会回答，'今天老爸修了 24 台电视机呢。'"

就像"曼哈顿计划"一样，在实施"牛车计划"时，51 区也是按照敏感分类信息来处理的，每个人都各司其职，严格遵守"按需知密"的规定。雷达专家不知道电子情报专家在做什么，而电子情报专家也不清楚搜救队员在做什么。每一个团队都只是这个谜中的一环，他们唯一了解的就是自己所从事的工作。即使是少数负责管理的官员，也仅能看到冰山的一角。但是，在这些相互独立的团队之间必须有人充当中间人，因此对于 51 区的内幕，比起这里的大多数人来说，弗里德曼知道得显然更多。

此外，他对这个秘密基地的布局也了如指掌。在 51 区，大部分工作人员的活动范围都仅限于他们工作和住宿的某幢大楼，或者某几幢大楼。除此之外就是食堂，因为所有人都要在那里用餐。作为 51 区的勤杂工，弗里德曼"到过的地方，很多人根本就不知道它们的存在"。譬如，弗里德曼说："51 区有一条偏僻的跑道，如果进入基地的人不想被其他人看到，他们就会选在这里降落。"弗里德曼回忆说，在越战期间（具体日期他已经记不清了），51 区突然来了一群人。

"一天凌晨 3 点，当我为某人运送某样东西时，我看到有飞机在这里着陆。接着，从飞机上走下来 41 个越南人，后来我再也没有见过这些人。几天以后，有人派给我一份差事。我的上级告诉我：'吉姆，你能去拉斯维加斯一趟，买几磅某某牌子的大米吗？'这种牌子的大米非常少见，显然是特地为某些人准备的。"弗里德曼接着解释道："这些外国人在基地接受训练，学习如何使用中情局的尖端设备。当他们离开时，这些设备也很可能被他们从 51 区带走了，用于深入敌后。"

弗里德曼在试验场上的第一份工作是为 EG&G 公司的武器测试车辆安装无线电。随后，他受训成为一名为核弹安装导线的工程师。在 20 世纪 50 年代，作为武器和发射队成员，弗里德曼与阿尔弗雷德·奥登纳一起在内华达试验场和太平洋试验场参加了数十次核试验。“有一次，当直升机即将在马绍尔群岛坠毁时，我竟然安全脱险。”弗里德曼接着说。1957 年，EG&G 公司听说弗里德曼在高中毕业后学过摄影技术，因此便将他派往核爆拍摄组。

但是到了 1960 年，由于禁止地面核试验的有关条约已经生效，试验开始转入地下，而弗里德曼的人生也发生了“一次巨大的转折”。

一天下午，他正在拉斯维加斯 EG&G 公司的仓库里清洗照相设施。“当时我正在想，办公室工作很快就会变得十分乏味，突然看见我的上司走了过来，他说：‘嗨，吉姆，你想参加一个秘密工程吗？’”弗里德曼毫不犹豫地表示同意，“我立刻答应了下来，因为这听起来很有意思，我就是这样来到了 51 区。在到达这里之前，我从来都没有听说过这个地方。虽然我在山那边的内华达试验场工作了这么多年，但是竟然不知道它的存在。不过，凡是没有需知权限的人恐怕都和我一样。”

当弗里德曼来到 51 区以后，他觉得自己“仿佛来到了月球的另一面。人们都能够看到月球明亮的一面，比较而言，这一面就像是内华达试验场，而 51 区就像是月球阴暗的那一面”。1960 年 12 月，吉姆·弗里德曼签署了一份短期合同，但是他在这里一待就是 14 年。

1961 年夏末的一天，也就是“猪湾事件”震惊全世界的 2 个月前，吉姆·弗里德曼手里拿着一份待办事项的清单，在 51 区四处穿行。这个星期他最重要的一项任务非常奇怪，而且几乎不需要任何技术。在这样一个充斥着尖端科技间谍设施的世界里，弗里德曼的上级要他做的却是帮助 51 区的木工找到更多胶合板。

“这些木工正在把台阶改造成活动坡道，”他解释道，“整个基地里到处都是他们的身影，很多门槛都变成了活动坡道。当时我心中暗想，降低门槛的高度大概是为了方便有轮子的东西进出，这项工程肯定得花很多钱。”但是弗里德曼知道，不该过问的事情绝不能问。“随后，一架小型飞机在51区降落，一个坐在轮椅上的人从飞机上下来。我看见自己的上级韦纳·威斯正在停机坪恭候。从他们的举止间可以看出，这个人一定是中情局的要员。他的头发是银白色的，而且坐在轮椅上，所以很容易让人记住。在接下来的几年里，我一直希望能够在电视上看到他。”

但是，弗里德曼从来都没有在电视上看到过这个人，他就是中情局的总检察官莱曼·柯克帕特里克。柯克帕特里克奉肯尼迪总统之命，前来对51区进行评估，他也是唯一一个到过这里的中情局总检察官。尽管行动不便，柯克帕特里克还是毫无遗漏地走完了这个位于崎岖不平高原沙漠地区的秘密基地。在检查过每栋建筑物后，他要求驾车来到51区的外缘地带。在柯克帕特里克看来，这里存在着巨大的安全漏洞。

“在工作区域的东北方向有一处坎坷不平的高地，经过核实，这里不属于政府所有。”柯克帕特里克在报告中写道。这份报告于2004年解密后，随即被从中情局的档案中移除。“这里的20多块土地都具有采矿权，其中至少有一处有人定期前来。”柯克帕特里克写道。他所指的这处地方就是黑矿和格鲁姆矿。柯克帕特里克警告说：“还有几处地方的建筑和地下室已经无人居住，再加上这里地形复杂，对于训练有素、居心叵测的敌对势力来说，这里是进行渗透的最佳地点。”作为中情局的总检察官，他最担心的是基地没有“严加防范敌方的破坏”，尤其是“从空中进行的破坏活动”。在美苏之间进行的这场猫鼠游戏中，目前的局势可谓一触即发。

1960年5月，先是加里·鲍维斯的U-2飞机被苏联导弹击落。不到一年，中情局在猪湾的突击行动再次功亏一篑。有人提醒肯尼迪总统，苏联人很可能对这两次事件采取报复行动。前总统艾森豪威尔也告诉肯尼迪：“猪湾行动的失败会让苏联变得更加无所顾忌，做出一些从前不敢做的举动来。”这些破坏行动的其中一种，莱曼·柯克帕特里克警告道，也许包括对 51 区进行打击。这不仅会对美国造成严重的危害，而且还会有损总统的形象。

在加里·鲍维斯事件后，白宫方面做出承诺，表示沃特敦的军事基地已经关闭。在猪湾惨败后，美国总统再次承诺，要控制中央情报局的秘密活动。有关 51 区的消息一旦走漏出去，无论总统怎样矢口否认，中情局、空军和国防承包商在这里联手制造高空侦察机的秘密活动，都会有暴露的危险。如果苏联获悉美国正在 51 区推进的马赫 3 侦察机计划，那么他们会如何看待美国总统曾经做出的承诺？届时 51 区就会成为敌人的攻击目标，柯克帕特里克说。

吉姆·弗里德曼和其他几个人被派往矿区，也就是柯克帕特里克所说的敌对势力“进行渗透的最佳地点”，拍摄照片并进行评估。弗里德曼的上级汉克·梅尔迪克决定在执行任务之余上山打猎。在 51 区，梅尔迪克是一个颇具传奇色彩的人物。1956 年，作为中情局的教官，他负责教会“感光板计划”的飞行员如何驾驶 U-2 侦察机。在“牛车计划”期间，汉克·梅尔迪克很少坐在五角大楼自己的办公室里，而是大部分时间都待在 51 区。“有一天，汉克问我愿不愿意一起去打猎，”吉姆·弗里德曼回忆道，“我回答愿意。汉克笑了笑说：‘好啊。下次记得带上你的猎枪。’”

在从麦卡伦机场飞往 51 区的洛克希德运输机上，按照规定是不允许携带武器的。但是，由于弗里德曼的安全级别很高，所以没有人会检查他携带的物品。“再次前往 51 区时，我把自己的猎枪放进了一个示波镜的盒子里，”弗里德曼解释道，“然后就把它带进了基地。”

梅尔迪克让一名飞行员载着他们飞往 51 区东北部的山间，以便对那里的矿区进行拍摄。接着，他们带着自己的猎枪，在格鲁姆山上的一个地方降落。51 区的中情局官员最喜欢偷偷在这里猎鹿。梅尔迪克告诉飞行员第二天这个时候过来接他们。

从格鲁姆山上向下鸟瞰，51 区的景色尽收眼底。就像柯克帕特里克所说的那样，这里是敌对势力进行渗透的最佳地点。苏联间谍完全可以伪装成一个猎手，一边猎鹿一边做记录。天气晴朗时，可以看到山下51区的建筑呈H形排列，一直延伸到西侧的跑道旁。不时有吉普车和卡车载着工作人员穿梭往来。借助一架望远镜，这里发生的事情就可以看得清清楚楚。夜幕降临后，整个基地变得漆黑一团，大多数建筑内窗户上的窗帘都被拉了下来。每当有飞机需要在夜间降落时，跑道上的灯光就会迅速打开。然而，在飞机着陆的那一刻，这里的灯光就会立刻熄灭，整个山谷重新陷入一片黑暗。

弗里德曼觉得这次打猎的时间拖得有点长。“汉克十分固执，”弗里德曼回忆道，“一开始他就说打不到鹿就不走，而且他喜欢独自打猎，所以提议我们分头行动，晚饭时间到露营地点集合。”于是弗里德曼只好照办。“我们之间能谈的话题很少，”弗里德曼说，“因为我们都知道自己从事的是绝密行动。每个人都有妻儿老小，所以根本就不可能泄密，否则就会失去这份工作。”

不过，有一个话题他们可以谈论，那就是打猎。3年前，下面的山谷里刚刚进行过最后一次地上核试验。弗里德曼怀疑，即使他们真的在格鲁姆山上打到了野鹿也不能食用，因为“这些鹿吃的草已经遭到核爆释放出的 α 粒子污染”。最后，他们几个一头鹿也没有猎到。

第二天，飞行员如期而至。将近傍晚时，弗里德曼已经坐在拉斯维加斯自家的餐厅里，和妻子孩子一起吃饭。他把猎枪装进示波镜的盒子里，然后顺利地带出了51区。

炸开臭氧层

就在总检察官莱曼·柯克帕特里克向总统递交了自己对51区的评估报告后不久，比斯尔主动辞职。在此之前，比斯尔本来可以继续留在中央情报局，担任科技部主任，但是这不仅意味着他的职权大不如前，而且需知权限也急剧缩减。在中情局的字典里，后者无异于是一种侮辱。因此，比斯尔选择了离开。

没有了理查德·比斯尔的51区将会何去何从？今后将由谁来负责“牛车侦察计划”？比斯尔继任者的最终决定权掌握在肯尼迪总统的手中。上任不满一年，中情局接二连三的事故就已经让肯尼迪捉襟见肘。肯尼迪总统的新任国防部长罗伯特·麦克纳马拉毕业于哈佛商学院，在二战期间曾因在办公室里进行火焰炸弹分析而获得三军功绩勋章。“猪湾事件”发生后，作为美国的国防部长，麦克纳马拉要求五角大楼立即接管与侦察机有关的所有项目。麦克纳马拉是美国军队的最高长官，在他看来，所有带“翅膀”的国有资产都应该置于他所管辖的空军之下。中情局已经失去了广大民众的信任，麦克纳马拉告诉总统。

但是，现任肯尼迪总统外国情报顾问委员会成员的詹姆斯·基利安及其同事埃德温·兰德建议，只有让中情局继续参与51区的侦察机项目，才有利于维护美国的国家安全。他们暗示说，发生在理查德·比斯尔身上的事情固然可悲，但这完全是他咎由自取。他们认为，中情局是最适合开展高空侦察行动的机构。如果这一点行不通，基利安和兰德说，那么可以重新考虑由谁来负责整个高空侦察项目，其中一个方案就是让中情局与空军合作。肯尼迪总统对这个主意很感兴趣。

1961年9月6日，肯尼迪拟立规定，由中央情报局副局长和空军部副部长以国家侦察局的名义共同负责所有空中侦察项目和高空侦察项目，而国家侦察局这一秘密机构隶属麦克纳马拉统领的国防部。国家侦察局的中央总部位于华盛顿特区，虽然这里办公场所狭小且人员十分有限，但是却充斥着为了权力和控制欲而明争暗斗的妄自尊大之辈。在五角大楼，国家侦察局的对外公开身份是“太空系统办公室”。1992年以前，仅有少数内部人士知道其存在。

对于这次权力的更迭及其对51区带来的影响，吉姆·弗里德曼记忆犹新：“我的手里有51区所有雇员的名单，因此我不仅要知道谁是谁，而且还要知道谁是谁的上司。一般的工作人员只知道自己上司的代号，对于仅一墙之隔的其他人员究竟在做什么，他们根本无从得知。在一段时间里，韦恩·彭德尔顿是雷达小组的负责人。但凡在其他小组遇到什么困难，我总是会去找他。有一天，彭德尔顿突然说：‘我要去华盛顿了，吉姆。’于是我问：‘如果我有事找你，该怎么联系呢？’听到这里，彭德尔顿笑了起来。他说：‘你不可能找到我，因为我要去的地方根本就不存在。’几十年后我才知道，韦恩离开牧场后，来到了华盛顿特区一个不起眼的办公室里，这个地方就是国家侦察局。”

“猪湾事件”发生后，比斯尔引咎辞职，远离了华盛顿的权力中心，成为人们鄙视的对象。转眼之间，比斯尔昔日最有力的支持者也开始对他痛诬丑诋，其中最引人注目的就是詹姆斯·基利安。作为总统的科学顾问，基利安曾经两次提携比斯尔：一次是在1946年，邀请他到麻省理工学院经济系任教；另一次是在1954年，委任他为中情局U-2高空侦察项目负责人。

近20年来，基利安一直把比斯尔视作自己的同事和朋友。但是，在“猪湾事件”后，基利安却背叛了自己的故交。基利安曾厚颜无耻地告诉中情局的历史学家唐纳德·E. 维曾巴赫，在得知比斯尔在中情局秘密行动中所扮演的角色后，他感到异常不安。维曾巴赫在为中情局撰写的《情报研究报告》中写道：

> “对兰德和基利安来说，科学和技术几乎像宗教一样神圣，容不得有人为了不可告人的目的而滥用，否则就是对它们的亵渎，而计划处副主任理查德·比斯尔的那些秘密行动和‘肮脏把戏’④恰恰触到了他们的痛处。”

这个评价可谓虚伪至极。事实上，詹姆斯·基利安同样玩弄过危险的肮脏把戏，但是至今却鲜为人知。与理查德·比斯尔不同的是，作为艾森豪威尔总统的科学顾问，基利安位高权重，所以很容易掩盖自己的劣迹。但是，在所谓“神圣科学”的幌子下，他所从事的那些勾当与科学根本毫不沾边。1958 年末，基利安亲自策划和监督了有史以来最危险的两次核武器试验，但事后却极力进行遮掩。两枚爆炸当量为 380 万吨 TNT 炸药、代号为“柚木”和“橙子”的热核炸弹在距离夏威夷群岛以西 750 英里约翰斯顿环礁的高层大气中被先后引爆。

“柚木”上升到 14.1 万英尺即 28 英里的高空，“橙子”来到了 25.2 万英尺的高空，也就是臭氧层所在的位置。在事后看来，这种做法简直愚不可及。“之所以要进行这些试验，是因为美国难以辨认苏联在高空引爆的核弹。”一份秘密报告中写道。这两次试验的负责人正是詹姆斯·基利安，按照他的设想，将来苏联一旦在高空引爆核弹，美国的科学家必须知道从何处入手。

事实上，在臭氧层爆炸的核弹并不难以察觉，反而会立刻造成恐怖的景象和灾难性后果。“柚木”和“橙子”产生的火球灼伤了爆炸半径 225 英里内所有没有佩戴护目镜仰望天空生物的视网膜，其中包括经基利安批准置于附近飞机上的数百只猴子和兔子。这些动物的头部被卡在了某种固定装置内，以迫使它们亲眼观看这两次百万吨级的核爆。从关岛到威克岛再到毛伊岛，天空由蓝变红，由红变白，再由白变灰，沿着电磁子午圈出现了一道长达 2 100 英里的彩霞。在太平洋地区一片巨大的狭长地带内，无线电信号随即中断。

“我们几乎把臭氧层炸了一个洞。”阿尔弗雷德·奥登纳回忆道。从 12 年前的“十字路行动”算起，作为 EG&G 公司的核武器测试工程师，奥登纳已经为 100 余枚核弹连接导线。1958 年 8 月 1 日，当“柚木”爆炸时，奥登纳正站在檀香山西南 720 英里的约翰斯顿岛上。由于运载核弹头的红石导弹系统出现了“程序失误”，火箭升空后，没有按照原定计划在 26 英里以南引爆，而是突然在奥登纳及武器发射队所在地的上空炸开。

在一部经过审查的纪录片里显示，一个巨大的火球吞噬了天空，人们纷纷穿着拖鞋和短裤俯身寻找掩护。“太可怕了。”半个世纪后，对于当时的灾难性场景，年事已高的奥登纳仍然发出喟叹。随后，他又说道：“但那时我们已经习以为常。核弹的威力变得越来越大。”言下大有急流勇退之意。在“柚木”爆炸后的第一个毫秒内，火球就达到了 10 英里宽，足以将曼哈顿从地图上抹去。一秒钟后，火球迅速扩大至 50 英里宽，可以在瞬间将纽约市的 5 个区都夷为平地。

在此之前，这两次试验的负责人基利安并非没有意识到核爆有可能对臭氧层造成破坏。“早在 1957 年底至 1958 年初，就有人提出质疑，‘柚木’和‘橙子’释放出的紫外线是否会把臭氧层‘烧出一个空洞’。”1976 年，洛斯阿拉莫斯国家实验室就这次事件回顾道。虽然事前的讨论悬而未决，但是试验仍然如期进行。其原因何在？

“有人认为，即使核爆将某个地区上空的臭氧层炸开一个半径为 50 公里的大洞，全球的臭氧含量也只会损失 2×10^{-5}，而这一‘空洞’会迅速被爆炸产生的气流和大气运动所填补。”这种轻率之举已经令人震惊，然而更让人难以置信的是事情发生后人们的态度。“试验结束后，很少有人关心沉降物颗粒的问题，由于缺少证据或者出于其他原因，没有人就此发表触目惊心或异乎寻常的评论。”显然，谁都没有想到去问问约翰斯顿岛发生核爆时就在现场的重要人物韦纳·冯·布劳恩。

在政府档案的录像带里，冯·布劳恩负责监督自己亲手设计的红石火箭将核弹送往臭氧层引爆。只见他身穿宽松的夏威夷衬衫，戴着航空护目镜，由于经常运动，皮肤被晒得黝黑，看起来与其说他是一位火箭科学家，不如说他更像一个花花公子。“柚木”爆炸后，第二次核试验还没有开始，冯·布劳恩就吓得仓皇逃离了约翰斯顿岛。在为希特勒效命期间，他和同事埃内斯特·斯坦霍夫经常直奔希特勒的“狼穴”总部，向这位独裁者汇报 V-2 火箭的进展情况。但是，“柚木”核爆却让他惊慌失措，就在通信系统恢复后，冯·布劳恩立刻逃之夭夭。至于其中的原因，他从来没有向外界透露。

然而，基利安进行的高空核试验并没有就此罢手。两周以后，一个代号为“阿格斯行动”的绝密核武器项目开始实施，让基利安的核试验扩展到了外层空间。“阿格斯是一次不同寻常的行动。”核防局在1993年的一份报告中写道：“在总统批准后不到6个月的时间里，这个项目就在完全保密的情况下得以完成。载有核弹头的导弹首次从轮船上发射升空。”这份报告虽然语焉不详，但是其中隐藏着的显然是人类有史以来最为极端和秘密的一次科学实验。

1958年8月27日、8月30日和9月6日，3枚核弹被分别装在X-17火箭上，从漂浮在南大西洋南非沿岸的美国军舰“诺顿海峡号”的甲板上发射出去，上升到大约300英里的太空时爆炸。这次“科学实验”的策划者是曾经做过电梯操作员的希腊物理学家尼古拉斯·克里斯托菲洛斯。克里斯托菲洛斯说服基利安，从理论上看，在地球的大气层以外、磁场以内核爆产生的电子脉冲有可能干扰苏联用于攻打美国的洲际弹道导弹上的武器设施。后来证实虽然这些武器设施的确能够“感受到”核爆释放的电子脉冲，但是它们所能产生的影响却微乎其微，该方法根本不可能阻止敌方来犯的核导弹。在这一点上，克里斯托菲洛斯的预料是错的。换句话说，这次试验失败了。

为了掩盖试验造成的巨大浪费和潜在风险，在核爆过后的一个月中，基利安向艾森豪威尔总统呈交了一份颠倒黑白的备忘录，称这次试验实施迅速，保密严格。1958年11月3日，基利安吹嘘道：“阿格斯行动”很可能是“有史以来最重大的一次事件”。接下来，他更为厚颜无耻地宣布，“这次实验取得了非凡的成就。尤其值得一提的是，在波涛汹涌的南大西洋上，美国成功地在一艘重型军舰的甲板上发射了一架载有核弹的固体燃料大型火箭。整个实验的策划和实施仅仅用了不到5个月时间，这一情况实属罕见……此外，令人敬畏的是，这次核试验没有发生任何泄密事件”。

当《纽约时报》的资深科学作家沃尔特·沙利文亲自向基利安送去一封信，告诉他该报已经掌握了有关这些秘密实验的部分信息时，白宫方面立即矢口否认。“对于泄密内容，既不要承认，也不要否认[⑤],”总统的特别助理卡尔·G. 小哈尔在给基利安的一份秘密备忘录中写道，“一旦《纽约时报》或其他任何人获悉了这次试验的实质性内容”，一种可能的回应就是宣称白宫已经透露了“出于国家安全的考虑所有能够透露的信息”。

然而，基利安却悍然违反白宫关于向民众公布一切核试验的政策，主张将其称作“一次利用核爆使电子进入地球磁场的科学实验”。一番咬文嚼字不仅让基利安变得更具权威，也掩饰了他自己的过错，让进行核试验的事实不复存在。在这场骗局中，最具有讽刺意味的是，总统的特别助理告诉基利安，假如《纽约时报》将“阿格斯行动”公之于众，届时会有一群科学家“在国家科学院的大厅里与媒体见面，旨在强调这次试验的科学性”。

总统的高级科学顾问是否真的让美国变得更加安全了呢？或者，他们只是在滥用总统赋予他们的权力？他们大权在握，且几乎无人监管，正是这些科学顾问为美国在太空穷兵黩武铺平了道路。“我曾经得到批准可以免受国会调查，”基利安在自己的回忆录中写道，“但是现在看来这显然是一个错误的决定。让国会掌握总统科学顾问委员会的工作情况有益无害，而我也可以更加了解国会方面的意见。”

从“阿格斯行动”开始，总统的科学顾问团已经把太空当作实验室。核防局调查组后来认为，他们所从事的试验“准备不足，行动草率”。他们完全不顾这些试验可能对地球造成灾难性的影响，从而催生了数十年后的太空军备竞赛。据同一份报告显示，基利安明知风险极大，但还是决定放手一搏。基利安在报告中写道：虽然有人早就提醒，“柚木”和“橙子”会在臭氧层形成空洞，但是这些“事前的讨论最后无果而终”，这些科学家们假设，即使真的出现了上述情况，臭氧空洞也会迅速闭合，因此他们才会毫无顾忌地继续向前。

事实上，对于这两枚百万吨级的核弹在上层大气引爆后究竟会造成什么样的后果，基利安和其他科学家事先并不清楚。“他们从来没有考虑过试验一旦失败会怎样，”阿尔弗雷德·奥登纳回忆道，“我们很幸运。当核弹‘柚木’就在约翰斯顿岛我们的头顶上爆炸时，我们以为自己难逃一死。整个天空都被照得雪亮。”在接下来的8个小时里，他们与外界失去了无线电联络。“在布置核弹时，岛上有很多信天翁总是飞来飞去，让我们不堪其扰，但是爆炸发生后，它们全都消失得无影无踪，也许都已经死了。”当特种武器计划处的帕克将军终于在五角大楼的办公室里通过无线电与奥登纳和EG&G公司的其他工作人员取得联系时，他说的第一句话就是：“你们还在吗？”

对于这次由美国军方在太空进行的百万吨级热核武器试验，被蒙在鼓里的只有美国民众，而不是苏联人。他们正在加速推进苏联史无前例的一系列核试验。1961年10月30日，苏联引爆了当时世界上体积最大、威力最强的核武器，代号为“沙皇炸弹”的一枚氢弹，其爆炸当量高达5 000万吨TNT炸药，大致相当于第二次世界大战7年间所有炸弹威力之和的10倍，其中包括美国在广岛和长崎投下的原子弹。

当“沙皇炸弹”在苏联北部爆炸后，周围的所有村庄都被夷为平地，远在1 000英里以外芬兰居民的窗户都被震碎了。在半径为400英里的范围内，凡是看到核爆的人都变成了瞎子。苏联领导人尼基塔·赫鲁晓夫在联合国大会上扬言，这次试验的目的是为了“让有些人看看老子是谁”，意即“谁才是真正的老大”。世界正朝着灾难急速前进。51区的A-12侦察机计划是否能够大显身手，或者只不过是枉费心机？

第7章

沙漠惊变

哈里·马丁站在51区，被“牛车”侦察机迷得目眩神摇，它修长的机身闪闪发光，看起来就像是一条肋生双翼的眼镜蛇。作为负责飞机燃料的军士长，马丁在这项计划之初就来到了这里，那时他脚下的地面不是沥青的，而是水泥的。现在，51区正在进行一项重大活动，“牛车”侦察机已经来到这里准备试飞。在过去的一个多星期里，马丁看到不少达官显贵乘坐空军的喷气式飞机从这里进进出出。最后，各位将军一定会出现在马丁负责的飞机库前，因为这里就是隐藏“牛车”侦察机的地方。马丁的职责是为飞机准备燃料，然而几周以来，燃料却一直在泄漏。

A-12“牛车”：领先时代40年

马丁曾经看见过李梅将军，虽然时间不长，当时就像杂志封面上的照片一样，李梅使劲踩灭了地上的雪茄。此外，马丁还见到了二战中因“杜立特尔空袭”（作为对日军偷袭珍珠港的报复，美国于1942年4月18日对日本本土进行了首次空中轰炸。由于这次任务是由著名飞行员吉米·杜立特尔中校一手策划的，所以被称为“杜立特尔空袭”。——译者注）而家喻户晓的杜立特尔将军。哈里·马丁从来没有机会与其中任何一位将军握手，他们总是来去匆匆，而且对于马丁这样级别的军士来说，他们仿佛遥不可及。更何况马丁的左手还缠着绷带——一次失误差一点就导致他失去了一根手指，但是并没有对他的工作产生太大影响。上个星期，马丁正拿着一把锯和一根管子忙活，工具突然从手里掉了下来，几乎切断了他的大拇指。幸好一位军医正在旁边的飞机库里为一名飞行员治疗，见此情景，他立刻把马丁的手指缝合好了。

1962 年 4 月 25 日，在与马丁的岗位只隔几栋楼的地方，洛克希德公司的试飞员路易斯·沙尔克正在活动房屋的躺椅上打盹儿，中情局的一名男子突然拍了拍他的肩膀说："路易斯，醒醒！""牛车"侦察机已经准备就绪，正在等待路易斯·沙尔克试飞。两名负责飞行设备的军官帮助沙尔克穿上飞行服，几乎将他从头到脚都包了起来。因为今天只是进行跑道滑行测试，所以没有必要穿压力服。这时，一名工程师也从跑道上把金属舷梯推了过来，沙尔克登上了这架外形奇特的飞机。除了几名机组成员以外，现场没有任何其他人。

约翰·帕兰戈斯基在 2007 年解密的跨机构秘密专题论著《"牛车"侦察机的历史》中写道，即使当时有其他人在场，他们也不知道自己看到的究竟是什么东西。"对于普通的旁观者来说，这种交通工具的外观令人瞠目结舌。最引人注目的莫过于它修长的机身、两部巨大的引擎、狭长凸出的鼻部和后掠的机翼。与修长的机身相比，这样的机翼显得过于短小。"这是一种惊世骇俗的新型飞机，帕兰戈斯基写道，航行速度相当于音速的 3 倍，能够在不加油的情况下连续飞行 3 000 英里。也就是说，从内华达飞往华盛顿特区只需要不到一个小时。"在燃油即将耗尽时，飞机仍然可以在 9 万英尺的高空继续航行很长一段时间。"

当然，51 区不可能有普通的旁观者。1962 年 4 月的这一天里，51 区阳光明媚。迄今为止，这是洛克希德公司为中情局制造出的唯一一架 A-12"牛车"侦察机。

按照原定的设计，A-12 应当具有许多不同寻常的功能，但是现在还没有来得及一试身手。停在跑道旁的这架"牛车"侦察机是由 16 万磅钛制造的，仅是其中某个昂贵的装备就价值数百万美元，但是眼下还没有人知道该怎么操作，更不用说要飞上 7 万英尺的高空了。就像此前的 U-2 侦察机一样，A-12 飞机也没有操作手册。与 U-2 不同的是，“牛车”侦察机的技术领先了这个时代整整 40 年，它开创的一些纪录甚至一直保持到了新千年。

路易斯·沙尔克发动引擎，在跑道上缓缓滑了出去。然而，让包括沙尔克在内的所有人都感到出乎意料的是，这架 A-12 竟然飞了起来。由于引擎动力过于强大，飞机突然离开地面，上升到了 20 英尺的空中。这一情景让在控制塔观看的凯利·约翰逊感到惊恐不已。“飞机不停地晃动，”约翰逊在报告中写道，“机身也开始朝一侧倾斜，看起来可怕极了。”约翰逊担心，这架飞机也许会在正式首飞前坠毁。

沙尔克同样感到十分惊讶，他决定不再继续盘旋打转，而是设法降落。这就意味着，飞机要在跑道尽头 2 英里开外的湖盆内着陆。起落架刚刚碰到地面，湖盆内顿时扬起了漫天的尘土，沙尔克的眼前也变得一片模糊。当他返回原地时，洛克希德公司的工程师们立刻跑了过来。对死里逃生的沙尔克，凯利·约翰逊只说了一句话：“你这是怎么了，路易斯？”在刚才惊心动魄的 15 分钟里，约翰逊最担心的是，路易斯·沙尔克会毁掉中情局唯一一架“牛车”侦察机。

第二天，沙尔克准备再次试飞。临行前，凯利·约翰逊祝他好运。不过，这仍然算不上 A-12 的正式首飞。飞机起飞时，哈里·马丁就站在停机坪上。“这一景象十分壮观，而且不同寻常，让人不禁屏住了呼吸，”马丁回忆道，“我还记得自己在想，这真是太酷了。接着，就在沙尔克飞起来的那一刹那，突然有东西从机身上掉了下来！”站在马丁身旁的工程师立刻慌了神。哈里·马丁心想：这架飞机肯定要报废了。但是，路易斯·沙尔克仍在继续航行。从机身上掉落的是一条细长的钛金属，叫作弯角。在低空飞行时，这一问题不会产生太大影响。

40 分钟后，沙尔克结束航程，返回了 51 区。沙尔克已经完成了自己的使命，剩下的就是工程师的事情了。在接下来的 4 天里，他们在格鲁姆湖一带四处搜寻，想要找到从飞机上掉下来的那片金属。尽管如此，这次试飞对中情局来说仍然是一个里程碑。从凯利·约翰逊第一次向理查德·比斯尔谈起自己关于马赫 3 侦察机的计划起，迄今已经过去了 3 年 10 个月又 7 天。现在，“牛车”侦察机终于万事俱备，只等正式首飞了。

中央情报局的官员乘飞机从华盛顿来到 51 区参观，同时对凯利·约翰逊表示祝贺。吉姆·弗里德曼负责协调往来于麦卡伦机场与大牧场之间的航班。在新建的名为“六号房”的酒吧里，人们喜气洋洋，推杯换盏，庆祝这一重大事件。在中情局为记录这一历史时刻拍摄的珍贵影像资料中，一群身着西服的人们一边围着这架不可思议的飞机踱来踱去，一边互拍对方的后背表示庆贺。他们看着“牛车”侦察机起飞，然后逐渐从视野当中消失不见。沙尔克上升到了 3 万英尺的高空，在空中禁区航行了 59 分钟后返回原地降落。他的最高时速达到了 400 英里。

站在停机坪上观看的还有理查德·比斯尔，他穿着深色的西服，头戴一顶卷边帽，看起来又高又瘦。作为凯利·约翰逊的嘉宾，比斯尔也受邀前来见证这次划时代的创举。这无疑是一个重要的暗示，表明两人已经捐弃前嫌，而这正是凯利·约翰逊想要强调的事情。“凯利·约翰逊之所以会受人爱戴，从某种程度上来说，是因为他对那些自己视作朋友的人非常忠诚。”爱德华·洛维克解释道。但是对比斯尔来说，这次 51 区之旅可谓百味杂陈。正是经过他的苦心经营，这里才从一片不毛之地变成中情局的秘密基地，然而这却是比斯尔最后一次踏上这片土地。从此以后，再也没有人邀请他返回 51 区。

这里很快就会迎来新一任“市长”。

1962 年夏的一个深夜，巴德·惠隆坐在华盛顿特区的图书馆里。中央情报局的两名官员霍华德和简·罗曼也在这里从事地下工作。这是惠隆来到中情局的第二个月，因为他不是职业间谍出身，所以有很多东西需要恶补。作为科技部主任，他几乎每天晚上都要工作到 10 点。今年

33 岁的惠隆毕业于麻省理工学院，是一位杰出的弹道导弹科学家和信号情报分析师。他经常和詹姆斯·基利安一起打橄榄球，在球场上，一切都是基利安说了算。现在，肯尼迪总统的科学顾问选中了他和基利安作为理查德·比斯尔的接班人，为中情局负责高空侦察项目，其中包括人造卫星、U-2 计划和“牛车”侦察机计划。比斯尔就是在这些项目上栽了跟头，但是“我却因此成了‘51 区市长’”，惠隆解释道。

“晚上我没有太多事情，所以便开始阅读秘密报告。这些报告里面的内容是我以前从来都没有听说过的。”惠隆说。虽然大部分报告都索然寡味，但是其中一份却引起了他的注意。“这份报告让我感到忧心忡忡。当时，对于苏联人是否会在古巴部署核导弹，情报界为肯尼迪总统展开了一场大预测。据我所知，持否定态度的一方占据了上风。五角大楼认为，在古巴部署导弹无疑是一种轻率之举，而苏联人不可能如此鲁莽。”

然而事实证明，国防部的看法大错特错。在浏览了几十份情报后，其中一份令惠隆感到触目惊心。“人们担心，关于某个人或某个国家的很多信息只不过是捕风捉影。”惠隆解释道，“当时在迈阿密有很多古巴人，因为制糖厂被卡斯特罗没收，所以他们急不可待地想要采取行动。但是，其中一份情报却引起了我的警惕。据一名线人报告，他曾经看到一些很长的拖车和大型卡车，前面有吉普车开道，车里面还坐着不少苏联保安。当这些卡车通过某个村庄时，专门有古巴人负责疏导交通，以便这些拖车能够顺利通过。

在南美洲，很多大街小巷的角落里都设有信箱。与美国不同的是，这些信箱不是上面有一条水平缝隙的长方形盒子，而是顶端用长杆支撑的那种老式邮筒。这名线人亲眼看到，当其中一辆加长拖车驶过十字路口时，因为信箱堵住了去路，怎么样都无法通过。苏联保安立即跳下卡车，从车后拽出几把乙炔焊炬，毫不留情地将信箱砍倒在地，甚至连眼也没眨一下。当读到这里时，我想，不管是谁报告的这个情况，都不会是无中生有，因为里面的很多细枝末节是无法捏造的。这就是说，卡车里面的东西一定相当重要，所以他们才会毫不犹豫地砍倒信箱。”

惠隆认为，这些拖车里面装的很可能是载有核弹头的导弹。当时惠隆并不知道，他的新任上司，中情局局长约翰·麦科恩也和自己持有同样的看法。不过，现在麦科恩不在华盛顿特区，而是在巴黎度蜜月。作为中情局的新人，惠隆不得不独自应对这种不同寻常的状况。由于对这份报告感到极为担心，惠隆要求与国家情报委员会主管谢尔曼·肯特见面。“我找到他说：‘谢尔曼，我刚到中情局，因此你可以不相信我所说的。虽然我不是职业情报人员，但是在我看来，有证据显示导弹就在那里。’”对于惠隆的建议，谢尔曼·肯特致以谢意，但表示国家情报委员会即将向肯尼迪总统提供的结论恰恰相反：古巴境内没有苏联导弹。

古巴导弹危机与高空侦察计划

古巴导弹危机首先是发生在美国和苏联之间的一场冲突，这场冲突愈演愈烈，在长达 10 天的对峙过程中，两个超级大国甚至走向了热核战争的边缘。这次危机也使美国国内的两股敌对势力——中央情报局和美国空军，为了阻止一触即发的核战，最终冰释前嫌，通力合作。正如冷战时期的许多其他国际危机一样，古巴导弹危机与 51 区有着极深的渊源，而将这两者联系起来的就是 U-2 飞机。

在这次危机期间，中情局与空军共同开展了 U-2 侦察任务，最终迫使苏联转入守势。这次行动不仅需要 51 区关键两方的相互配合，而且还要为今后 51 区的权力划分树立规范。在陆军航空队一位老牌人物和中情局一位新手的多方斡旋下，这次行动得以顺利实施。这位老牌人物是杰克·莱德福将军，而另一位新手就是巴德·惠隆。

1962 年 8 月 29 日下午，一架 U-2 侦察机在古巴西部发现了 8 处地空导弹地点，其导弹系统正是 2 年前将加里·鲍维斯击落的 SA-2。在接下来的一周里，U-2 飞机又在古巴发现了另外 3 处导弹地点，以及附近圣克拉拉空军基地停着的米格 -21 战斗机。近两个月来，中情局的情报分析显示，有 4 000 ～ 6 000 名来自苏联阵营的人员进入古巴境内，其中包括 1 700 名苏联军事专家。凡是有苏联及其盟国船只停泊的港口地区，古巴民众一律不得入内。

在这些船只上有许多体型庞大的木箱，里面甚至能够“装下飞机的机身或导弹的零件”。苏联人此举可谓一石三鸟：既能够帮助古巴发展军事力量，又能够在这里建立多处导弹基地，还可以通过电子设施对卡纳维拉尔角及美国的其他军事重地进行干扰。中情局局长约翰·麦科恩早就告诉总统的军事顾问，他认为苏联用核导弹设下了一个致命的陷阱。但是，由于缺乏关于这些导弹的确凿证据，军方表示仍然坚持原来的立场。对于苏联人想要在古巴境内部署核弹的企图，五角大楼毫不怀疑；但是，在他们看来，苏联尚未达到这一目标。于是，麦科恩前往巴黎度蜜月去了。

1962 年 9 月，由于天气恶劣，U-2 侦察机很难拍到清晰的照片。古巴岛上不是阴雨连绵，就是乌云密布。直到 9 月 29 日，前往松木岛和猪湾执行任务的 U-2 飞机发现了另一处此前不为人知的导弹据点。肯尼迪总统立刻召集自己的高级顾问商议对策。

中情局警告说，古巴境内极有可能存在更多未知的险情，为了进一步获得有关苏联军事设施的情报，高空侦察势在必行。但是，国防部长罗伯特·麦克纳马拉和国务卿迪恩·鲁斯克都对此表示反对。加里·鲍维斯事件不能重演，他们说。最后，经总统批准，中情局分别于 10 月 5 日和 7 日开展了两次行动，而这些行动得到的消息不容小觑：截至目前，古巴岛上共有 19 处地空导弹据点，这就意味着苏联在那里防守的东西一定至关重要。但是，五角大楼仍然不为所动。

麦克纳马拉和鲁斯克说没有确凿证据显示古巴真的部署有导弹。让事情变得更为复杂的是，肯尼迪总统的空军总参谋长柯蒂斯·李梅将军极力主张要先发制人，对古巴进行打击。当时的局势一触即发，极其危险。如果中情局的推测是正确的，古巴境内已经部署了核弹，那么李梅所谓的先发制人策略不仅不会阻止美苏之间发生冲突，反而会挑起一场核战争。

现在，中情局迫切需要的是一个外交奇才，从而使水火不容的两方取得一致意见，同心协力迫使苏联偃旗息鼓。对于接下来应该采取哪些行动，中情局和空军的看法大相径庭：前者试图利用 U-2 搜集更多情报，而后者认为当务之急是备战。因此，必须有一个人能够同时站在双方的立场上，从一个相对客观的角度看待这场辩论。在激烈争执之余，中情局和空军都同意，这个人就是杰克·莱德福准将。几周前，麦科恩邀请莱德福出任五角大楼特别行动处主任，也就是国防部与中情局在 51 区的联络员。莱德福刚刚从陆海空三军工业大学毕业，就在他准备移居西部时，莱德福昔日的指挥官李梅将军鼓励他接受中情局联络员的职位。

二战时期，在太平洋战场上，莱德福曾经是李梅将军的部下，所以李梅对他知之甚深。莱德福参加过奥运会的跳水比赛，不仅高大英俊，而且充满了领袖魅力。按照惠隆的说法，“他的个人魅力令人无法抗拒，没有人不喜欢和他在一起”。在二战期间的太平洋战区，莱德福在一次坠机事故中的英勇表现有口皆碑，成为人们竞相传诵的佳话①。在前往日本九州岛执行轰炸任务的途中，时任空军上尉的莱德福遭到了日本战斗机的攻击，飞机顿时燃起了冲天大火，他的身上也被火烧着了。

就在这时，敌机击中了飞行工程师军士长哈里·C. 米勒的头部。机上的军医给米勒服用了鸦片制剂以减轻疼痛，但是当他把药剂递给莱德福时却遭到了拒绝，莱德福说自己要保持清醒。在飞机下坠的过程中，莱德福和这名军医打开一顶降落伞，割断了上面的绳索，把昏迷不醒的飞行工程师绑在了上面，然后从飞机轮窝的鼻部将他推了下去。莱德福紧随其后，但是却没有立刻打开自己的降落伞，是为了让自己先于飞行工程师着陆，否则不省人事的米勒很可能在碰到地面时摔伤后背。随后，军医也在他们的不远处安全降落。后来，每当回忆起这次经历时，军医都会发出感叹，正是因为莱德福奋不顾身，他们三人才得以死里逃生。

20年后，在古巴导弹危机的圆桌会议上，莱德福又一次在千钧一发的情况下表现出了惊人的预见能力。莱德福让中情局和空军一起坐下来分析利弊，计算U-2飞机在执行侦察任务时失事的概率究竟有多大。“概率是一比六。”莱德福说。因此，他赞成实施高空侦察，并且认为现在弄清古巴到底有没有核弹比事后知道更好，否则就会为时已晚。一旦将这些冷酷的事实摆上桌面，双方争论的焦点也就不言而喻。问题不是要不要进行高空侦察，而是由谁，空军还是中情局来进行高空侦察。事实证明，双方都想要掌握主动权。肯尼迪总统认为，执行这次任务的飞行员应当身穿蓝色的美国空军飞行服。

在肯尼迪看来，如果中情局的侦察机在古巴境内被击落，不仅会带来过多累赘，而且还会进一步激化加里·鲍维斯事件后美苏之间业已产生的敌对情绪。然而，有一点总统并不知道，但是莱德福却非常清楚：中情局的U-2飞机性能更加优越，因此被击落的可能性微乎其微。比较而言，空军手中的U-2飞机由于增加了辅助侦察设备而变得相对笨重，其飞行高度低于前者5000英尺。此外，中情局还拥有先进的电子反制措施装置，在遭到攻击时可以更加有效地干扰苏联的SA-2导弹系统。因此，莱德福再次施展自己的外交奇才，说服中情局将自己视若珍宝的U-2侦察机借给空军。就在自由世界危在旦夕之际，中情局和美国空军终于同仇敌忾，共同致力化解这场危机。

10月14日，一名空军飞行员驾驶着中情局的U-2侦察机执行任务，并且带回了白宫亟须看到的古巴照片。这些照片显示，苏联提供的核弹已经装在了古巴的导弹发射架上。正是中情局U-2飞机带回来的这8卷胶片触发了古巴导弹危机，一场全面核战争已经迫在眉睫。与此同时，51区的秘密工作也在紧锣密鼓地展开。五角大楼告诉中情局，他们希望“牛车计划”立即就绪，以便尽快对古巴进行高空侦察。2007年解密的一份中情局关于“牛车计划”的报告毫不讳言地指出：“‘牛车’

项目突然比以往任何时候都变得更加重要，它的进展情况成了整个国家的当务之急。”

“牛车”试飞：命运就像一个猎手

对于中情局的飞行员肯尼斯·柯林斯来说，园艺是一件能让人放松的事情。他在家中的花园里栽植了一百多株玫瑰。每逢周末，当柯林斯完成牧场上的神秘工作回到家时，就会和妻子简一起修剪这些花木。在51区，试飞员柯林斯的代号是肯·科尔玛。“肯是肯尼斯的昵称，所以一旦有人叫起这个名字时，我很快就能反应过来，”柯林斯解释道，“科与柯同音，如果需要用花押体签字，这两个名字的缩写是一样的。”

他的飞行呼号是Dutch 21，但是基地上的很多人都喜欢叫他“冰人”。这个绰号要从负责飞行服的官员说起。柯林斯回忆道：“人们都知道，即使是刚刚经历了一次异常惊险的飞行，我也总是泰然自若、不动声色。”要想知道一名飞行员有多坚强，负责飞行服的官员只需要在帮助他们脱掉制服时看看他们的衬衫就知道了。大多数人的衬衫都会被汗水湿透，但是柯林斯的衬衫却总是干干净净。

在当时的美国，能够驾驶“牛车”侦察机对一名空军飞行员来说无疑是一份至高无上的荣誉。肯尼斯·柯林斯每周都会往返于51区和阳光明媚的南部加州，他和其他中情局飞行员就住在这里。从表面上看，他们过着正常人的生活，家中有美丽的妻子和可爱的孩子。与“U-2计划”不同的是，在“牛车计划”期间，中情局要求自己的飞行员必须拥有稳定的婚姻和家庭生活。导致这一变化的正是加里·鲍维斯的妻子。中情局有人认为，芭芭拉·鲍维斯酗酒成性、行动鲁莽，从而使U-2项目的保密工作陷入了危险之中。

一次，芭芭拉突然心血来潮，想要前往加里·鲍维斯在土耳其的秘密驻地看望他。当芭芭拉抵达雅典时，负责监视她的官员通知鲍维斯，如果再管不住自己冒冒失失的妻子，他就会失去这份工作。第一次在五角大楼接受面试时，肯尼斯·柯林斯就听说了这件事情。有人提醒他说，口风不严不仅会泄露天机，甚至还会引发核战。此外，柯林斯还得知，如果自己加入了这项传言与“太空旅行”有关的绝密行动，那么他的妻子简将接受精神检查。

按照要求，柯林斯举家从南部加州迁往洛杉矶郊区北岭的一个农场里，他们的住宅有4间卧室和一个能够停下两辆车的车库，门前还长着一棵鳄梨树。柯林斯当时36岁，妻子每周都会去教堂，平时喜欢收集瓷器。简和柯林斯有4个孩子，2个男孩和2个女孩，在学校成绩都名列前茅。街坊四邻只知道，柯林斯先生在休斯飞机公司工作。柯林斯得到命令，如果有邻居喜欢多管闲事，或者有外国人想要和他的家人套近乎，他必须立刻向中情局报告，由中情局负责对这些人进行调查。

每周一早上，柯林斯都会离开家，开车来到距离此地西南方向9英里的伯班克机场。在那里，他和其他“牛车”飞行员乘坐洛克希德公司的“星座号”螺旋桨飞机前往51区，但是每架飞机上的试飞员不能超过2人。自从8年前发生了查尔斯顿峰坠机事件后，中情局就制定了这条规则。由于中情局和空军的数名高级负责人及主要科学家在那次事故中丧生，整个U-2项目被耽搁了好几个月。1963年，“牛车计划”的进度也已经延迟了一年多。如果再有飞行员遇难，中情局将无法承受这样惨重的代价。对“牛车”侦察机的飞行员来说，仅仅是审查过程就需要18个月，而熟悉这种飞机还需要整整一年时间。

离开伯班克机场后，柯林斯和其他飞行员被两个两个地载往东北方的莫哈韦沙漠，飞越中国湖，然后来到提卡布谷。在内华达试验场的空中禁区飞行时，柯林斯经常会向窗外张望，并且在心中默默记下这里越来越多的巨大弹坑。由于核试验转入到了地下，基本上每周都会出现一个看起来像满月一样的下陷弹坑。从空中俯瞰，内华达试验场仿佛刚刚经历了一场空前的浩劫。柯林斯心想：如果真的爆发核战，恐怕也会像这里一样满目疮痍，到处都是一片焦土。

柯林斯无疑是中情局飞行员的最佳人选。在高空侦察中出生入死搜集情报不仅是他天生的使命，也是他最擅长的事情。柯林斯禀赋过人，每次都能够大难不死，仿佛是受到了“命运之神”的保护。“命运就像一个猎手，”柯林斯说，“它要找你的时候，你是躲不过的。”无论是什么原因，他的大限一直还没有到。在朝鲜战场上执行侦察任务时，眼看着许多出类拔萃、英勇无畏的飞行员先后遇难，柯林斯逐渐产生了这样的想法。

如果不是命运之神的呵护，他怎么可能在 113 次战斗任务中都得以脱险。在执行那些秘密任务时，年轻的柯林斯驾驶着一架鼻部装有相机的飞机，在米格战斗机的追击下，深入朝鲜的腹地，有时候甚至一直来到鸭绿江边。在第二次世界大战中，柯林斯曾经获得优异飞行十字勋章和银星勇气勋章。在一名军人所能得到的勋章中，后者位居第三，是许多人渴望拥有的。在将这两枚勋章别在胸前时，柯林斯还不满 24 岁。

但是现在，作为一名“牛车”侦察机的飞行员，柯林斯把自己的奖章塞进了抽屉里，对谁也没有提起过。对很多军人来说，在回忆起自己逝去的那些战友时，荣誉只不过是一个来之不易的虚名。把命运当作一个猎手，会让柯林斯感觉轻松一些。每当回忆起自己已故的挚友、绰号“查克”的查尔斯·R. 帕克森时，柯林斯就会这样想。帕克森是第十五战略侦察中队的僚机驾驶员，经常和柯林斯一起执行任务，但某一次任务之后，帕克森再也没有回来。

“当时我们来到了朝鲜，然后并排飞行准备返回，”柯林斯回忆道，“就在快要到达基地时，帕克森突然打开了无线电。他说自己 RF-80 飞机的引擎已经熄火，怎么都无法重新启动。我看到他正在迅速下降，用不了多久就会坠毁。”在敌占区用降落伞着陆无异于自寻死路。

“帕克森通过无线电问：‘我该怎么办？’”“我回答：‘飞到黄海上空，我会跟着你。’我告诉他进行水上迫降，然后我会把他的坐标发给搜救队。”这个主意听起来不错，于是他们一起飞往黄海，而柯林斯始终跟在帕克森的旁边。

“这时突然出了问题，”柯林斯回忆道，“帕克森 RF-80 的座舱罩被卡在那里，动弹不得。因为无法打开座舱罩，他等于被困在了飞机里。我什么都做不了，只能一直跟在旁边，眼睁睁地看着自己的好友坠入海里。”柯林斯看见帕克森的飞机在海面降落，因为打不开座舱，他最终和飞机一起葬身大海。“如果你大限将至，再做什么都无济于事。”柯林斯回忆道。

10 年后的 1963 年，朝鲜战争已经成为过眼云烟，51 区的新型侦察机一切就绪。飞过内华达试验场东侧的一道山岭后，格鲁姆湖的飞机跑道出现在眼前。柯林斯心想：除了中情局的飞行员以外，这里谁也不认识自己。在执行训练任务时，柯林斯机上航空袋里的文件显示，他是国家航空航天局的一名气象飞行员，而这架外形奇特的飞机注册在内华达沃特敦机场的名下。当洛克希德公司的“星座号”螺旋桨飞机在 51 区着陆时，安全人员会拿走柯林斯的身份证和其他文件，然后将它们锁在一个金属盒子里。到了星期五，在登上返回家中的航班前，安全人员会把这些证件还给柯林斯。

1963 年 5 月 24 日，他的试飞任务和以往没有太大不同。但是这一次，51 区共有 5 架“牛车”侦察机等待试飞。在洛克希德公司工程师的情况介绍会上，柯林斯已经在心中记下了自己要完成的不同任务。工程师们想要知道，引擎控制在加速和慢速航行时的稳定性。今天的试飞事项与亚音速有关，就像让赛马先试跑一圈一样，柯林斯需要驾驶这架高性能的飞机以大约 450 英里的时速航行。这次任务的时间不长，只要飞过犹他州和怀俄明州，然后返回 51 区就行了。刚开始，空军的追踪飞行员唐纳德·多诺霍中尉会驾驶一架 F-101“魔术师”战斗机紧随柯林斯之后。后来，这项任务由另一名“牛车”项目飞行员杰克·威克斯接替。

在最初的一个小时里，情况似乎完全正常。当柯林斯来到犹他州的文多弗时，他看到自己的前方出现了一团巨大的卷积云。柯林斯放慢了速度，但是杰克·威克斯斯却发出信号，表示自己准备返回 51 区。由于柯林斯当天进行测试的飞行速度过于缓慢，F-101 已经无法承受。此外，从威克斯斯的角度来看，“牛车”侦察机似乎状况良好。于是，柯林斯在座舱里用一只手打出“OK”的信号，然后一头扎进了云间。

“就在这时，高度计突然开始飞快打转，说明飞机正在急剧减速，”柯林斯回忆道。由于云层很厚，而且没有可以参照的物体，所以柯林斯无法确定自己的方位。“我立刻推进节流阀，想要抑制不断降低的空速，但是飞机不仅没有反应，反而在事先毫无征兆的情况下猛地向上一颠，然后突然翻转过来，把我卡在了下面。接着，飞机开始迅速向下旋转。”中情局这架身价不菲的 A-12“牛车”侦察机已经无可挽回，眼看就要坠毁。柯林斯必须跳伞逃生。

然而，柯林斯的四周云雾弥漫，他什么也看不清楚，所以并不清楚自己到地面的距离。如果飞机的下方是一片山地，那就意味着他的时间已经所剩无几。柯林斯合上面盔，一把抓住位于双腿之间的弹射环。他用力把头倚在头靠上，然后猛地拉动弹射环，从这架被中情局视若珍宝的秘密侦察机上急速弹出。

时至今日，对于柯林斯来说，这次经历仍然历历在目。“飞机的座舱罩已经被刮开，很快就消失得无影无踪。但是我仍然头朝下，而飞机就在我的上面，”他解释说，“拉出弹射环后，脚蹬立刻断开，弹射座椅随即启动，将我朝下从飞机里弹射了出去。”现在，柯林斯已经脱离了这架“牛车”侦察机，接着他又脱离了座椅，然后开始自由下坠，直到一顶小型的降落伞“砰”的一声打开，他才开始从空中缓缓飘落。柯林斯曾经驾驶过无数次飞机，但这是他第一次需要跳伞求生。在下落的过程中，他努力想要弄清自己所处的位置。这里是内华达州还是犹他州？他的下方看起来似乎是一片高原沙漠，其间虽然有丘陵起伏，但是却看不见高山。

由于距离地面仍然太远，柯林斯不清楚附近是否有道路通过。他一边飘落，一边望着远处黑色的飞机在空中翻滚下坠，直到完全消失。“我还记得，当沙漠上突然蹿起大股黑色的浓烟时，我想，那一定是我的飞机。”但是现在，地面上剩下的恐怕只有一大团钛金属余下的灰烬了。命运就像一个猎手，诚哉斯言。

就在这时，柯林斯感到自己的降落伞突然断裂开来，他再次开始自由下坠。难道他的气数已尽？柯林斯不明白。难道今天就是他的大限之日吗？然而，就在这顶降落伞断开的一刹那，柯林斯忽然感到自己的肩头猛地一震，另一顶降落伞乍然开启，而且比刚才的那顶大上两倍。他开始重新缓缓降落。在此之前，没有人告诉他 A-12“牛车”的弹射系统配有两顶降落伞。第一顶降落伞虽然尺寸较小，但是可以减缓飞行员的下坠速度。在降至 1.5 万英尺的高空后，这顶降落伞会在主降落伞开启之前自行断裂，而第二顶直径为 35 英尺的降落伞才是大多数飞行员所熟悉的着陆辅助设备。

柯林斯距离地面越来越近，他已经能够看清下方的道路和灌木丛了。柯林斯想要知道，多长时间以后才会有人找到自己。就在坠机事故发生的几分钟前，杰克·威克斯离开他的时候，柯林斯的飞机还一切正常。按照保密规定，在成功降落之前，柯林斯是不能通过无线电联系的。他推测自己很可能来到了盐湖城盐滩的北端。于是，柯林斯蜷起双腿，寻找最佳着陆地点。刚一接触地面，他立刻顺势躺倒，然后回想下一步自己应该怎么办。

柯林斯剪断降落伞的绳索，开始在四处搜寻自己的随身物品。航空条例和导航图纸在沙漠中散落了一地。就在柯林斯匆忙收拾这些绝密文件时，出乎意料的是，他突然听到远处传来了汽车发动机的声音。放眼望去，柯林斯看到一辆小型敞篷货车从颠簸的土路上朝这边开来。“卡车越来越近，我看到前排坐着 3 个人，”柯林斯回忆道，“卡车开到我的身边，然后停了下来。我一眼瞥见，自己的座舱罩就放在货车的后面。”

这几个看起来仿佛是当地牧场主的男人好奇地打量着柯林斯。由于这次试飞是亚音速的，所以柯林斯身上穿的不是高空压力服，而是标准的飞行服。也许在这些人的眼中，他看起来就像一个宇航员，或者一个外星人。柯林斯想：他们一定会问很多问题。然而，这些牧场主只是问柯林斯想不想搭便车。他们说自己知道坠机的确切地点，如果柯林斯愿意上车，他们可以把他带到飞机那里。在此之前，任何没有通过安全检查的平民都不可能看到"牛车"侦察机，而柯林斯也接到三令五申，要严格遵守这条规定。

按照要求，一旦出现像今天这样的安全漏洞，柯林斯只能采用中情局事先编好的那套遁词。这套遁词不仅切合内华达试验场的实际情况，而且也符合当前的国际形势。柯林斯告诉这些牧场主，他驾驶的是一架载有核弹的 F-105 喷气式战斗机。听到这里，几名男子顿时大惊失色，不再像刚才那样满脸关切了。"他们变得十分紧张，说如果我想要搭车最好快点，因为他们不会在文多弗待太长时间。"柯林斯回忆道。

这几名牧场主开车把柯林斯送到最近的一个公路巡逻点。柯林斯跳下卡车，从后箱里拿走自己的座舱罩，然后目送他们飞也似的离开了这里。柯林斯把手伸进飞行服的口袋，从里面掏出一张写有"紧急号码"字样的纸条，纸条上面印着一个电话号码。除此以外，他的口袋里还装着一枚硬币。柯林斯走进公路巡逻处，询问执勤人员附近哪里有计费电话。这个人指了指大楼的另一侧，于是柯林斯拿起中情局的这枚硬币，拨通了一个任何飞行员都不想拨打的电话。

不到一个小时后，凯利·约翰逊的私人飞机在犹他州的文多弗降落，飞机上还有中央情报局的几名特工。凯利·约翰逊对柯林斯进行了简单的问话，以确定他的身体没有大碍，然后让柯林斯登上他的专机。在飞往新墨西哥州洛夫莱斯诊所的两个小时中，所有人都缄默不语。"在情况报告会上，一定有很多问题要回答，"柯林斯说，"而且中情局还会对全部谈话进行录音。"中情局的侦察机不幸坠毁，这就意味着必须有人对此做出解释。

回到格鲁姆湖的控制室后，导航员萨姆·皮佐面临堆积如山的工作。指挥中心刚刚接到柯林斯坠机的消息，美国空军第1129特别行动队第一特遣队队长霍尔伯里将负责组织搜救队赶往出事地点。“维修人员、安保人员和导航员分别乘卡车和飞机来到犹他州。”皮佐解释道。既然柯林斯还活着，他们的任务就是找到失事侦察机的残骸，“每一条、每一块、每一根都不能放过”。这次行动的总部设在湖盆西北方一座久已废弃的机场上。二战期间，前往广岛和长崎投掷原子弹的轰炸机就是在这里进行训练的。这座机场早就沙化了，既没有自来水，也没有供暖设备，只有一些破旧的营房。这就是说，搜救队成员需要自带锅碗、被褥和其他装备。

来到坠机地点后，搜救人员开始四处挖掘。这架登记为“123号物品”的飞机虽然没有在空中裂开，但是从撞击地面前的速度来看，大部分残骸都应该埋进了地下。其中尤为关键的是要找到钛制机身的每一块碎片。钛是一种稀有金属，价格昂贵，而中情局的侦察机正是用钛手工制造的，这一事实属于高度机密。因此，如果有记者或当地居民找到了一小块飞机残片，这种不同寻常的成分就会招致一连串的疑问，从而危及整个“牛车计划”的安全。此外，搜救人员必须确保能够吸收雷达波的物质完全处于政府部门的控制之下，这一点对国家安全来说同样重要。哪怕只有一小片飞机残骸落入他人之手，其后果将不堪设想：苏联人就会得知隐形飞机的秘密。

除了一百多名搜救人员以外，中情局还把不少马匹带到了坠机地点。来自格鲁姆湖的人们习惯于骑马在沙漠间穿行，他们也加入了搜索队伍。在接下来的2天里，为了找到失事飞机的碎片与柯林斯驾驶舱里的航行资料和地图，这些人几乎掘地三尺。皮佐回忆道：“当搜寻工作结束后，我们已经将这里的每一寸土地都翻了个底朝天。”一架大型C-124运输机带着这些残骸回到了51区。在一座重兵把守的秘密机库里，工程师们把这些残骸全部铺开，然后一片一片地重建起来。

理查德·比斯尔离开51区后，这个秘密基地出现了巨大的权力真空。

大多数工作人员都觉得，即将填补这个权力真空的人物一定来自空军方面。他们的看法不无道理。

一言以蔽之，如果说 U-2 只不过是一架带有发动机的滑翔机，那么 A-12“牛车”才是世界上飞得最高、速度最快、技术最先进的有人驾驶飞机。对于包括美国空军全体成员在内所有想要在空中一展雄姿的人们来说，超音速“牛车”侦察机无疑是他们梦寐以求的事物。

51 区仿佛成了空军最引以为荣的一个基地。保罗·巴卡利斯少将曾经说过如果能够在那里工作，就能够掌握“一支属于自己的小型空军”。这就意味着，在五角大楼看来，只有那些曾经在二战当中奋不顾身、出生入死的战斗英雄，才有资格在 51 区担任要职。其中包括罗伯特·霍尔贝利上校。

在 51 区，霍尔贝利的官方头衔是美国空军特别行动队拉斯维加斯空中指挥官，也就是“牛车计划”负责人的公开称谓。在第二次世界大战期间，霍尔贝利是一名战斗机飞行员，因为在西德萨尔河执行低空侦察任务时表现英勇而受到了巴顿将军的嘉奖。这就是说，当肯尼斯·柯林斯驾驶的“牛车”侦察机首次坠毁时，在 51 区负责的空军中校正是霍尔贝利。

在空军界，一旦有飞机坠毁，就要有人为此承担责任。“按照战略空军司令部的一贯思维，如果出现坠机事故，负责行动的空军中校难辞其咎。”但是霍尔贝利的做法却恰恰相反，柯林斯认为，霍尔贝利一直想让自己成为他的替罪羊。“霍尔贝利不想受人指责，他想要飞黄腾达，成为一名将军，所以企图把罪责强加于我。坠机事件发生后，调查还没有开始，他就要求将我解雇。”

柯林斯不甘心接受这样的安排。幸运的是，“牛车”侦察机的缔造者凯利·约翰逊急于了解飞机哪里出了问题，而不是应当由谁为此次事故负责。在情况报告会上听完柯林斯讲述坠机的过程后，约翰逊并不清楚是什么导致了这次事故。约翰逊问柯林斯，他是不是忘记或遗漏了某些内容。“我的心里十分清楚，导致这次事故的是机械故障，而不是人为失误，”柯林斯解释道，“因此，当凯利·约翰逊问我愿不愿意试试诸如催眠术和吐真剂之类的非常规方法时，我立即表示同意。只要能够真相大白，让我做什么都可以。”在五角大楼事故组展开常规调查的同时，柯林斯还要接受远非常规的讯问，以查清此次事故的真相。

在洛克希德公司的军医办公室里，柯林斯的面前坐着一位来自波士顿的中情局催眠师。“这个人的身材比较矮小，体型偏胖，穿着一身华丽的西服，”柯林斯回忆道，“他想方设法让我进入昏睡状态，但是效果显然不尽如人意。我想他大概没有意识到，催眠一名战斗机飞行员并不像他想象的那样容易。”

接着，有人给柯林斯注射了一支硫喷妥钠，俗称吐真剂。那一天柯林斯记得十分清楚。“我告诉妻子简，自己需要加几个小时的班。因为那天是星期天，所以显得有些不同寻常。”这次注射的目的是为了看看柯林斯是否能够回忆起一些在中情局报告中没有提到的细节。“结果不出我所料，即使被注射了硫喷妥钠，我的陈述也没有任何变化。这种针剂让人感到精神恍惚，讯问结束后，我连站都站不稳了。星期天深夜，中情局的 3 名特工将我送回了家中。他们一个人负责开车，另外两个人把我抬进了屋里的沙发上。当时药性还没有过，我感到头晕目眩。他们把汽车钥匙递给简，然后一句话也没说就离开了。”

第二天早上，当柯林斯醒来的时候，他猜想妻子一定以为自己昨天晚上喝多了。这种感觉十分糟糕，所以柯林斯告诉简，自己被注射了吐真剂，除此以外什么也不能多说。但是简对这件事情有自己的想法。她告诉丈夫不用继续解释，因为她已经知道柯林斯的工作上出了问题。

就在前几天，简解释说，也就是坠机事故刚刚发生后，柯林斯的好友和同事“牛车”侦察机飞行员沃尔特·雷违反规定，从 51 区打电话给简，告诉她肯尼斯的飞机失事了，但是他却跳伞生还。

“他现在在哪？”简问道。沃尔特·雷说自己不清楚。简立刻反问：“如果你不清楚他究竟在哪里，你怎么就知道他没事了？”当时，沃尔特·雷的确回答不了这个问题。因此，不管柯林斯是不是酒后胡言，只要他能够平安回来，简已经十分庆幸了。

在经历了漫长的调查后，结果显示导致飞机失事的罪魁祸首竟是一个只有铅笔大小、叫作“皮托管”的小零件。“皮托管”是一种用于测量进入机舱内气流速度和流量的装置，因此控制着空速仪。

在驾驶汽车时，司机可以通过目测确定相对速度，但是在驾驶飞机时，如果空速仪的显示有误，飞行员就难以获知自己的航行速度，从而导致无法降落。

当柯林斯驶进云层时，“皮托管”受到了大量水汽的影响，随后结冰冻了起来。错误的空速读数让飞机开始失速，其结果就是这架“牛车”侦察机倒转着栽了下去。

“黑鸟”：空军的攻击型侦察机

肯尼斯·柯林斯在犹他州的坠机事故让中央情报局加强了51区秘密行动的安全工作。媒体只知道坠毁的是一架F-105战斗机，直至2011年，空军方面仍然坚持这一说法。中情局担心这次事故存在泄密的可能，因此决定对所有了解“牛车计划”的人员进行一次统计，并且由一名分析师对中情局建立的所有对51区表示好奇的人物档案进行严密筛查，其中包括记者、平民，甚至还有部分空军退役人员。从1963年春开始，中情局所谓的“牛车计划涉密圈外知情人士”数量骤然增加。

据2007年解密的一份报告显示，中情局对很多可能对“牛车计划”感兴趣的记者通话进行了监听。一份备忘录中写道：“《洛杉矶时报》航空航天版编辑马尔文·迈尔斯先生曾经致电位于匹兹堡的西屋电气公司，询问该公司是否有雇员每周都会秘密前往‘沙漠地带’，参与某个据猜测可能与‘中情局’有联系的高度机密的项目。”

而另一份报告声称，“《航空周刊》编辑罗伯特·霍茨先生曾经暗示，他对伯班克机场发生的事情有所了解”。然而，引起中情局格外关注的还是《哈特福德报》上的一篇文章，该文章提到有关部门正在“秘密研发”J-58引擎。此外，加利福尼亚州丰塔纳的《先驱新闻报》也推测到51区的存在，并且将其称之为一个“超级秘密项目基地”。

中情局对这些人疑心重重[②]，因此不惜加班加点对记者甚至是平民百姓进行监视，其中甚至包括洛杉矶一名出租车司机。一份标注为“机密”的备忘录记载，这名出租车司机曾经询问普拉特和惠特尼公司的某个雇员是否准备“前往内华达州”。

随着空军在51区的日常行动中逐渐站稳了脚跟，实际上，在整个侦察机项目上，中情局更应该密切注意的是空军。这一变化并非事先没有预兆。在柯林斯坠机事故发生前一年，空军决定仿照“牛车计划”，着力打造自己的马赫3项目。就像在“U-2计划”中一样，五角大楼再次介入了中情局的侦察机领地。

在“牛车计划”中，空军定制的侦察机还包括三个变种：第一个变种即YF-12A，可以用于发动空袭，而改进后的摄影舱可以携带2枚当量为25万吨的核弹。按照空军的要求，“牛车”侦察机的第二个变种可以在其背部装载一架无人驾驶机。第三个变种需要有2个驾驶座。中情局的隐形飞机以飞行高度和速度取胜，目的是为了在和平时期对敌占领土进行侦察；而空军的超音速侦察机是为了在美国轰炸机对敌占领土发动核打击后立马进行拍摄，以判断是否遗漏了某个战略目标。这种现在声名赫赫的飞机最初被命名为RS-71“黑鸟”，RS意即“侦察/攻击”，但是在一次公共演说中，林登·B.约翰逊总统无意间颠倒了前两个字母的顺序。由于很少有人会去“纠正”总统的错误，空军部门只好以讹传讹，这就是SR-71“黑鸟”这一名称的由来。

其中的讽刺意味不言而喻，但是事情还不止于此。艾森豪威尔总统的本意是让中情局制造一种用于执行侦察任务的秘密飞机，以阻止核战争的爆发，但是空军定制的马赫 3 飞机完全背离了这一初衷，反而更加强调了两者的差别：中情局的飞机重在侦察；空军的飞机重在攻击。此外，在这场角逐中还有其他一些动因，其中包括柯蒂斯·李梅将军的虚荣心。从 1959 年起，空军已经耗资 8 亿美元用于研制 B-70 轰炸机。这种轰炸机体型庞大，外观酷似三角形，飞行速度为音速的 3 倍，共有 8 个引擎。

在这个项目上，李梅将军倾注了大量心血。当时任战略空军司令部总指挥的李梅首次向国会提出建立一支由 85 架大型超音速轰炸机组成的机群时，立刻博得了一片喝彩之声。但是，1960 年 5 月，加里·鲍维斯的 U-2 侦察机被苏联导弹击落，同时也暴露了 B-70 战略轰炸机的缺陷，因为两者的飞行高度毫无二致。1963 年，李梅已经不再是战略空军司令部的指挥官，而是肯尼迪总统的空军参谋长。尽管事实证明 B-70 轰炸机是一种不切实际的机型，但是李梅决不会毫无反抗地就放弃自己钟爱的战斗机。

当中情局首次向肯尼迪总统介绍 A-12“牛车”侦察机的飞行高度和速度时，总统感到非常惊讶。据中情局官员诺曼·纳尔逊回忆，总统的第一个问题是：“这种飞机是否可以转变成远程轰炸机，以替代 B-70？”当肯尼迪提出这个问题时，李梅也在场。一想到有可能在自己最热衷的项目上输给中情局，李梅将军变得怒不可遏。于是，他一边游说五角大楼继续推进 B-70 计划，一边开展公关活动，接受《航空周刊》和《读者文摘》等杂志的采访，亲自为 B-70 轰炸机项目摇旗呐喊。

李梅希望尽可能感染包括从航空专家到家庭主妇的更多的美国民众。然而截至 1963 年，肯尼迪总统却有意取消 B-70 计划。在一篇预算咨文中，肯尼迪认为该项目“毫无必要，且缺乏经济效益”。随后，国会进一步削减了 B-70 的订单。在此之前，订购数量已经从 85 架减少至 10 架，最后又被削减为 4 架。

李梅顿时感到怒火中烧。他立刻从华盛顿特区飞往加利福尼亚州的伯班克机场，以打探凯利·约翰逊“臭鼬计划”的进展情况。两人素来不睦，李梅突然提出要听一听 A-12 的情况介绍，虽然凯利·约翰逊满腹狐疑，但还是与其进行寒暄。

在约翰逊介绍完毕后，李梅向他提出了一个交换条件。李梅说：“约翰逊，我希望你亲口向我保证，你不会为了取消 B-70 项目而继续游说。”如果凯利·约翰逊表示同意，李梅允诺，除了已经提交的订单，空军还会再向洛克希德公司订购一批 A-12“牛车”的拦截机变种③。

对于洛克希德公司来说，这无疑是一大笔新订单。一开始，凯利·约翰逊对李梅的诚意表示怀疑。几个星期后，当国防部长罗伯特·麦克纳马拉及其助理和空军部长一起出现在“臭鼬计划”的工作场地时，这种局面发生了改变。

在听取约翰逊对 A-12 的情况简介时，麦克纳马拉做了“大量记录”。几个月后，五角大楼订购了 25 架 A-12 拦截机。对于“牛车”的这一变种机型，国防部已经确定了一个容易上口的名称，即“黑鸟”。“黑”的意思是这种飞机是中情局秘密研发的，“鸟”显然是指它们能够展翅翱翔。然而，这次会晤加剧了长期以来双方在 51 区及“牛车计划”控制权上的争斗。就像在“U-2 计划”中一样，当中情局苦心孤诣地让“牛车”侦察机飞上高空后，这个项目最终还是被五角大楼让给了空军部门。

“我们的总指挥死了？”

在大牧场上，情况一切如常。除了少数将军以外，没有人知道在侦察机项目上，五角大楼已经成了中情局的最大劲敌，甚至威胁到后者的存在。恰恰相反，无论是飞行员和工程师，还是操作员和科学家，以及来自空军的服役人员，包括格鲁姆湖的第 1129 特别行动队，为了能够让“牛车”侦察机尽快准备就绪，正在三班轮流、不分昼夜地辛勤劳作。

经过了漫长的研发过程后，普拉特和惠特尼公司的 J-58 喷气引擎终于大功告成。1963 年 1 月，J-58 引擎被运往 51 区。但是，在将这种引擎装上以后，“牛车”侦察机很快出现了一系列问题。譬如，工程师们一直怀疑有异物卡进了引擎的内核发动机，从而对其内部造成损坏。X 射线检查显示，在伯班克的飞机制造厂进行最后组装时，一支钢笔不知怎么掉进了引擎舱里。

从此以后，洛克希德公司的工作服全部去掉了胸前的口袋。此外还有一些问题。“牛车”侦察机的引擎就像两部巨大的吸尘器，一旦启动，它们就会把跑道附近任何未经固定的物体吸进去，其中包括石块和金属螺钉。无奈之下，在每次起飞前，51 区的工作人员都要把跑道用吸尘器清扫干净。这项工作不胜其烦，但是却必不可少。

接下来的目标是让“牛车”侦察机以 3 马赫的速度航行。这无疑是一次划时代的创举，因为这一速度将近商务班机的 5 倍，在此之前还没有任何人能做得到。

从低马赫向 3 马赫推进的过程不仅费力劳心，而且异常危险。每当取得了一点点进步，接下来又会出现一系列困难。随着飞机的航行速度越来越快，机身温度也高达 500 多华氏度（260 多摄氏度），很多电子元件开始熔化，因此工作人员不得不重新设计和装配。

1947 年，查克·耶格尔的研究终于达到了音速的要求，但是在突破这一速度，也就是 768 英里的时速时，情况开始变得更加复杂。出人意料的是，声激波能够导致“牛车”侦察机的机身弯曲，并且损坏很多结构零件。因此，工作人员必须重新设计并替换这些零件。

随后，侦察机的试飞工作开始突飞猛进。1963 年 7 月，路易斯·沙尔克成功地在短时间内达到了 3 马赫的速度，这让中情局精神大振。7 个月后，“牛车”侦察机可以以 3 马赫的速度持续航行 10 分钟。然而，每次飞行都是一次重大行动，导航员们需要在数天前就开始设计路线、绘制地图，以测试 A-12 的内部导航系统。

“当你以这样一种速度在这样的高度航行时，你就需要借助更大的参照物来核实内部导航系统的信息。”导航员萨姆·皮佐回忆道。“过去的那些地理地标，比如山脉或者河流，都不会有任何参考价值。‘牛车’侦察机的速度太快了，只有像大峡谷或者五大湖那样的地标，飞行员才能够看得到。”这名资深的导航员说道，“你无法想象，对于一名导航员来说，这完全是一个全新的领域。当需要导航的飞机的航行速度是过去的 2 ~ 3 倍时，即使你的经验再丰富，也完全派不上用场。”

总之，凡是在 51 区发生的事情，必定是惊天动地的大事。这里的一切工作都直接受命于总统，再加上所有的计划都极尽机密，仿佛整个自由世界的命运都取决于 51 区，因此每个人的心中都有着一种深深的爱国主义情结。

他们不知疲倦地辛勤工作，攻克了一个又一个难关，取得了一次又一次进步。然而，对于“牛车计划”来说，无论大牧场上的人们如何殚精竭虑，他们也不得不服从变幻莫测的世界大局，这一点不能不说是一个奇怪的悖论。“牛车计划”随时都有可能前功尽弃，而这正是 1963 年 11 月 22 日发生的事情。

当天晚些时候，一场暴雨刚刚过去，唐纳德·多诺霍上尉带领机组成员来到了格鲁姆湖盆上。一架 F-101 追踪飞机滑出跑道，陷进了几英寸深的石膏层中。多诺霍与这些工程师和机械师们在地上铺开几张长长的铁板，然后一起把飞机从泥泞的湖床中拖了上来。

“这时皮佐走了过来，”多诺霍回忆道，“他看起来面色苍白，然后说：‘收拾一下，都回家吧。’他的语气大异于往常。平时萨姆·皮佐总是滔滔不绝。接着，他又说了几句话，大意是‘需要的时候，我们会再联系你们’。”

“到底发生了什么事？”多诺霍问道。

“肯尼迪总统在达拉斯被人暗杀了。”皮佐神色凝重地回答。

这无异于一个晴天霹雳，多诺霍还记得自己当时的反应：“我们的总指挥死了？每当回想起这件事时，仿佛就发生在昨天。当时的副总统是林登·贝恩斯·约翰逊，但是他根本不知道 A-12 项目的存在，更不知道

51 区是个什么地方。”现在，整个“牛车计划”的命运掌握在新任总统的手中。

肯尼迪总统逝世后，上任仅仅 8 天的中情局局长约翰·麦科恩将向林登·约翰逊汇报有关 51 区的情况。人们竞相揣测，对于中情局的超音速侦察机项目，约翰逊总统将会作何处置。事实证明，新任总统与中情局之间的关系一向十分微妙。

中情局在“猪湾事件”中的表现不仅让约翰·肯尼迪进退维谷，也让未来的美国总统都提高了警惕。至于林登·约翰逊是否会批准中情局继续在 51 区实施马赫 3 侦察机计划，一切有待时间来做最后证明。

PART 3

第三部分
禁区黑科技

X-15 火箭动力飞机可以直抵太空边缘；D-21 飞机成为世界上第一架 3 倍于音速的无人侦察机；逆向分解苏联战斗机使美国得到米格 -21“鱼窝”；隐形飞机 A-12“牛车”的雷达截面已近乎零……把时代远远甩在后面的 51 区黑科技，将如何影响美苏暗战、间谍较量，以至今日军事？

第8章

无人机先锋

从1963年开始，在为“牛车”侦察机执行任务做准备期间，所有飞行员必须经过严酷的生存训练。这些训练大都是在51区外围的不毛之地进行的。

这一次，肯尼斯·柯林斯要模拟在夜间从一架失事飞机上坠落到沙漠中，在他看来，这次训练一定可怖至极。当肯尼斯·柯林斯站在格鲁姆湖的机场上，看着太阳逐渐在群山后消失时，柯林斯无形中感到一种巨大的压力。

天色很快暗了下来，这里顿时变得寒风刺骨。在登上一架C-47运输机后，柯林斯发现飞机的舷窗都被遮住了。柯林斯和其他的“牛车”飞行员都不清楚他们将要前往何方。“我们全都上了飞机，然后开了一段时间，”柯林斯回忆道，“最后，飞机在沙漠中另一座偏远的机场上降落。”

这些人从飞机上下来，接着跳上另一辆卡车，卡车的窗户也都被遮住了。他们行驶了有几英里的样子，柯林斯觉得司机一定在打转。车门打开以后，他们来到了一处阴暗荒凉的沙漠高原。“有人告诉我们，这里是中国领土。我们必须拼命逃跑求生。周围的地面上布满了电子警报器、绊索和炸药。”

“黑猫”坠落

柯林斯立刻跑到一片灌木丛下寻找掩护。在一片黑暗中，他一边趴在地上，一边紧张地思索。在为“牛车计划”做准备时，他已经进行了一系列求生训练。有一次，他和另一名飞行员被带往亚利桑那州的迷信山，以锻炼他们在山地求生的能力。“在那次训练中，我们每个人仅有少量食物、一个睡袋和一顶小型的帐篷。白天要不停地行走，晚上就在山区露宿，就这样整整过了五天。前三天没有什么，但是到了第三天夜里，天气突然转阴，然后下起了倾盆大雨，周围的环境也变得异常恶劣。”

第二次训练是在塞拉山的国王峡。在行进过程中，柯林斯和另外一名飞行员在雪地里度过了三个夜晚。他们在地上挖了一个雪洞，然后用松枝作床。第三次训练是在佛罗里达州的丛林中求生。“被带到一片沼泽地后，有人递给我一把刀。在接下来的四天中，我只能依靠自己。”柯林斯记得最清楚的就是食物，“我捉到了几只乌龟，但是发现龟壳很难撬开，因此我的主食就成了棕榈树的树叶。如果有刚刚长出来的棕榈树树叶，我会把中间的部分切下来。这种食物虽然难以下咽，但是却能够维持生命。”与上述训练不同的是，51 区的高原沙漠生存训练还包含了假想的中国敌人及其实施的心理战术。

自 1963 年 11 月起，U-2 侦察机接二连三被中国击落，对中情局和美国空军在 51 区的下一步计划产生了深远的影响。转眼之间，研发可以远程控制的无人驾驶飞机成了美国国家安全的重中之重。

D-21：3 马赫无人驾驶飞机

在获取照片情报方面，凡是 U-2 侦察机能够完成的任务，无人机不仅同样可以胜任，而且不必担心飞行员会被俘或者遇害。更为理想的是，无人驾驶飞机能够在三种极其特殊的条件下执行任务，即沉闷、肮脏和危险。所谓沉闷，是指由于航程漫长，在远赴异国他乡时飞行员很容易感到疲倦。所谓肮脏，是指执行任务的地区可能存在核武器或生物武器。所谓危险，是指飞行员要深入诸如苏联、朝鲜和中国这样的国家的领土，而侦察机一旦被击落，就要承担巨大的政治风险。

1962 年末,洛克希德公司拿到了研制无人驾驶飞机的合同。随着 U-2 侦察机被击落，这个项目变得更加重要起来。代号为“塔格伯德”的无人机将在 51 区进行试飞，而具有讽刺意味的是，这项任务落在了刚刚离开桃园的斯莱特上校身上。

“洛克希德制造的 D-21 不是普通的无人机，而是世界上第一架速度为音速 3 倍的无人侦察飞机。”洛克希德公司负责该项目的物理学家爱德华·洛维克说，“这种飞机的设计理念极为超前，因为其速度即使与 A-12 相比也毫不逊色。D-21 使用的是冲压式喷射发动机，也就是说它是依靠压缩气流推进的，因此这种无人机只能从另一架速度大于音速的飞机上进行发射。”

由 A-12 改装而来的母机被命名为 M-21，其中 M 代表 Mother（母亲），上面增加了一个随机工程师的座位，用于进行发射操作；而这种无人机被命名为 D-21，其中 D 代表 Daughter（女儿）。但是，要想在一架时速高达 2 300 英里飞机的背部发射另一架飞机,就必须攻克一系列难关。最大的问题首先是如何避免两者在发射时相互碰撞，此外无人机的回收问题也需要经过缜密考虑。洛维克解释说：“这种无人驾驶飞机主要用于飞往中国，它会按照既定的航线拍摄侦察照片，然后返回太平洋上空。”工程师们设想，利用降落伞将包括相机、胶片和无线电接收机在内的包裹一起投掷到附近的另一架飞机上。一旦包裹安全落下，无人机就会坠入大海，葬身太平洋底。

在 51 区将这一设想付诸实践的过程中，有多架无人机先后失踪。这些试飞行动由斯莱特上校负责，在格鲁姆湖以北一个被称为“特别行动区”或“育尔台德”地区的上空进行。斯莱特上校和弗兰克·默里驾驶追踪机尾随 M-21 和 D-21，以监测无人机的亚音速发射过程。“在发射出去后，这些无人机很快就消失得无影无踪。”斯莱特上校回忆道。直升机驾驶员查理·特拉普以及一支由伞兵组成的搜救队被派出寻找这些飞机。

“首先，我们要找到失踪的无人机。接着我会将伞兵从绳索上放下，由他们把飞机挂在吊货钩上，然后从山上运走，”特拉普解释道，“有时候事情会变得非常棘手，尤其是当无人机在山脊上坠毁时，伞兵差一点就会摔到悬崖下。”很快斯莱特上校就认为，“牛车”母机和 D-21 进行超音速测试的时机已经成熟，因此必须对飞行员进行海上求生训练。

出于对公共安全的考虑，马赫 3 无人机的发射拟定于 1966 年 3 月在加利福尼亚州沿岸进行。为了让飞行员做好准备，斯莱特要求他们每天在 51 区的池塘里游泳，最初穿着泳装，后来换成了压力服。“我们用滑车把他们吊到池塘的上空，然后再猛地丢下去。刚开始，在飞行员接触水面的那一刻，压力服会迅速膨胀，于是我们不得不加以改进。”斯莱特回忆道。接下来，当需要在大面积水域进行实地训练时，51 区职衔最高的中情局官员韦纳·维斯命令海岸警卫队封锁了米德湖的大部分区域。米德湖位于拉斯维加斯以东，是美国境内最大的一座人工湖。

时至今日，对于这次飞行员训练，斯莱特仍然记忆犹新。“我们驾驶一艘小型的波士顿捕鲸船来到那里，把身着全套压力服的无人机飞行员用滑翔伞吊起来，然后再将他们投入水中。第一个下水的是中情局的飞行员米勒·沃伊沃迪赫，他的试验非常顺利。接下来轮到杰克·莱顿时，风力突然加大了。在莱顿跌入水中以后，捕鲸船拖着他漂了出去，降落伞里也积满了水，他开始迅速下坠。我立即下令取消试验。‘快停下！’我大声喝道，‘否则说不定谁就会没命了！’”

然而，斯莱特的谶语很快就变成了现实。1966 年 7 月 30 日夜，格鲁姆湖的第 1129 特别行动队准备在加利福尼亚州沿岸进行无人机的首次夜间正式发射。在 51 区的停机坪上，当洛克希德公司的首席试飞员比尔·帕克正要合上 M-21“牛车”的舱盖时，斯莱特上校过来进行最后叮嘱。“我告诉他 :‘比尔，这次行动十分危险。’”斯莱特回忆道，“因为无人机与 A-12 的机尾之间只有数英尺的距离。帕克知道这一点。我们都知道。母机的后面坐着随航工程师雷·托里克，他当然也知道。帕克合上了舱盖，我也登上另一架马赫 3 飞机，以便在他们旁边进行监测。”

两架飞机离开加利福尼亚海岸一路向西驶去，在前 150 英里的航程中，一切都风平浪静。比尔·帕克驾驶的 M-21 准备发射 D-21 无人机，斯莱特飞机上的照相机会用 16mm 的胶片记录发射瞬间。在他们的下方，大西洋上漆黑一片，一艘救生艇已经在那里等候。帕克按下点火键，无人机从 M-21 上发射了出去。但是，在分离过程中，无人机却一头栽了下来，顿时将母机一分为二。幸运的是，帕克和托里克都没有受伤，而是被困在了机舱里。

M-21 开始一边在空中翻滚，一边从近 1 万英尺的地方迅速跌落。大概是鬼使神差，他们两个竟然都成功地启动了弹射座椅，侥幸从烈焰滚滚的失事飞机中逃脱，并且安全地打开了降落伞。更令人惊异的是，在下落过程中，帕克和托里克都没有被燃烧的残骸击中，而是顺利地落到了水面上。但是，斯莱特还记得，一场意料之外的悲剧突如其来。“救生艇很快就找到了帕克，他安然无恙。但是当他们来到雷·托里克的身边时，发现他被系索捆住，已经溺水身亡。”①

对于这次事件，凯利·约翰逊感到极为震惊。“他感情用事地做出冲动的决定，不仅取消了整个项目，而且要将研发资金奉还空军和中情局。”当谈到“臭鼬计划”时，约翰逊的副手本·里奇在 1994 年出版的回忆录中这样写道，里奇问约翰逊为什么要这样做。约翰逊回答 :“我不能再让任何试飞员或‘黑鸟’以身试险，这两样我哪个都丢不起。”

但是，空军部门绝不会如此轻易地放弃马赫 3 无人机计划，而是根据战略空军司令部的要求建立了一个新的项目，准备从 B-52 轰炸机下部发射无人驾驶飞机。林登·约翰逊总统的国防副部长塞鲁斯·万斯告诉凯利·约翰逊说："这个项目一定要成功，因为政府绝不允许再次发生弗朗西斯·加里·鲍维斯事件。今后我们对敌占区进行的所有侦察任务都将由人造卫星或无人驾驶飞机执行。"

3 年以后，即 1969 年，D-21 终于从 B-52 上发射成功，并首次前往中国执行侦察任务。但不知道是什么原因，D-21 偏离了航线，来到苏联的西伯利亚，最终由于燃油耗尽而坠毁。据推测，这次事故的原因是 D-21 的导向系统在途中突然失灵，在此后的 20 多年中，再也没有人见到或听说过这架无人机。20 世纪 90 年代初，一名中情局官员出现在本·里奇位于"臭鼬计划"工作地点的办公室里，并且为他带来了一份神秘的礼物。"本，你还记得这是什么吗？"这名男子手中拿着一块钛制的金属片问里奇。"当然记得。"里奇答道。

在本·里奇接过来的这块合成材料上，涂着数十年前洛维克及其团队首次为洛克希德公司研制出的能够吸收雷达波的油漆。于是，里奇问它是从哪里得来的，这名中情局官员解释说，西伯利亚苔原的一个牧夫在放羊时发现了这块残片，随后被莫斯科的克格勃特工拿走，然后作为礼物送给了中央情报局。按照里奇的说法，"苏联人错误地认为，这块在几十年前制作的材料代表了美国现在的隐形飞机技术。从某种程度上来看，这对我们的'塔格伯德'无人机计划不啻于一则佳音"。

从第二次世界大战起，无人驾驶飞机就已经开始出现在战场上。肯尼迪总统的兄长小约瑟夫·肯尼迪就是在美国海军对德国开展的一次秘密无人机任务中丧生的。这次秘密任务代号为"阿弗洛狄特行动"，目的是为了摧毁纳粹德国一处防守极为严密的导弹基地。按照计划，小约瑟夫·肯尼迪驾驶着一架载有 2.2 万磅炸药、经过改装的 B-24 轰炸机，从英国出发飞越英吉利海峡。炸药安装好以后，飞行员和机组成员会立即跳伞，然后由附近的母机对这架无人机进行远程控制。此外，在 B-24 的鼻锥体内还装有两台照相机，可以引导无人机准确定位纳粹的据点。

B-24 上携带的炸药叫托佩克斯，是一种极易挥发的新型化合物。就在小约瑟夫·肯尼迪和机组成员跳伞之前，炸药突然起火，飞机在半空中轰然爆炸，致使机上所有人员当场毙命。随后，海军终止了该无人机项目，但是无人驾驶飞机的设想却引起了人称“哈普”的陆军将军亨利·昂诺德的注意。在日本投降当天，昂诺德将军做出了一个大胆的判断。他说：“下一场战争将会在无人驾驶飞机之间展开。”虽然他所说的事情四场战争过后才得以实现，但是这一判断无疑极有预见性。

之所以要在战争中使用无人机，其原因非常简单，即避免对人类造成伤害。但是在发明之初，无人机的目的主要是为了娱乐。1893 年，早在其他科学家产生过类似的设想前，尼古拉·泰斯拉就已经掌握了无线遥控技术。在 1898 年麦迪逊花园广场举行的电子博览会上，泰斯拉大显身手，通过无线遥控操纵一艘 4 英尺长的钢船，让所有在场观众叹为观止。对于大多数人来说，无人驾驶船与其说是科学上的重大突破，不如说更适合进行魔术表演。

然而，泰斯拉却极有眼光，预见到自己的发明将来有可能在军事上大放异彩。泰斯拉写道：“我打电话给华盛顿的某位官员，想要向政府部门出售有关信息，但是当我谈起自己的发明时，他却哑然失笑。”这一结果虽然令人悲哀，但是却在情理之中，因为当时军中的运输工具仍是马匹。泰斯拉的朋友作家马克·吐温也预见到遥控技术在军事方面的前景，于是自愿充当泰斯拉的经纪人，四处兜售“这种令人恐惧的破坏性发明”。

马克·吐温提议，因为德国当时的科技水平处于世界领先地位，所以有可能对此感兴趣。最后，任何国家都不愿购买泰斯拉的发明或者为他的专利出资。1943 年，这位伟大的发明家穷困潦倒地在纽约一家旅馆中去世，而此时德国已经依靠自己的力量掌握了遥控技术，并且对欧洲大陆进行了无情的蹂躏。纳粹德国设计出的第一架战争机器人是一种名为“哥利亚”的微型坦克，其体积只有一辆雪橇大小，但是却能够携带 132 磅（约 60 千克）重的炸药，通过远程控制驶入敌方的战壕。德国人一共制造了 8 000 辆“哥利亚”，主要被用于东线战场，以抵消苏联在兵力上的巨大优势。由于德国的兵源十分有限，所以必须确保所有士兵的人身安全。

在美国，空军部门已经初步发展起了自己的第一支无人机队伍。在 1946 年比基尼环礁上开展的“十字路行动”中，数架无人机被派往现场，由附近一架名为“果酱”的母机上的操作人员遥控穿越蘑菇云。为了收集放射性沉降物的样本，这些无人机还装上了空气收集袋和长方形的滤纸托。然而，在这种情况下，无人机的操控变得十分困难。

根据一份关于现场无人机情况的备忘录记载，一架代号为“狐狸”的无人机被炸上“比原定路线高出 60 英尺的上空，炸弹舱严重变形，飞机内的所有坐垫都爆裂开来，检查板和安全舱门也被炸飞”。然而，令人惊异的是，这架无人机仍然在远程控制下飞出了数英里之遥。如果尼古拉·泰斯拉地下有知，一定会含笑九泉。

在接下来名为“沙石行动”的核试验②中，无人机被再次派出执行对飞行员来说异常危险的任务。但是，在一枚爆炸当量为 1.8 万吨 TNT 炸药的原子弹“斑马”爆炸时，一名飞行员驾驶飞机意外闯入蘑菇云中，事后空军认为由于该飞行员和机组成员“均未表现出任何不良症状”，核沉降物采样工作仍当由人工而不是无人机开展。至于在“斑马”爆炸时以及其他数以百计的核试验中，是否有飞行员所接受的辐射量足以致命，没有人给出准确的回答。有关核试验开展初期飞行员遭受辐射量以及死于相关疾病的记录，据称已被销毁或失踪。然而，当一名空军飞行员意外飞越“斑马”核弹产生的蘑菇云时，这次事件成了随后一系列人工采样活动的肇端。

“人工采样显然更加高效。”1963 年，保罗·H. 法克勒上校在一份关于空军系统内开展原子云采样活动的报告中写道，这份报告在 1986 年才得以解密。作为“沙石行动”中负责辐射安全的正式官员，法克勒的意见无疑产生了很大作用。他的同事科迪上校也认为，人工采样比无人机更具有优势。科迪说，利用无人驾驶飞机进行采样完全是“碰运气”，而飞行员的操作相对灵活，可以“对蘑菇云最适合的部分进行采样”。但是，这种冠冕堂皇的说法中却蕴含着致命的危险，因为所谓“最适合的部分”就是“辐射量最高的部分”。在接下来进行的核试验中，空军方面决定同时建立人工和无人机核沉降物采样队伍。

飞进蘑菇云

1951 年，太平洋上即将进行一次绝密试验。在这次试验中，这两种飞机都派上了用场。“温室行动”即将引爆的核武器被誉为“超级炸弹”。这是一种热核武器，或者叫氢弹，其内部裂变方式与太阳中心相当。洛斯阿拉莫斯的科学家向核试验的策划者解释说，核聚变是一种新型科技，是指由轻原子核熔合生成较重的原子核，同时释放空前巨大的能量。科学家私下表示担忧，这个过程有可能让整个世界都陷入一片火海。对于是否应当继续这个项目，科学家们的意见截然相反。

以性格倔强的爱德华·泰勒博士为首的一派主张积极推进超级炸弹的研制工作，并且得到了国防部的鼎力支持；而以“原子弹之父”罗伯特·奥本海默为首的另一派却与泰勒针锋相对。奥本海默认为，研制这种能够毁灭人类文明的武器是一种有悖道德的行为，他也因此失去了超级炸弹项目的涉密资格。EG&G 公司的武器试验工程师阿尔弗雷德·奥登纳在马绍尔群岛曾经为泰勒博士连接了许多超级炸弹。在他看来，奥本海默身上发生的事情对所有当事人发出了明显的信号：如果你想要保住自己的工作，就不要以道德为由表示反对。最终，核武器制造者们取得了胜利，而世界上第一枚热核炸弹也在按照计划继续推行。

无人驾驶飞机的任务是在蘑菇云间对气流和风速进行测量，并且采集其中的放射性物质。虽然“温室行动”并没有像科学家们担忧的那样让全球陷入一片火海，但是第一架无人机在接近蘑菇云茎部前突然失控并坠入大海。另外两架无人机由于在执行任务时对遥控毫无反应而终止了行动，第四架无人机在遭到冲击波的重创后失控，然后在博伽卢阿岛的沙漠上坠毁爆炸。这次核试验结束后，空军方面得出最终结论，认为使用无人机采样极不可靠。

核防局的一位历史学家在 1963 年写道：“‘温室行动’过后，空军和原子能委员会都更加倾向于进行人工采样，这次行动成了最后一次使用无人机进行采样的行动。”1952 年秋，在“常春藤行动”的一系列核试验中，一枚代号为“迈克”的热核炸弹爆炸当量高达 1 040 万吨 TNT 炸药，极为恐怖。空军决定，由六名志愿飞行员驶入蘑菇云高度辐射的茎部及蘑菇云间，而另一队飞行员沿着事先预测的沉降区外围飞行。其中包括 4 年前驾驶 U-2 侦察机飞越苏联领空的首位中情局飞行员赫维·斯托克曼。

在对炸弹“迈克”开展采样行动前，飞行员们在 51 区正南 30 英里的印第安泉进行了训练。1952 年春，作为“塔布勒 - 斯纳帕行动”的一部分，数枚爆炸当量千万吨级的原子弹先后在内华达试验场被引爆，包括斯托克曼在内的飞行员驾驶飞机对其进行了采样。斯托克曼解释道：“当时，科学家们首先在试验场无人机的机舱内放了几只猴子，然后再通过遥控让这些飞机进入原子云中。对于核辐射在这些具有人类特点的动物身上产生的作用，他们产生了浓厚的兴趣，并且认为，只要方法得当并且加倍小心，飞行员同样能够置身其中。”

空军方面使尽浑身解数，想要改变这些志愿飞行员把自己当作小白鼠的看法。根据 1985 年解密的一份关于原子云采样项目的记录，当斯托克曼和其他飞行员离开印第安泉，前往马绍尔群岛对爆炸当量百万吨级热核炸弹的蘑菇云执行采样任务时，他们“不再像被征召之初那样坚信自己只不过是一只小白鼠”，而是已经接受了这样的观点，即他们的“所作所为有益于国家”。

斯托克曼从另一个角度谈起了自己的感受。“当时我还很年轻，所以很少会去考虑道德方面的问题。核试验的场面蔚为壮观，我甚至对此产生了一种敬畏之情，”斯托克曼回忆道，“与太平洋上空引爆的巨型热核炸弹相比，内华达试验场爆炸的原子弹可谓小巫见大巫。它们就像一只只庞大的怪兽，朝着地球的大气层猛戳一拳，然后直奔太空。”

到达太平洋上空后，在热核弹“迈克”爆炸前，飞行员们进行了为期数天的“熟悉和演练”。但是，任何训练都无法与这次试验相提并论。斯托克曼的同事空军飞行员吉米·P. 罗宾逊③是六名进入“迈克”蘑菇云的志愿者之一。这枚热核炸弹的体积相当于一座大型飞机库，本身看起来并不像是一件武器。由于过于庞大，这枚炸弹只能从伊鲁吉拉伯环礁北端的地面上开始建起。虽然“迈克”的威力空前巨大，但令人感到惊异的是，在驾驶 F-84G 雷霆式战机进入蘑菇云茎后不久，罗宾逊不仅通过无线电联系上了位于 25 英里以南埃尼威托克环礁上的指挥官，而且思维十分清晰。

据这次行动的记录显示，罗宾逊说：“这里满天都是红光，颜色就像一个炽热的火炉的内部。”接着他又讲起，自己的无线电仪“像手表上的秒针一样”开始迅速转圈。在第二次进入蘑菇云后，罗宾逊报告说：“飞机突然停滞不前，然后开始飞快旋转。”虽然自动驾驶系统失灵，无线电信号中断，但是这位英勇无畏的飞行员仍然按照指令继续前行。转了几个圈后，他最后一次进入蘑菇云茎和底端，这次航行时间将近 4 个小时。当罗宾逊需要加油时，他这才发现，热核炸弹产生的电磁脉冲已经破坏了自己的控制台。也就是说，他根本无法连接飞机的油箱。

于是，罗宾逊向埃尼威托克岛的指挥塔求救，并且得到答复立即返回岛上。“在距离埃尼威托克岛以北大约 96 英里的地方，（罗宾逊）报告自己收到了指挥塔发出的信号。”这份官方记录已于 1986 年解密，但是罗宾逊的名字却经过了涂改。当时，他只剩下 600 磅（约 272 千克）燃油，天气也突然转糟，“倾盆大雨阻碍了他的视线”。罗宾逊的燃油表显示为零，引擎随即熄火。

“当他还在 1 000 英尺高空的时候，埃尼威托克塔台认为，他应该能够支撑到飞机跑道，因为他已经看到了陆地。”一位负责调查这起事故的空军军官写道。但是，为了防止辐射，飞机的内侧涂满了铅，所以罗宾逊无法进行滑翔。在降至 5 000 英尺时，飞机开始迅速下落，罗宾逊报告说自己无法着陆，必须跳伞逃生。然而，此时的罗宾逊却面临着巨大的困难，因为进行采样的飞行员都必须身穿灌有铅的背心，他怎样才能从中摆脱并且安全降落呢？

在距离埃尼威托克飞机场已经不足 3.5 英里时，罗宾逊的飞行高度约在 500 ～ 800 英尺，飞机突然翻身坠入大海。“大约 1 分钟后，一架直升机来到出事地点。”空军调查员写道。一切为时已晚，直升机发现的只有“一片浮油，一只手套和几张地图”。罗宾逊和飞机已经像石头一样坠入海底，他的遗体至今也没有找到。然而直到 2008 年，人们根据《信息自由法案》反复申请，空军才终于将罗宾逊的事迹通知了他的家人。

热核弹“迈克”爆炸后，产生了 1040 万吨 TNT 炸药的惊人爆炸当量，超出了预计近一倍。核尘开始不断在伊鲁吉拉伯岛上降落，这里已经不再适于人类居住。“迈克”几乎将这里夷为平地，8 000 万吨珊瑚被炸为齑粉后飘上大气层，然后随着雨水落下。在距离这里 40 英里的海面上，停泊着一艘名为“埃斯蒂斯”的军舰，EG&G 公司的武器测试工程师阿尔弗雷德·奥登纳正在控制室里通过高倍望远镜观看，正是他亲手连接和发射了这枚热核炸弹。

迄今为止，奥登纳已经连接和发射了 186 枚核弹，因此被同事们称为“射手”。奥登纳说，观看“迈克”爆炸的场景是一次可怕的经历，“它是那些威力最大的核弹之一”。“迈克”产生了宽达 3 英里的火球，与此相比，在广岛爆炸原子弹的火球其直径仅有 1/10 英里。在这枚热核炸弹被引爆后，当飞行员驾驶战机穿越爆心投影点时，他们惊恐地发现，整座小岛仿佛凭空消失了。2011 年的卫星照片显示，这里只剩下一个深不见底的巨坑，除了坑里的湖水以外，伊鲁吉拉伯环礁已经不复存在。

第9章

空中间谍

在成为美国的总统之，约翰逊喜欢打开自己的林肯“大陆”折篷汽车的顶篷，驾车在得克萨斯州的乡间穿行。按照传记作家兰德尔·B.伍兹的说法，约翰逊经常会在副驾驶座上放着一把上了膛的猎枪，这样随时都可以停车猎鹿。他喜欢把自己高达40英尺、周围用玻璃加固、装有空调设施的猎篷称为“鹿塔”。1957年10月4日夜，时任参议员的约翰逊正在乡下度假，“鹿塔”的宴会厅里高朋满座，这些人都像他一样热衷于打猎。在这座猎篷的外侧装有耀眼的聚光灯，只要摁下按钮，在附近悠闲地啃食青草的野鹿就会被强光照得晕头转向，轻而易举地成为他们的猎物。

全球最快的飞机

这个夜晚对约翰逊来说非常重要，因为从此以后，他的人生发生了巨大的转折。1957年10月4日，苏联发射了世界上第一颗人造卫星，而约翰逊也开始掀起了一场轰轰烈烈的反共运动。那天夜里，当众宾客散去，侍者清理过宴会厅以后，约翰逊回到卧室，心中充满了一种前所未有的坚定信念。“要是连月亮也变成红色，我会寝不安席的。”约翰逊对妻子伯德夫人说。

当时的约翰逊并不是一名普普通通的参议员，而是民主党中多数派的领袖。这就意味着,他是美国最有权势的议员。在苏联的“旅行者一号”升空几个小时后，约翰逊立刻抓住了这个机会，以扩大自己的政治影响力。苏联已经威胁到美国的存在，他公然宣布，“用不了多久，他们就会像站在立交桥上的小孩朝过往车辆上扔石块一样，向我们投掷炸弹”。

从表面上看，艾森豪威尔总统似乎对此事无动于衷，因此对大多数美国民众来说，约翰逊的反应显然更容易接受。在成为总统之前，艾森豪威尔的一生大部分时间都在军中度过。他曾经是一位五星上将。在二战期间，作为盟军总司令，艾森豪威尔经历过无数次致命的危险。他亲自指挥了诺曼底登陆，并且在纳粹德国发动的最后一次进攻阿登战役中，率领指挥盟军发起反击。也就是说，艾森豪威尔和他的手下要射猎的对象远非那些吓呆了的小鹿可比。1957 年 10 月，在他看来，苏联发射的这枚 184 磅（约 83 千克）重的“旅行者一号”并不值得人们惊慌失措甚至进入警戒状态。

但是，美国民众的态度却截然相反。舆论一致认为，苏联的人造卫星足以引起美国高度警惕。有 4% 的美国人声称自己亲眼看到了这颗卫星，并且将其看作不祥之兆，认为它预示着更加糟糕的事情会接踵而至。实际上，历史学家马修·布热津斯基解释说：“人们看到的其实只是长达 100 英尺的 R-7 火箭外壳，‘旅行者’的设计者谢尔盖·科洛列夫有意在上面加装了反光棱镜。人造卫星本身只有 22 英尺长，但是火箭外壳一直在它的后面尾随了 600 多英里。”这就是说，只有借助高倍光学仪器，人们才能看到这颗人造卫星。

正当公众惊恐不安之际，参议员林登·约翰逊趁机发难，指责艾森豪威尔无所作为，并且进一步要求国会对此开展“全面彻底的调查”，以弄清美国为什么在太空输给了苏联。约翰逊试图通过此举告诉世人，自己对共产主义决不手软。这样一来，他就在无意之间成了导弹防御体系和大型军工集团的支持者，并且不得不出面声援越南战争。

距离苏联发射人造卫星过去六年零一个月后，林登·约翰逊登上了美国总统的宝座。在约翰·肯尼迪遇刺7天后，约翰逊正坐在白宫的椭圆办公室里，听取中情局局长约翰·麦科恩就“牛车计划”和51区进行汇报。在得知中情局秘密侦察机的计划后，约翰逊精神一振，但是其中的原因却大大出乎人们的意料。约翰逊尤为看重的是这种飞机的速度。当时，在世人的印象中，苏联飞机的航行速度无人能及，已经达到了每小时1 665英里。因此当约翰逊听说51区的飞行员曾屡次打破这个纪录时，他想要将这一事实公之于众。作为美国总统，如果自己能够在上任之初就给苏联当头一棒，还有什么比这更好的事情吗？

然而，为了与苏联人一较高下而贸然公布这个代价高昂的秘密侦察机项目，对美国的国家安全弊大于利。“牛车计划”一旦暴露，中情局在高空侦察领域的技术优势就会不复存在。“牛车”侦察机能够飞往“世界上任何一个地方”，麦科恩解释道。它的“雷达截面仅相当于普通飞行器的1/1 000”，几乎能够在苏联雷达的鼻子底下“来去无踪”。如果麦科恩能够未卜先知，他一定会告诉约翰逊总统，“牛车”侦察机的技术遥遥领先于整个时代，并且一直将连续飞行高度和速度的纪录保持到20世纪末。这次会议上在座的还有国防部长罗伯特·麦克纳马拉、国务卿迪恩·鲁斯克和国家安全顾问麦乔治·邦迪，也就是本届政府最有权势的三巨头。对于约翰逊总统的意见，他们三人一致表示赞同，认为对外公开“牛车”侦察机是一条妙计①，这倒是让五角大楼省去了不少麻烦。

三巨头之所以同意将其公之于众，显然是因为空军方面想要一劳永逸地将中情局排除在侦察机项目之外。如果向外界公开这个项目，保密工作就会变得毫无意义。在肯尼迪遇刺之前，空军某高级将领曾经暗中提议由他们接管整个“牛车”项目。4个月前，空军司令施里弗将军致信空军部长尤金·朱克特，暗示“在试飞期间一旦发生事故，届时将不得不对外公开这一项目。”

在肯尼斯·柯林斯坠机事件上，中情局只是侥幸得脱，施里弗将军说，但是如果再次发生侦察机坠毁事件，“想要继续将公众蒙在鼓里恐怕极为困难”。其潜台词是，也许可以由空军部门对外公布“牛车”侦察机项目。如果万不得已，还可以设法让总统“参与其中”。就在肯尼迪被害数周前，空军方面向他提议将“牛车计划”公之于众，但是遭到了断然否决。比起肯尼迪来，约翰逊总统似乎更容易受摆布。

为了驳斥空军的要求，麦科恩从另一个角度谈起了自己的看法，其中涉及钱的问题。他告诉约翰逊总统，“牛车”项目的大部分资金已经被用于 15 架飞机的生产上[②]。此时泄露“牛车”项目绝非上策，麦科恩说，因为这不仅会危及国家安全，而且还会造成巨大的浪费。约翰逊总统表示同意，但是他仍想在苏联人面前露一手，于是便对刚才的计划稍加改变。他打算透露部分实情，将“牛车”的战斗机型 YF-12 公之于众，从而在航行速度上打败苏联。但是，在向外界宣布时，他会隐去 YF-12 的真实代号，而是将其称作 A-11。出于对麦科恩意见的尊重，由于事涉国家安全，真正的“牛车”项目，包括飞行速度、操作极限及几乎可以在雷达下隐形的功能，仍被列为高度机密。直到 2007 年，中情局才终于解密了“牛车计划”。

3 个月后，即 1964 年 2 月 29 日，约翰逊总统在国务院国际条约厅召开记者招待会。“A-11 飞机……已经秘密地屡次打破苏联在航空速度上的纪录。”约翰逊总统站在讲台上郑重宣布，并且为自己能够给苏联人一记当头棒喝而兴奋不已。总统的这场“精彩演出”让 51 区猝不及防，为了应付随后立即召开的新闻发布会，第 1129 特别行动队不得不火速调遣飞机飞往加利福尼亚州的爱德华兹空军基地。空军两架正在 51 区进行测试的 YF-12 拦截机立刻从格鲁姆湖起飞，来到爱德华兹空军基地，然后驶入一座特种飞机库中。

由于机身的钛制表面过热，飞机库内的自动喷水灭火系统误把高温当作火灾而自行启动。当新闻发布会开始时，这两架 YF-12 仍在不停滴水。不过没关系，谁也不会注意到这一点。3 马赫的惊人速度足以让在场记者像总统一样心醉神迷。这对中情局来说意义非凡。在“牛车”项目的控制权上，中央情报局与空军之间的角逐愈演愈烈。

随着两大机构的明争暗斗，“牛车计划”的归属问题也悬而未决。国防部长罗伯特·麦克纳马拉不屑一顾地告诉中情局局长约翰·麦科恩，对于“牛车”侦察机是否能够派上用场，他深表怀疑。即使能够派上用场，麦克纳马拉说，“也很可能是在总统不知道的情况下采取行动”，绝不能再让总统与中情局的任何高空侦察行动产生关联。显然，他的这番话意在影射加里·鲍维斯被苏联导弹击落的事件。约翰·麦科恩立刻反唇相讥，声称他“早已决意使用‘牛车’侦察机，并且已经向总统提出了建议”。在游说约翰逊总统公布“牛车”项目的这场较量中，麦克纳马拉也许暂时赢得了一局，但是麦科恩想要让他知道，中情局与五角大楼之间的斗争胜负还远远未见分晓。

在“牛车”项目及51区的归属问题上，双方第二次角力的焦点是人造卫星和无人机技术。麦克纳马拉告诉麦科恩，这两项技术最终必将彻底取代中情局耗资巨大、行动笨重的“牛车”侦察机。然而在当时的情况下，两人的心中都很清楚，“牛车”侦察机能够做到人造卫星无法做到的事情，尤其是在两个非常重要的方面。“旅行者一号”升空6年后，虽然人造卫星技术发展迅猛，但是侦察照片的图像仍然不够清晰。

对于间谍活动来说，人造卫星有一个先天的缺陷，即它们在执行任务时总是一成不变，因此根本无法应对突发情况。人造卫星绕地球一周平均需要90分钟，其侦察行程极易为北美防空联合司令部的分析师掌握。与此相反，“牛车”侦察机虽然名字听起来十分笨重，但却是当之无愧的间谍利器。它不仅反应敏捷、功能强大，而且行动灵活机变，能够神不知鬼不觉地进入敌方领空进行侦察。最重要的是，“牛车”侦察机拍摄到的照片的清晰度远非人造卫星可以比拟，即使是身处17英里的高空，也能够拍到地面2.5英尺内的物体，这一点深得总统的赏识。

当麦克纳马拉和麦科恩龃龉不合之际，约翰逊的总统大选已经迫在眉睫。赫鲁晓夫决定给这个对苏联挥刀相向的得州人制造一些麻烦。1964 年夏，当美国总统大选拉开帷幕时，生性好战的赫鲁晓夫宣布，如果有 U-2 侦察机胆敢飞入古巴境内，苏联会不惜一切手段将其击落。在中情局看来，苏联领导人发出的威胁无疑为“牛车”侦察机大显身手提供了天赐良机。于是，麦科恩开始不断游说约翰逊总统采取正式行动。最终，“云雀行动”得到了总统的批准，“牛车”侦察机将首次飞往古巴，以查探赫鲁晓夫是否再次向古巴境内部署了导弹。对于中情局来说，“云雀行动”不仅使“牛车”侦察机得以施展拳脚，而且还让中情局在与空军的角逐中略胜一筹。唯一的问题是，此时 51 区尚未做好准备。

雷达截面必须无限缩小

肯尼斯·柯林斯驾驶着世界上速度最快的飞机，飞上 6 万英尺（约 18 288 米）的高空。在这次任务中，导航员将指引他飞往北部的加拿大边境，然后调头返回。“牛车”侦察机的试飞工作是全世界最好的工作，肯尼斯·柯林斯说。大多数工作每天的内容都相差无几，但是在 51 区，柯林斯要做的事情却截然不同。

几个月来，飞行员们一直在测试“牛车”侦察机的液压、导航和飞行控制系统。每次试飞过后，再由洛克希德公司的一组工程师负责对这些数据进行分析。因此，格鲁姆湖的工作每天都会发生变化。在这个过程中，线路系统始终是最大的问题，直到最后，工程师们终于找到了一种能够经受 800 华氏度（约 427 摄氏度）高温的材料。此外，由于液态化合物三乙基硼烷的形成阻碍了喷射引擎的启动，工程师们耗费了很长时间才最终解决了这个问题。但是仍有一个困难无法克服，即在有些情况下飞机的引擎会停止启动。

柯林斯已经来到了 7.5 万英尺的高空，他盯着自己面前的仪表。外界的温度只有零下 70 华氏度（约零下 21 摄氏度），而两侧引擎排出的废气却高达 3 400 华氏度（约 1 871 摄氏度）。在柯林斯的身后，两部专门设计的 J-58 涡轮喷气引擎能够产生的动力相当于排水量为 8.1 万吨的远洋客轮“玛丽皇后号”的四个涡轮机组。但是，“玛丽皇后号”载有 3 000 多名乘客,而“牛车”侦察机上只有柯林斯一个人。这两部引擎至关重要，如果其中的一个出了问题，就会造成灾难性的影响。

柯林斯小心翼翼地驾驶着飞机，现在他的航行速度已经达到了 2.5 马赫与 2.8 马赫之间,即每小时约 2 000 英里,与步枪发射出子弹的速度相当。这一速度异常危险，因为达到并超过这个界限不仅对飞机本身的要求极高，而且这时引擎很可能会停止启动。柯林斯在心中默祷，但愿飞机引擎能够正常运转。

对于飞行员来说，再没有什么比引擎无法启动更令人恐惧的事情了，但是工程师们却无法解释这一现象。当飞机达到一定的速度时，其中一部 J-58 引擎就会莫名其妙地由于气流中断而突然熄火。按照这个速度计算，两部引擎每秒钟吞噬的空气约 1 万立方英尺。一位工程师解释说，这就相当于 200 万人同时吸了一口气，因此如果在这个时候气流中断，就等于阻断了 200 万人的呼吸。在这个过程中，飞行员只有 10 秒钟时间来解决气流中断的问题。但是，由于一侧引擎突然失灵，而另一侧引擎产生的动力足以推动一艘远洋客轮，所以飞机会开始迅速上下翻转并严重偏离航线。飞行员要一边在驾驶舱里跌跌撞撞，一边想方设法重新发动引擎。最可怕的是，飞行员一旦在碰撞中失去了知觉，其结果必然是机毁人亡。

当柯林斯的航行速度达到 2.7 马赫时，每秒钟飞过的距离超过了 0.5 英里，下方的陆地几乎一掠而过。“牛车”侦察机的航线不仅出于安全方面的考虑避开了市中心、桥梁和水坝，而且出于政治上的考虑，也避开了印第安人的墓地。一次，当某飞行员来到西弗吉尼亚州郊外时，引擎突然失灵，于是他不得不在 3 万英尺的高空重新发动引擎，巨大的音爆震碎了下方工厂里的烟囱，导致两名正在作业的工人当场死亡。

如果飞机即将坠毁，飞行员需要跳伞，就像柯林斯在 1963 年遇到的情况那样，飞机的下方不仅要地处偏远，而且要足够开阔。因为在从天空降落时，一架重达 12.3 万磅（约 56 吨）的飞机就和一根拆卸轮胎的铁棒一样，能够滑出去很远的距离。

柯林斯继续加速到 2.8 马赫。只要再过 45 秒钟，他就可以脱离危险地带。来到近 8.5 万英尺的高空后，飞机的挡风玻璃上开始零零星星地出现了许多黑色的小圆点，好像夏天滴落的雨水一样。几个月前，51 区的科学家们一直对这些黑色的圆点感到大惑不解。他们担心，也许是高空的某种物质腐蚀了飞机的表面，但是后来却在实验室里揭开了这种现象的谜底。原来这些黑色的小圆点只不过是美苏两个超级大国在开展热核竞赛时喷射到太空的昆虫。在被核弹炸死以后，这些昆虫被蘑菇云送上 9 万英尺的高空，然后开始按照一定的轨道绕地球运转。

还有几秒钟柯林斯就可以达到 3 马赫的速度并脱离危险。很快他就能够稍微放松一下，甚至在享受这次航行的同时俯瞰地球上的景色，但就在这时，一侧引擎却突然失灵。刹那间，只听一声巨响，飞机开始剧烈翻转，好像机尾迫不及待地想要触到机头一样。柯林斯的身体猛地冲了出去，眼看就要把保护带挣断。他的塑料头盔狠狠砸向驾驶舱的玻璃，顿时出现了一个凹坑，柯林斯几乎被撞昏。在飞机迅速下坠的过程中，柯林斯控制住自己的情绪，重新发动了引擎。飞机的另一部引擎也突然熄火，但是随后立刻开始重新运转。

驾驶舱里的一切终于恢复了正常。隔着压力服，柯林斯感到自己的胸口仿佛在敲鼓。命运真的就像一个猎手，柯林斯想。它总是躲在你的身后，不停地追赶。至于它什么时候追上你，以及什么时候把你带走，任何人都不会提前知道。

柯林斯又一次与死神擦肩而过，为此他的心中充满了感激。但是，引擎无法启动的问题必须尽快解决，一刻也不能迟缓。当柯林斯的双脚再次踏上土地时，他立即在自己的情况汇报会上向比尔·帕克谈起了这个问题。帕克是洛克希德公司的首席试飞员，当其他飞行员向他讲起试飞过程中发生的事情时，他总是不厌其烦地耐心倾听。任何细节都不能掉以轻心。帕克与柯林斯的看法一致，引擎的问题十分关键，如若不能及时解决，很快就会有人因此丧命。作为凯利·约翰逊和试飞员之间的联络人，帕克直接找到洛克希德公司的热力学家本·里奇，希望他出面解决这个问题。像柯林斯一样，帕克也经历过由于气流中断而导致引擎突然熄火的问题，所以在向里奇提出最后通牒时，他丝毫也没有犹豫。

除了几座奖杯和几块匾额以外，里奇的办公室里几乎没有任何装饰。到处都堆满了文件，还有带着橡皮的铅笔，但是橡皮几乎全都已经被用尽。里奇的办公桌上还放着一个手摇计算器和一把金属滑尺。帕克取下自己的头盔，就像柯林斯一样，他的头盔上也有一处深深的凹痕。

“事不宜迟，”他指着这处凹痕说，“我说的不是头盔，而是引擎无法启动的问题。你不妨穿上飞行服亲自体验一下，本。”试飞员们认为，只有让里奇亲自体验一下这种噩梦般的经历，他才会理解引擎的问题有多么令人无法接受。事有凑巧，51 区刚好有一架两座的“牛车”侦察机。空军正在格鲁姆湖上空对 M-21 进行测试，M-21 是 A-12 的变种，也是无人机 D-21 的母机。因此，每天都会有飞行员驾驶着这种两座的飞机从 51 区进进出出。帕克告诉本·里奇，他需要乘坐马赫 3 飞机进行一次空中之旅。

本·里奇还记得，听到这话时自己“顿时大惊失色”，但还是答应了下来。里奇经常自嘲，说他只不过是一个犹太书呆子。他看起来弱不禁风，上高中时从来没有参加过学校的棒球比赛。在加入“臭鼬计划”之前，本·里奇只做过一件值得称道的事情：他发明的镍铬加热装置获得了专利，这种装置可以避免飞行员的阴茎被冻在排尿管上。里奇是一个设计天才，而不是什么太空牛仔，因此他从来没有也根本不想乘坐超音速飞机。但是，身为“臭鼬计划”的首席工程师，解决引擎的问题他责无旁贷。“我会去的。”本·里奇回答。

在登上世界上速度最快的飞机之前，本·里奇需要经过一系列体能测试。不是什么人都能够飞上9万英尺的高空，在此之前，必须穿上压力服在高空模拟舱内接受检测。就像对待其他飞行员一样，51区的航空军医会帮助本·里奇进行准备。里奇通过了体格检查和几项初级的抗压测试，但是在进入高空舱模拟海拔5万英尺的弹射过程时，事情却大大出乎这位工程师的意料。在舱门关闭的那一刻，本·里奇顿时慌了手脚。里奇后来回忆说：“我开始像马拉松运动员那样剧烈吸气，并且尖叫：‘快放我出去！’”实际上，这次模拟远远无法与马赫3的航行经历相比，更不用说体验这一速度下引擎突然失灵的可怕遭遇了。本·里奇在回忆录中承认，当时自己几乎被吓了个半死。

但是，帕克已经达到了自己的目的。里奇开始竭尽全力解决引擎失灵的问题。就像51区的科学家们遇到的许许多多其他困难一样，解决这个问题需要过人的才智。在这件事情上，里奇及其团队并没有真正去解决问题，而是采取迂回战术，设法让飞行员在遇到这种情况时不至于危及人身安全。里奇发明了一种电子控制装置，如果飞机的一侧引擎停转，另一侧引擎也会随之减弱，然后控制开关会同时重新启动两部引擎。在加装了这个设置以后，试飞员们得知，一旦出现引擎失灵的情况，驾驶舱内就会传出响亮的嗡嗡声。只要在以2 000英里的时速航行时不被撞昏，“牛车”侦察机的飞行员们就不会再继续关注这个问题。

除了在加速过程中麻烦不断，电子反制措施方面的问题同样层出不穷。从兰利空军基地返回来的分析报告显示，如果要在古巴境内实施“云雀行动”，“牛车”侦察机的速度至少要在2.8马赫以上，否则极有可能被苏联在古巴部署的雷达系统监测到，甚至有可能被击落。当“钯计划”的官员致力于研究雷达系统的干扰措施时，五角大楼特别行动办公室认为，解决这个问题的办法在于提高侦察机的隐形程度。“牛车”侦察机的雷达截面虽然已经很低，但是五角大楼要求这一数据必须几近于无。于是，洛克希德公司的物理学家爱德华·洛维克及他所率领的雷达截面团队被火速召回51区。

在距离雷达试验场不远的一座飞机库里，爱德华·洛维克开始在一架“牛车”侦察机的1/8模型上进行测试。这个项目后来被称为“肯普斯特-拉克鲁瓦计划”，洛维克的设计仿佛直接源自电影《星球大战》和《007》。“我们在飞机的两侧加装了两把巨大的电子枪。”洛维克回忆道。令人惊异的是，在飞往敌占领土时，这两把电子枪能够“向飞机前方喷射出宽25英尺充满带电粒子的离子云”。这种气态的离子云，洛维克认为，能够进一步吸收从地面雷达监测站发射出的雷达波。

科学家们证实，这种设想在“牛车”侦察机的微缩模型上产生了效果。接下来，他们要建造一个“肯普斯特-拉克鲁瓦”电子枪的实际模型。然而，在对这个实际模型进行测试的过程中，科学家们发现，电子枪释放的射线会对飞行员产生致命的危险。于是，另一队工程师又设计出了一种X射线防护装置，在驾驶装有“肯普斯特-拉克鲁瓦”的“牛车”侦察机时，飞行员要在压力服外再套上一层防护服。一名飞行员在进行过测试后认为，这种防护服过于笨重，为驾驶马赫3飞机带来了一定困难。当洛维克着手解决这一问题时，空军方面突然改变了主意。“牛车”侦察机的雷达截面已经足够低了，五角大楼表示。到此为止，“肯普斯特-拉克鲁瓦计划”中途夭折。

在这次行动中，具有讽刺意味的不仅在于空军方面的反复无常，而且在于人们对辐射问题的担忧。截至1964年，美国政府一共在距离51区咫尺之遥的地方引爆了286枚核弹[③]。一年前，美苏两国刚刚签署了《部分禁止核试验条约》，禁止在大气层、外层空间和水下进行核试验。虽然这项条约早在数年前就已经开始筹备，但是双方的谈判却屡次失败。

随着这项条约的签署，核试验也开始转入地下。美苏两个超级大国并不相信对方能够长期奉行自己所做的承诺，因此在条约签署后，每个月核试验的总数反而有增无减。两国均认为，为了防止对方违背条约，自己必须提前进行军备。从 1961 年 9 月至 1964 年 12 月，共有 162 枚核弹在内华达试验场的地下隧道和竖井中被引爆，其中近一半爆炸导致该地区“产生了意外的辐射”。

除了进行武器测试以外，核试验室迫不及待地设法在“和平用途中”使用核弹。有人设想，可以利用核弹拓宽巴拿马运河，或者为新建公路和住宅炸平土地。这项开疆辟土的工程被命名为“犁头计划”，语出《旧约全书·弥迦书》第 4 章第 3 节：

> 他们要将刀剑打成犁头，将枪矛打成镰刀；这国不举刀攻击那国，他们也不再学习战事。

然而，这些只不过是冠冕堂皇之词。无论美国是否签署禁核条约，国防部决不会放下自己手中的屠刀。他们已经下定决心，投身于这场旷日持久的冷战当中。

电子战工程师

中情局终于对 A-12 的雷达截面感到满意，并且决定在 51 区建立起自己的电子反制部门。1963 年，第一支研究团队由来自西凡尼亚公司的两名科学家组成。人们只知道这家公司因为制造电灯泡而闻名遐迩，但是并不知道它还曾经为中情局进行秘密研究。“我们最初设计的干扰系统被命名为‘红狗’，后来又改作‘蓝狗’。”51 区的首位电子反制措施官员肯·斯旺森解释道。“红狗”系统的目标是侦测攻击“牛车”飞机的苏联地空导弹，并利用电子脉冲对其进行干扰。虽然模拟实验和收集数据的过程令人兴奋，但是如果“红狗”系统出现问题需要修理，工程师们经常需要等上很长时间。

由于当时正值电子战初期，所以“红狗”系统的许多零件并不齐全，因此肯·斯旺森的周末大都是在51区度过的。斯旺森说，有时候他和西凡尼亚公司的同事们会觉得，基地上大概只有他们这些人。一个周末，他们几个从51区的车辆调配处借来一辆汽车，一起来到格鲁姆湖一带的最高峰秃岭参观。斯旺森回忆："我们发现，那里停着很多福特T型车，但是不知道这些车是用来做什么的。"

还有一次，他独自前往基地的矿区游览。"当时我只穿着网球鞋和百慕大式短裤（百慕大式短裤是一种长至膝上两三厘米的短裤，款式一般较为随意，最初为百慕大岛的男士配半筒袜穿，因此得名。——译者注），走着走着，突然发现前面有一群响尾蛇正在晒太阳。从此以后，只要外出，我都会穿上防蛇长靴。"到了冬天，每逢周末，51区几乎人迹罕至。在经过一天漫长的高科技电子反制措施研究工作后，为了苦中作乐，斯旺森经常沿着格鲁姆湖盆驾车兜风。有时候，他还会从汽车调配处借来一辆福特伊克诺莱恩货车，然后在结冰的停机坪上急转弯。"直到有一次，货车的两只轮子完全悬空，我才就此罢手。"斯旺森说道。

中情局想要借助"红狗"系统看看"牛车"侦察机在苏联雷达上是什么样子，于是西凡尼亚公司在格鲁姆湖南端的EG&G大路上建立起两套电子反制系统，一套用于模拟苏联的SA-2雷达系统，另一套用于模拟刚刚在越南北部战场上出现的"扇歌"远程制导雷达系统，以测试"牛车"侦察机在这些雷达上的显示图像。当然，最好的情况是什么图像都不要显示。此外，雷达测试系统还要在秃岭上架设一根雷达天线杆，这项工作同样重要，所以中情局特地将国内顶尖的救援直升机驾驶员查理·特拉普招募到51区。

"我正在南部加州执行任务时，"特拉普回忆，"空军部门突然打来电话，问我愿不愿意到距离内华达州某镇100英里开外的地方，和另外一名飞行员一起驾驶直升机。他们说这项工作十分重要，我需要在海拔9 000英尺的地方作业。"特拉普觉得这份工作听起来很有意思，而且对自己也是一个挑战，于是便一口答应了下来。"我们驾驶H-43直升机从内利斯空军基地出发，在距离 51 区还有一段路程时，有人说：‘先让我们看看你能不能在山顶降落。’刚刚来到 51 区时，我的工作就是在山地作业，而且这项工作十分重要。”

在接下来的几个月里，特拉普一共将数千磅水泥从 51 区的操作中心运往秃岭的峰顶。“我会飞到山顶,然后把设备放下,”特拉普解释道,“但是这里经常狂风大作，有时候还会刮起强烈的沙尘暴。”最后，特拉普将一根长达 100 英尺的雷达测试杆吊上山来，接着由一队工作人员负责安放到位。这次任务圆满结束。“我们干得很漂亮，所以中情局为我们两个颁发了空军奖章。”特拉普说。在驾驶直升机返回 51 区的途中，特拉普经常需要飞过不同的山区。

“有一次，我经过了一处荒凉的墓地。由于驾驶的是直升机，我可以停下来细看。那些坟墓都是用岩石堆砌的，其中两个看起来很小，里面埋的很可能是孩子。”在“牛车计划”开展期间，对于 51 区的工作人员来说，秃岭一带具有莫大的吸引力。因为从理论上来讲，这里是基地以外他们可以涉足的唯一一个地方。

每当有 A-12“牛车”从停机坪上起飞，特拉普就要在跑道一侧距离地面两百英尺的低空紧紧跟随,“以防有飞机突然坠毁”。特拉普说道：“我驾驶的直升机里不仅装有灭火器材，而且还有两名类似海豹突击队员那样的救援伞兵。这样一来，我们的工作量就大大增加了，于是我向自己的上级霍尔贝利上校提出在地面待命，我可以在不到两分钟内升空，后来他们才改变了这种做法。”

从此以后,每当有“牛车”侦察机起飞时,特拉普只需要在地面待命,“所以我才有权使用 51 区唯一一辆高尔夫球车”。到了晚上，这辆球车就成了他们的代步工具。“我们经常在‘六号房’酒吧打扑克，”特拉普解释说，“谁输了，谁就要跑到餐厅给大家买奶酪汉堡。有了这辆高尔夫球车，五分钟就可以跑一个来回。”

尽管 51 区的科技水平无与伦比，但是这里的娱乐活动却毫无新意。

“玩得最多的就是掰手腕，”特拉普说，“也有人打壁球和三洞高尔夫。”因为夜里经常加餐吃奶酪汉堡，特拉普的体重很快就增加了十磅。特拉普的上级下令，如果他还想保住这份工作，就必须尽快开始减肥。为了帮助特拉普，霍尔贝利上校每周都会叫他一起去打壁球。有一次，不知道是谁把一个帆板带到了51区，于是飞行员们利用自己的职权，让机械修理人员在帆板底下加装了几个轮子。“在风刮得最大的时候，我们把这个东西推到了格鲁姆湖畔，”特拉普回忆道，“虽然帆板的速度并不快，但是我们不在乎。”

在所有的消遣活动中，大家最喜欢的就是进行遥控飞机模型比赛。特拉普回忆说：“我们经常在两个地方比赛，一个是高尔夫球场的草地上，另一个就是格鲁姆湖盆的停机坪上。有些飞机模型因为飞得太高太远，后来全都找不到了。于是就会有人找到我说：‘嗨，查理。下次再开直升机的时候，你能不能帮忙找找我的飞机模型？它的机翼是黄色的，大约有5英尺长。’在51区，我们只能自己给自己找点乐子，除此之外没有别的办法，因为这里看不到一个姑娘。”

在这群人里，玩飞机模型最上瘾的无疑是弗兰克·默里，他是“牛车”项目中航行时间最长的追踪机驾驶员。“我们经常看到，弗兰克一个人坐在屋子里制作飞机模型，”斯莱特上校回忆，“在他看来，这就是最有趣的事情。不过，这也许是因为他是51区唯一一个不会在夜里十一点喝得醉醺醺的人。”正因为如此，弗兰克才成为了这里航行时间最长的飞行员。

“如果谁家的孩子突然受伤，或某人需要立刻离开基地，而这种事情时有发生，我一定首先去找弗兰克。”斯莱特上校说道。一次，负责燃料的军士长哈里·马丁的父亲猝然离世，弗兰克·默里立刻驾驶飞机带他赶回东部，刚好来得及参加葬礼。“弗兰克非常热爱自己的工作，”斯莱特上校说，“大部分驾驶员在飞行间隙都需要休息一下，但是弗兰克不是这样。”

弗兰克·默里之所以热衷于参加遥控飞机模型比赛，是为了让自己的头脑在进行实际航行时保持清醒。“每个人喜欢做的事情都不一样，”斯莱特上校说，“中情局的巴德·惠隆在基地时，经常深更半夜出去打网球。也有人喜欢到希恩矿附近的山区打猎。霍尔贝利常常带着警犬跑来跑去。还有人喜欢朝响尾蛇扔石块。我最喜欢开着吉普车四处兜风，寻找那些已经石化的树木。”

作为一名“牛车”追踪机飞行员，弗兰克·默里经常不分昼夜地驾驶着 F-101 对马赫 3 飞机进行追踪。F-101“魔术师”是空军的一种两座超音速喷气式战机，在“牛车”侦察机起飞和着陆时，F-101 会在两侧伴随。

“我们和‘牛车’一起飞往特别行动区，也就是 51 区正北方向育尔台德地区的上空，”弗兰克·默里解释，“中情局要求我们驾驶‘魔术师’跟在‘牛车’两旁，直到我们追不上为止。”但是，驾驶追踪机就意味着弗兰克·默里的工作不仅任务繁重，而且几乎毫无成就感可言。“我当然有些嫉妒‘牛车’的飞行员，”弗兰克·默里坦承，“作为一名飞行员，你怎么可能不嫉妒他们？但是驾驶‘魔术师’战机，我同样感到自得其乐。对于一个在圣迭戈农村长大的乡下孩子来说，能够为第 1129 特别行动队驾驶战斗机无疑是一件值得骄傲的事情。”

在“牛车计划”开展期间，弗兰克·默里的 F-101 几乎包揽了所有力所能及的事情，其中包括对“红狗”模拟系统进行测试、检查油箱燃料、监督“牛车”侦察机的起飞和着陆、载着洛克希德公司的摄影师为中情局拍摄照片等。但是，当五角大楼特别行动处的负责人莱德福将军前来 51 区视察时，他突然决定要学会驾驶 F-101 战斗机，而弗兰克·默里的人生也随之发生了一次重大的转折。弗兰克·默里回忆道：“在第二次世界大战期间，莱德福将军是一名轰炸机飞行员，但是他从来没有驾驶过像‘魔术师’这样时速高达 1 200 ～ 1 300 英里的飞机。于是他提出想要趁机学一学。在挑选飞行教官时，莱德福将军选中了我。”

现在，弗兰克·默里的工作是负责教会这位颇具传奇色彩的战争英雄驾驶超音速飞机，而这个人恰好是“牛车计划”中级别最高的陆军将领。

这不能不说是一项十分艰巨的任务，但是弗兰克·默里从来都不知道什么是害怕。对他来说，这项任务更像是一件好玩的事情。“在大牧场上，我们一共有八架用于追踪的101战斗机，其中一架有两个座舱和两个操纵杆。‘来吧，弗兰克。’将军一边说着，一边登上后面的座舱，然后我们便直冲云霄。”

随着莱德福将军在大牧场上待的时间越来越长，再加上大部分重要的工作已经完成，51区越来越像是一个男人俱乐部。在经过白天的紧张飞行后，夜晚就成了他们用餐、社交和饮酒的时间。“有几次，晚饭吃得差不多时，莱德福就会不经意地拿起帽子。他想要回华盛顿看望自己的妻子波莉，”弗兰克·默里说，“每当他拍拍我的后背，我就知道该送他回家了。”华盛顿特区距离这里虽然有2 500英里之遥，但是有了超音速飞机，当天夜里就能到达。

“莱德福既是我的学员，也是一位陆军准将，因此在回家的路上，他总是坐在前面的驾驶舱，而我坐在后面。随后，我们经常在51区和华盛顿之间往返，他不仅是我的上司，而且成了我的朋友。”当然，莱德福还有其他一些朋友，其中包括空军的几名高级军官，正是因为他们，从内华达州飞往美国东岸的夜间航程变得轻松了许多。

“当时，莱德福的一位挚友仍在阿肯色州东北部布莱斯维尔空军基地的战略空军司令部任职，这个地方恰好位于51区和华盛顿的中间。有一次，当我们接近阿肯色州时，莱德福通过无线电联络上了这名军官，然后问道：‘这一带有没有空中加油机？’如果回答是肯定的，那么用不了多久，就会有一架加油机出现在我们的旁边。”弗兰克·默里说道。这就意味着，在夜间从51区飞往美国东岸时，他们甚至不需要停下来为飞机加油。

两个多小时后，莱德福和弗兰克·默里在安德鲁斯空军基地降落。他们会首先来到将军的驻地，在漫长的航程过后享受一杯苏格兰威士忌。这里几乎相当于一座豪华套房，“莱德福在基地的营房设施齐全，酒吧里简直琳琅满目，他的妻子波莉早已在那里等待，稍事寒暄后，波莉会把他接走。我就在将军的营房里度过一晚，等到第二天一早再返回51区”。

对弗兰克·默里来说，这是一段令人激动的经历。他从来没有想过自己会走到今天这一步。几年前，当他在隶属防空司令部的奥蒂斯空军基地驾驶“魔术师”战机时，公告板上钉着的一则启事无意间引起了他的注意，上面写着：国家航空航天局招聘F-101追踪机飞行员。弗兰克·默里心想：能够为国家航空航天局工作一定很有意思。当时他并不知道，这只是为了掩人耳目，实际上是空军而不是国家航空航天局正在为51区的“牛车计划”招募追踪机飞行员。

弗兰克·默里提交申请后很快就获得了批准。随后，他举家迁往内华达州，并且庄严宣誓，对于自己从事的工作，要对包括自己妻子斯特拉在内的所有人保守秘密。但是弗兰克·默里知道，他的家人一定会为他感到自豪。他已经从圣迭戈的一个乡下孩子成长为处于事业顶峰的男人。

当“牛车计划”紧锣密鼓地展开筹备工作之际，在越南战场上，北方的共产党势力进一步加剧了局势的激化，从而成为一个令约翰逊总统寝食难安的梦魇。1957年，约翰逊曾经宣布，共产主义是全世界最大的威胁，并且因此获得了广泛的支持。对约翰逊来说，与已经掌握了热核导弹技术的苏联相比，越南只不过是一颗无足轻重的棋子。然而，越南一旦落入共产党的手中，就会引发巨大的多米诺骨牌效应，从而导致整个地区失守。从肯尼迪总统到约翰逊总统，越南问题逐渐从一场政治危机升级为一场局部战争。

1964年8月，也就是约翰逊就职后的第二年夏天，发生了东京湾事件（北部湾旧称东京湾，位于中国南海西北部。东京湾事件又称北部湾事件，是美国于1964年8月在北部湾制造的战争挑衅事件，也是美国在侵越战争中推行逐步升级战略，把战火扩大到越南北方的重要标志。——译者注）。五角大楼宣称，美国军舰“马多克斯号”遭到越南北部军队无端挑衅，国家安全局已经掌握了这次事件的证据。随后，美国国会通过《东京湾决议案》，授权总统宣战。（2005 年，国家安全局发布了一篇内容详尽的报告，承认“为了使人们相信美国军舰遭到了袭击，有关情报被刻意歪曲”。——作者注）为了对这次袭击进行报复，约翰逊总统下令对越南民主共和国发动空袭，并派遣海军飞行员执行轰炸行动。在这次行动中，很多美国战机被越南北方军队击落，不少飞行员遭到了羁押。

随着越南战事逐渐升级，国防部长罗伯特·麦克纳马拉对“牛车计划”的态度发生了翻天覆地的变化。中情局的侦察机终于能够大显身手了，麦克纳马拉说，它们应当被派往越南北方搜集情报。中情局得知，苏联人曾经暗中向越南民主共和国运送地空导弹系统，正是这些导弹击落了美国的战斗机。空军方面和中情局分别派出 U-2 飞机执行侦察任务，并且证实河内已经建立起数座导弹发射场，但是五角大楼需要更加确凿的信息。1964 年 6 月，麦克纳马拉终于和中情局局长约翰·麦科恩坐在一起，开始对“牛车”侦察机的首次任务进行缜密筹划。

复杂迷宫：51 区的组织结构

20 世纪 60 年代，格鲁姆湖附近的工作人员每个月都会有一次甚至几次在黎明前夕被惊天动地的爆炸声从床上惊醒。第一次听到这种轰隆隆的声音时，肯尼斯·柯林斯猛地从床上跳了起来，还以为这里发生了大地震。后来他才知道，就在距离“牛车”飞行员营地数英里的地下，一枚核弹刚刚被引爆。接着，强烈的冲击波摇撼着柯林斯的活动房屋，然后以超乎凡尘的惊人力量继续朝移民谷方向奔去。四周只能听到郊狼的一片哀嚎。

当柯林斯在 51 区为“牛车计划”进行试飞时，国防部正大刀阔斧地开展地下核试验④。一段时间以后，柯林斯开始对此习以为常，每当拂晓前被爆炸声惊醒以后，他会翻个身继续睡觉。但是有一天清晨，他听到的动静明显有异于往常。这一次发出的不是低沉的隆隆声，而是响亮的砰砰声。柯林斯睁开眼睛，原来是有人在猛敲活动房屋的房门。门外传来一阵大喊，听起来像是斯莱特上校。

柯林斯一跃而起，打开了屋门。斯莱特上校脸上的神色大变，他二话不说，命令柯林斯立刻穿上飞行服。这件事情真是蹊跷，柯林斯心想。天色还没有亮，斯莱特上校就站在门口，他的身后还是一片漆黑。柯林斯不由得开始往最坏处想。难道是美国与苏联开战了吗？否则还会有什么情况可能让“牛车”侦察机在仓促之间执行任务？柯林斯一边匆匆忙忙地穿上衣服，一边听到斯莱特上校在隔壁房间门口大叫航空军医的名字。

柯林斯跟随斯莱特一路小跑来到“牛车”侦察机的飞机库前。斯莱特上校简明扼要地向他们介绍了目前的情况：五角大楼在急电中称，苏联一个侦察热气球在飞入美国领空后，被强风吹往偏西方向。柯林斯必须尽快找到热气球的下落。若在平时，航空军医需要两个小时才能帮柯林斯穿上飞行服，但是那天清晨只用了30多分钟，柯林斯就已经坐在“牛车”侦察机的驾驶舱里了。柯林斯腾空而起，离开了51区，首先向北，然后向东飞去。他的任务就是根据五角大楼发出的指令，通过肉眼以及雷达“搜寻并且找到”苏联的气象热气球。

天色开始逐渐放亮，这次行动无异于大海捞针。苏联的侦察热气球是什么模样？柯林斯是否有可能用肉眼看到它？“牛车”侦察机的时速已经达到了2 200英里，即每秒钟超过0.5英里。即使柯林斯真的能够看到热气球，一眨眼的工夫他就会飞过很远的距离。更为糟糕的是，如果他突然飞近了这个热气球怎么办？一旦有东西撞上“牛车”的机身，这架速度为3马赫的飞机就会立刻分崩离析，柯林斯也会在瞬间化作一团焦炭。

在来到美国大陆中部的某个地方时，柯林斯突然发现，雷达上显示，在距离自己350英里开外的地方有一个物体。上级命令他尽可能地贴近这个物体环绕飞行。但是，柯林斯的航行速度为音速的3倍，这就意味着他进行环绕飞行的半径约400英里，因此柯林斯并没有通过肉眼看到这个热气球。

柯林斯返回基地后，工程师们立刻开始读取雷达上记录数据的信息。直到如今，这次事件始终没有解密。无论柯林斯追踪到的是飞行器还是热气球，美国政府都不可能承认苏联成功闯入了美国的领空。柯林斯什么问题都没有问。对于飞行员来说，知道得越少越好。柯林斯听说，很多从朝鲜战俘营返回国内的飞行员都没有了指甲盖，还有很多根本就没有生还。10年后，在越南北方被击落的飞行员遭到了同样的甚至更加残酷的折磨。作为一名飞行员，知道得越少越好，柯林斯对此深信不疑。

中情局副局长理查德·赫尔姆斯对“牛车”侦察机异常痴迷。在这个项目上，他与巴德·惠隆同心协力，并且因此获得了中情局科技处第一负责人的职位。自从理查德·比斯尔离开以后，51区再也没有人能像惠隆和赫尔姆斯这样全身心地投入到侦察机项目中。惠隆在中情局的工作只是暂时而已，他签署了一份为期四年的合同，一旦合约期满，他就会离开这里。然而，赫尔姆斯却是中情局的职业间谍人员。在开展U-2项目时，他从一开始就与比斯尔过从甚密。

赫尔姆斯认为，最重要的情报毫无疑问应当来自高空侦察的照片。U-2侦察机在首次执行任务时就得到了关于苏联武器参数的重大情报，而在此前的十年中，地面间谍人员却一无所获。针对麦克纳马拉关于是否可能派遣“牛车”对越南北方进行侦察的询问，赫尔姆斯亲自来到51区，以了解这一项目的最新进展。赫尔姆斯深知，空军方面一直企图排挤“牛车计划”，以便为自己的侦察机SR-71“黑鸟”博得一席之地。正因为如此，如果“牛车”侦察机能够在这次行动中大显身手，那么中情局保留超音速间谍飞机项目的胜算就会成倍增加。

凡是到过51区的人们，无不为这处沙漠城堡感到心醉神迷，赫尔姆斯也不例外。这座秘密基地代表着无上的权力和荣誉，对任何人来说都具有强烈的吸引力。这里就像是一个典型的男人俱乐部，不仅令人目眩神迷，而且其间人才济济。更为重要的是，每一名来客都会感到，这里与熙来攘往的华盛顿特区有着天壤之别。从 51 区进进出出的不是汽车，而是飞机。这里没有收音机，电视机也寥寥无几。

由于初来乍到，赫尔姆斯凡事都小心翼翼，尽量避免与空军部门的任何一位要人产生冲突。从整个基地的运营来看，这里已经是空军的地盘。中情局只负责开展行动，因此如果没有行动可以开展，就只能证明中情局越来越孱弱无力。空军方面已经控制了 51 区的大部分日常运作，其中包括熟练飞行和空中加油，并且还会对此进行定期演练，以确保第 1129 特别行动队的每一个人都处于最佳状态。

在来访过程中，赫尔姆斯始终保持低调。他把自己的大部分时间都花在了基地上，不是在机场与飞行员谈话，就是在飞机库与工程师聊天，而很少与那些妄自尊大的空军高官在“六号房”酒吧痛饮白马苏格兰威士忌。每逢进行试飞，当“牛车”侦察机从地面起飞时，赫尔姆斯总是摩拳擦掌地站在跑道一旁观看，并且说自己好像站在 8.0 级地震的震中，还把两部引擎喷出的巨大橙色火球比作“地狱之锤”。赫尔姆斯来自费城，曾经是一名中产阶级的知识分子，所以格外喜欢使用华丽的辞藻。有一次，在一个到处都是军人的房间里，他说越南战争就像一个“梦淫魔”，也就是趁妇女熟睡之际爬到床上与其交媾的男性恶魔。赫尔姆斯似乎总是有意夸夸其谈，好让自己与那些说话直截了当的军人区别开来。

赫尔姆斯虽然是策划和执行对越南秘密行动的关键人物之一，但是在他看来，美国不可能打赢这场战争。在这一点上，他与五角大楼的那些高级军官意见相左。赫尔姆斯认为，美国必须在冷战中获胜，这场战争要远比越南战争重要，而后者只会转移分散人们的注意力。他四处呼吁利用人造卫星和侦察机从事高空间谍活动，美国只有从技术上才能打败苏联。正因为如此，赫尔姆斯才对“牛车”项目推崇备至。五角大楼和国防部谆谆告诫总统，不要轻易对苏联进行高空侦察，但是就像中情局局长麦科恩一样，赫尔姆斯的意见与他们恰恰相反。

"从事间谍活动唯一的过错就是被人捉住。"赫尔姆斯曾经说过，在他看来，"客观的情报"才是最好的情报，而照片既没有偏见，也不会说谎。赫尔姆斯之所以崇尚客观，与自己在美国合众国际新闻社的记者经历不无关系。1936年，年仅24岁的赫尔姆斯得到了一次重大的独家专访机会，在对柏林奥运会进行报道期间，他曾经受邀采访阿道夫·希特勒。6年以后，赫尔姆斯被招募到中情局的前身战略服务处，负责监视希特勒的部下。

1965年12月，赫尔姆斯来到51区后，"牛车计划"终于蓄势待发。人们开始着手准备庆祝活动。一名飞行员自告奋勇驾驶C-130"大力神"运输机前往马萨诸塞州的西湾空军基地（也作韦斯托弗空军基地——译者注），和韦纳·维斯一起将装满龙虾、牡蛎和螃蟹腿的冰箱运回51区。这项秘密行动预算庞大，同样庞大的还有人们的胃口。宴会结束后，厨师长把虾蟹的外壳全都埋进了基地边缘的堆肥里，空军方面的工作人员开玩笑说，将来考古学家挖掘到这里时，一定会认为直到20世纪60年代，格鲁姆湖还是一片汪洋大海。

51区极尽秘密之能事，餐厅成了人们互相交换信息的唯一地点。技术人员说有几位三星和四星将军曾经来这里造访。1955年，厄尼·威廉姆斯和其他人一起开凿了51区的第一眼水井，现在负责调配食物。威廉姆斯说道，有一次，他曾经很荣幸地受邀和韦纳·维斯一起到餐厅，与几位胸前挂满勋章的将军享用牛排。用餐结束后，这些人各奔东西。特别行动队和工程技术人员会回到营房里一边打扑克，一边喝瓶装啤酒。科学家们则回到自己的飞机库中，不分昼夜地继续研究那些亟待解决的问题。空军部门的人员会前往"六号房"酒吧掷骰子、喝酒，或者分享自己在战争中的经历。

基地上的人们都知道，赫尔姆斯经常留下来喝酒。他虽然十分健谈，但是对自己的事情却只字不提。每当人们谈起有关二战的话题时，他就会缄口不言。1945年，第二次世界大战结束后，作为战略服务处一名年轻的情报官员，赫尔姆斯在柏林工作。他是“回形针行动”中的关键人物之一，负责搜寻曾为希特勒效命的那些科学家，并且将他们网罗到美国从事秘密项目研究，其中包括生物武器、火箭和隐形技术。数年后，对于自己招募前纳粹分子的行为，赫尔姆斯辩解道，这些科学家如果不能为我们工作,就会反过来替“他们”卖命。其中的内情其他人并不知道，但是赫尔姆斯却一清二楚。作为中情局副局长，他更需要对这些秘密严加保守。

1975 年，为了避免这些秘密被世人知晓，赫尔姆斯销毁了中情局的大量文件，并因此在国际上臭名昭著。当有人指控中情局在一项名为“马库特拉”（马库特拉即 MK-ULTRA，据美国作家泰德·斯奇瓦兹在《绝密武器》一书中披露，MK-ULTRA 是美国中情局一个跨时 20 多年的绝密计划，它是由早期的“知更鸟计划”发展而成的。该计划最初旨在为中情局训练间谍，防止他们被捕后遭到苏联克格勃“洗脑”，到后来，中情局专家希望能通过迷幻药、催眠术甚至微波影响等方法，彻底控制一个人的大脑，使其沦为中情局随心所欲的间谍工具。——译者注）的人类研究计划中，使用诸如迷幻药之类的药物进行精神控制时，赫尔姆斯作为中情局局长出庭作证。在国会举行的听证会上，赫尔姆斯声称，早在两年前也就是 1973 年，自己就下令销毁了关于 MK-ULTRA 的所有文件⑤。

51 区的组织结构如同迷宫般复杂，每个人只了解自己分内的事情。因此，对于侦察机项目的整体进展情况，只有基地的指挥官才清楚。指挥官的人选来自空军部门，但是薪水却要由中情局支付。

1965 年，斯莱特上校出任 51 区指挥官。他不仅机敏干练，而且善于倾听各方的意见，人们经常把他与前任指挥官霍尔贝利上校相提并论，所以他成了这个职位的不二人选。斯莱特为人风趣幽默，但不是冷嘲热讽，而是诙谐调侃，让飞行员们在执行任务时感到轻松不少，因此深受他们拥戴。成为基地指挥官后，斯莱特上校所做的第一件事情就是在“六号房”酒吧的门口挂起一块牌子，上面写着他对格鲁姆湖飞行员的“约法三章”：

第一，尽量待在空中；

第二，不要飞到界外；

第三，所谓界外，就是指陆地、建筑物、海面、树木和星际空间。要想在那些地方航行真的很困难。

就像51区的其他飞行员一样，只要有机会，斯莱特就会登上飞机。作为基地的指挥官，他每天的工作都是从机场上开始的。每天清晨五点半，斯莱特就会端着一杯咖啡，让一名飞行员把自己带到跑道的尽头，然后跳上一架F-101战机，沿着人称“盒子”的空中禁区绕行一圈，据说是为了查看当天的天气。由于51区的空中禁区范围广阔，所以斯莱特在驾驶飞机时几乎可以随心所欲，这在其他任何一个空军基地都是做不到的。罗杰·安德森上校也被招募到51区的指挥中心工作，他还记得第一次与斯莱特上校登上T-33“飞狐”战术教练机时的情形。“那时我还在熟悉操作过程，其他飞行员纷纷开始在我面前炫技，因为从前在空军部门时我开的是加油机，而不是喷气式飞机，”安德森说道，“斯莱特在空中对我说：‘你得学会放松，安德森。我们来跟他们搅和一下吧。’话音刚落，斯莱特就开始在队列中转圈、翻身、打旋……这恐怕只有在51区才能做得到。”

斯莱特的事迹在这里被人们广为传颂。他曾经在二战期间深入纳粹德国，后来成了“黑猫”飞行中队的队长。1946年，斯莱特驾驶的飞机一部引擎突然熄火，但是他仍然在飓风中滑翔出100多英里。作为一名刚刚从战场归来的年轻英雄，斯莱特被陆军航空队选中，驾驶新型P-80“流星”战斗机从玛奇空军基地出发，飞往牙买加执行训练任务。当时，喷气引擎刚刚兴起，而P-80战斗机是陆军航空队的第一种喷气式战斗机。

据斯莱特回忆："在距离佛罗里达州基韦斯特大约100英里的海面上，一部引擎突然失灵。当时我位于古巴的正北方，一场飓风恰好从这里经过。由于涡轮机发生故障，再加上引擎熄火，我只好立即调头，利用滑翔返回基韦斯特。"一般情况下，喷气式飞机一旦失去动力，其结果大多是机毁人亡。因为没有引擎的推动，喷气式飞机一般很难滑翔，除非驾驶员经验丰富、技术娴熟。斯莱特凭借喷射气流在大西洋上空滑出100多英里，最后在佛罗里达州的马拉松礁岛发现了一条废弃的跑道，并且成功地在那里着陆。后来，《纽约时报》对他的这次壮举进行了长篇报道。

赫尔姆斯十分欣赏斯莱特，在从51区返回华盛顿前，赫尔姆斯特意找到斯莱特，对"牛车计划"取得的成就表示祝贺。很快，斯莱特就要作为整个项目的代表前往华盛顿特区。在接下来的几个月里，他和莱德福将军加入了一个名为"303委员会"的绝密行动审核机构，其前身即特别行动处，负责为"牛车"指派任务。在中情局任职期间，比斯尔曾经掌管过该处。

斯莱特已经记不清自己驾驶F-101战机前往华盛顿的次数了。但是，无论中情局如何慷慨陈词，为"牛车"侦察机开展行动据理力争，五角大楼始终百般阻挠。斯莱特的观点同样没有在这些人身上起太大作用。在他们看来，斯莱特负责的这个秘密项目价值数十亿美元，无异于一只会下金蛋的鹅，因此他们才会不顾一切想要从中情局的手中抢过来。每当中情局提出行动建议时，303委员会就会断然驳回。

中情局和空军之间明争暗斗，让这种尖端侦察机陷入了进退维谷的境地。一开始，斯莱特上校觉得这种局面简直不可思议。他曾经在不同军种和不同情报部门中不懈努力，在最需要的地方贡献自己的才智。年仅22岁时，斯莱特就已经驾驶P-47"雷电"战斗机先后84次赴法国和德国执行任务。在阿登战役中，当陆军急需空中支援时，斯莱特与地面部队一起浴血奋战，从巴斯托尼突出重围。后来，作为"黑猫"飞行中队队长，斯莱特多次为中情局和美国空军执行危险的侦察任务。两者目标毫无二致，都是为了搜集情报，所以对于两大部门之间的相互争斗，斯莱特上校始终大惑不解。

1966 年冬，斯莱特在 51 区和华盛顿之间往返奔波，站在风口浪尖亲眼观看了中情局与空军为了争权夺利而进行的激烈角逐。关于在越南使用“牛车”侦察机的问题上，国防部长罗伯特·麦克纳马拉再次出尔反尔，决定要等到空军的 SR-71 项目出笼。

巴德·惠隆认为，“麦克纳马拉有意拖延，其目的在于不让‘牛车’侦察机执行任务。为了攫取个人权力，他甚至不惜一切代价。麦克纳马拉之所以对‘牛车’执行任务横加阻拦，是因为他无法将‘牛车’纳入自己麾下”。几个月后，空军的 SR-71“黑鸟”眼看就要大功告成，而该项目的负责人隶属麦克纳马拉。如果等到空军的 SR-71 侦察机万事俱备，中情局的“牛车”就会立刻失去一切机会。

1966 年 6 月，理查德·赫尔姆斯出任中情局局长。作为华盛顿少数大权在握的重要人士之一，赫尔姆斯极力为“牛车”项目四处游说。7 月，参谋长联席会议终于同意派遣“牛车”侦察机前往越南搜集有关导弹发射场的情报。但是，麦克纳马拉和国务卿迪恩·鲁斯克极力阻挠，反对“牛车”赴越侦察。两人认为，把中情局的飞机置于美国在日本冲绳岛的空军基地，会带来巨大的政治风险。麦克纳马拉使用的借口与麦科恩担任中情局局长时如出一辙，如果中情局的侦察机在执行任务时被敌方击落，就像艾森豪威尔在鲍维斯事件后遭遇的局面那样，约翰逊总统就会陷入极大的窘境。

当年 8 月，约翰逊下令就是否派遣“牛车”侦察机执行任务进行表决，由于大多数人投票反对，总统也表示支持这一决定。但是，“牛车”项目的坚冰已开始日渐消融。斯莱特上校只能在自己力所能及的范围内竭尽所能，尽管中情局的提议屡次碰壁，但是训练却丝毫不能放松。回到 51 区后，他决定让飞行员为执行任务做好准备。没有必要让他们知道“牛车”项目已经岌岌可危。谁能想象得到，“牛车”侦察机会在大显身手之前就被束之高阁？斯莱特为51区的飞行员制定了新的目标，他希望这支队伍能把从接到命令到部署海外的反应时间从原来的21天再缩短近30%，即15天。

“牛车”项目起死回生

现在的51区就像一个雄心勃勃的童子军训练营，这里拥有世界上速度最快、价格最昂贵的尖端飞机。六架“牛车”将进行一系列全新的飞行模拟演练。在指挥官斯莱特的监督下，51区士气高涨，即使五角大楼再怎么反对也无济于事。随后，这里还建起了保龄球道。为了保持体力，飞行员们每天都要在51区巨大的游泳池内做水上运动。除此以外，他们还在格鲁姆湖附近的山间进行航模比赛、打高尔夫球，好让自己的头脑保持清醒。即使是基地的国防承包商也不得不跟上这里的脚步，斯莱特规定，凡是表现懈怠者必须开挖一座人工湖。50年后，51区的这座人工湖仍然被叫作“斯莱特湖”。

随着“牛车”侦察机已经达到了航行速度和高度的上限，接下来就需要飞行员们超常发挥自己的水平。1966年12月，一名飞行员创造的纪录甚至一直保持到了21世纪。比尔·帕克以每小时1 660英里的平均速度连续航行了6个多小时，飞过了10 195英里的距离。也就是说，帕克环绕美国大陆一周后返回基地的时间甚至比一般人每天工作的时间还要短。51区的飞行员开始跃跃欲试，似乎他们随时都有可能出征。然而，1967年1月，这里突然发生了一场意想不到的悲剧。

沃尔特·雷是一名出色的“牛车”飞行员。他和新婚宴尔的妻子黛安与肯尼斯·柯林斯一家的关系十分要好。对于自己丈夫的工作，除了驾驶飞机以外，无论是黛安还是柯林斯的妻子简都一无所知，因此用不着相互遮掩。沃尔特·雷和柯林斯两家都住在圣费尔南多谷，由于相距很近，所以经常一起外出度假。

“有一次，我们开着一架小型直升机，前往墨西哥的卡波圣卢卡斯。我们在那里住了几天，偶尔还会打网球、游泳或者四处兜风，”柯林斯回忆道，“在（20世纪）60年代，墨西哥的飞机跑道还十分罕见，所以我们只能选在空旷的野外降落。每当山羊看到或者听到我们的声音，就会远远散开，然后飞机才可以着陆。沃尔特·雷和我一样喜欢开飞机，所以我们会轮流驾驶。”

沃尔特·雷虽然寡言少语，为人谦虚，但是非常喜欢打猎。罗杰·安德森回忆道：“有一次新年刚过，沃尔特带着我一起去蒙大拿州旅行。我们白天打猎，晚上就住在当地的汽车旅馆里，天亮以后才开飞机回家。”第二天，即1967年1月5日，沃尔特·雷驾驶着“牛车”侦察机进行短距离试飞。当时牧场上下起了大雪。下午3时22分，沃尔特·雷刚刚来到新墨西哥州法明顿的上空，他向下扫了一眼燃油计量表，突然发现上面的黑色指针骤然跌向左侧，情况顿时变得异常危险。

“燃油大量泄漏，但我不知道问题出在哪里。”沃尔特·雷打破了无线电静默，通过紧急情况备用频率联络上了斯莱特上校。这段录音直至2007年才得以解密。“我想应该能够飞得回去。”沃尔特·雷说。这时他距离51区的机场还有130英里，为了节约燃料，沃尔特只能以亚音速继续飞行。20分钟后，当来到犹他州汉克斯维尔上空时，他突然宣布进入紧急状态。在距离地面3万英尺的高空，沃尔特·雷的一侧引擎突然熄火。随后，这架价值6 700万美元的侦察机显示燃油告罄。

“现在启动弹射程序。”这是斯莱特上校听到沃尔特·雷说的最后一句话。

沃尔特·雷的弹射座椅依靠飞机上的一枚小型火箭推进，但是由于降落伞的绳索缠住了座椅的头靠，所以他无法从中挣脱并打开自己的降落伞。于是，沃尔特从3万英尺的高空迅速跌落，撞向内华达州内利斯附近的山顶。就在沃尔特·雷发出求救信号的数秒钟内，斯莱特上校从51区派遣三架飞机寻找他和失事飞机的下落。谁也不知道这名年届而立的飞行员已经遇难。除了格鲁姆湖的搜救队以外，空军方面又从内利斯空军基地派出四架飞机和两架直升机，以尽快封锁坠机地点，防止无关人员进入。

23个小时过去了，搜救队仍然没有找到飞行员和失事飞机的下落。一架U-2被派往沃尔特·雷可能坠落的地区进行高空侦察，而罗杰·安德森负责驾驶T-33“天狐”进行低空搜索。由于这一地区山势险峻，飞行员很难辨认地面的物体。安德森解释道：“那里到处都是仙人掌和其他植被，为了节约燃油，我们必须尽可能低飞。”最后，还是直升机驾驶员查理·特拉普首先找到了沃尔特·雷的飞机。“我看到有大块物体从山脊顶端滚落，”特拉普回忆说，“于是我找到一个地方着陆，让伞兵跳下了飞机。他们立刻奔向‘牛车’的残骸，很快有人跑回来告诉我：‘沃尔特不在那里，也没有看到他的弹射座椅。’”这架“牛车”侦察机在一座灌木丛生的偏远山坡上坠毁。特拉普和机组人员迅速返回51区，在导航员的帮助下，他们在指挥中心的地图上标出了沃尔特·雷启动弹射座椅后可能着陆的地点，随后再次出动继续进行搜索。

查理·特拉普在距离飞机残骸约3英里远的山顶发现了沃尔特·雷的尸体。“在一棵巨大的雪松下，我一眼瞥见了他头盔上的反光，”特拉普回忆道，“沃尔特仍然被困在弹射座椅中。”有关人员立刻在四周拉起警戒线，并且派出荷枪实弹的卫兵封锁了通向坠机地点的几条土路。当卡车进进出出，工作人员将飞机残骸装运回格鲁姆湖时，不时有大群野马在远处默默伫望。整个过程用掉了9天时间。负责对这起事故进行调查的官员称，导致这架马赫3飞机坠毁的原因是燃油计量表读数有误。一开始，计量表错误地显示沃尔特·雷飞机上的燃油足够飞回51区，但是几分钟后，计量表却显示燃油已经接近底线。

一个人的悲剧会成为另一个人的机遇，在沃尔特·雷遇难后，弗兰克·默里的人生出现了巨大的转机。事故发生后，莱德福将军也赶往51区参与了后续调查。当莱德福准备返回华盛顿时，他让弗兰克·默里开飞机送自己回家。“来到空中后，”弗兰克·默里回忆道，“莱德福通过无线电问：‘你能驾驶这种飞机吗？’我答道：‘就让我试试看吧。’随后，我接受了筛选飞行员的一系列测试。”弗兰克·默里开始使用沃尔特·雷的飞行呼号 Dutch 20。现在，弗兰克·默里已经不再是一名追踪机飞行员，而成了中央情报局高空侦察项目精英团队中的一员。

就在沃尔特·雷的惨剧和“牛车”侦察机坠毁事件刚刚发生后，国防部立即趁机向中情局发难。预算局和国防部长办公室召开秘密会议，而唯独将中情局排除在外。在这次会议上，他们着重指出，中情局斥资数十亿美元制造了 15 架飞机，其中 5 架已经坠毁。他们向约翰逊总统通报了上述看法，并且建议应当“逐渐淘汰”“牛车”项目。

对于他们的行径，理查德·赫尔姆斯感到怒不可遏。在一封长达八页的书信中，他告诉约翰逊总统，封存“牛车”项目是对财产的巨大浪费，这种做法着实令人愤慨。中情局已经派遣 U-2 侦察机前往 30 个敌国成功地开展了 435 次行动，而仅有一次，即加里·鲍维斯坠机事件产生了国际影响，赫尔姆斯写道。但是，加里·鲍维斯事件进一步证明，最适合掌管侦察机项目的不是空军，而是中央情报局。正因为加里·鲍维斯只是一名情报人员而非军人，苏联才没有对美国采取报复行动。

最终，苏联还是在进行间谍互换时释放了鲍维斯。赫尔姆斯强调，与军方不同的是，中情局的手中“没有核武器，因此不存在由于某个下级指挥官的一时轻率之举而引发一场突如其来核战争的可能性”。赫尔姆斯所言并非没有道理，但是总统也会从这个角度看待问题吗⑥？

沃尔特·雷坠机事件发生后的 1 个月，即 1967 年 2 月，斯莱特上校再次被召往华盛顿，这已经是 6 个月中的第 5 次。在 303 委员会的会议室里，有人告诉斯莱特，“牛车”项目将于 1968 年 1 月 1 日被终止，而且这一决定没有任何争辩的余地。看来“牛车”侦察机的气数已尽，再做什么都无济于事。按照命令，斯莱特要返回 51 区，让自己的手下处于待命状态，直到空军部门的 SR-71“黑鸟”侦察机通过最后试飞阶段。

虽然斯莱特上校隶属空军，但是他却为中情局的“牛车”项目感到万分痛惜。这不仅因为他是整个项目的指挥官，而且因为“牛车”侦察机无疑是当时世界上最先进的飞机。

斯莱特上校独自驾驶 F-101 战机来到华盛顿，现在他还要自己驾驶飞机返回 51 区。对于眼前发生的一切，斯莱特感到一种说不出的失落。在莱特 - 帕特森空军基地加油时，斯莱特亮出了自己的证件，随后被带到队伍的最前面，而他的身后站着一位两星将军。当所有人都瞪大了眼睛揣摩他的来头时，斯莱特却觉得这件事情仿佛是一种莫大的讽刺。303 委员会解释说，“牛车”项目证明中情局的秘密开支数额过于庞大，因此必须予以终止。但是，从斯莱特的角度来看，这个项目除了在排队时能够为自己带来一点小小的优越感外，其价值绝对不逊于中情局的付出。“牛车”项目在科技上所取得的突破，即使是在随后的 30 年中，也足以令科学家和工程师刮目相看。为此，包括斯莱特在内的所有相关人员产生了一种无与伦比的成就感。但是事已至此，多说无益，斯莱特心想。

“牛车”侦察机将永无出头之日，而美国公众更不会知道中情局曾经在格鲁姆湖的这个秘密项目上取得了多大的成就——至少在相当长的一段时间内情况如此。

斯莱特上校一边等着给飞机加油，一边想到这也许是自己从 51 区到华盛顿的最后一次旅行。取消“牛车”项目是一个错误，斯莱特心想。但是他十分清楚，自己的看法无足轻重，重要的是当好 51 区的指挥官。因此，就像所有称职的军人一样，他按照命令返回了 51 区。

3 个月后，也就是 1967 年 5 月的一天，大地回春，阳光明媚，斯莱特上校决定最后驾驶一次“牛车”。有的飞行员已经在空中累计航行了 400 个小时，沃尔特·雷在遇难前达到了 358 个小时，而斯莱特上校只有 10 个小时。趁现在还有机会，为什么不再驾驶一次世界上最先进的飞机呢？过不了多久，整个项目就会寿终正寝，而这些飞机也会停在加利福尼亚州帕姆代尔的某座秘密军用飞机库里与灰尘为伴，再也不可能重见天日。于是，斯莱特找到韦纳·维斯，看他能不能安排自己最后驾驶一次马赫3飞机。

“包在我身上。”韦纳·维斯立刻应允了斯莱特上校的请求。

离开跑道后，斯莱特很快就驾驶着“牛车”侦察机来到了7万英尺的高空。他已经忘记这种飞机有多轻了，“牛车”的机身就像一只蝴蝶，所以飞行员才能够上升到这样的高度。当飞机的速度达到2.5马赫时，整个驾驶舱仿佛变成了一个火炉，假如此时斯莱特摘掉手套碰一下舷窗，他的手指就会形成二级烧伤。在9万英尺的高空，飞机的速度逐渐达到了3马赫，因此在飞往700英里外蒙大拿州的比灵斯时，斯莱特用了大约23分钟。

很多人错误地以为，当飞机在这样的海拔以3马赫速度航行时，飞行员可以向窗外张望，一览脚下风景，然而事实恰恰相反。即使此时飞机的速度相对稳定，飞行员也必须全神贯注地看着面前所有的读数计、振荡器和显示屏。有太多事情要密切关注，因为有太多情况会导致意外。

斯莱特上校一直飞到加拿大的边境，然后左转沿着美国的边界线飞行。在抵达华盛顿州以后，他继续左转向南飞往俄勒冈州，接着进入加利福尼亚州境内。最后，他将飞行高度降低到2.5万英尺，准备按照原定计划加油。几分钟后，一架来自加利福尼亚州尤巴郡毕尔空军基地第903空中加油飞行中队的KC-135加油机出现在斯莱特的面前。

对于“牛车”侦察机的飞行员来说，进行空中加油是一件异常危险的事情。为了让输油管与加油机连接，“牛车”必须将航行速度降低到每小时350～450英里之间，但是这一速度会让它在空中失去稳定性。同样，速度问题也是加油机面临的最大挑战，因为KC-135加油机必须竭尽全力才能跟上已经放慢速度的马赫3飞机。这个过程本来就令人精神紧张，然而就在此时，无线电中突然传来紧急呼叫。无论51区发生了什么事情，在这个节骨眼儿上进行联络，绝不可能是好消息。

斯莱特接通无线电。对方是保罗·巴卡利斯上校。他刚刚接替莱德福将军成为中情局特别行动处的负责人。巴卡利斯告诉斯莱特说，五角大楼打来紧急电话找他，因此他必须立刻返回51区。

“我正在加油。”斯莱特上校说。

“加完了再倒掉。”巴卡利斯说道。

“不能等等吗？”斯莱特上校问。

“不能，”巴卡利斯答道，“你在哪里？”

“我在加利福尼亚上空。”斯莱特上校回答。

“飞到海上，倒掉多余的燃油，立刻返回。”巴卡利斯上校下令。

斯莱特将4万磅(约18吨)燃油倾倒下去,眼看着它们在大气中蒸发。为了顺利返回基地，他必须留下1万磅燃油，不能多，也不能少。如果燃油不够，其结果就会像沃尔特·雷那样；反之，如果燃油过多，在着陆时制动器就会被炸毁，从而导致飞机超出跑道。现在，斯莱特上校需要进行360度急转。当飞机以三倍于音速的速度航行时，必须经过186英里的距离，“牛车”才能调头返回。也就是说，这次U形转弯从加利福尼亚州的大瑟尔开始，直至圣巴巴拉结束。

当斯莱特回到基地后，韦纳·维斯和巴卡利斯上校已经在他的办公室里等候。奇怪的是，两个人都面带微笑。巴卡利斯拨通了五角大楼的电话，然后递给斯莱特。在电话接通之前，为了让斯莱特有所准备，巴卡利斯对刚刚发生的事情做了简要说明。

斯莱特上校简直不敢相信自己的耳朵。

“总统已经同意让‘牛车’出笼，”斯莱特记得巴卡利斯说，“命令很快就到。”这可真是一次翻天覆地的变化，但是斯莱特早已成竹在胸。巴卡利斯问斯莱特，他是否能够在15天内将自己的人员部署到位，尽快让“牛车”侦察机开始执行任务。斯莱特报以肯定的答复。

第10章 黑盾行动和普韦布洛号事件

中央情报局的新任局长理查德·M. 赫尔姆斯使尽浑身解数，终于成为约翰逊总统的圈内人士。总统曾经告诉这位中情局主管，他发现“情报工作没有太大用处”[1]。但是，赫尔姆斯还是设法得到了自己觊觎已久的总统每周二午宴上的一个座位。届时，约翰逊总统将与少数心腹顾问讨论每周的外交政策。因为话题的内容大多为美国应该对越南北方的哪座城市进行轰炸，所以圈外人士经常将这些午宴称为“周二目标日”。

1967 年，河内和海防的空战异常激烈，美国飞行员被击落的人数为越南的九倍之多。五角大楼搜寻了整整一年，还是无法获知越南北部地空导弹发射点的准确位置，因此才造成了大量人员伤亡。从当年 1 月开始，U-2 飞机共执行了 37 次侦察任务，空军方面也出动了数百架无人驾驶飞机，但是五角大楼仍然没有找到越南共产主义势力的导弹发射地点。更加令人担忧的是，有传闻说苏联正在向越南北部运送地空导弹，其射程足以危及南方的美国驻军。

高空侦察机的越南北部首秀

正因为如此，按计划即将被取消的“牛车”项目才出人意料地得到了这次机会，而这一决议正是在约翰逊总统星期二的午宴上达成的。

“牛车”侦察机历尽九年的艰辛，再有几个月就会被永久封存，1967年5月16日，赫尔姆斯最后一次代表中情局为“牛车”出笼进言。赫尔姆斯告诉总统，如果派遣“牛车”侦察机赴越南北部执行任务，五角大楼就能得到他们搜寻已久的导弹发射点的高清晰度照片。赫尔姆斯向总统承诺：“不是模糊不清的圆圈，而是高度清晰的图像边界点。”

为了争夺空中侦察的控制权，国防部长罗伯特·麦克纳马拉曾经向总统保证，空军的SR-71“黑鸟”，也就是“牛车”的变种机型，很快就可以执行任务。但是，侦察活动必须立即开展，中情局局长赫尔姆斯告诉总统。现在已经是5月，再过1个月，东南亚就会陆续进入雨季。天气的好坏对于照片的拍摄尤为关键，如果云层很厚，照相机就会无法使用。总统终于被赫尔姆斯说服，在餐后甜点还没有上来时，约翰逊就已经授权中情局将“牛车”侦察机部署到日本冲绳群岛的嘉手纳空军基地。

这一次中情局可谓咸鱼大翻身。次日清晨，从51区到嘉手纳的空运飞机络绎不绝。第1129特别行动队开始为“黑盾行动”进行部署，其间共有100万磅（约4540吨）的物资、260名机组成员、6名飞行员和3架“牛车”侦察机被运往东海。就像凯利·约翰逊在日志中记载的那样，在他把第一张“牛车”的设计图纸拿给物理学家爱德华·洛维克九年之后，“这只飞鸟终于可以离开樊笼，展翅翱翔了”。

嘉手纳空军基地坐落在北回归线以北的冲绳群岛上。这里曾经发生了世界史上规模最大的一次陆海空战役，共有数十万人在战争中死去，如今岛上早已满目疮痍。22年前，即1945年春，盟军在冲绳群岛与日军展开了为期82天的鏖战，太平洋战场上的场景空前惨烈。在冲绳岛战役中，美军共有3.8万人受伤，1.2万人阵亡或失踪，而日本有10.7万名士兵和10万名平民死亡，这些数字在今天看来简直令人无法想象。

1945年6月21日，日本陆军大将牛岛满终于投降，将冲绳岛交给美军管理，由于不堪承受这种奇耻大辱，牛岛满于次日剖腹自杀。成千上万冲绳岛居民从高高的悬崖跳下。烽烟逐渐消散，鲜血渗入了大地，而冲绳岛已然在美国军队的执掌之下。20 多年后，依然如此。

当肯尼斯·柯林斯踏上冲绳岛时，嘉手纳空军基地已经占据了该岛 10% 的面积，其带来的经济效益占当地居民收入的 40%。第 1129 特别行动队驻扎在基地内一处与外界隔绝的地方，开始秘密筹划“黑盾行动”。所有飞行员都住在与 51 区几乎一模一样的简陋的活动房屋里，没有人知道他们的存在，他们的行动也极为隐秘。

与 51 区不同的是，这里没有沙漠和灌木丛，遍地绿草如茵。当飞行员们抵达时，这里正值春季，小径旁无花果树枝繁叶茂，到处都开满了鲜花。飞行员们的营地被称为“摩根庄园”，一名美国厨师专门在此负责，按照飞行员的要求为他们制作高蛋白饮食。每逢节假日，他们还可以喝到瓶装啤酒。有时候，飞行员们甚至会冒着风险，到外面的军官俱乐部饮酒或者就餐。那里有一支菲律宾乐队，经常演奏一些美国的舞曲。

由于“牛车行动”是在暗中进行的，在接下来的一年中，这种形状奇特、速度相当于音速三倍的飞机定期从嘉手纳基地进出，所以“任何遮掩之词都难以自圆其说”。有鉴于此，参谋长联席会议建议，51 区的指挥官斯莱特应该“把重点放在保守秘密，而不是遮掩事实上”。其中一个办法就是制造某种与环境或技术测验有关的假象，但是谁都知道这种说法很难站得住脚。在第一架“牛车”侦察机在嘉手纳降落后不到一周的时间里，一艘苏联渔船突然驶入港口，停泊的位置恰好能够观测到基地内长长的跑道。“苏联人知道我们就在那里，而我们也清楚他们知道这一点。”斯莱特上校回忆道。

虽然“牛车”项目看似永无出头之日，但是就在赫尔姆斯在星期二午宴上说服了总统 15 天以后，第一架“牛车”侦察机如期来到了越南北部的非交战地带。中情局派遣飞行员米勒·沃伊沃迪赫执行第一次任务。他于当地时间上午 11 点起飞，当时大雨如注，这也是“牛车”首次在雨中航行。沃伊沃迪赫在越南北方停留了不足 9 分钟，飞行高度为 8 万英尺，速度为 3.1 马赫，对 190 处疑似导弹发射地点中的 70 处进行了拍摄。对于这次行动，无论是中国人还是越南北部势力都丝毫没有察觉。

在首次行动结束后，侦察照片被火速送往伊斯曼·柯达公司在纽约州罗切斯特的工厂。但是，当分析结果转到越南前线的指挥官那里时，这些情报却比实际情况落后了几天之久。越南北部势力已经转移了这些导弹发射地点和模拟导弹发射场地，其行动之迅速令人根本无法进行追踪。中情局意识到自己必须大幅缩短照片的运转周期，因此立即在日本本土建立了一个照片判读中心。此后，在“牛车”对越南北部的侦察任务结束后 24 小时内，情报就会转入前线指挥官的手中。

然而，为了避免遭到空袭，越南北部势力仍在四处转移自己的导弹发射地点，并且获得了苏联人的帮助。“这就是那些苏联渔船停在嘉手纳跑道尽头的目的。每当有飞机起飞时，就会有人在那里密切监视，并且将其记录下来。”罗杰·安德森回忆道。安德森被派往嘉手纳基地的指挥中心，负责对这次行动进行部署。“这里的指挥中心除了规模稍小，几乎与 51 区毫无二致。”安德森说。

在嘉手纳，为了瞒过苏联间谍，“黑盾行动”的指挥官准备在夜间开展行动。但是，当接下来的十架侦察机陆续起飞后，仍有四架“遭到了监测和追踪”。根据“牛车”侦察机离开基地的时间，越南北部势力就能够推测出美国人什么时候会进行高空侦察。有了苏联方面提供的信息，“扇歌”远程制导雷达系统就能够锁定 A-12 的发射台。当“黑盾行动”第十六次执行任务时，便有导弹试图将其击落。在“牛车”侦察机拍摄的照片上，出现了地空导弹长长的尾迹。

幸运的是，这些苏联导弹根本无法达到“牛车”所在的高度。在新一轮的猫鼠游戏中，“牛车”的出现将这场暗战拉成了平局。“牛车”侦察机在航行速度、高度和隐形技术方面具有无可匹敌的优势，苏联人虽然无法将其击落，但是他们知道这些飞机就在那里。这就意味着，与理查德·比斯尔和艾森豪威尔总统对隐形侦察机的最初构想相比，“牛车”还有相当的距离。

对于前往越南北部的美国飞行员来说，海拔4.5万英尺的高空才是最危险的地方，而这恰好是“牛车”侦察机所在高度的一半。在这个高度，每九名美国飞行员就有一名被苏联的地空导弹或米格战斗机击落，风险之大令人不寒而栗。肯尼斯·柯林斯在回忆起当时的情况时说：“在‘黑盾行动’期间，由于‘牛车’飞行员处在8.5万英尺的高空，所以相对来说比较安全，而那些航行高度远在我们之下的飞行员反而更容易遭遇不测。这些人大都来自空军部门，在被暗中招募到中情局之前，我们曾经与他们朝夕相处。”其中包括杰出的飞行员赫维·斯托克曼。

1956年7月4日，斯托克曼首次驾驶U-2侦察机成功地飞越苏联领空。11年后，即1967年6月11日，当斯托克曼再次飞赴越南北部前线搜集敌方军火库的有关情报时，却在空中遭遇险情。作为一名技术精湛、无所畏惧的飞行员，斯托克曼已经参加过三次战争，但是在驾驶F-4“幻影”喷气式战斗机执行第310次任务时，不幸与一架僚机相撞。他和罗纳德·韦伯虽然及时跳伞逃生，但是在着陆后却被越南北部士兵俘获，随后遭到了敌方的殴打和监禁。在接下来的5年零268天里，斯托克曼就是在一座7英尺见方的牢房里度过的。

一开始，他被关押在以手段毒辣而臭名昭著的河内希尔顿监狱（河内希尔顿监狱，又译作“火炉监狱”，是越南战争期间北越用于关押战俘的一座监狱，被捕战俘多为美国军人。——译者注），后来又被转移到其他同样残忍的囚禁地点。在“黑盾行动”期间，中情局曾经派遣数架“牛车”侦察机前往越南北部势力搜寻被击落的美国飞行员，但是在“牛车”带回的长达数英里的照片中，并没有发现越南北部势力关押赫维·斯托克曼这样的美国英雄及其他数以百计的战俘的具体地点，因为越南北部势力对待这些战俘就像对待导弹发射架一样，会经常转移他们的所在位置。

这些被俘的飞行员成了越南北部势力反西方宣传运动的有力武器。

他们不仅要戴着手铐脚镣遭受毒打和折磨，而且经常被强行带到镜头前对美国严词声讨。如果说越南北部势力利用这些被俘飞行员进行宣传是为了在美国引发混乱，那么毫无疑问，他们已经达到了自己的目的。在美国国内，反对越战的呼声日益高涨。为了遏制这股势头，白宫和五角大楼开始杜撰事实，展开自己的宣传攻势。

“我们即将赢得这场斗争，”1967 年 11 月，副总统赫伯特·汉弗莱在哥伦比亚广播公司的《今日秀》节目上大言不惭地说道。虽然参议院武装部队委员会在闭门听证会上认为，美军的轰炸对整个战局的进展毫无益处，但是汉弗莱却告诉民众，有越来越多的共产党人正在放下武器，美国在越南开展的反共“清洗”运动战绩卓著。

当月下旬，美国驻越南最高指挥官威廉·威斯特摩兰将军也开始自掘坟墓。他在国家记者俱乐部宣称，共产党已经“无力大举进犯”。美国在 1965 年也许处于劣势，但是现在越南战争却胜利在望。在接受《时代周刊》采访时，威斯特摩兰甚至出言讥讽，说共产党根本不堪一击。“我倒是想要看看他们还有哪些花样，因为我们正等着和他们一决雌雄。”威斯特摩兰声称。果真如此，他很快就如愿以偿。1968 年 1 月底，越南北部势力方面佯称，为了庆祝越南新年，即“元旦节”，他们同意停火 3 天。然而事实恰恰相反，这只不过是他们精心设下的一场骗局。1 月 31 日，越南北部势力出其不意地对美军和南越发起了突袭。这次臭名远扬的“新年攻势”不仅让五角大楼大为震惊，而且导致国内的反战呼声一浪高过一浪，从而成为美国在越南战场上节节败退的重要转折点。

被侦察机阻止的另一场朝鲜战争

与此同时，美国还遭遇了另一场重大危机，而“牛车”侦察机在这场危机中扮演的秘密角色直到 2007 年才得以解密。1968 年 1 月 23 日清晨，大雾弥漫，在距离越南东北大约 2 000 英里的地方，一艘名为“普韦布洛号”的美国军舰驶入朝鲜一片冰雪尚未消融的海域，并且在那里抛锚停泊。美军声称，“普韦布洛号”只是在从事科学研究，然而实际上，这是国家安全局和美国海军为了搜集通信情报而联合开展的一次间谍活动。除了普通船员以外，在军舰上一间与外界隔绝的秘密船舱里还隐藏着 28 名通信情报专家。“普韦布洛号”停泊在距离朝鲜熊岛 15.8 英里以外的地方，从理论上说，这一带属于国际海域。

但是，朝鲜的共产党政府并不认同这种看法。由于这艘军舰距离元山港仅有咫尺之遥，所以很容易成为朝鲜人民军的攻击对象。当“普韦布洛号”的船员在雷达上发现一艘朝鲜船只正在迅速靠近时，舰长劳埃德·M. 布克立刻登上甲板观望。布克从望远镜中看到，在对面驶来的军舰上，火箭发射架已经瞄准了“普韦布洛号”。布克传令信号兵打出旗语，声明美国军舰“普韦布洛号”正在执行勘测任务，但是朝鲜人显然并不相信。几分钟后，一级准尉吉恩·拉西发现，又有几艘小型鱼雷艇从元山港出现。接着，两架米格 -21 喷气式战斗机从天而降。

现在，布克船长面临着一场严重的国家安全危机。“普韦布洛号”上携带了大量秘密文件、密码手册和加密设备，尤其还有一台 KW-7 密码机。这台密码机一旦被朝鲜截获，美国海军的密码系统就会不攻自破。布克本想炸沉这艘军舰，但是整个过程需要 47 分钟。他后来解释道，如果对方开火，“普韦布洛号”上的所有救生艇就会毁于一旦，而没有了这些设备，用不了几分钟船员们就会被冰冷的海水冻死，因此他决定逃离此地。

朝鲜人打出旗语，要求美国军舰“立刻停止航行，否则我方即将开火”。布克船长立即通过旗语做出回应，“感谢你们的关心。我方正准备驶离”。随后，朝鲜军舰下令开火，布克船长的脚上和背部先后中弹。当“普韦布洛号”开始起航时，朝鲜人并没有停止扫射，一个名叫杜安·霍奇斯的美国船员当场死亡。与此同时，在“普韦布洛号”的密室里，通信情报专家用斧头砸碎密码机，然后手忙脚乱地将秘密文件塞进旁边的一个小型焚烧炉里，但是仍有 90% 的文件没有被烧毁。在双方交火 61 分钟后，布克船长已经无法控制船上的局面。朝鲜人民军的士兵蜂拥而至，将船长和其他 82 名船员掳为人质。这是 160 年来美国船只第一次被外国军队占领。“普韦布洛号事件”发生的时间再糟糕不过，因为在越南战场上，美国已经一败涂地。

约翰逊总统感到怒不可遏。在“普韦布洛号”被俘的数小时后，五角大楼已经开始在暗中准备对朝鲜发动战争。次日，麦克纳马拉召开军事会议，着手制订地面作战计划。“我们的首要目标是救回‘普韦布洛号’的船员，”麦克纳马拉在下令的同时，强调这次行动必须严格保密，“这次会议的内容绝不许走漏半点风声。”

一场针对朝鲜的大规模空袭已经蓄势待发。为了配合地面进攻，届时将有约 1.5 万吨炸弹从空中投下。由于美国在越南战场上动用了大部分地面和空军兵力，所以朝鲜一旦发生战争，只能紧急召集后备役部队。为此，美军展开了大规模的战略空中补给，并将这次行动命名为“战斗之狐”。然而，让人始料未及的是，就在六天之后，越南北部势力发起了“新年攻势”。如果此时因为“普韦布洛号事件”再与朝鲜开战，美国必将力不从心。

理查德·赫尔姆斯建议，美国可以从附近的嘉手纳基地派遣“牛车”侦察机赴朝鲜沿岸拍摄照片，以寻找美国军舰“普韦布洛号”的下落，然后再决定下一步的行动。就实际情况而言，在“普韦布洛号”被俘获后，美国没有得到任何关于这艘军舰和船员羁押地点的情报。因此，赫尔姆斯向总统提出，要想救回这 82 名美国船员，就必须首先弄清军舰的所在位置，否则无论是地面进攻还是空袭都无法达到目的。除此以外，空中侦察还能够让五角大楼了解平壤方面是否已经开始为了备战而调兵遣将。最为重要的是，美国可以利用外交手段，在这场危机中稍事喘息。

“普韦布洛号”被扣押 3 天后，即 1 月 26 日，中情局派遣“牛车”飞行员杰克·威克斯从嘉手纳基地出发，寻找这艘失踪军舰的下落。威克斯拍摄的高空侦察照片显示，“普韦布洛号”正在海水颜色深暗的长箭湾漂浮。在完成拍摄任务后，威克斯的飞机突然出现了故障，但他还是设法驾驶飞机返回了基地。随后，威克斯向其他飞行员谈起了自己的遭遇，但是对这次任务的内容却只字未提。因为有关“普韦布洛号”的情报属于高度机密，所以极少有人知道[②],正是威克斯拍摄的这些照片阻止了朝鲜战争的爆发。

“‘牛车’侦察机很快就发现了‘普韦布洛号’的下落，这艘被俘军舰当时停泊在元山港。”1994 年，约翰逊总统的国家安全顾问沃尔特·罗斯托透露，“所以我们必须放弃进行空中打击的计划，否则不仅会造成大量人员伤亡，而且还会累及自己人。但是，‘牛车’提供的照片足以证明我们的军舰和船员遭到了扣押，这一点朝鲜人无法抵赖。”随后，五角大楼取消了对朝鲜的秘密作战计划，美国也开始通过谈判要求遣返被俘船员。然而，此时的美国政府由于“新年攻势”而身陷困境，因此对任何事情都疑虑重重，他们担心“普韦布洛号事件”只不过是共产党设下的另一场骗局。

如果朝鲜一面假意和谈，一面暗中调动军队怎么办？半个多月后，即 1968 年 2 月 19 日，中情局再次派遣弗兰克·默里驾驶“牛车”飞机对朝鲜进行侦察。默里带回的照片显示，朝鲜并没有开始备战，但是“普韦布洛号”却被转移到了平壤。从此以后，这艘军舰就一直停泊在那里，这也是美国的海军船只第一次遭到外国势力羁押。在接下来的 11 个月中，劳埃德·布克船长及其船员遭到了监禁和折磨，甚至被假装处死。在被迫承认自己曾经从事间谍活动后，他们最终得以释放。2008 年，美国联邦法官做出裁决，要求朝鲜对“普韦布洛号”船员造成的伤害赔偿 6 500 万美元，但是朝鲜始终未予回应。

“黑盾行动”开展一年后，嘉手纳再次春回大地。肯尼斯·柯林斯和杰克·威克斯经常穿着帆布鞋和游泳衣，一起开车前往附近的海滩度假。日本的乡间风景优美，令人惬意。到处都是竹林和池塘，山茶树和梅子树的枝头开满了繁花。他们坐在沙滩上，看着夕阳西下，逐渐落入中国东海，整个景象就如同一幅美丽的画卷。“与其他飞行员相比，威克斯和我更有默契。我们不只是游山玩水的同伴，还成了最好的朋友。”柯林斯说。

如果不去海滩，柯林斯和威克斯会开着第 1129 特别行动队破旧不堪的客货两用工作车，前往附近的木津川。这是一座杂乱无章的小城市，到处都是水泥结构的高层建筑和横七竖八的电线杆。“我们的孩子年龄相差无几。所以我们经常会去木津川买一些小型的塑料飞机和遥控坦克模型，等到回家的时候带给孩子。但是在摩根庄园的日子有时候令人厌倦，所以我们就会打开包装，自己动手将这些模型组装起来，并且乐此不疲。”柯林斯回忆道。在越战期间，这些简简单单的事情反而为他们带来了最大的快乐。

中情局的六名“牛车”飞行员：米勒·小沃伊沃迪赫、杰克·W. 威克斯、J. 弗兰克·默里、罗纳德·J. 杰克·莱顿、丹尼斯·B. 沙利文和肯尼斯·B. 柯林斯，一共赴越南北部 24 次、朝鲜 3 次、柬埔寨和老挝 2 次执行任务。他们发现并协助摧毁了不计其数的地空导弹发射点。据侦察照片显示，这些导弹发射点没有一处能够打到美国的地面部队，这让五角大楼长吁了一口气。“在空军进行轰炸时，我们也会参与其中，利用侦察机上的干扰设施扰乱共产党的防空系统。”弗兰克·默里回忆道。

尽管中情局的“牛车”项目取得了累累硕果，但是空军部门的 SR-71“黑鸟”最终大功告成。在马赫 3 飞机上，中情局已经无力与五角大楼抗衡，“牛车”项目不可避免地走到了尽头。“即使你没有‘按需知密’的权限，但当 SR-71‘黑鸟’开始出现在 51 区时，事情已变得再明显不过。”柯林斯回忆道。很快，“黑鸟”就被派往嘉手纳基地，取代了“牛车”侦察机的位置。SR-71 是 A-12“牛车”的变种机型，它的驾驶舱内配备了两个座位，而且兼具侦察和攻击两种功能。在中情局与空军对所有机型控制权的明争暗斗中，正是“黑鸟”让空军取得了最终的胜利。

在华盛顿，国防部长罗伯特·麦克纳马拉私下告诉约翰逊总统，他认为美国已经无望打赢越南战争。这番言论与总统的立场格格不入，因此麦克纳马拉在1968年2月宣布辞职，并由克拉克·克利夫顿取而代之。克利夫顿重申，他完全赞同终止A-12项目和封存“牛车”飞机的决定。很快，第1129特别行动队的人员开始收拾行装返回51区，“黑盾行动”正式结束，整个项目进入撤除阶段。

杰克·威克斯和丹尼·沙利文接到命令，驾驶A-12“牛车”飞回51区。按照原定计划，柯林斯要留在嘉手纳基地进行最后的引擎测试。但是在“牛车”项目的最后几周里，杰克·威克斯突然生病，于是柯林斯代替威克斯执行任务。因此，最终柯林斯和沙利文一起驾驶A-12回国，而威克斯留在嘉手纳基地，等待1968年6月4日进行最后的引擎检查。

回到51区后，柯林斯和沙利文继续练习驾驶技术，为最后一次越洋航行做准备。当返回嘉手纳的日期到来后，他们首先驾驶洛克希德公司的螺旋桨飞机从格鲁姆湖开往伯班克，然后再搭乘民用航班从美国西岸飞往东京。“当天晚上，我们在东京的希尔顿酒店就餐，”柯林斯回忆道，“吃过晚饭，我们回到房间，收音机里突然传来鲍比·肯尼迪（约翰·肯尼迪总统的弟弟）在洛杉矶遇刺的消息。”柯林斯大为震惊，于是立刻下楼买了一份英文版的《东京时报》。“在报纸的右下角，一则标题为‘美国空军飞机高空遇难’的短篇报道引起了我的注意。其实这一句话就足以说明问题了。我突然产生了一种不祥的预感，因为我很清楚所谓‘高空’指的是什么。”

第二天，柯林斯和沙利文飞往嘉手纳基地，中情局的一名司机早已在机场等候。当汽车发动后，车上只剩下他们几个人，这名司机转过头来，面带戚容地说：“我们失去了一架飞机。”

“我们失去了一名飞行员。”柯林斯说。

U-2飞行员托尼·贝瓦夸被派往出事地点，寻找杰克·威克斯的下落及失踪飞机的残骸。自从1957年离开格鲁姆湖后，在接下来的八年中，贝瓦夸驾驶U-2飞机，先后在从阿拉斯加到阿根廷的世界各地执行异常危险的侦察行动和核辐射取样任务。在越南战争期间，贝瓦夸曾经驾驶SR-71侦察机来到河内。在1968年7月26日的一次行动中，“黑鸟”飞机拍摄的照片显示，苏联人向他连续发射了两枚SA-2导弹。但是在托尼·贝瓦夸的记忆中，没有哪一次任务像1968年6月5日前往搜寻杰克·威克斯下落的经历一样让人难以忘怀。

作为空军部门SR-71的飞行员，贝瓦夸早在一个月前就来到了嘉手纳基地。“那时我只知道一件事，就是有人失踪了，”贝瓦夸回忆道，“除此以外，我不具备需知权限。但是我想，这名飞行员一定是中情局的人。”直到后来，贝瓦夸才得知，这名失事飞行员有可能漂浮在距离菲律宾以东约520英里、冲绳岛以南约625英里东海的某个地方。

“出发以后，我的心里一直七上八下。我想，也许我能找到这个人。我还记得当时自己满怀期望。我在心中默祷，但愿我能在一望无际的海面上看到一艘小小的黄色救生艇。”然而事与愿违，贝瓦夸看到的只有茫茫的波涛。“这次行动好像大海捞针一样困难。”贝瓦夸说。搜索结束后，贝瓦夸来到照片判读中心，询问他们是否看到了什么东西。“他们回答：‘没有，对不起。什么也没有。’事情到此为止。”贝瓦夸解释道。

杰克·威克斯已经离开人世，消失在万顷碧波之中。人们始终没有找到他的遗体和失事飞机的残骸。“命运就像一个猎手，”每当回想起自己的好友威克斯，柯林斯就会若有所思地说，“那一天驾驶飞机的本来应该是我，但是杰克生病了，所以我们调换了出行时间。杰克·威克斯去了，而我还活着。”

第1129特别行动队的气数已尽[③]。在51区，中情局为幸存的“牛车”飞行员及其家属举行了一次特别的秘密仪式。有些飞行员还和A-12“牛车”合影，但是却不能带走自己的照片。“这些照片全都被锁进了保险箱里，”斯莱特上校说，“有人告诉我们，等到这项计划解密时，我们才能拿回自己的照片。”罗杰·安德森还记得，“牛车计划”很快就全部结束。“1968年，仍有许多行动在51区继续开展，但是我却没有需知权限。”安德森有幸驾驶最后一架“牛车”战术教练机T-33，飞回爱德华兹空军基地。“离开51区时，我知道自己一定会怀念那里的，”安德森说，“即使过去这么多年，我也已经到过很多国家，我还是要说，51区是世界上最独特的一个地方。”毫无疑问，他再也不可能和斯莱特上校在格鲁姆湖的上空进行桶滚（又称横滚，是一种飞行特技，指飞机在基本保持原有航向的前提下，绕其长轴进行一次完全翻滚。——译者注）飞行了。

“牛车”飞行员离开了51区，此前属于空军或中情局的人员被分配到了不同部门。肯尼斯·柯林斯受到空军招募，加入了SR-71项目。由于A-12项目属于高度机密，因此SR-71的飞行员并不知道，柯林斯已经积累了数百小时马赫3飞机的航行经验。“很多SR-71飞行员都感到十分困惑，因为我看起来好像早就了解这种飞机的操作程序，这让他们非常惊讶。但是，至于我在过去6年里都做了些什么，他们没有需知权限。因此在接下来的几十年中，所有人都被蒙在了鼓里。”直到2007年，“牛车”项目才终于解密。

弗兰克·默里自愿驾驶战斗机奔赴越南前线，不过飞行高度要远远低于“牛车”侦察机。“在‘黑盾行动’期间，没有人知道我究竟去了哪里。很多人以为我是为了逃避战争，所以我才决定回到空军，驾驶飞机前往越南参加战斗。”1970年11月，弗兰克·默里被派遣到湄公河流域与老挝隔岸相望的那空拍侬空军基地。他主动提出要驾驶A-1“空袭者”战斗机，在喷气时代，这种依靠螺旋桨推进的单座飞机无疑早已落伍。

“A-1的航行速度为每小时165英里，”弗兰克·默里说道，“我原来开的是世界上最快的飞机，现在却是最慢的飞机。即使在滑行时，‘牛车’的速度也要比A-1快。”因为“空袭者”速度极慢，所以很容易成为越共的攻击目标。有一次，一架A-1在执行搜救任务时被敌方击落。“我们经常遭到攻击，但是由于‘空袭者’本身配有武器，所以我能进行还击。”

在一年服役期间，作为飞行中队队长，弗兰克·默里共执行了64次战斗任务。“空袭者”的最大用途就是对搜救战地伤员的直升机进行护卫。“我们的任务是护卫H-53‘绿巨人’救援直升机。那一年，我们从越南战场上救出了很多特种部队队员。”

斯莱特上校被调往位于英国的维勒斯菲尔德空军基地，成为第 20 战略战斗机联队的副指挥官。在其他人看来，他完全有望成为美国空军的一名将军，但是就在这时，一场悲剧却不期而至。斯莱特上校的长女斯泰西与丈夫驾驶私人飞机，在前往爱达荷州的太阳谷度蜜月时，飞机撞到一座山的山顶坠毁。

斯泰西·斯莱特·伯恩哈特在冰天雪地的山顶被困了整整 24 小时，导致腰部以下失去知觉。治疗过程漫长而痛苦，最后的结果谁也无法预料。“我和妻子芭芭拉决定同女儿和家人待在一起，因此我提出申请调回美国。”斯莱特上校说道。对像他这样一位职业军人来说，做出这个决定似乎再简单不过，因为“爱家才能爱国”。

斯莱特上校回到了美国。几个月后，他的女儿竟然奇迹般地学会了使用双拐走路。随后，斯莱特上校再次被派往爱德华兹空军基地，负责驾驶 YF-12 战斗机。这种“牛车”的变种机型能够携带两枚爆炸当量高达 25 万吨 TNT 炸药的核弹。“我热爱自己的工作，”斯莱特总是那样乐观向上，“虽然我也很怀念为中情局服务的时光，但是无论活到多少岁，在骨子里我永远都是一名战斗机飞行员。”

第11章

逆向分解米格-21

所谓工程，是指利用科学和技术原理，将若干零件组成一个整体；而所谓逆向工程，是指通过拆卸另一位制造者或科学家的产品，了解其构建或组成过程。实际上，逆向工程的概念与51区的历史密不可分。一些阴谋论者曾经宣称，51区的工程师们曾经在这座秘密基地里逆向分解了外星飞船。从前文讲述的机密项目来看，逆向工程无疑在51区扮演了一个极为重要的角色，其中包括中情局在20世纪60年代末至70年代对苏联米格战斗机实施的逆向工程。

何为逆向工程？

1966年8月一个炎热的清晨，一个名叫穆尼尔·雷德法的伊拉克空军上校登上自己的米格-21战斗机，从伊拉克南部的空军基地出发前往巴格达。在航行的途中，他突然调头向西，急速飞往约旦。伊拉克的地面控制台随即通知雷德法上校，他已经偏离了航线。

“立刻调头返回。”他们告诉雷德法。但是雷德法不仅没有调头，反而开始呈之字形继续航行。一名空军指挥官意识到，雷德法正准备逃离伊拉克，因此立即发出警告，如果他没有马上调头返回，军方会将其击落。此时，雷德法公然抗命不遵，索性关闭无线电，开始压低高度飞行。为了避免被雷达锁定，在某些地方，他的飞行高度仅有750英尺。随后，雷德法飞越土耳其上空，继续朝地中海方向前进。他的最终目的地是伊拉克的敌国——以色列。在那里，100万美金正在特拉维夫的银行里等着他的到来。

在距离穆尼尔·雷德法以西约600英里的地方，以色列空军司令莫德哈伊·霍德少将正在雷达屏幕前焦急地等待。当米格战斗机的光点终于开始在屏幕上闪现时，霍德将军立即下令，由一队三角翼“幻影”战斗机护送雷德法来到内盖夫沙漠的一处秘密基地。这无疑是一次惊天动地的大事。以色列成了第一个拥有苏制米格-21战斗机的民主国家，而米格-21是苏联及共产主义阵营乃至整个阿拉伯世界最先进的战斗机。

这次行动经过了数年的策划。4年前，也就是1963年，当梅厄·阿米特首次出任摩萨德局长时，他曾经询问以色列空军，对于国家安全来说，摩萨德（全称为“以色列情报和特殊使命局”，1948年由以色列军方建立。摩萨德以行动诡秘和反应迅速著称，与美国的中央情报局、苏联的克格勃和英国的军情六处一起并称为“世界四大情报组织”。——译者注）在获取外国情报方面能够做出的最大贡献是什么。

答案非常简单，那就是设法得到一架米格战斗机。对于这一点，任何人都没有异议。在以色列的敌国叙利亚、埃及、约旦和伊拉克，空军使用的都是苏联的米格战斗机。在穆尼尔·雷德法叛逃之前，摩萨德两次试图获得这种飞机，但都没有成功。其中一次，一个名叫约翰·托马斯的埃及裔亚美尼亚情报人员在从事间谍活动时当场被抓，然后和其他几名从犯在埃及公共广场被处以绞刑。

几年来，摩萨德一直在寻找可以策反的潜在人选。1966年初，他们终于发现了叙利亚出生的基督教徒穆尼尔·雷德法。此前雷德法曾经表示，在伊拉克空军中，作为少数族裔，自己在宗教问题上屡遭迫害，于是，摩萨德派出了一名年轻漂亮的女特工前往巴格达执行任务。一开始，这名特工设法勾引雷德法，并利用性关系将他引诱到巴黎。到了那里以后，她才告诉雷德法自己的真正目的。如果雷德法能够弄到一架伊拉克空军的米格战斗机，他将获得 100 万美元的报酬，此外以色列还会为他与家人提供新的身份和一处安全的住所。雷德法答应了下来。

米格战机到手以后，以色列人立即开始对它的长处和缺陷进行研究。一旦爆发战争，以色列就会在空中占据得天独厚的优势。1967 年 6 月，在“六天战争”（也称“第三次中东战争”或“六五战争”，是战争史上的一次经典战役。——译者注）中，面对叙利亚、埃及和约旦的联合空军，正是因为穆尼尔·雷德法带来的这架米格战斗机，以色列才得以大获全胜。

在华盛顿，中央情报局局长理查德·赫尔姆斯正在听取该局驻特拉维夫负责人詹姆斯·基萨斯·安吉尔顿①就雷德法一事有关情况的汇报。安吉尔顿曾经在哈佛大学和耶鲁大学就读，作为一名职业情报官员，他从事间谍活动已有 25 个年头 。

1987 年，安吉尔顿在死后仍是中情局最神秘好战的特工之一。他最为著名的观点是，苏联的宣传机器正在昼夜不停地运转，不计其数的克格勃特工利用骗术和诡计制造了一个无边无际、混淆视听的“镜海”②，总有一天西方国家会落入这个圈套而无法自拔。安吉尔顿认为，苏联人完全可能操纵中情局以假作真、以真为假。在这片充满幻象的“镜海”之中，中情局将很难分辨是非虚实。有朝一日，美国一定会在这一点上栽一个大跟头，安吉尔顿说道。

人们传言，安吉尔顿在中情局内部四处树敌，其数量之多不亚于他在克格勃中的仇敌，但是理查德·赫尔姆斯却对他十分信赖。在第二次世界大战期间，赫尔姆斯和安吉尔顿同在战略服务处的反情报部门 X-2 工作，所以彼此相知甚深。从 20 世纪 60 年代起，安吉尔顿除了担任中央情报局与联邦调查局的联络官外，还控制着美国在以色列的“账户”。这就是说，赫尔姆斯有关以色列的所有情报都无一例外地来自安吉尔顿。

至于美国是如何通过谈判从以色列那里获得这架米格战斗机的，其具体经过今天仍然属于机密。但是安吉尔顿却向赫尔姆斯提供了关于以色列的其他情报，然后由赫尔姆斯告知总统。正因为如此，在“六天战争”爆发前，赫尔姆斯就对此做出了准确的预言。以色列曾一再向美国国防部声称，中东邻国对自己形成了强大的威胁。实际上，赫尔姆斯告诉约翰逊总统，以色列在战略上处于优势地位。他们之所以向美国示弱，是为了赢得军事援助。

此外，赫尔姆斯说，他最近刚刚与一位以色列高官会晤，而在他看来，这位官员的来访“显然意味着以色列随时有可能开战”。这些迹象再加上安吉尔顿的情报，赫尔姆斯预言，战争很可能会在数日之内打响。3 天后，当以色列对阿拉伯国家发动突袭时，约翰逊总统立刻对赫尔姆斯刮目相看。中情局的一位历史学家这样写道 ：“这一次赫尔姆斯可谓料事如神，这让他在白宫一炮而红。”

1966 年，雷德法的叛变事件一时成了国际新闻的头条。然而人们不知道的是，以色列得到的这架苏制米格战斗机最终被运往了 51 区。当时担任 51 区指挥官的是斯莱特上校，他还记得，“一天半夜，这架战斗机被藏在 C-130 运输机中，由以色列特工亲手交给了 51 区”。这架让以色列出奇制胜的米格 -21 对于美国来说同样是一个重大突破。在以色列人看来，米格战斗机是阿拉伯世界最危险的武器 ；在美国人看来，这种飞机虽然体型不大，但是却威力无比，正是它在越南战场上击落了无数架美国战斗机。苏联人不仅向越南北部势力运送米格 -21 战斗机，而且还帮助其训练了大批飞行员。因此，中情局如获至宝，有了这架米格战斗机，51 区的工程师们就能够掌握敌国的先进技术。“我们终于知道怎样才能在空中打败苏联的米格战机了。”斯莱特上校说道。

“带翅膀的导弹”：X–15 火箭动力飞机

每个人来到 51 区的经历各不相同。1962 年，T.D. 巴恩斯被招募到 51 区，因为中情局想让他前往越南担任“顾问”。在柏林墙危机发生时，巴恩斯被派往德国班堡，负责管理紧邻捷克斯洛伐克边境的霍克导弹基地。从班堡回国后，他开始在布里兹堡为中情局的“钯计划”工作，迄今已有两年。

“我说自己很乐意到中情局工作，但是我一直梦想能够成为一名陆军军官，所以必须先上军校。中情局和陆军方面同意了我的要求，把我送进了一所军官学校。”在进行求生训练时，巴恩斯不慎割破膝盖，并且染上了一种十分罕见的血液疾病。

“我差一点儿因此死掉，能够活下来算是侥幸，不过我再也不能参加战斗了。”巴恩斯说。后来，巴恩斯虽然治愈了疾病，但是却不能奔赴越南战场。这就意味着，他为期十年的军队生涯已经结束。巴恩斯和妻子多丽丝带着两个女儿搬到俄克拉何马州，在那里购置了一栋新房子。一天，当多丽丝浏览当地报纸的军事版时，一则广告引起了她的注意。“一家名叫优尼泰克的承包公司正在为某太空项目招聘遥感勘测和雷达技术专家。”巴恩斯回忆道。

巴恩斯推测，优尼泰克公司的目的很可能在于猎取履历。“他们只不过想要得到一份有资格从事这种高度专业工作人才的名单，以便为今后与诸如航空航天局这样的部门开展业务做铺垫。”巴恩斯告诉多丽丝，自己根本没有必要打这个电话，但多丽丝坚持认为他应当试试看。让他们没想到的是，优尼泰克竟然立刻录用了巴恩斯。“2 天以后，我们卖掉了房子，收拾行李，来到莫哈韦沙漠中一个名叫比蒂的小镇。”比蒂镇位于内华达州，据说只有 426 人。不过，关于比蒂镇的人口，不同的人有不同的说法。

1964 年，内华达州的比蒂镇是一个奇怪的地方。这个小镇位于拉斯维加斯西北 120 英里处死亡谷和内华达核试验场之间的狭长地带，镇上唯一一名警长虽然年逾八旬，牙齿都快掉光了，但却是一位神枪手。比蒂镇共有九座加油站、十一座教堂和一座飞机场，甚至还有一家叫作“维基之星”的妓院。这里看似毫不起眼，实际上却是诸多政府机构从事不同公开及秘密行动的掩护所。“在比蒂镇，你根本不知道其他人是做什么的，因为不具备需知权限，所以绝不能过问。”巴恩斯回忆说。45 年过后，他仍然“不清楚那些加油站和教堂的真实面目”。

至于比蒂镇是如何运作的，以及人们之间的上下级关系，巴恩斯只能暗中揣测。“在多丽丝和我开车来到比蒂镇的第一天，”巴恩斯回忆道，“我们停在一座加油站旁准备加油。这时，镇上有个人走过来靠在车上，她经常四处游荡，人们都叫她帕纳明·安妮。当时正是夏天，她看着我说：‘这天简直热得像火炉，是不是啊，巴恩斯？’我感到十分纳闷，她怎么会知道我的名字呢？”从表面上看，是优尼泰克公司聘用了巴恩斯，但后来的事实证明，他们与国家航空航天局签订有合同。“在比蒂镇，除了航空航天局以外，还有很多其他部门也在从事秘密项目，”巴恩斯说，“优尼泰克公司只不过是一个遮人耳目的幌子。”

从 20 世纪 60 年代起，为了推进登月计划，美国航空航天局就开始在比蒂镇开展活动。但是，在到达这个距离地球最近的天体之前，他们必须首先征服太空；而在征服太空之前，他们必须首先到达太空的边界。这就意味着，他们需要得到美国空军的协助。巴恩斯之所以来到比蒂镇，其目的就在于此。他参与了国家航空航天局的 X-15 火箭动力飞机项目，X-15 与其说是试验机的雏形，不如说更像是一枚带翅膀的导弹。

每天早上，航空航天局的司机比尔·霍克会驾驶一辆联邦政府的卡车，载着包括巴恩斯在内的秘密小组成员来到比蒂镇边缘灌木丛生的山间。山上有一座网球场大小的飞机库，里面停着三辆拖车，还有许多雷达抛物面天线反射镜，这里就是航空航天局的高空追踪站。

日复一日，当 X-15 试验机从加利福尼亚州的德莱顿航空研究中心起飞，经过莫哈韦沙漠飞往太空边缘时，这支由十名电子和雷达技术专家组成的团队负责操纵尖端电子系统对其进行追踪。有一次，试验机在距离比蒂镇不远的一个干湖盆中迫降，按照规定，运输车辆禁止在周末夜晚通过死亡谷，因此当天夜里，这架 X-15 只能停在巴恩斯门外的车道上。当巴恩斯的两个女儿（她们一个 5 岁，另一个 8 岁）看到这架仿佛来自电影《007》中的喷气式飞机时，整个周末，她们一边围着飞机转圈，一边兴高采烈地大喊："爸爸的宇宙飞船！"除此以外，比蒂镇上的其他人都好像对此置若罔闻。

X-15首先由母机B-52发射到空中，然后由喷气引擎推进大气层，直至太空边缘。到达边界以后，X-15会立刻调头返回，其飞行速度甚至接近6马赫。因此，这次航行的艰难程度可想而知。在短短的几个月中，巴恩斯就成了一名超音速航行技术专家。他负责对包括遥感勘测在内的诸多项目进行监控，每一名飞行员在物理应力下都会产生不同的表现，这让巴恩斯感到十分惊讶。

"对于飞行员体内会出现哪些变化，我们甚至比他们自己更加了解。在比蒂镇，我们需要对很多东西进行监测，比如他们的心率、脉搏以及所有发生在这些飞行员和飞机上的事情。"为了以防万一，航空航天局在加利福尼亚州、内华达州和犹他州许多可以用来让X-15迫降的干湖盆内都部署了应急小组，其中一处就是格鲁姆湖。

巴恩斯说："从雷达上可以看出，格鲁姆湖方向有东西正在移动。我看到的是自己不应该看到的事情。其中一个光点移动的速度快得惊人。后来，在有关'牛车计划'的情况介绍会上，我才得知自己当时看到的究竟是什么。由于不具备需知权限，对于在格鲁姆湖看到的一切，我始终只字未提，也从来没有人问起。"

X-15项目进展迅速，几乎每周都有一两次重大突破，这一点的确令人感到激动。就像许多与超音速高空航行有关的其他项目一样，这个项目也涉及很多机构，而不仅仅是航空航天局。空军部门也参与了其中的大部分活动。对于X-15试验机，中情局感兴趣的不是航天技术，而是冲压喷气引擎，他们希望能够在D-21无人机上采用这项技术。

"在技术方面，每个部门都会相互监督。"巴恩斯说。为了保证各方互通有无，X-15项目专门建立起一个无线电网络，以便所有相关人员使用。"范登堡空军基地、白沙导弹试验场、德莱顿航空研究中心和中情局都派出专人，对这个项目进行全天候监视。”

年仅 27 岁的巴恩斯很快就成了比蒂镇上最具权威的雷达专家。刚刚来到这里时，巴恩斯就发现雷达存在严重故障。“我们还在爱德华兹空军基地和伊利空军基地对 X-15 进行追踪。比蒂镇的雷达状况良好，但是我发现爱德华兹和伊利的雷达一定有问题。当 X-15 试验机在这两座基地的机场降落时，雷达数据显示它们不是在地面上，而是在 2 000 英尺的高空。”

巴恩斯打开无线电，向德莱顿航空研究中心的控制台通报了这一情况。但是，德莱顿航空研究中心却反唇相讥，把责任推给比蒂镇的雷达。事实上，巴恩斯的雷达数据一切正常，于是他继续通过无线电据理力争。对于巴恩斯敢于挑战上级的举动，比蒂镇的现场负责人感到非常惊恐，他一边狠狠地瞪了巴恩斯一眼，一边用口型示意巴恩斯“住口！”。巴恩斯只好不再作声。

几个星期后，当他得知 X-15 在接下来的 3 周内要进行检修时，巴恩斯立即抓住了这个机会。“现在你们得赶紧处理雷达故障了。”巴恩斯通过无线电说。与此同时，能够收听到他们对话的还有几十名高级官员。“当时无线电中一片沉默，”巴恩斯回忆道，“比蒂镇的现场负责人腾地从椅子上站了起来，对我怒目而视。‘你一人做事一人当，巴恩斯。’他说。比尔·霍克走到我的旁边，先是咧嘴一笑，然后伸出了大拇指。但是，德莱顿方面根本就听不进去。他们说这是雷达本身的缺陷，所以根本不可能修理。”

当时，巴恩斯与很多 X-15 的飞行员都颇为熟稔。虽然他们素未谋面，但是相互之间却配合得十分默契，因为在飞行过程的大部分时间里，他们都需要通过无线电联系。对巴恩斯来说，即使被顶头上司认为自己桀骜不驯，他也要保证这些飞行员的人身安全。于是，巴恩斯毫无保留地向德莱顿方面陈述了自己的看法。“我从事雷达工作已经很多年了，所以知道这不是雷达本身的缺陷，”巴恩斯说道，“我的雷达数据与飞机是一致的。如果再不修好你们的雷达，早晚会有飞行员因此丧命。”

无线电中顿时一片死寂。在德莱顿航空研究中心，休息室里的飞行员听到了他们之间的这场对话。X-15 飞行员乔·沃克拿起耳机说："我说话算数，马上修好你们的雷达，否则再也不会有飞行员驾驶 X-15。"事已至此，德莱顿方面别无选择，只得开始着手处理雷达的问题。

他们首先乘坐 T-33 飞机来到比蒂镇的追踪站，对雷达参数与飞机高度计的吻合程度进行了测试。然后又来到伊利空军基地如法炮制。巴恩斯的判断是正确的。比蒂镇的雷达没有问题，德莱顿航空研究中心和伊利追踪站的雷达参数虽然一致，但是却与实际数据相差 2 000 英尺。于是，这两处雷达设施被拆掉重新组装，直到后来人们才知道，它们都是二战中使用过的老式雷达，没有像比蒂镇的雷达那样经过改装和实地调整。对优尼泰克公司来说，值得庆幸的是，最终没有人因此而丧命。

巴恩斯的命运再次发生了巨大的转折。在这项秘密行动中，一个名叫约翰·格雷斯的人一字不落地听完了这场激烈的争论。由于约翰·格雷斯来自中情局，所以觉得巴恩斯这个名字有些耳熟。于是，格雷斯让自己的手下对巴恩斯进行暗中调查，想要知道这个在雷达技术上如此信心十足并且避免了一场灾难的家伙究竟是个什么样的人物。格雷斯有意聘请巴恩斯参加格鲁姆湖即将开展的一个项目，但是关于这个项目的具体内容，当时就连巴恩斯也被蒙在鼓里。

在比蒂镇，有时候巴恩斯要同时从事多项任务。除了 X-15 试验机以外，他还负责对 XB-70 超音速战略轰炸机进行追踪。在李梅将军最为钟爱的 B-70 轰炸机项目上，虽然军方已经投入了 40 亿美元，但最终还是被国会叫停，而 XB-70 是这个项目仅存的机型。之所以要在前面加上字母 X，是为了说明现在 B-70 只不过是新型超音速轰炸机的试验机。这种飞机体型庞大，是世界上速度最快的六引擎飞机。

1966 年 6 月 8 日，巴恩斯得知，当天的任务是对 XB-70 进行拍摄。在 XB-70 的两侧，还会有一架 F-4、一架 F-5、一架 T-38 和一架 F-104 编队飞行。巴恩斯负责在比蒂追踪站对遥感勘测、雷达数据和通讯情况进行监测。“这几种飞机的引擎都是由通用电气公司制造的，”巴恩斯说，“他们想要拍摄一张这几架飞机密集编队飞行的照片，然后作为第二年股东大会会议手册的封面。”

当时天气晴朗，空中几乎没有一丝气流。六架飞机从德莱顿起飞，一起向西行驶。大约 30 分钟后，他们开始在莫哈韦沙漠上空编队飞行。巴恩斯一边监测雷达上的数据，一边使用费希尔录音系统将飞行员们在无线电中的对话录制下来。

在这次特殊的任务中，巴恩斯的好友、X-15 飞行员乔·沃克负责驾驶 F-104 超音速轻型战斗机。F-104 位于编队的右侧，由于 XB-70 的六部引擎造成了强大的涡流，沃克感到极为不适，不得不尽力保持自己的位置。

“沃克打开了无线电，他的声音非常清晰，”巴恩斯回忆道，“他说：‘我反对执行这次任务。这种做法只会制造混乱，没有任何科学价值可言。’”

几秒钟后，空中发生了一场灾难性的撞机事故。“我们听到飞行员大喊：‘紧急情况！紧急情况！’我立刻意识到，XB-70 还不知道有飞机撞上了自己。”巴恩斯回忆道。乔·沃克驾驶的 F-104 猛地撞到了体型庞大的 XB-70 身上，在起火后轰然爆炸。

XB-70 的两侧垂尾顿时被扯了下来，飞机开始迅速下坠。由于速度越来越快，XB-70 陷入了无法控制的失速尾旋。在坠落过程中，机身被撕成几个部分，其中一名飞行员阿尔·怀特成功地启动了弹射座椅，而另一名飞行员卡尔·克罗斯被困在飞机中。随后，XB-70 在加利福尼亚州巴斯托以北数英里处的沙漠中坠毁，巨大的爆炸燃起了冲天的火光，卡尔·克罗斯不幸身亡。

“这次任务简直糟糕透顶，”巴恩斯说，“就是为了一张破照片。”但这还不是最糟糕的。“很多人开始怪罪乔·沃克。这话说起来容易，因为他已经死了。但是录音里可以清清楚楚地听到，沃克反对执行这次任务。明明是 XB-70 制造的涡流把他的飞机吸了进去。国家航空航天局在比蒂站的负责人比尔·霍克从我这里把录音带要了过去，说要送往德莱顿。但是录音带刚刚交到他们手里，”巴恩斯说，“就立即被人暗中销毁了。”

从某种程度上说，正是这次惨剧导致了XB-70项目的终止。与此同时，X-15 火箭动力试验机项目也寿终正寝。

“吃甜甜圈”：米格战术研究

对巴恩斯来说，比蒂镇的日子本来即将结束，但是一天下午，他突然接到一个电话。一个自称约翰·格雷斯的男人问巴恩斯，他是否愿意到距离比蒂镇不远的地方，参加一个“有意思的项目”。“如果愿意参加，格雷斯说，我需要前去拉斯维加斯。”巴恩斯回忆道。格雷斯告诉巴恩斯，在此之前，他必须首先进行高度机密涉密资格审查。不管怎样，这都是一个令人振奋的消息。于是巴恩斯立刻答应了下来。后来，T.D. 巴恩斯正式成为格鲁姆湖的一员。

1968 年 3 月，巴恩斯通过了涉密资格审查，随后得知自己的新任雇主是 EG&G 公司。上班的第一天，在某位“主管”的指示下，巴恩斯来到麦卡伦机场一座地处偏远、毫不起眼的飞机库前。在那里，有人在与巴恩斯握手后，将他带上了一架小型的“星座”飞机。

“没有人告诉我要去哪里，而我也知道对于秘密行动自己决不能多问。飞机十分平稳，一路上谁也不说话。在 51 区降落之前，我听到飞机的驾驶员对副驾驶员说：‘他们把甜甜圈拿出来了。’接着，这两个人立刻关闭了飞机上的所有舷窗，所以在着陆时我什么都看不见。我觉得很纳闷，不知道甜甜圈指的是什么东西，但是没有问。随后，我被带到 EG&G 特别计划组的大楼里，然后介绍给其他人。我的上司问：‘你叫什么名字？’我回答：‘T.D.’他说：‘够了。在这里你的名字是桑德。’”当天晚些时候，巴恩斯被带到 51 区的一座飞机库中。“他们打开仓门，里面停着一架苏制米格战斗机。有人告诉我说：‘这就是甜甜圈。’听到这里，我不禁莞尔一笑。把我送来 51 区的飞行员恐怕不会知道，我来这里就是为了一个甜甜圈。”

穆尼尔·雷德法带来的这架米格喷气式战斗机的机鼻上有一个圆环状的空隙，看起来就像一个甜甜圈，所以人们才给它取了这样一个绰号。这是第一架停在美国国土上的苏制尖端喷气式战斗机。当时，正在嘉手纳基地开展“黑盾行动”的斯莱特上校突然在半夜接到下属吉姆·西蒙的电话。

“西蒙打通电话，异常兴奋地对我说：‘斯莱特，你肯定不会相信发生了什么事情！’接着，他向我讲述了米格战斗机是怎样被藏在一架运输机里，由一名外国间谍在深更半夜护送到 51 区的。西蒙抑制不住自己的激动情绪，而我也等不及想要看看这架飞机的模样。”斯莱特回忆道。

“牛车”飞行员弗兰克·默里还记得，自己看到这架米格战斗机时感到无比兴奋。在“黑盾行动”期间，当弗兰克·默里在 51 区和嘉手纳基地之间往返时，有人曾经把他带到这座秘密飞机库里。“原来令人闻之色变的米格战斗机只不过是一个不起眼的小家伙，”弗兰克·默里说道，“我们简直不敢相信它就停在 51 区。”

T.D. 巴恩斯和 EG&G 公司在 51 区的特别计划组一起，开始对穆尼尔·雷德法带来的这架米格战斗机实施逆向工程，将其拆解后再重新组装。工程师们都知道，这是真正了解某件事物构造的最佳方式。在飞机的逆向工程方面，EG&G 特别计划组似乎早已驾轻就熟。当时没有人明白其中的原因，而作为这支团队的新人，巴恩斯知道自己决不能多问。这份工作让他感到非常兴奋。

“我们把这架米格战斗机拆卸成一个一个的零件，其中有驾驶室、陀螺仪、示波器、燃油计量表、无线电……然后，我们再把这些零件重新组装好。这架米格战斗机上既没有安装计算机，也没有配备其他先进的导航设施。”正因为如此，巴恩斯和特别计划组的成员更加感到不可理解。这种苏联飞机是如何在空战中击败更加强大的美国战斗机的？没有人能够解释其中的原因。于是，51 区设立了另外一个名为“吃甜甜圈”的项目，对米格战斗机进行战术研究。在这个项目开展期间，有飞行员驾驶米格战斗机在格鲁姆湖上空进行战术飞行，对美军飞机发动攻击。对于这项行动，空军方面表示不感兴趣，但是海军却跃跃欲试。

“了解这架飞机的第一步就是把它拆开，但是只有通过实地驾驶，我们才能够弄清它的速度为什么如此之快。”巴恩斯说。米格战斗机的试飞员一共在格鲁姆湖上空执行了 102 次任务。1968 年春，在长达 6 个星期的时间里，这里每天都会进行一场米格战机和美国战机之间的模拟空战。

除了有关 51 区的情况以外，该项目分别于 1997 年 10 月和 2000 年 3 月由美国空军外国技术部和国防情报局解密。“我们发现，你必须悄悄飞到米格战斗机的正上方，在它反应过来之前将其击落。这就是问题的关键。对于米格战斗机，一定要一击而中，否则不可能再有第二次机会。”巴恩斯解释道。在实战当中，这种做法固然可行，但问题是 51 区只有一架敌机，所以要想开展试验尤为困难。“我们没有多余的零件，所以地面的工作人员只能把这些零件拆掉，然后利用原料制作新的零件，”巴恩斯说，“当技术方面和战术方面的研究全部结束以后，我们终于发现了米格战斗机的秘密。”

苏联对此进行了报复。“51 区得到了一架米格战斗机，这一事实让苏联人感到怒不可遏，”巴恩斯说道，“为了进行报复，他们向 51 区上空派出了更多间谍卫星，有时候每隔 45 分钟就会出现一次。”

当时，苏联人已经大致了解了这个地区的日常活动，因为“牛车”侦察机和无人驾驶飞机经常在这里起飞和着陆。然而，随着米格战斗机的出现，美国空军外国技术部也来到了这里，并且带来了各种各样他们在中东地区俘获的苏联雷达系统。当苏联人发现格鲁姆湖的工程师正在对这些外国雷达系统进行测试时，他们决定从空中更加密切地监视这里的一举一动。

没过多久，这些苏联雷达就出现在格鲁姆湖盆的西侧和距离主飞机库西北一英里处的斯莱特湖周围，由 T.D. 巴恩斯负责对这些雷达进行测评。当巴恩斯说自己需要一套奈基导弹系统时，他的要求很快就变成了现实，这让他感到十分惊讶："我想中情局一定是从我的老根据地布里兹堡弄到的奈基导弹系统，所以才只花了一天时间。"

试验场内很快就布满了雷达，其中包括用于截获目标的雷达，对于巴恩斯这样的专家来说，这里可以尽情施展自己的本领。"我们使用奈基导弹系统对米格战斗机和其他飞机进行追踪，以测试他们对 X 波段雷达的电子反制措施。"巴恩斯不知道的是，部署这些雷达系统是为了用于对正在研究当中的某种空军飞机进行雷达截面分析。同样，苏联人对美国空军的这一打算也一无所知，但是对于在格鲁姆湖山区出现的苏联雷达，他们感到异常愤怒。

"我们在苏联人的监视之下动弹不得。"巴恩斯说道。在接下来的几周里，特别计划组根本没有机会开启雷达系统，因为苏联对这一地区加强了侦察。为了打发时间，巴恩斯和特别计划组的工作人员开始与苏联人斗智。

他们在停机坪上放了许多形状稀奇古怪的模型，然后给它们涂上颜色，这些模型"看起来十分好笑，根本就不像是飞机"。为了迷惑苏联的红外摄像卫星，他们还使用便携式加热器对这些模型进行加热。"我们尽情发挥自己的想象力，猜想苏联人会把这些东西当成什么新型飞机。"巴恩斯说。

由于时间充裕，巴恩斯和团队中的另外 23 名电子技术专家开始想方设法消磨时间。他们猜谜语、下赌注，甚至将化学物品混合起来，好让自己的网球鞋能在夜间发出亮光。他们重新连接了特别计划组专用车辆的导线，第一个发动汽车的人就会受到低压电击。他们在自己住所的房顶架设起高高的电视天线，希望能够收到拉斯维加斯的信号，但是打开电视，看到的却是一个西班牙语国际频道。"在接下来的几个月里，我们每天都在收看马德里的斗牛节目。"巴恩斯回忆道。

当这群受过尖端雷达技术专门训练的专家开始对恶作剧和斗牛比赛感到厌倦时，他们才将注意力转回到工作任务上。在格鲁姆湖，他们反复检查雷达回波有关数据的细枝末节，无意间在技术上产生了一次重大突破。

EG&G 公司特别计划组的工作人员发现，他们能够通过飞机在不同雷达上显示的细微差别分辨不同型号的飞机。当然，这与格鲁姆湖得天独厚的条件也是分不开的，他们不仅可以利用多个波段的雷达进行比较，而且在对米格战斗机进行战术测评时，格鲁姆湖那里停满了几乎所有型号的军用飞机。

这项对敌机电子反制措施的技术研究最终为隐形技术的发展带来了一次重大突破。通过对雷达回波的细微差异进行比较，巴恩斯及其同事能够确定，敌机在自己的雷达上可以看到什么及不会看到什么。随后，在 51 区进行雷达测试的洛克希德公司也掌握了其中的奥妙，从而促进了隐形技术的发展。

对人类来说，科学技术往往能够完成人类自身无法完成的事情。在间谍活动中，除了要了解自己的敌人，还要了解敌人对自己知道多少。因此，这不仅是一次技术上的突破，而且是一次战术上的突破。正是 51 区这架绝密的米格 -21 催生了美国一所最先进的战斗机飞行员学校，而这一事实直到数十年后才被世人知晓。

1969 年 3 月，也就是第一架米格飞机来到 51 区的一年以后，美国海军战斗机武器学校在加利福尼亚州米拉马尔郊外正式成立。在格鲁姆湖上空与穆尼尔·雷德法带来的米格飞机进行模拟空战的飞行教官开始为海军训练前往越南战场与苏联空军作战的飞行员。当这些接受过尖端训练的海军飞行员出现在东南亚上空时，这里的战况发生了翻天覆地的改观。在此之前，每 9 架美军飞机就有 1 架被米格战斗机击落；而现在，每 13 架越南北部战机就有 1 架被美国飞行员击落。

事实证明，这架米格 -21“鱼窝”战斗机成了美国在空战中扭转乾坤的利器。当然，这一切是要付出代价的。对美国来说，米格战斗机无疑是宿敌苏联现有的最先进、最神秘的武器，因此为了对以色列人投桃报李，美国开始为其提供喷气式战斗机，以确保以色列在海湾地区保持战略优势。

PART 4

第四部分
51 区早已无法无天

登月宇航员奥尔德林胖揍了阴谋论者，为何民众仍然相信 51 区是登月拍摄地？谁在为这个谣言推波助澜？人们很难想到，没有底线的试验正在此类烟幕弹的掩护下悄然展开：比如蓄意制造失控的核反应堆以测试火箭需要的核动力，还比如在活人身体上进行突破道德限制的实验。

第12章

共同毁灭机制

要想从事危险的机密试验，51区无疑是最佳的地点，因为这里既不用接受层层盘查，也不会有人严加监管。正因为如此，从51区成立之初，人员伤亡的情况就屡见不鲜。其中最危险的一次试验莫过于在距离格鲁姆湖西北5英里处的13区开展的“57计划”。在这项骇人听闻的核试验中，也许唯一的可取之处就是从善后清理工作中得到的教训，但是当人们意识到这一点时，一切都为时已晚。

核事故清道夫

在格鲁姆湖，与有始有终的侦察机项目不同的是，“57计划”曾经中途夭折。如果秘密引爆脏弹的目的是为了弄清当一架携带核弹的飞机在居民区附近坠毁后会发生什么情况，那么灾难发生后，原子能委员会面临的最大问题就是如何清理噩梦般的事故现场。一开始他们并没有采取任何措施。

直到这枚脏弹被引爆大约1年以后，原子能委员会也只是在这个地区的周围拉起带刺的铁丝网，上面悬挂着“核物质/危险勿入”的标志，然后继续放手进行下一次核试验。据核物理学家和试验策划者们推测，中情局的秘密基地虽然处于下风头，但是距离此处约有5英里，因此相对来说应该是安全的。因为α粒子质量较重，在尘埃云落定后，它们会停留在土壤的表层。更何况这项绝密计划的知情者绝无仅有，公众既然毫无觉察，更不用说表示抗议了。距离这里最近的居民是旁边格鲁姆湖基地内中情局的普通工作人员，对“57 计划”他们同样毫不知情。尽管原子能委员会不无担心，但是根据“按需知密”的原则，51 区所有人员唯一知道的就是不要靠近围有带刺铁丝网的 13 区半步。

如果这次清理工作的有关信息能够公之于众，将会对日后大有帮助，然而事实却恰恰相反。在“57 计划”开展的八年零八个月后，即 1966 年 1 月 17 日，西班牙帕洛马雷斯上空发生了一场真正的脏弹危机。当战略空军司令部的一架携带有四枚爆炸当量在 1 450 吨到 7 万吨 TNT 炸药之间氢弹的轰炸机来到西班牙乡间时，在空中与一架加油机相撞。

从 20 世纪 50 年代末起，战略空军司令部开展了一项名为“铬圆顶”的军事行动。当天清晨，一名空军飞行员及六名机组成员参与了该行动的一项活动。根据当时盛行的“相互保证毁灭机制”（也称共同毁灭原则，是指对立的两方中如果有一方全面使用核武器则双方都会被毁灭，于是双方为了避免有可能发生最糟的结果而达到一种“恐怖平衡”。——译者注），为了展示武力，美军会定期派遣战机携带热核炸弹绕地球飞行。这就是说，如果苏联对美国发动偷袭，战略空军司令部①在空中巡航的轰炸机随时可以使用核武器对莫斯科发起还击，其结果必然导致双方共同毁灭。

1 月 17 日清晨，当这架携带着核弹的轰炸机靠近加油机准备加油时，“突然之间，轰的一声，两架飞机撞在了一起”。飞行员拉里·梅辛杰说。巨大的爆炸顿时将加油机中的飞行员烧成了焦炭。幸运的是，梅辛杰和副驾驶员、教练员、导航员侥幸从携带核弹的轰炸机中弹射出来，在降落伞启动后，他们飘到了海面上。飞机上一共载有四枚核弹，其中每一枚都足以将曼哈顿夷为平地，但是这四枚核弹上的降落伞只有两个自行启动，另外两个没有打开。一枚核弹随着降落伞飘到一个干湖盆中，然后缓缓着陆，后来当人们发现时，这枚核弹仍相对完好。

但是，另外两枚降落伞未能启动的核弹却先后撞向地面，在炸药引爆后露出了里面的核物质。于是，钚元素立刻开始呈烟雾状在帕洛马雷斯释放，并且扩散到了面积为650英亩的西班牙农田里。这显然与“57计划”核试验中的扩散模式截然不同。第四枚核弹在海面降落后消失得无影无踪。帕拉马雷斯是地中海沿岸的一个小村庄，以渔业和耕种为主，那一天是当地的“圣安东尼节”。圣安东尼是帕洛马雷斯的保护神，这就意味着，当时村里的大部分居民都在教堂，而没有在农田中劳作，所以才逃过了一劫。

在距离帕洛马雷斯5 000英里以外的华盛顿特区，约翰逊总统在早餐时分得知了这个消息。当他正在卧室里一边饮茶一边吃甜瓜、切牛肉时，白宫局势研究室的一名职员敲门进来，向总统呈上当天的安全报告。报告的第一页是越南的战况，第二页提到了帕洛马雷斯核事故。

然而，关于钚元素大规模扩散及热核炸弹失踪的消息，在这份安全报告中却只字未提，而是轻描淡写地称，“第16核事故应急分队”已被派往该地区。“第16核事故应急分队”听起来固然冠冕堂皇，但是至于此前的15支核事故应急分队究竟身在何方或者是否已经不复存在了，在能源部可供查询的档案中都无从得知。实际上，这支队伍是专门为处理帕洛马雷斯事故而成立的，因为在1966年官方还没有专门的核事故应急队伍。直至9年以后，也就是1975年，时任内华达试验场负责人的退休准将马伦·E. 盖茨才建立起第一支核事故应急搜索队，简称NEST。

1966年，西班牙帕洛马雷斯的地形几乎与内华达试验场毫无二致。这两个地方都是干旱的山区，除了泥土和黄沙，最让人头疼的就是风切变（风切变是一种大气现象，是风速在水平和垂直方向的突然变化。风切变是导致飞行事故的大敌，特别是低空风切变。国际航空界公认低空风切变是飞机起飞和着陆阶段的一个重要危险因素，所以被人们称为“无形杀手”。——译者注）。9 年前，原子能委员会在 13 区引爆脏弹后，由于目光短浅，从来没有着手对事故现场进行清理。因此，在面对帕洛马雷斯危机时，第 16 核事故应急分队只能依靠自己不断摸索。

800 名没有任何实际经验的专家被派往事故现场，协助该地区开展清理工作。他们开始就地取材，临场发挥。第一组的任务是隔离辐射区域，着手将被污染土壤从这里移除。第二组的任务是寻找失踪热核炸弹的下落。对于失踪的核弹，国防部有一个专门术语，即“断箭”。负责清理事故现场钚污染的“大批专家和科学家”分别来自洛斯阿拉莫斯实验室、劳伦斯辐射实验室、桑迪亚实验室、雷神公司和 EG&G 公司。具有讽刺意味的是，被雇来收拾核事故残局的这些机构正是当初组装、连接并发射了核武器的那些公司。从中不难看出，这些军工复合体的发展已经达到了顶峰。

在接下来的 3 个月中，工作人员不分昼夜地设法清除事故现场致命的钚元素。当所有工作结束后，共有 1.4 万多吨放射性土壤和植物被从该地区移除，而后从海上运往加利福尼亚州南部的萨凡纳河植物园进行处理。虽然大部分被污染的土壤都得到了妥善处置，但是最终核防局不得不承认，对于通过风、灰尘和蚯蚓传播到其他地方的污染物的下落，人们“将永远无从得知”。至于失踪的那枚氢弹，虽然各大媒体进行了广泛的报道，但是五角大楼始终矢口否认。“我不知道有任何炸弹失踪。”② 五角大楼的一名官员告诉美联社记者。直到 45 天后，当这枚核弹被从海底打捞上岸时，五角大楼才不得不承认了这一事实。

然而，核事故并没有就此止步。两年零四天后，战略空军司令部一架携带着四枚核弹的轰炸机再次坠毁。1968 年 1 月 21 日，这架 B-52G“同温层堡垒”轰炸机在执行秘密任务时突然在格陵兰岛上空起火，当时火势无法控制，飞机上共有七名机组成员，其中六名成功跳伞逃生。随后，飞机撞向图勒空军基地的房顶，然后跌入冰雪覆盖的北星湾之中。

巨大的撞击引爆了这四枚核弹中的至少三枚，其后果几乎与这些脏弹同时爆炸无异，导致放射性的钚、铀和氚在大片冰河上扩散开来。接下来的一场大火吞噬了核弹及失事飞机的残骸。当熊熊烈火燃烧了 20 分钟后，冰面开始逐渐融化。其中一枚炸弹跌入海湾，很快就在冰河下消失得无影无踪。2008 年 11 月，英国广播公司在一次新闻调查中发现，当这枚核弹失踪后，五角大楼最终放弃了搜索计划。

当时官方仍未成立核事故清理的专门机构，于是另一支应急小组再次临时受命执行任务。这一次，共有 500 名工作人员来到了出事地点。除了致命的核辐射以外，格陵兰岛的环境也异常危险。当地的温度已降至零下 70 华氏度（约零下 56.7 摄氏度），风速约每小时 90 英里，所有设备都结冰了。

1989 年，有人根据《信息自由法案》提出申请，要求公布战略空军司令部的有关文件。其中一份秘密文件记载，空军方面曾经宣称，这次行动最终可能有名无实，因为即使“采取一切措施进行清理”，最多也只能消除该地区辐射物质总量的“50% 左右”。在接下来的八个月中，一个名为“弗里兹拉弗博士团队”的应急小组不分昼夜地在格陵兰岛展开了清理工作。当一切结束后，共有 10 500 吨放射性冰雪和飞机残骸被运出该地，送往加利福尼亚州南部进行处理。

在内华达试验场，一个新兴产业应运而生，因为核事故清理工作需要大量专业技术人员。但是在进行清理之前，必须首先对辐射的危险程度、具体地点和形式进行评估。因此，在这片沙漠中，陆续出现了各种各样辐射探测仪器的雏形。在西班牙和格陵兰岛的核事故发生以前，个人可以操作的辐射探测仪仅限于手持式盖格计数器，不过这种仪器只能在有限的区域内，对工作人员手部和脚部的辐射性物质进行检测。

事故发生后，内华达试验场的辐射检测仪器和设施开始泛滥成灾。虽然在 1963 年《部分禁止核试验条约》生效后，核试验全部转入地下，但是它们经常会从地底下“冒出来”，并且向地面释放大量辐射性物质。毫无疑问，内华达试验场是对新型仪器进行测试的最佳地点，因为这里的土壤中，钚、镅、铯、钴、铕、锶和氚等放射性元素泛滥成灾，在空气中也存在严重的辐射污染。

试验场上出现的第一种检测设备是 EG&G 公司设计的“中子探测手提箱”，外形与公文包相似。随后发明的仪器不仅变得更加先进，而且还包括地面运输车辆。劳伦斯辐射实验室设计的“天空探测仪”就像一辆装有碟形卫星天线的新闻采访车，可以直接开到试验场的土路上，里面的设备能够探测到从地下逃逸出来的辐射物质，并对空气中的放射性沉降物含量进行测量。

此外，这里还出现了能够在事故现场巡逻的固定翼飞机。从“十字路行动”起，飞机就开始被用于沉降物的探测工作，至于上面究竟配备了哪些尖端辐射检测设施，至今仍未解密。然而，这无疑标志着一项新兴的军事技术开始萌芽，并逐渐成为 21 世纪最重要的秘密产业之一。所谓遥感技术，就是指利用紫外线、红外线及其他探测手段，从一定距离以外对某个地区的辐射水平进行判断。

在帕洛马雷斯和图勒发生灾难性核事故的 10 年间，EG&G 公司不仅成了辐射探测市场的龙头老大，甚至专门在内华达试验场建立起“EG&G 遥感实验室”。“9·11”事件发生后，拉斯维加斯内利斯空军基地的遥感实验室配备了各种检测设施，能够对所有大规模杀伤性武器进行遥感探测。由于这些设备关系到国家的安危，直至 2011 年，T. D. 巴恩斯说：“对于涉及遥感实验室的有关机密，内利斯只有两个人具有需知权限。”

巴恩斯不仅是内利斯和克里奇空军基地的后备小组成员，也是它们的民间军事顾问。在 20 世纪 60 年代，能够涉及这些秘密的机构可谓绝无仅有，其中包括三个核试验室和一家私营企业——洛斯阿拉莫斯、劳伦斯·利弗莫尔、桑迪亚以及 EG&G 公司。如果再次发生核事故，为了保住自己手中的合约，它们必须出面替政府收拾残局③。

1946 年，原子能委员会在比基尼环礁上进行了二战后的第一次核试验。从那时起，EG&G 公司就开始为原子能委员会进行辐射测量和放射云的跟踪摄影工作，并且控制了绝大部分辐射物质的测量记录。由于这些记录“生而涉密”，即从一开始就要按照“秘密 / 受限数据”的规定严格操作，因此 EG&G 公司不可能把它们转交到其他机构的手中。从那以后，这种情况始终没有太大变化。这就意味着，在接下来的数十年中，没有哪个机构能够在遥感技术方面与 EG&G 公司抗衡。至于今天 EG&G 公司是否仍在遥感技术方面一手遮天，公司总部拒绝就此做出回应。

EG&G 公司的这些档案可谓极尽机密，甚至就连美国总统也无法获取。1994 年，克林顿总统就遭到了拒绝。1993 年，一个名叫艾琳·威尔萨姆的记者为《阿尔布开克论坛报》撰写了一篇长达 45 页的专题报道，揭露从 20 世纪 40 年代起，原子能委员会曾经在实验者不知情及未经本人允许的情况下，秘密对人体注射钚。当克林顿总统得知此事以后，他专门成立了一个人体辐射实验顾问委员会，旨在对原子能委员会极力遮掩的那些秘密进行调查，以便将其公之于众。

在某些领域内，总统的顾问委员会成功地揭开了一些令人瞠目的事实，但是在另一些领域却徒劳而返。至少在一件与 51 区秘密项目有关的案例中，顾问委员会获取 EG&G 公司记录的要求遭到了拒绝，理由是总统没有相关的需知权限。此外，关于在位于蠢驴谷一带 25 区开展的核动力火箭项目，总统的顾问委员会也未能向公众揭示真相。

无论这是因为该委员会无法获得 EG&G 公司的有关记录，还是他们虽然了解到了事实，但是却刻意对外界有所保留，任何人都无从得知。就在《部分禁止核试验条约》宣布大气层核试验为非法后，对于蠢驴谷内发生的一切，在克林顿总统顾问委员会长达 937 页的最终报告中仅有一行文字一笔带过，与其他几十场在居民区附近“蓄意释放核物质”的试验混杂在一起。这份报告轻描淡写地指出：“为了对核弹、核反应堆、核动力火箭及飞机的安全性进行测试，在内华达州和爱达荷州原子能委员会的试验场上产生了放射性物质。”

人造核灾难

在内华达试验场，有一个地点与 51 区极为类似，而且仅有一墙之隔，那就是面积为 223 平方英里的 25 区④。在淘金热兴起时，采矿者经常把驴子拴在这里的树桩上，然后到附近的山区寻找金矿，于是这片平坦开阔的谷地被称作“蠢驴谷”。就像 51 区一样，蠢驴谷的四周有三面群山环绕，因此成了隐藏秘密的最佳地点。然而，这两个地方最大的区别在于，51 区从理论上根本就不存在，但是在 20 世纪五六十年代，25 区却一度成为万众瞩目的焦点。1962 年，当约翰·肯尼迪总统前往内华达试验场参观时，他特意来到蠢驴谷，为那里正在开展的太空旅行项目造势。

当天，理查德·明格斯被派往 25 区，与总统的秘密特勤分队一起负责安全护卫工作。从报纸上的照片可以看出，这位英俊的美国总统就像平日那样戴着墨镜，穿着深色西服，正在两侧随员的簇拥下参观一个高高矗立在沙漠之中、形状奇特的新发明，而明格斯就站在他的身边。肯尼迪的一旁是时任原子能委员会主席的格伦·西博格，正是他和自己的助手一起发现了钚元素。即便如此，对凡是涉及核项目的内容，25 区不曾走漏半点风声。因为在蠢驴谷，除了太空旅行以外，还有许多秘密项目正在暗中开展，但是对此公众却毫不知情。

25 区无疑是美国发射第一艘核动力宇宙飞船的最佳地点。按照计划，这艘飞船在地球和火星之间往返一次只需要短短的 124 天。飞船形体巨大，建好以后足有 16 层楼那么高，可以搭载 150 名工作人员。“猎户座计划”像出自科幻小说，不过却存在于现实生活当中。洛斯阿拉莫斯前核武器设计专家泰勒一向把太空视作人类的“新边疆”，而这艘飞船正是源于他的构思。

从 20 世纪 50 年代初起，泰勒博士就开始为五角大楼设计核弹。直到数年后，他突然对国防部的动机产生了怀疑，并且正式离开政府部门，来到了圣迭戈的通用电子公司。通用电子是国防承包商通用电气公司负责开展核业务的一个分支机构。在那里，泰勒开始设计核动力宇宙飞船。但是，要想建造这样一艘飞船，就必须设法得到联邦政府的资助。1958年,通用电子公司向艾森豪威尔总统刚刚成立的科学和技术研究团队“高级研究计划署”陈述了这一想法。在苏联首次发射人造卫星后，美国也不甘示弱，随即建立起高级研究计划署，以便与苏联人一决雌雄。现在这个机构已经更名为“国防高级研究计划署”。

在当时，发展尖端航空技术就意味着要聘请像韦纳·冯·布劳恩这样的科学家设计化学火箭，然后才能用一个汽车大小的太空舱将人类送上月球。但是，西奥多·泰勒却提出，美国可以建造一艘办公楼大小、利用核动力推进的宇宙飞船，从而登陆火星。当高级研究计划署的负责人罗伊·约翰逊听到西奥多·泰勒的这一个构想时，他不禁眼前一亮。“每个人都在谈论用燃料推进燃料，其结果只能将一粒豌豆送入轨道，但是你的想法似乎大有可为。”1958年，高级计划署负责人对泰勒说。

随后，通用原子公司得到了100万美元的前期费用。该秘密项目被命名为“猎户座计划”，可以把蠢驴谷内华达试验场的25区作为其测试基地。泰勒博士的宇宙飞船之所以不能像其他火箭和飞船那样从卡纳维拉尔角发射，是因为“猎户座”包含了2 000枚“小型”核弹。一开始，泰勒设想让这些核弹从宇宙飞船的后部依次分离，在爆炸后推动飞船不断运行。由于其工作原理与可乐贩卖机相似，可口可乐公司甚至受雇为“猎户座”进行秘密的初期设计。

在远离公众视线的25区，泰勒博士制造的大型宇宙飞船将从八座高达250英尺的塔顶发射，由原子弹爆炸后释放的巨大核能推动“猎户座”升空。“对任何人来说，这都将是一个令人极为震撼的场面。”泰勒告诉自己的传记作者约翰·麦克菲。但是当空军接手该项目后，他们的设想却与泰勒博士的初衷大相径庭。按照高级研究计划署和空军方面的计划，“猎户座”将被打造成一艘太空战船。这项计划一旦成功，“猎户座”就可以使用核导弹对任何敌国目标发动攻击。此外，采用核推进技术的“猎户座”行动极为敏捷，完全可以避开苏联发射的导弹。在 500 英尺以外，即使是爆炸当量 1 000 吨 TNT 炸药的核弹也对它无可奈何。

在 20 世纪 60 年代初，空军方面一度认为，“猎户座”将战无不胜、所向披靡。“谁建成了‘猎户座’，谁就能够掌控全球！”战略空军司令部的托马斯 ·S. 鲍威尔将军宣称。但是，最终任何人也没有建成“猎户座”。1963 年，当禁止在大气层进行核试验的条约生效后，该项目被无限期中止。虽然国家航空航天局和空军仍然想要登陆火星，但是他们不得不将注意力转移到核动力火箭上。

至少从表面上看，从此以后将不会再有人在蠢驴谷的大气层中进行核爆。火星飞船需要的能源将来自一个机载核反应堆，由其中的燃料棒产生核能。因此，飞行器的质量不仅要很轻，以便顺利进入太空，而且不能过于狭窄，否则就会将里面的宇航员烧焦。后来，这个项目被命名为 NERVA（Nuclear Engine Rocket Vehicle Application），即“火箭飞行器应用核能引擎”。没有民众能够进入该地，这片区域的对外名称是“蠢驴谷核动力火箭试验基地”，由国家航空航天局和原子能委员会联合设立的“太空核能推进办公室”负责掌管。

对于 T. D. 巴恩斯来说，参与 NERVA 核反应堆项目显得有些勉为其难，因为他的专长是导弹和雷达技术。但是在 20 世纪 60 年代末，由于 51 区的研究进展缓慢，作为 EG&G 特别计划组成员，巴恩斯被派往 25 区为 NERVA 项目工作。虽然 NERVA 已经被作为公共项目出售给国会，但是包括 25 区日常活动在内的所有相关信息仍被列为机密。巴恩斯的工作站位于沙漠平原的一座山底下，几乎完全与世隔绝。每天清晨，巴恩斯和其他住在拉斯维加斯附近、接受过忠诚度调查的同事就会来到通往内华达试验场的水星营员工停车场，然后搭乘原子能委员会的车辆前往蠢驴谷。“NERVA 项目的有些工作人员住在比蒂镇或阿玛戈萨谷，所以他们会自己开车过来。”巴恩斯补充说。

NERVA 项目的所有人员只能从山麓一侧的一个小型关口进出，“它们就像老式矿井的入口一样，只不过看起来更加整洁一些”。巴恩斯回忆道。他还记得，“那里有许多铁门，巨大的通气管曲曲折折地从山顶一直延伸到隧道内部”。这条笔直的水泥隧道很长，甚至“一眼望不到头”。据原子能委员会的资料显示，这条地下隧道长约 1 150 英尺。

巴恩斯回忆，里面灯火通明，纤尘不染。“暴露在外的通气管和用于运输重型物资的金属电缆槽和隧道一样长，”他说，“这条隧道高约 8 英尺，宽度只能容纳两人侧身通过。”由于蠢驴谷的狼蛛随处可见，所以巴恩斯及其同事经常会看到，一只毛茸茸的巨大蜘蛛沿着隧道的地面或墙壁匆匆爬过。

在隧道的深处，巴恩斯要通过最后几道铁门。当这些门打开以后，就可以看到许多灯光明亮的房间，房间里面摆满了桌子。巴恩斯解释道："在隧道的尽头，我们来到了一间地下室中，里面的电子放大器、鉴频电路、多元组件和高技术设备沿着墙壁从地面一直摞到天花板。”这排电子设施前站着一位工程师，他身旁的手推车里“通常堆满了各种各样用于校准和维修电路的电子测试仪器”，所有工作人员正在为地面上即将开展的大规模核反应堆引擎试验进行准备。为了让国家航空航天局和原子能委员会相信 NERVA 项目能够将一艘满载宇航员的太空飞船推进到距地球 2 490 万至 3 400 万英里的火星之上（这一距离取决于两个星球在各自轨道上的位置。——作者注），这两个机构必须首先亲眼看到 NERVA 在地球上大显身手。为了防止巨大的推动力将引擎自身射入太空，这部引擎被头朝下封闭在一个测试架上。

每次试验开始前，一辆遥控火车就会将核反应堆从距离发射架 3 英里以外的水泥结构注铅工事内运往试验地点。巴恩斯回忆说："我们经常开玩笑说，蠢驴谷的火车是世界上最慢的火车，因为如果想要避免反应堆熔毁，其关键在于在水泥工事和测试架之间往返的途中，反应堆被浸泡在液态氢中。”火车的速度绝不能超过每小时 500 英里。只要有一点火星，整个火车就会被炸成碎片。在零下 320 华氏度（约零下 160 摄氏度），液态氢不仅非常易燃，而且是异常危险的炸药。

在 2004 年出版的《太阳系的终结：一个关于核动力火箭的故事》一书中，作者詹姆斯·A. 杜瓦尔对此做出了详细解释："即使人们只是慢吞吞地从地毯上走过，然后无意间用手摸了摸墙壁，（产生的热量）每 100 次就有 1 次就能够将氢引燃。"在谈到蠢驴谷的这处地面设施时，巴恩斯将其比作肯尼迪角（肯尼迪角位于美国东部佛罗里达州东海岸的梅里特岛，建立于 1962 年 7 月，是美国国家航空航天局进行航天器测试、准备和发射的一座重要基地。——译者注）。"可以想象，在一个四周环绕着水泥渡槽的平台上矗立着一座高达 120 英尺的铝制金属塔。金属塔的旁边放置着一些巨大的杜瓦瓶（杜瓦瓶是由苏格兰物理学家和化学家詹姆斯·杜瓦爵士在 1893 年发明的一种用于液态气体储藏、低温研究和晶体元件保护的容器。——译者注），其中每个瓶里都装有约 6 200 加仑（约 23 470 升）的液态氢，这就是宇宙飞船的发射场景。"巴恩斯解释道。

从原子能委员会在 20 世纪 60 年代拍摄的照片中可以看到，一条火车轨道从水泥渡槽的底部一直延伸到金属塔下方的一个开口处。巴恩斯说："有轨车会把核反应堆运到测试架上，然后使用遥控液压臂将其提起并放好，当引擎运行时，我们就在地下特制的注铅玻璃窗后进行观察、测量，并且记录数据。"之所以要将 NERVA 的试验地点深藏于山中，不仅是为了防止苏联的人造卫星对美国的核动力火箭项目进行高空侦察，同时也是为了避免巴恩斯以及其他工作人员受到核反应堆的辐射。"6 英尺深的土壤完全可以阻挡致命的核辐射。"

当这部核动力引擎开足马力后，其运行环境的温度为 2 300 开[尔文]，相当于 2 026.85 摄氏度，也就是说，必须始终利用液态氢对其进行冷却。"当引擎运行时，整座山谷就像一个巨大的火炉，炽热的氢气在与空气接触的瞬间就会立刻引燃。"这些核动力火箭引擎的试验始终被列为高度机密。直到 20 世纪 90 年代初，《犹他州新闻》驻华盛顿分部的负责人、一个名叫李·戴维森的记者才首次将有关细节公之于众。

戴维森说："当我根据《信息自由法案》提出申请后，五角大楼公布了相关信息。"随后，戴维森向公众发布了这些在此之前不为人知的事实，他揭露道："这部被固定的引擎发出巨大的轰鸣声……过热的铀裂变反应堆向空中抛射出一股肉眼无法看见的液态氢废气。"在进行新闻调查期间，他还得知，当内华达州卡连特的居民投诉，他们在该镇的供水系统中发现了核裂变的致命产物放射性核元素碘-131后，原子能委员会的官员不仅否认当时他们正在进行核试验，而且将其归咎于中国人。事实上，在卡连特镇进行供水系统检测的3天前，25区刚刚对NERVA引擎进行了试验。

如果民众在NERVA试验当天看到了25区的场景，他们一定会认为那里发生了一场巨大的核灾难，而事实也的确如此。"洛斯阿拉莫斯的科学家想要对失控的核反应堆进行测试，以便观测其在爆炸前能够产生多大的动力。"杜瓦尔不仅是一位作家，而且曾经在原子能委员会长期供职。"如果洛斯阿拉莫斯掌握了可能发生的最糟糕事故的相关数据，那么他们就可以对其他事故的场景进行准确预测，并且采取相关的防范措施。"

因此，1965年1月12日，代号为"基维"的核动力火箭引擎被过度加热，高速摄像机记录了这一事件的整个过程。"当温度升至4 000摄氏度时，反应堆突然爆炸，并且向空中喷射出大量燃烧剂，它们就像彩虹一样闪耀着七彩斑斓的光芒。"杜瓦尔写道。在此期间，共有148磅（约67千克，1磅约为0.45千克）的致命放射性燃料被射向空中，98磅放射性燃料在距离发射地点1/4英里的地方跌落。

当爆炸逐渐趋于平静后，一团巨大的放射云从沙漠中升起，随后"停留在2 600英尺的高空"，由EG&G公司"在两翼配备有空气取样装置的飞机进行检测"。放射云在空中飘浮，一开始向东，接着又向西飘去，"最后经过洛杉矶上空来到海面上"，杜瓦尔解释道。但是，EG&G公司这次辐射测量的具体数据，时至今日仍然属于机密。

公众只知道，这是一次“安全试验”。然而正是这场所谓的安全试验在国际上引起了轩然大波。苏联指责美国违反了 1963 年签署的《部分禁止核试验条约》，而事实也的确如此。但是原子能委员会已经得到了自己想要的东西，杜瓦尔写道：“即用来进行计算的准确数据。这次试验消除了他们对发生灾难性核事故的种种顾虑。”更为重要的是，原子能委员会和国家航空航天局得知，“由发射架事故引起的类似爆炸会造成距离爆心投影点 100 英尺的人员当场死亡，距离爆心投影点 400 英尺的人员会感到严重不适并有可能死亡，而距离爆心投影点 1 000 英尺的人员只会略感不适”。

人们很难相信，有关机构在进行试验之前竟然对于上述结论一无所知，所以不禁要问：原子能委员会究竟意欲何为？ 2010 年，当有人请时任该项目主管的太空核能推进办公室负责人哈罗德·B. 芬格发表看法时，他回答说：“我记不清是哪一次试验，因为已经过去很长时间了。”

5 个月后，也就是 1965 年 6 月，一场核灾难再次来袭，不过这次并非出自官方的蓄意策划。当另一部代号为“太阳神”的核动力火箭引擎发动 10 分钟后，“由于液态氢突然耗尽，引擎在刹那间变得温度过高”。杜瓦尔写道。就像 5 个月前的那次试验一样，一开始核反应堆向空中抛射出大量放射性燃烧剂。随后，“好像有一个巨人焊接工将剩余的燃料熔合在了一起”。在外行看来，这是一次核反应堆熔毁。事故原因在于其中一个液态氢燃料箱的计量表出了问题。当计量表显示还有 1/4 燃料时，实际上燃料箱中已经空空如也。

在“太阳神”爆炸后，由于蠢驴谷的土壤遭到了剧烈辐射，在接下来的 6 个星期内，就连身着全套防护服的危险物品应急处理人员也无法进入。至于地下的工作人员是怎样脱离险境的，任何人都无从得知。一开始，洛斯阿拉莫斯实验室派出机器人前往蠢驴谷进行清理工作，但是根据杜瓦尔的说法，这些机器人“不仅速度缓慢，而且效率低下”。最后，工作人员开着装有吸尘器的卡车进入现场，以清除其中的致命污染物。

从原子能委员会解密的照片中可以看出，他们身穿防辐射服，头戴防毒面具，手中拿着长长的金属钳，正在捡拾地面上的放射性物质。就像原子能委员会的大部分官员一样，杜瓦尔相信，这次事故“并非完全没有可取之处”。“虽然事前毫无征兆，也没有采取任何防范措施，”他仍然认为，“将这次事故视作一场‘灾难’，是对这个词语的曲解。”400 名工作人员花了整整两个月的时间才完成了事故现场的清理工作。

那么，NERVA 的后果究竟如何？ 1968 年，当巴恩斯参与该项目时，NERVA 正在积极推进之中，但是太空旅行的吸引力已经日见衰减。截至 1970 年，美国公众对登陆火星的痴迷程度开始急转直下。随着预算告罄，国家航空航天局准备终止这一项目。“我们在火箭研究方面的确取得了一些成果，”巴恩斯回忆，“当时的技术虽然可以将人类送上火星，但是人们不会使用一架在起飞时就可能爆炸的核动力火箭，因此 NERVA 不得不就此寿终正寝。”

尼克松总统取消了NERVA计划，整个项目于1973年1月5日正式结束。几名蠢驴谷 NERVA 基地的前工作人员回忆说，核动力火箭项目戛然而止，让人猝不及防。对于这个项目，在此之前任何人都不得而知。“大家都知道，政府部门喜欢对事故进行提前演练。”巴恩斯说。但是，国家核安全局内华达试验场办公室的发言人达尔文·摩根却称，这次事故根本就不存在。“假如真的发生过这样的事故，即使想要遮掩也遮掩不住，”摩根说道，“我已经联系过机要室的负责人，他们没有找到相关资料。”

然而，有关记录却恰恰相反。在国家职业安全和卫生研究所对 25 区进行调查，以确定前原子能委员会的部分工作人员身患癌症是否与曾经暴露在该地区可能置人死地的辐射中有关时，调查人员发现，这里已经被“两座核反应堆”彻底摧毁。在 2008 年的调查报告中这样写道：“这两座核反应堆的熔毁导致了放射性物质的传播，使得该地区遭到了铀、铌、钴和铯的严重污染。”

与 NERVA 核动力火箭试验有关的信息被列为受限秘密数据，而能源部也再三反对公布这些文件。原子能委员会的这些记录“不仅条理清晰，而且相当完整，但不幸的是，因为其中的大多数内容都涉及机密或保存在安全区，公众无从获知”，杜瓦尔写道。至于太空核能推进办公室的记录，杜瓦尔说：“太空核能办公室的很多资深人士认为，这些记录在 1973 年该机构废除时已经被全部销毁……尤其是办公室历任负责人哈罗德·芬格、米尔顿·克莱恩和戴维·盖布里尔的资料。”而这些资料对于 NERVA 项目来说至关重要。

当有人向哈罗德·芬格问及此事时，他说从 1968 年起自己就已经不再是该项目的负责人了，“我不知道什么核反应堆熔毁的事情”，芬格似乎是在暗示，他的继任者米尔顿·克莱恩或许有所了解。“我是 1971 年卸任的，”克莱恩回答，“在此之前，我并没有听说过 NERVA 最后发生了什么事情。”

2002 年 1 月，作为内华达实验重建计划的一部分，国家核安全局对 25 区污染地域的清理工作展开了调查。调查报告显示，当时 25 区的土壤中仍然存在下列放射性元素：“钴 -60（^{60}Co）；锶 -90（^{90}Sr）；钇 -90（^{90}Y）；铌 -94（^{94}Nb）；铯 -137（^{137}Cs）；钡 -137m（^{137m}Ba）；铕 -152(^{152}Eu)，铕 -154(^{154}Eu) 和铕 -155(^{155}Eu)；铀 -234(^{234}U)，铀 -235(^{235}U) 和铀 -238(^{238}U)；钚 -239(^{239}Pu) 和钚 -240（^{240}Pu）；镅 -241（^{241}Am）”，这些放射性污染“可能已经渗透到下层土壤中”。

当 NERVA 项目在蠢驴谷结束 28 年后，也就是“9·11”恐怖袭击发生后不久，被辐射污染过的 25 区突然有了新的用途。国土安全局和军方开始在这里进行演习，其中包括恐怖分子利用核武器袭击后如何进行清理。在几次行动中，T.D. 巴恩斯作为顾问参与。

在拉斯维加斯原子试验博物馆播放的一部政府宣传片中，国家核安全局发言人达尔文·摩根谈到了试验场正在进行的大规模杀伤性武器演习。“对那些初来乍到的人来说，这无疑是一次极为深刻的经历，”⑤

摩根说道，“因为试验场内的辐射是真实的，这在其他地方根本不存在。”然而，至于25区究竟遭到了何种程度及哪些类型的辐射污染，原子能委员会拒绝做出详细解释。

在20世纪70年代早期，原子能委员会一度认为，也许有一天，在美国的某座城市中会发生核反应堆熔毁事故。一旦出现这种情况，该委员会辩称，预先知道应该采取哪些防范至关重要。据原子能委员会相关文件记载，截至1972年，核能工业已经连续五年“生意兴隆”。由于无人掣肘，长期以来，原子能委员会一直在大力提倡发展核反应堆“装置”，即通过燃料芯块为核电厂提供能源。到1967年底，该委员会共在美国境内设置了30处此类设施，次年这一数字飙升至91处。截至1972年，全国一共有160座用于发电的核反应堆归原子能委员会掌管。

坠毁北美的苏联核卫星

当蠢驴谷的NERVA项目结束6年后，即1979年3月28日，位于三里岛的核反应堆由于冷却剂不足，导致堆芯部分熔毁。对于这次事件，当地官员感到异常震惊。“因为操作手册上没有相关说明，所以人们顿时慌了手脚，不知道该如何是好，只能期待有关方面采取有力措施。”1980年，刚刚成立的核能管理委员会特别调查组在一份向民众公开的报告中写道。尽管“有关方面”即原子能委员会曾经在25区处理过类似情况，但是他们显然没有向与自己合作的核电厂透露这方面的信息。

在三里岛核事故发生的同时，一部名为《中国综合征》的影片开始在美国各大影院陆续上映。在影片中，政府部门蓄意掩盖了一场迫在眉睫的核熔毁事故，而简·方达饰演的记者千方百计想要揭露这个阴谋。虽然观众明知道影片的内容纯属虚构，但是其中的技术细节却引起了人们的高度关注。

核能管理委员会特别调查组认为，正是这一虚一实两起事件，在媒体间引燃了一场熊熊大火。最近一次核熔毁虽然发生在众目睽睽之下，但是这一事实，特别调查组的某位委员写道："也许恰恰是杜绝类似事故再次发生的最有力的保证。"数十年来，政府高层最担心发生的事情就是公众可能产生集体恐慌，但是这一次公众的恐慌情绪却起到了积极的作用。在三里岛，媒体的关注和公众的反应成了进行民主制衡的有力武器，最终联邦政府不得不做出退让。

也许原子能委员会能够预见到很多核事故的发生，但是却没有料到，1978 年 1 月 24 日，苏联的一颗核卫星在北美洲的加拿大境内突然坠毁。从 1977 年 9 月 18 日"宇宙 954 号"发射升空之日起，北美防空联合司令部的分析人员就开始对其进行追踪。3 个月后，这颗间谍卫星的异常活动引起了联合司令部的高度警觉。据他们所知，这颗苏联卫星是为了追踪美国深水潜艇而设计的，全长 46 英尺，重达 4.4 吨。显然，要想把如此沉重的物体送入轨道运行，必须依靠超强的动力，而这种动力很可能源自核能。

1977 年 12 月，北美防空联合司令部的分析人员发现，这颗每 90 分钟就能环绕地球一圈的苏联卫星开始不断偏离轨道，而且距离地面越来越近。分析师在经过计算后得出结论，除非苏联人能够对其进行有效控制，否则这颗卫星很可能于一个月内在北美洲某处坠毁。于是，卡特总统的国家安全顾问兹比格涅夫·布热津斯基向莫斯科方面施压，想要了解这颗即将坠毁的人造卫星上究竟都有些什么。苏联人告诉布热津斯基，"宇宙 954 号"上携带了 110 磅高浓缩铀 -235。

当这次危机发生时，理查德·明格斯正在位于拉斯维加斯的能源部应急指挥中心工作。该指挥中心根据中情局的指挥，负责控制有关这场潜在核事故的所有舆论信息。1997 年解密的一份中情局报告显示，有关方面决定对公众隐瞒这一消息。就像无法预测谁能够在火车事故中幸存一样，人们也无法预知"宇宙 954 号"的最终坠毁地点。因此，一旦得知即将发生核卫星坠毁事故，要想预料公众的反应，"就像在一团漆黑中打棒球”一样困难,中情局的分析师古斯·韦斯写道。中情局十分清楚,一颗携带着核反应堆的卫星正在直奔地球而来。如果走漏半点风声,中情局断定,无异于一石激起千层浪,届时公众会作何反应根本无法预料。对于这一事实,在此之前从未公之于众。

“当时的局势极为紧张。”理查德·明格斯回忆道。在接下来的几天里,他在核事故应急指挥中心接到了无数个电话。1978 年,核事故应急搜索队已经正式成立,并且接受了如何应对核事故的特殊训练。内华达试验场的管理者马伦·E. 盖茨准将同时兼任这支搜救队的负责人。

按照盖茨的说法,“核事故应急搜索队的主要人员均来自 EG&G 公司,该公司负责为核试验室的工作人员以及联邦政府派往应急搜索队的人员做好后勤工作”。这支应急搜索队在麦卡伦机场原地待命,“一旦发生核事故,他们能够立即采取行动,”明格斯说道,“在应急指挥中心,我们的职责是避免美国民众产生恐慌情绪。”

对于这场即将发生的核事故,布热津斯基在公开场合只是一语带过。他说,美国“在太空时代遭遇了一些困难”。不过,明格斯认为,政府部门的举动无可置疑。“当时苏联的卫星仍在空中运行,只有当它在地面坠毁时才会产生辐射危险。如果某个人,比如说某市的市长认为,这颗卫星有可能在接下来的 90 分钟内坠毁,并且呼吁立即疏散民众,那么接下来的情况可想而知。”明格斯说。在核事故应急指挥中心,人们普遍认为,如果真的出现这种情况,就会导致民众集体恐慌,就像《世界争霸战》中描述的场景那样。

“宇宙 954 号”最终在距离加拿大蒙大拿州以北 1 000 英里的大奴湖的冰面上坠毁。在麦卡伦机场,核事故应急搜索队的卡车看起来就像贩卖糕点的车辆,实际上里面装满了 γ 射线和中子探测设备。这支车队直接开进形体巨大的 C-130 运输机,然后火速飞往北方。这支核事故应急搜索队的成员大都是来自洛斯阿拉莫斯、利弗莫尔、桑迪亚和 EG&G 公司的科学家和工程师。联邦政府派往出事现场的这支队伍由特洛伊·韦德全权负责。在回忆起往事时，韦德说道 ：“当时我们最担心的就是那些放射性燃料。如果其中一块的重量超过一吨，你就根本无法预测卫星的残骸以及所有燃料会散落到多远的地方。”

有鉴于此，他们的首要任务是探测大气中的辐射水平。韦德和 EG&G 公司的遥感小组将一架小型飞机和几架直升机开进 C-130 运输机的机舱，与那些看起来毫不起眼的卡车停在一起，然后迅速赶往加拿大的冻原。作为“晨光行动”的一部分，核事故紧急搜救队的成员在附近宽 50 英里、长 800 英里的地域内对放射性残骸进行了搜索。“GPS（全球定位系统）是很久以后才出现的，飞行员没有任何可以参照的物体，”韦德解释道，“那里没有山脉，到处都是一片冰天雪地，而温度将近零下 50 华氏度（约零下 4 摄氏度）。”此外，空军的一架 U-2 侦察机也在空中协助展开搜索。

经过漫长的几个月后，核事故应急搜索队一共找到了“宇宙 954 号”90% 的残骸。在对这次事故进行分析后，北美联合防空司令部认为，假如这颗卫星在坠毁前多环绕地球一圈，那么新形成的轨道就有可能将其抛射到美国人烟密集的东岸地区[6]。

第 13 章

登月阴谋论

1969 年 7 月 20 日，在距离内华达试验场 25 万英里的地方，宇航员尼尔·阿姆斯特朗和副驾驶员巴兹·奥尔德林即将接近月球上的预定着陆地点“静海”。然而，出现在“飞鹰号”自动定位登月舱面前的是一个足球场大小的陨石坑，里面布满了大大小小的石块。如果强行着陆，他们很可能立刻被撞得粉身碎骨；但是如果继续飞行，登月舱内的燃料只够支撑最后 94 秒。

此时此刻，他们面临着巨大的死亡威胁。时间每过去一秒，自动定位系统就会消耗掉更多宝贵的燃料。于是，思维敏捷的阿姆斯特朗决定将其关闭，改为手动驾驶“飞鹰号”。阿姆斯特朗向位于得克萨斯州休斯敦国家航空航天局行动指挥中心的负责人报告，他开始“手动驾驶，以便在岩石地面上找到一个理想的着陆点”。最后，当阿姆斯特朗驾驶“飞鹰号”在月球表面安全着陆时，登月舱内剩下的燃料仅能继续航行 20 秒。

51 区，月球布景？

俗话说，熟能生巧。毫无疑问，正是因为有着数百小时 X-15 火箭动力试验机的驾驶经验，以及无数次面临千钧一发情况时积累起来的智慧，阿姆斯特朗才能做到临危不乱，最终成功地在月球着陆。美国政府每取得一次重大成就，尤其是那些科学方面的进步，都离不开数十座研究中心和试验场上成千上万工作人员不分昼夜的辛勤努力，当然还有韦纳·冯·布劳恩设计的化学火箭，才最终使阿波罗 11 号、阿波罗 12 号、阿波罗 14 号、阿波罗 15 号、阿波罗 16 号和阿波罗 17 号的宇航员登上月球，并且平安返回家园。其中一个鲜为人知的事实是，为了登陆月球，宇航员们首先需要在内华达试验场接受训练。在那里，他们要徒步穿越几个巨大的核弹坑，从而学会如何应对月球表面崎岖不平的地形。在此期间，原子能委员会的厄尼·威廉姆斯成了他们的向导。

“在阿波罗登月的几年前，我花了整整 3 天时间，和宇航员们一起在第 7、9、10 区进行训练。”威廉姆斯回忆道。在 20 世纪 60 年代，宇航员的风头甚至不亚于今天的摇滚明星，因此当威廉姆斯回忆起试验场时，这些往事仿佛历历在目。“宇航员们都穿着工作服，打着背包，但是这些背包其实只是和实物大小一样的模型。宇航员的头盔上还装有摄像机。他们要依次走进几个沉陷的核弹坑，坑底不仅地势陡峭，而且崎岖不平。”威廉姆斯解释道。

一开始，他只是负责原子能委员会的食宿，确保餐车能够及时到达地处偏远的核试验场。“我们把土豆泥和肉汤运往试验场的深处，”威廉姆斯说，“最关键的是，这些食物一定要是热的。”由于多才多艺，威廉姆斯很快就成了试验场上的“万事通”。他不仅为宇航员做向导，而且还负责汽车调配，甚至还和中情局的工程师一起开掘了 51 区的第一眼水井。但是对威廉姆斯来说，最引以为傲的事情就是他曾经陪伴第一个登上月球的宇航员在核弹坑内进行训练。

“第一次训练是在 1965 年。5 年后，他们再次来到试验场上。”威廉姆斯回忆道。这一次，宇航员们还带来了一辆月球漫步车，以便对它在月球上的表现进行测试。随后，他们来到了位于 20 区帕胡特台地的斯库纳弹坑。“我们在帕胡特机场等候，然后将他们和月球车带往地势极为崎岖的斯库纳弹坑，”威廉姆斯说，“坑内的有些巨石足有 10 英尺高。其中一名宇航员说：‘要是月球真的像这里一样，我们肯定走不出多远。’”威廉姆斯记得，宇航员们还要学会怎样在月球上修理漏气的轮胎。“他们在野外卸掉铁质轮胎，然后换上橡胶轮胎。”

月球漫步车的速度十分缓慢，宇航员们需要轮流练习驾驶。“这辆月球车是由国家航空航天局建造的，当时他们已经在不少平坦的地方进行了试验，”威廉姆斯解释说，“但是在来到内华达试验场的斯库纳弹坑前，它还从来没有在地形复杂的地方行驶过。”如果月球车出现故障，阿波罗号上的宇航员必须学会如何走回登月舱。

威廉姆斯所说的斯库纳弹坑是一个沉陷弹坑，这是地下核试验后产生的地质现象。与在横向隧道中进行的核试验不同的是，如果核弹位于纵深的竖井中，巨大的核爆就会使四周的泥土气化，使岩石液化。当熔化的岩石冷却后，它们逐渐在空洞的底部变硬，而上面的土壤就会塌陷下来，形成一个弹坑。弹坑中不仅有出现了玻璃结晶体的岩石，还有巨大的卵石和数不清的瓦砾，因此几乎与月球表面无异。由于核弹坑和陨石坑的地质构造极为相似，在阿波罗 16 号和阿波罗 17 号登月后发回来的录音中，宇航员曾经两次提到了内华达试验场的核弹坑。

虽然两地相隔 25 万英里，但是在阿波罗 16 号登上月球后，约翰·M.杨对这里满是岩石的月坑感到无比惊异，于是问自己的同伴小查尔斯·M.杜克说：“你还记得斯库纳弹坑的情形吗？”他所说的斯库纳弹坑正是厄尼·威廉姆斯带领宇航员在 20 区进行训练的地方。阿波罗 17 号的宇航员哈里森·H. 施密特在寻找月球上的海玛斯山时，人们可以听见，他提到了 19 区巴克博得台地的核弹坑。对于厄尼·威廉姆斯来说，宇航员们的这种联想无疑是一件美好的事情。但是，对全世界数以百万计登月阴谋论者来说，这种联想却让他们感到更加怀疑。在他们的眼中，施密特传回地球的录音、在月球上拍摄的照片、采集的月岩以及一切与阿波罗登月计划有关的事情都成了甚嚣尘上的登月阴谋论的佐证。

就在阿姆斯特朗和奥尔德林回到地球 2 个月后，有人开始传言，月球上存在 UFO。1969 年 9 月 26 日，纽约市最新一期《国家公告》杂志刊登了一篇题为《人为信号故障掩盖阿波罗 11 号重大发现》的文章，令全国舆论一片哗然。“月球是一座 UFO 基地。”这篇文章写道。

文章的作者萨姆·佩珀说，他获得了一段据称被国家航空航天局从登月直播中剪掉的录音，而这段录音可以证明月球上存在不明飞行物。随后，许多 UFO 组织开始向国会议员施压，呼吁他们采取行动，还有人致信国家航空航天局，要求他们对此做出回应。“没有发生过……这起事件。”1970 年 1 月，国家航空航天局负责法律事务的副局长曾经出言驳斥。

随着时间的推移，仍然有很多不明飞行物研究者撰写文章，认为月球是外星人和 UFO 的基地。大多数情况下，国家航空航天局都置之不理。直到 20 世纪 70 年代初，刚刚出道的电影导演史蒂芬·斯皮尔伯格决定以外星人造访地球为题材拍摄一部影片。他把自己的剧本《第三类接触》寄给了国家航空航天局，希望能够得到他们的支持。然而事与愿违，在一封长达 20 页语气愤慨的回信中，国家航空航天局对斯皮尔伯格拍摄这部影片表示反对。

“我本来希望能够与他们合作，”1978 年，斯皮尔伯格在接受采访时说道，“但是看了这个剧本以后，他们变得十分气愤，认为这将是一部危险的影片。我想他们之所以会给我回信，很可能是因为《大白鲨》这部影片让全世界很多人认为，鲨鱼不只生活在海洋和江河里，还会出现在抽水马桶和浴缸中。他们担心，这种心理也许会在 UFO 研究者之间相互传染。”国家航空航天局要担心的不只是少数不明飞行物研究专家。作为知名导演，史蒂芬·斯皮尔伯格在世界各地拥有数以百万计的影迷，堪称当代的奥森·威尔斯。（奥森·威尔斯，1915 年 5 月 6 日—1985 年 10 月 10 日，出生于美国威斯康星州，是一位集演员、导演、编剧、制片人等多种角色于一身的电影天才。代表作品有《公民凯恩》和《安巴逊家族》等。——译者注）

几乎与此同时，另一个版本的登月阴谋论开始在美国民间大行其道，不过这一次与 UFO 无关。1974 年，威廉姆·凯思自费出版了一部名为《我们从未登陆月球：美国 300 亿美元的骗局》的著作。在这本书中，凯思提出了三个问题①，从而成为登月阴谋论的开山鼻祖：

其一，当时月球上并没有风，美国国旗为什么会飘动？

其二，在这张月球照片上，为什么看不到一颗星星？

其三，阿波罗登月车着陆后，为什么地面没有出现火箭冲力形成的浅坑？

凯思于 2005 年去世。凯思经常提起，早在洛克达因公司做分析师和工程师时，他就开始对登月计划表示怀疑。然而，正是这家公司设计的"土星 5 号运载火箭"将阿波罗送上了月球。在收看阿波罗登月的电视直播时，凯思说，他的"直觉忽然告诉自己，画面上的事情不是真的"。随后，他开始仔细审视这些登月照片，以寻找有关骗局的蛛丝马迹。从那以后，凯思提出的这三个问题在数以百万计的人们心中播下了怀疑的种子。他们坚持认为，国家航空航天局根本就没有登陆月球。这种登月阴谋论在民间时隐时现，直至 2011 年，仍然没有销声匿迹。

2001 年 8 月，《今日》节目的主持人凯蒂·柯莉克采访了威廉姆·凯思。那时凯思的阴谋论已经涉及了 51 区。时至今日，仍然经常有人引用凯思的说法，认为阿波罗登月是在 51 区的一座电影制片室中拍摄的。"51 区是美国境内一处有重兵把守的基地。"凯思说。对所有企图进入该地区的人，"一概格杀勿论。这样做当然事出有因……阿波罗登月的布景就在那里"。

直到 21 世纪，很多人仍然秉承了凯思的阴谋论，认为阿波罗登月只不过是国家航空航天局自导自演的一场骗局。但是各种版本却花样百出，就像"打地鼠"游戏一样，当一种说法被驳倒后，很快就会有另一种说法浮出水面。从神秘失踪的录音，到格杀勿论的 51 区。最后国家航空航天局终于忍无可忍。2002 年，该局聘请航空航天历史学家吉姆·奥伯格出版一部专著，向登月阴谋论者发出挑战，对他们提出的数以百计的疑点逐条进行驳斥。但是，当媒体风闻此事后，由于国家航空航天局处置失当，最终不得不取消了这本书的出版计划。

实际上，当登月阴谋论被炒得沸沸扬扬时，美国政府正在经历一场前所未有的信任危机。1974 年，理查德·尼克松成了美国历史上第一位提出辞职的总统。1975 年，中央情报局承认，他们曾经开展过一系列人脑控制项目，其中包括对人体使用危险违禁药物的实验②。当年 4 月，西贡（现称胡志明市）失守。即使采取了很多不光彩的行动，美国仍然无法打赢越南战争，而且导致 58 193 名美国士兵白白牺牲，这一事实更加助长了国内日益高涨的反政府呼声。

凯思的阴谋论并非独创。早在 130 多年前，即 1853 年，就有人成功地实施了一次“月球大骗局”。从 8 月 25 日起，《纽约太阳报》刊登了六篇新闻连载，谎称科学家在月球上发现了生命和文明。该报宣称，著名的天文学家约翰·赫歇尔爵士借助自己功能强大的天文望远镜，在月球上发现了长着翅膀的人形生物、与人体大小相当的海狸和独角兽。当天的报纸很快就卖完了，再次印刷后，仍然被人们抢购一空。由于销量大增，《纽约太阳报》从中牟取了可观的利润，而且还让读者信以为真。

实际上，公众极易受到欺骗。在谈到这一点时，该报的另一位作者、著名小说家埃德加·爱伦·坡说：“这篇报道之所以会产生影响，恰恰反映了当前人们对科技进步的痴迷。”但是，在这次月球大骗局中，却看不到丝毫阴谋论的影子，因为没有任何政府部门参与其中。这只是一次为了增加报纸销量进行的成功炒作，而不是为了操纵民众心智所实施的险恶阴谋。

时至今日，凯思的著作仍在刊行。在这部书出版后不久，即 1978 年，一部好莱坞影片中的内容几乎如出一辙。在彼得·海姆斯拍摄的《魔羯星一号》中，国家航空航天局伪造了人类登陆火星的场景。就连詹姆斯·邦德也在影片《007 永远的钻石》中影射阿波罗登月只不过是一场阴谋。数十年来，关于登月骗局的说法主要在阴谋论者之间流传。

直到 20 世纪 90 年代末，随着互联网的兴起，登月阴谋论卷土重来，并且开始登上主流媒体。2001 年 2 月，福克斯电视台播放了一部长达一小时、纪录片风格的节目，名为《阴谋论——我们真的登陆月球了吗？》，随后在世界范围内引发了一场有关登月真假的激烈辩论。到此为止，21 世纪的登月阴谋论发生了巨大的转折。

2002 年 9 月，第二个登陆月球的宇航员巴兹·奥尔德林同意接受远东电视台的采访。奥尔德林说，这是因为“他们看起来像是一家正规的电视台”。在 12 名曾经在月球行走的宇航员当中，巴兹·奥尔德林不仅是声望最高的一个，而且经常接受采访。作为一名前战斗机飞行员，奥尔德林一共执行过 66 次战斗任务，曾经在朝鲜战场上击落两架米格 -15 战斗机。此外，他还是一位毕业于麻省理工学院的物理学家，所以在谈起有关外层空间的内容时，他显得轻松自如。

2002 年秋，奥尔德林身着西服坐在贝弗利山庄的豪美酒店里。当节目主持人开始谈论起有关阴谋论的话题时，奥尔德林感到事情有些不对劲。“我试图引开话题，继续谈论与太空有关的事情。”奥尔德林回忆道。但是这时，主持人却播放了福克斯电视台所谓登月骗局节目中的一个片段。奥尔德林认为，“阴谋论只会浪费每一个人的时间和精力”，所以站起身来，走出了直播间。“我从事的是与空间交会和轨道力学有关的严肃科学，因此当有人找到我，并且暗示尼尔、迈克和我没有真正登上过月球，还有这次太空旅行是在制片室中拍摄的时，这无疑是我听到过的最荒诞不经的说法。”奥尔德林说道。

接着，在酒店的大厅里，一个年纪 30 多岁、体型高大的男子走了过来，开始与奥尔德林寒暄。这个人的名字叫巴特·西布莱尔，他的旁边还跟着一个摄制组。“嗨，巴兹，你还好吗？”在西布莱尔说话的同时，摄像机也开始运转。奥尔德林也向他问好，然后继续朝大街上走去。但是西布莱尔却跟了上来，并且接二连三地发问。随后，他拿出一本《圣经》，在奥尔德林的面前晃了晃。“你是否愿意对着《圣经》发誓，你真的登上过月球？”当时已经 72 岁高龄的奥尔德林回答：“你们这些阴谋论者根本就不明白自己在说些什么。”然后朝另一个方向走去。

西布莱尔开始出言不逊，对奥尔德林进行人身攻击。“你的人生就是一个彻头彻尾的谎言！”西布莱尔叫嚣，“你在采访中夸夸其谈的事情，其实根本就没有做过。你只不过是为了赚钱！”说完，这名阴谋论者突然跑到奥尔德林的面前，挡住了他的去路。因为继女就在自己身旁，奥尔德林只好返回酒店，让门童代他报警。“你是个懦夫，巴兹·奥尔德林！”这名阴谋论者开始高声叫骂，

“你是个骗子！窃贼！”奥尔德林说，当时他忍无可忍，“也许我的身上一直流淌着西点军校军官和空军战斗机飞行员的血液，也许我受够了这个好斗分子的恶语挑衅……于是我给了他一拳”。这位第二个登上月球的宇航员一拳正中阴谋论者的下巴，摄像机拍下了当时的场面。

很快，这段录像就开始在各大电视台播出，其中包括有线电视新闻网以及著名脱口秀主持人杰伊·莱诺和大卫·莱特曼的节目。对于奥尔德林对阴谋论者的反击，有线电视新闻网政治评论员保罗·贝加拉伸出了大拇指。但是在美国境内，仍有数以百万计的民众认为，登月计划只不过是一场骗局。2009 年，就在阿波罗 11 号登月 40 周年的历史性时刻即将到来之前，一项民意调查显示，在美国、英国和苏联，有大约 25% 的受访者相信，这次登月纯属子虚乌有。很多人表示，他们认为登月的场景出自伪造，而拍摄地点就在 51 区。

一望无际的“镜海”

直至 2011 年，在据称与 51 区有关的三大阴谋论中，登月阴谋论仍是最广为流传的一个。另外两种传闻分别是，51 区关押着被俘的外星人

和UFO，以及51区的地下隧道和地堡通向美国的其他军事设施与核试验室。在这三种阴谋论中，其中每一种都不乏事实，而每一种都指向一个联邦政府机构，即国家航空航天局、中央情报局和国防部。然而实际上，这三种阴谋论中却隐藏着一条与51区真相有关的重大线索。

以揭秘51区而著称的作家迈克尔·施拉特经常写书或者在世界各国发表演讲，宣扬美国政府试图掩盖真相。施拉特认为，这个秘密基地“可以借助兰德等公司在1960年左右发明的地下管道运输系统，直接通向爱德华兹空军基地北侧的综合楼及帕姆代尔的第42空军基地”。施拉特称，51区“很可能与俄亥俄州的莱特-帕特森空军基地相通……其间的地下隧道是由核动力钻机挖掘而成的，这种钻机每天可以开掘长达3英里的隧道”。此外，施拉特还说，一旦遭到核打击，比如第三次世界大战爆发，“美国的政界领导人就可以乘坐这些地下隧道中的火车来到其他军事基地”。

事实上，早在数十年前，在内华达试验场51区的附近，的确开凿了一些地下隧道，它们分别被称为N隧道、P隧道和T隧道。其中，蠢驴谷的地下隧道就穿过了卡利克山，长达1 150英尺。通过这条隧道，NERVA项目的科学家和T.D.巴恩斯等工程师就可以来到自己的地下工作站。然而，这只是内华达试验场诸多地下隧道中的一条。按照能源部的说法，25区NERVA项目的建筑群已经被拆掉并“弃置不用”，但是试验场上的其他隧道却仍然存在。

20世纪60年代，在12区瑞纳台地花岗岩山中的一条隧道长达4500英尺，深将近1英里。实际上，在美国境内有很多类似的地下隧道和地下堡垒，但是《华盛顿邮报》记者泰德·格普在1992年揭露的绿蔷薇地堡却引起了一场轩然大波。有人认为，这只不过是美国政府高层人物为自己建造的一个藏身之所，以便在浩劫后生存下来。自1992年起，有关秘密地堡的阴谋理论开始与51区交织在了一起。

绿蔷薇地堡位于距华盛顿西南250英里的阿利盖尼山中。从1959年开始，由国防部牵头在西弗吉尼亚州著名的五星级度假胜地绿蔷薇酒店地下打造的这座地下堡垒，深 800 英尺，面积 112 544 平方英尺。这座秘密建筑于 1962 年竣工，一旦发生核战，总统和国会的某些议员就可以在此处藏身。在绿蔷薇地堡中，有一栋宿舍、一个餐厅、一间用于清除污染的净化室和一所拥有 35 名医生的医院。

当公共广播公司询问绿蔷薇地堡的前现场负责人保罗·巴加斯，政府为什么要对民众隐瞒这处设施时，他的回答是："做好保密工作，防止潜在敌人察觉我们的藏身地点，这是开展所有行动的重中之重。"也许很多公民都认同这种说法，但是阴谋论者却对此持有异议。他们认为，联邦政府之所以要保守秘密，不是为了保卫美国人民，而是为了保全他们自己。

内华达试验场的隧道和地堡也许是联邦政府在美国大陆建造的最为巧夺天工的地下设施。除此以外，其他大部分隧道都位于 12 区。12 区位于 51 区正西约 16 英里瑞纳台地的山中。从 1957 年起，人们开始不分节假日、不分昼夜地在这里的火山岩和花岗岩中挖掘大规模的隧道群。即便如此，开凿这样一条隧道平均仍需要 12 个月。大多数隧道宽 100 英尺，深度在 1300 英尺左右，有的甚至达到了 1 英里。正是在这些巨型的洞穴中，原子能委员会和国防部一共引爆了 67 枚核弹。军方对从导弹鼻锥体到军用卫星在内的设施均进行了试验，想要知道核弹爆炸后产生的辐射会对它们造成哪些影响。

此外，这里还开展了一系列代号为"大力士"的试验，以了解这些加固地下堡垒在遭受核弹攻击后是否能够保持完好。在"硬饼干行动"中，军方想要得知如何利用爆炸当量百万吨级 TNT 炸药核弹"摧毁包括导弹发射井和指挥中心等在内的敌国目标"。在 T 隧道中，科学家们模拟外太空建造了一个真空室，较之于 20 世纪 50 年代末进行的"柚木"和"橙子"核试验，这里的试验将不仅限于高层大气。国防部甚至还在一座地下堡垒中堆满了核武器，以测试它们是否能够经受核爆的威力。

在几年的时间里，理查德·明格斯就待在这些地下隧道中，负责守卫用于实验的核弹。在内华达试验场工作的50年生涯中，这是明格斯最不喜欢的任务。“这些隧道肮脏不堪，我们必须穿上厚重的靴子，因为经常要在岩石和瓦砾堆中行走，”明格斯解释道，“隧道里的空气质量很差，几乎完全不流通。这里的工作人员来自各行各业，有木匠、焊工等。在挖掘隧道时，人们使用的是48英寸切割机。”

这里的大多数设备都是经过铁轨运进来的，也就是说，阴谋论者关于51区地下火车的传言从某种程度来看是正确的。有些阴谋论者认为，这些铁轨可以将政府的高层人士从内华达试验场运往美国东岸，但是实际上，根据原子能委员会的记录，国防部在这些隧道中建造的轨道系统主要是用来运输重型军用设施的。不过，如果理查德·明格斯愿意，他完全可以乘坐火车进入地下隧道，但是他却宁愿自己走路。

与那些在内华达试验场制造了巨大弹坑的大气核试验或竖井核试验不同的是，在T隧道核试验中，核弹需要首先被运往现场。“核弹被固定在隧道背面的一个叫作‘零点屋’的房间里，”明格斯说，“距离我所在的位置大约只有3/4英里。”有时候，明格斯需要在隧道尽头站上8 ~ 10小时，以守卫核弹，因此“为了锻炼身体”，他才选择每天早晨走路上班。此外，明格斯之所以不喜欢在地下隧道执勤，是因为这里很容易让他联想起童年时期一段不堪回首的经历。“那时我还是个孩子，但是要在矿井中工作。”明格斯回忆道。

在一般情况下，如果知道自己的旁边有一枚核弹，任何人都会非常紧张，但是明格斯却处之泰然。他说，自己年轻时在矿井中的那次经历甚至更加危险。“当时还没有电钻，我和哥哥只能用手挖土。隧道非常狭窄，只有3.5英尺宽，高度尚不能容一个人站立，我们只好双膝跪地。那时候还没有甘油炸药，只有黑火药。我们把炸药放在洞里，用卫生纸做引信，在点燃以后立刻跑出来，一直等到浓烟散开。如果你有过这样的经历，即使想忘也忘不了。”

在 1963 年《部分禁止核试验条约》生效前，五角大楼的政策是对民众公开所有的核试验，不过公布时间是在核弹引爆前的一两个小时，即核试验当天凌晨 3:30 左右。但是在该条约生效后，五角大楼改变了这一做法。凡是有关地下核试验的信息，包括什么时候进行核爆及爆炸当量是多少，全部被列为机密。除非有科学家预测，在距离内华达试验场以南 65 英里的拉斯维加斯一带可能会有震感，政府部门才会提前发布公告。

从 1963 年至 1992 年，这里共进行了约 800 次地下核试验。从第一台钻机出现在内华达试验场到 20 世纪 90 年代末的数十年间，无论是核弹还是矿工似乎已经与 51 区的传闻融为一体。显然，民间流传的许多关于 51 区地下隧道的说法并非只是凭空想象。

虽然在涉及 51 区时，阴谋论者的想象力极其丰富，但令人惊讶的是，他们竟然全都忽略了一点：在与这座秘密基地有关的三大阴谋论中，其实存在着一个共通之处。阴谋论者认为，在有关外星人和 UFO 的事件中，其幕后主使是中央情报局；在登月骗局中，其幕后主使是国家航空航天局；而在地下隧道和地堡的阴谋中，其幕后主使是国防部。实际上，操纵这三大阴谋论的是同一个机构，即原子能委员会。

那么，阴谋论者为什么没有看到这一点联系？原子能委员会又为什么能够逃过世人的眼睛？这些问题的答案就藏在内华达试验场广袤无垠的沙漠之中。借用中情局超级间谍詹姆斯·安吉尔顿的比喻来说，那里存在着一片“无边无际的镜海”。安吉尔顿认为，苏联人蓄意制造了一个又一个谎言，使美国特工在虚假情报的汪洋中虚实难辨。

同样的道理，在冷战期间，原子能委员会在内华达试验场上也制造了一片真假参半、混淆视听的“镜海”，从而使民众与真相的距离变得越来越远。除此以外，他们还利用手中的橡皮图章，把大量资料列为受限数据、秘密或机密文件，从而阻隔了公众的视线。可以说，从外星人和不明飞行物、登月电影到地下城市，凡是与 51 区有关的阴谋论无一例外都是冷战的产物，正是它们帮助原子能委员会成功地将民众排除在秘密真相之外。

作为内华达试验和射击靶场、内华达试验场及 51 区荒漠之中绝大多数秘密危险行动的幕后主使，原子能委员会曾四次变更机构名称，这一事件绝非巧合。在第二次世界大战期间，该机构最初被命名为“曼哈顿计划”。1947 年，该机构又更名为“原子能委员会”。1975 年，原子能委员会再次更名为“能源研究和开发局”。

1977 年，这个政府部门被重新命名为“能源部”，其职责是“推进美国相关技术的发展与革新”。乍听起来，这个机构更像是一家类似苹果公司那样的高科技企业，而不像是一个制造了 7 万多枚核弹的联邦政府部门。到了 2000 年，能源部之下负责核武器的机构最终被命名为“国家核安全局”，隶属能源部管理。2010 年 8 月，就连内华达试验场也将名称更换为“内华达国家安全基地”，简称 NNSS。

第二次世界大战后，美国的政府部门进行了重组，但是从 1947 年《国家安全法》颁布后，国防部、中央情报局、陆军、海军和空军的名称都一直沿用至今，而国务院、劳工部、运输部、司法部、教育部等内阁部门的名称也始终没有变更。

从 1908 年成立以后，联邦调查局也只变更过一次名称，这个部门最初被称作“调查局”，詹姆斯·安吉尔顿为其倾注了毕生的精力。在他看来，这个政府机构已经具备了混淆视听、操纵西方情报机关的能力，如果不能及时制止苏联人的骗局，有朝一日民主制度会岌岌可危。这种看法最终让安吉尔顿走向极端，并陷入了疯狂。

在长达三年的时间里，他把一个来自苏联克格勃的双面间谍尤里·伊万诺维奇·诺申科关押在中情局位于美国本土的一座秘密监狱中，并且对他进行了残酷的折磨，试图逼迫他吐露“真情”。但是，诺申科通过了多种测谎仪的测试，最终被中情局释放，用化名继续生活。至于诺申科是否曾经变节[3]，人们一直争论不休。然而，诺申科事件却成了安吉尔顿的一大败笔。在被中情局解雇后，他颜面扫地离开了这里。尔虞我诈也许是国家之间经常玩弄的把戏，但是置身于这种互相欺骗造成的后果中，对某些人来说却难以承受。

实际上，在冷战期间，使用骗术的不仅仅是苏联。1995 年，当克林顿总统命令人体辐射实验顾问委员会对原子能委员会隐藏的秘密进行调查时，最终发现了许多令人震惊的档案。在一份标记为 1995 年 5 月 1 日的报告中，人体辐射实验顾问委员会用一句话对原子能委员会的早期保密制度进行了总结：正式保密制度的建立只是为了掩盖那些令人尴尬的事实。

此外，克林顿总统的顾问委员会还追查到另一份更加令人瞠目的文件，即 1947 年 9 月原子能委员会负责人约翰·德里的备忘录。人体辐射实验顾问委员会在报告中说，德里在这份备忘录中写道，“一切有可能危及原子能委员会及其承包商或者使两者陷入困境的政策性和程序性文件和通信”都应当被列为秘密或机密。

克林顿的顾问委员会发现，其中一份文件这样写道：“有相当一部分文件一旦公布，虽然并不足以导致泄密，但是有可能引起外界对原子能委员会安全保障部门的关注。”换句话说，原子能委员会之所以要将这些文件列为机密，是为了避免遭到起诉。这样一来就会出现一个问题，这份备忘录中继续写道：“因为有关人体试验的医疗文件在到期以后必须解密。”为了解决这个问题，在与“安全保障部门”进行商讨后，原子能委员会得出的结论是：如果这些文件需要解密，对于其中的相关内容，必须首先进行“重新表述或者悉数删除”，从而避免可能引起法律上的争端。

互联网是阴谋论者分享信息的地方，而其中大部分阴谋论都与政府部门有关。具有讽刺意味的是，互联网在刚刚诞生时被称作“国防高级研究计划署互联网项目”。

作为越南战争期间的一种军用数字化通信手段，该项目是由国防高级研究计划署（原名为“高级研究计划署”）于 1969 年开展的。据推测，截至2011年，全球共有19.6亿互联网用户，将近世界人口的1/3。在美国，知名度最高的一个阴谋论网站是AboveTopSecret.com。据该网站总裁比尔·欧文称，AboveTopSecret.com的月访问量为500万人次。这个网站共有240万页内容，其中包括1 060万个帖子。他们信奉的座右铭是：拒绝无知。该网站的成员自称，他们是一群不满于蒙昧无知现状的人。

截至2011年，AboveTopSecret.com网站共吸引了2.5万名注册用户。关于51区外星人和UFO的帖子在其中位居第二，而该网站关注度排名第一的帖子题为“新世界秩序”。根据比尔·欧文的说法，在过去两年里，这个帖子的点击量正在以“惊人的速度”不断攀升。欧文说，有很多人认为，这个帖子已经成了联结包括51区在内的各种阴谋论的一个纽带。

“新世界秩序”阴谋论宣称，一个强大的政治集团正在暗中密谋，由集权政府来统治整个世界。该阴谋论的部分拥趸甚至将其喻为“第四帝国”，因为据他们称，这个帝国类似于纳粹德国建立的第三帝国，其中包括纳粹的种族优劣论、军国主义理论及对公民私生活进行严格监控的做法。尽管对于非阴谋论者来说，“新世界秩序”似乎只是天方夜谭，但是它却触及了51区的秘密之源，而这也正是美国政府始终不愿意承认51区存在的原因所在。

第14章

秘密拓殖52区

在20世纪80年代，51区究竟发生了哪些事情？其中大多数行动至今仍被列为机密，而向外界公开的事项寥寥无几。在此期间，51区发生了一件耸人听闻的事件。虽然这次事件差一点儿就引发了一场灾难，但是在有关51区的传闻中却从来没有人提起。有一次，直升机对内华达试验场和51区之间的防卫站进行了攻击演习[1]。当时的局面一触即发，由于事涉半自动武器和一枚核弹，最后就连五角大楼和白宫也不得不出面干预。

核弹组装区“遇袭”

对51区来说，最大的隐患就是敌人有可能驾驶飞机或直升机从低空发动袭击。“直升机显然更加理想，”巴恩斯说，“飞机在到达攻击目标之前就会被轻易发现，但是直升机可以藏在卡车中运进来，等到接近禁区后再迅速升空。在51区的防卫飞机还没有反应过来之前，它们很可能已经突破了安全防线。”为了应对这种威胁，理查德·明格斯和其他卫兵经常需要参加反攻击训练。

在这些训练中，他们会对正在低空飞行的氦气球发起进攻。“这些气球就相当于敌机。”明格斯解释道。他们使用的是越南战场上淘汰下来的 V-100“突击队”装甲车，上面还加装了机关枪。虽然已经退役，但是这辆四轮驱动的装甲车不仅内部宽敞，而且机动性极强，能够将明格斯及全副武装执行敏感任务的专家运往山脚下，直到地势过于陡峭无法前进为止。

“接着，我们停下 V-100 装甲车，在机关枪的掩护下一路登上山顶，然后朝那些直径约 40 英寸的气球开火。在我们的这支队伍中，至少要有一个司机、一个监督员、一个装弹员。每个人都有自己的任务，其中一个负责记分。”他们的成绩当然十分重要，因为在实战中任何人都输不起。内华达试验场制造的核弹堪称世界之最。在过去的 30 年中，无论是内华达试验场还是 51 区，从来都没有出现过安全事故。正因为如此，当有人突破了这里的防线时，明格斯感到不可思议。

当时，罗纳德·里根已经成为美国总统。一天，内华达试验场上格外炎热。工作人员都知道，这时候绝对不能接触户外金属物体的表面，否则就会被烫伤。明格斯记得，那一年应该是 1982 年，不过他不是十分肯定。在能源部的日志上也许保存了相关记录，但是没有人能够看到。当时的明格斯已经不再是普通的卫兵，而是已被擢升为劳伦斯·利弗莫尔实验室安全行动的协调人。在事故发生前，一队卫兵正在通向瑞纳台地的道路上押送一枚核弹。

从 1982 年起，共有 18 枚核弹在内华达试验场的地下爆炸。很快，这枚核弹就要在地下竖井中引爆。这支由 6 个人组成的安全应急分队跟在运送核弹的装甲车辆后，并且按照规定隔开了一定的距离。“其中有一名司机、一个监督员、一个负责操纵炮塔的枪手、一个负责向机关枪里装弹的装弹员和两名步兵。”理查德·明格斯回忆道。护送队伍必须与核弹保持距离。“其中一名步兵负责发射催泪瓦斯，另一名负责操纵枪榴弹发射器。这两种武器都可以从肩上或者臂部发射，它们的射程是 50~75 码（1 码≈0.91 米）。因此，在遭到进攻必须发起反击时，你必须保持一定距离，否则催泪瓦斯就会钻进自己的鼻子里。”

在核弹和护送队来到当天的爆心投影点后，工程师和起重机操作人员就会把核武器安全地放进沙漠中一个深约 800 英尺、直径为 5 英尺的用于放置核弹的洞穴里。但是，要想将这枚核弹准确地放进狭窄的竖井中，就需要操作重型金属吊车的工程师所具备的极高精确度，因为核试验容不得半点失误。当核弹深入到地下 200 英尺以后，人们紧绷的神经才会有所舒缓。直到这时，安全应急分队的人员才可以离开。在此之前，核弹始终处于危险之中。

在过去的 25 年中，理查德·明格斯参加了数十次这样的行动。但是，1982 年的这天清晨，明格斯正在距离核弹 10 英里外第 6 区控制中心的大楼里，为利弗莫尔协调有关安全行动。当核弹即将下降到 200 英尺深时，场面突然一片混乱。

“我正坐在控制中心的办公桌前，电话突然响了起来，”明格斯说道，“负责在爆心投影点监督核爆的设备系统工程师迪克·斯托克在电话中说：‘设备组装大楼遭到了攻击！’”在 20 世纪 80 年代，设备组装大楼就是工程师把炸弹的零部件与核材料装配在一起的地方。由于按照计划同一周内还有几次核试验，所以明格斯知道，在 27 区的设备组装大楼里很可能正在装配另外几枚核弹。明格斯完全有理由认为，这些核弹正是敌人进攻的目标。“迪克·斯托克说，他是从安全应急分队随身携带的无线电中听到这一消息的。”现在，明格斯需要立即做出决定，接下来该怎么办。

这已经是他来到内华达试验场的第 26 个年头了。1941 年，当父亲去世以后，明格斯就从高中辍学，开始在一座煤矿工作。后来，他返回学校，最终拿到了学位。随后，明格斯加入美国空军，前往朝鲜战场。在内华达试验场，明格斯洒下了辛劳的汗水。在过去的 20 多年中，无论是烈日当空还是寒风刺骨，他在这片荒漠中为一个又一个秘密项目站岗放哨，经历了一次又一次核爆试验和致命的钚污染传播试验。

20 世纪 60 年代中期，明格斯用自己积攒的薪水为家人购置了一栋住宅，那时他和格洛莉亚已经有了一个儿子。到了70年代中期，明格斯又用自己的积蓄在森林中买下了一座打猎用的房屋。到了80年代初，他已经屡次获得升迁，并且拿到了GS-12等级的薪水，距离联邦政府雇员的最高级别GS-15仅有三级之差。“我参加了柯特兰空军基地的核武器定向学习，并通过了一系列高级教程，”明格斯说，“但是当你得知自己正在守卫的核弹遭到了攻击时，所有的一切都派不上用场。”

那天早上，当外界一片混乱时，明格斯知道他所能做的就是把重点放在核弹上。“我告诉自己，迪克说核弹已经快下降到200英尺的地方。现在什么才是最佳方案？我反问自己。如果有人用枪指着吊车操作员的脑袋说：‘把它拉上来。’那他们就会拿到这枚核弹。我知道自己必须立刻做出决定。是应该把核弹拉上来，还是继续放下去呢？如果真的出了问题，与其是在别的地方，还不如在爆心投影点。最后，我做出了决定，于是下令：‘继续把核弹放下去。’”

明格斯随即与这次核试验的负责人乔伊·本就目前的情况进行了简短的通话。本也认为，明格斯应当尽快通知能源部的安全官员帕特·威廉姆斯。“当我打电话给威廉姆斯时，她说：‘是的，我们也听说了这件事情。我们的想法和你们一样。据我所知，我们的确遭到了攻击。’”明格斯回忆道。

接着，明格斯打电话给内华达试验场劳伦斯·利弗莫尔国家实验室的住宅部负责人拉里·费尔德伯尔。“两分钟后，费尔德伯尔确认了这一消息。他说：‘我听说我们遭到了袭击。’”明格斯和本立即回想了有关规定，“乔伊和我商量要到地下室销毁大楼内的秘密设施。但是我认为当时这样做还为时过早。只有等到亲眼看到了交火，就像在美国军舰“普韦布洛号”上发生的情况一样，你才能够开始销毁有关设施。”

随后，明格斯联系到设备组装大楼的负责人比尔·贝克。由于能源部的安全官员和试验场的负责人已经确认了遭到攻击的消息，所以明格斯必须尽快做出决定。“我问贝克到底发生了什么事情，”明格斯回忆道，

“他语气平静地回答：‘这里一切正常。我正在观察窗外的情况，威廉姆斯上尉站在那里。’”明格斯挂断了电话，然后立刻把情况告诉了乔伊·本。“我对乔伊说：‘我们不能相信他的话。他可能受到了挟持。也许有人正拿着刀架在他的脖子上，或者用枪顶着他的头。’”

与此同时，在距离这里以东几英里的地方，一架直升机出现在试验场和 51 区之间的防卫站数百英尺的上空。有人从直升机中探出身来，举起半自动武器向地面的卫兵开火。但是，他们射出的不是真正的子弹，而只是一些空包弹。原来发起进攻的是卫康和保安公司的保安人员，而不是敌国士兵。在此之前，卫康和保安公司决定对 51 区开展一次模拟攻击，以便对该地区安保系统的漏洞进行测试。这显然是一次极其缺乏预见性的行动，卫康和保安公司甚至没有将自己的演习方案通知能源部。

在第 6 区的控制中心，理查德·明格斯的电话再次响了起来。电话是能源部的安全负责人帕特·威廉姆斯打来的。“她什么也不多说，”明格斯回忆道，“而只是说：‘这是一次演习，我们事先并不知道。’然后就挂断了电话。”明格斯感到大为震惊：“在过去的这些年里，这是我遇到的最可怕的一件事情，好像内华达试验场的负责人只是一个不谙世事的顽童。”

对于这次事件，明格斯没有作文字记录。“我记得自己没有在日志上记录，”他说。随后，明格斯继续从事自己的工作，“那枚核弹已经放进洞里，实验很快就要开始了”。但是，这次核试验的负责人乔伊·本却认为，能源部一定有相关的文字记录。“我知道有这个记录。这可不是小事一桩，”他说，“对于当天在场的人来说，这次事件简直令人不可思议。当时我们都以为爆心投影点受到了攻击。这件事情日志里一定会有记录。很多人都接到了电话。”

在内华达试验场以外，事情并没有立刻平息。能源部知会了联邦调查局，后者向五角大楼和白宫报告，51 区遭到了袭击。海军的核潜艇立刻处于警戒状态，“战斧”巡航导弹也已经瞄准了内华达试验场和 51 区。

就在局势一触即发之际，这次危机终告结束。当时，特洛伊·韦德正在五角大楼，他告诉明格斯，自己看到“那里的气氛空前紧张”。卫康和保安公司的保安因此丢掉了饭碗，但是就像51区的其他事情一样，对于这次危机，媒体没有听到一丝风吹草动，而这次事件也是在本书中首次被披露。

如果内华达试验场真的遭到攻击，明格斯负责监督的核弹出了问题，那么这件核武器就有可能落入敌人的手中。但是，当天海军之所以出动了核潜艇，还有另外一个原因。在51区，空军正在暗中开展一项绝密行动，即对F-117飞机进行试飞。自从1907年美国陆军组建了第一支航空队后，这将是美国航空史上最重要的发明。此时此刻，美国第一架隐形轰炸机F-117就停在51区的机场上。

F-117隐形轰炸机的专属试验场

F-117轰炸机将彻底改变美国的作战模式。2008年4月，在为F-117举行的庆功宴上，洛克希德公司的一名官员说：“在隐形技术问世前，战争的策划者需要决定的是，发动多少次突击才能拿下一个目标。然而，当F-117隐形轰炸机出现以后，情况大为改观。现在这个问题变成了，发动一次突击能够拿下多少个目标。”

从20世纪70年代初起，洛克希德公司的物理学家爱德华·洛维克就开始研制隐形轰炸机，其雏形机被命名为“哈维”，这一名称大概源于吉米·斯图尔特（美国电影、电视、舞台剧演员，美国空军准将，第13届奥斯卡金像奖最佳男主角。吉米是他的昵称。在电影《迷离世界》中，与斯图尔特演对手戏的是一只名叫“哈维”的看不见的大白兔，这一形象后来成为英语世界中的经典。——译者注）电影里那只看不见的大白兔。与洛克希德公司研发的A-12“牛车”飞机一样，“哈维”上使用的是计算尺和计算器。

1974 年，当计算机主机问世后，这些工具才逐渐被淘汰。“洛克希德公司的工程师德尼斯·奥弗霍尔泽和迪克·谢勒意识到，他们也许可以利用计算机的计算结果设计出一种隐形飞机，”洛维克说道，“1974 年，计算机还是一个新兴事物，其大小几乎相当于一辆汽车。当时，洛克希德公司使用的是穿孔卡计算机，内存只有 60KB。”即便如此，这台计算机也能够做到人类无法做到的事情，那就是无穷无尽的计算。

“计算机程序的工作原理类似镜子之间的相互反射。”洛维克解释道。数学家比尔·施罗德为洛克希德公司编写了第一个计算机程序，名叫“回声”。中情局的詹姆斯·基萨斯·安吉尔顿认为，苏联的情报机关蓄谋已久，企图打造一片“镜海”，从而使整个西方落入他们的圈套。如果他的想法是对的，那么 F-117 隐形轰炸机就像美国空军建造的一堵堵反射墙，以击败苏联人的阴谋。“我们设计了许多平面仪表板，它们能够像镜子那样将飞机上的雷达波散射开来，”洛维克说，“这个办法虽然过于极端，但却行之有效。”

1974 年，F-117“夜鹰”的另一种雏形被命名为“无望钻石”。这一名称显然出自“希望钻石”(世界上现存最大的一颗蓝色钻石，重 45.52 克拉，目前收藏在美国华盛顿史密森尼博物院的国立自然博物馆中。传说这是一颗受诅咒的宝石，会为拥有者带来厄运。——译者注)，对于这架飞机是否能够真的飞起来，洛克希德的工程师们大概并没有抱太大希望。在对“无望钻石”进行一系列改进后，工程师们建造了一架与实物大小相当的飞机模型，并且将其命名为“海弗蓝”。

T. D. 巴恩斯负责在 51 区对洛克希德公司的这架概念隐形轰炸机进行雷达测试。“在洛克希德公司把飞机交过来以后，我们把它悬挂在测试杆上，”巴恩斯回忆道，“这架飞机看起来形状怪异，非常粗糙，就好像《海底两万里》中的那艘潜艇一样。我们的任务是从各个角度对飞机进行测试，以确定它在雷达上显示的图像。”

从冷战初期开始，雷达技术经历了突飞猛进的发展。“一开始，雷达上显示的图像就像一座又破又旧的大仓库。”巴恩斯说。于是，“海弗蓝”被送回“臭鼬工厂”进行改造。几个月后，51区又接到了一架新的飞机模型。“洛克希德改变了飞机的外形和仪表板的角度。当这架模型出现在雷达上时，它的大小看起来就像一只乌鸦。”

经过最后一次改进后，隐形飞机被再次运往51区。“我们把它挂在测试杆上，结果除了测试杆以外，雷达上什么也看不到。”现在轮到洛克希德公司把“海弗蓝”的最终模型向空军进行演示，以拿到美国第一架隐形轰炸机的合同。

“臭鼬工厂”科学和工程技术部负责人埃德·马丁找到洛维克，想听一听他的意见。“埃德·马丁问我，这架飞机在敌人的雷达上会是什么样子。我向他解释说，如果‘牛车’的图像相当于一个成人，那么‘海弗蓝’在雷达上看起来就像一个直径为7/16英尺的金属球，大概和一个滚珠轴承差不多。”埃德·马丁喜欢洛维克的这个譬喻。一个滚珠轴承，听起来很形象。在马丁前往华盛顿特区之前，洛维克来到洛克希德公司的工具店里，借来了一包滚珠轴承。他希望埃德·马丁向空军官员的介绍能够变得更加直观一些。

“后来，我听说滚珠轴承的说法非常有效，我们的客户开始拿着它们在会议上滚来滚去。这个比喻后来甚至成了经典，每当有人想要说明F-117‘夜鹰’在雷达上显示的图像时，就会提到滚珠轴承。”1976年，洛克希德公司终于赢得了这份合同。他们立刻开始在“臭鼬工厂”著名的82号楼着手制造两架“海弗蓝”飞机，并且由鲍勃·默菲负责隐形轰炸机的机械、构造和组装工作。21年前，鲍勃·默菲刚刚来到51区，曾经是凯利·约翰逊U-2侦察机项目的首席机械师。

轰炸机的试飞任务与侦察机大相径庭，而F-117将成为在51区试飞的第一架轰炸机。更为引人注目的是，在对F-117进行试飞时，还要测试它的投弹精确度。中情局和空军在51区对侦察机和无人机进行试飞已经有将近25年的历史了，但是在格鲁姆湖竟然找不到一块足够平坦的地方作为投弹目标。此外，最让人头疼的就是声音的问题。在 51 区有很多项目在同时开展，但并不是所有人都有了解 F-117 的权限。

F-117 的试飞需要在另外一个地点进行。随后，空军方面找到能源部，即此前的原子能委员会，并且与后者达成了一宗土地使用交易。在过去的几十年间，原子能委员会一直在暗中使用沙漠中一座鲜为人知的投弹试验场。托诺帕试验场位于内华达试验和训练靶场内 51 区西北 70 英里处的死亡谷一侧，面积与康涅狄格州相当。从 1957 年起，桑迪亚实验室就开始在这里进行飞机投弹和导弹发射测试。为了 F-117 新型隐形轰炸机项目，能源部十分慷慨地把这座面积为 624 平方英里的秘密基地割让给了空军。为了掩人耳目，这个地方被命名为 52 区。和 51 区一样，官方也从未承认 52 区的存在。

内华达州的托诺帕位于高原沙漠地带，这里人烟稀少，曾经是美国最重要的金银矿产地。仅 1903 年一年，该地区开采的矿石价值就高达 8 600 万美元，相当于 2011 年的近 20 亿美元。在世纪之交，约有 3 万人蜂拥而至，想要在这座海拔近 1 英里的沙漠城市中寻找宝藏。距离托诺帕最近的地方是从 1907 年起就被人们誉为“西部芝加哥”的比蒂镇，也就是 T. D. 巴恩斯在 20 世纪 60 年代生活的地方。在一段时间里，连接这两座城镇的拉斯维加斯和托诺帕铁路曾经是西部最繁忙的一条运输干线。后来，就像其他出现过淘金热的城市一样，几乎在一夜之间，托诺帕陷入破产。

十年以后，这里剩下的人家寥寥无几，看起来就像是一座鬼城。就连铁路公司也将这里的铁轨席卷一空，然后离开了这里。成群的野马和羚羊从山上下来，开始出现在这里，在卡克特斯和卡威奇岭间干旱的沙漠中寻找灌木丛和荒草。

数十年后，即 1956 年，当桑迪亚的核武器专家们踏上这片土地后，对于眼前的情景，他们感到异常兴奋。毫无疑问，托诺帕是“进行秘密试验的最佳场所”。几年以后，这群自称为“桑迪亚人”的核武器专家借用了基督教圣人“塔尔苏斯的圣保罗”的一句名言，向他们的股东大肆吹嘘托诺帕试验场：“只有检验一切，你才能把握最好的东西！”

这座秘密基地被正式命名为“托诺帕国家实验站”，但是这个名字却鲜为人知。从1957年到1964年间，桑迪亚一共在这里投下了680枚炸弹，发射了555架火箭。1963年，桑迪亚在这里开展了一系列与数年前格鲁姆湖“57计划”类似的高度机密的钚污染试验，这次代号为“过山车行动”的核试验一共引爆了三枚脏弹，然后从事先放置在烟雾状钚放射云下风的300头动物身上收集生物数据。共有700名桑迪亚人在沙漠高原中参加了这次行动。据一份报告称，这是桑迪亚“1963年最精彩的一笔”。由于托诺帕与秘密禁地51区及内华达试验场相距遥远，所以对于这里发生的一切，凡是没有需知权限的人根本无从得知。

1979年10月，托诺帕52区内F-117“夜鹰”试飞基地以51区为样板，开始破土动工。这里不仅修建了与51区大同小异的跑道、滑行道和飞机维修库，而且所有工作人员都来自内华达试验场的涉密承包商。随后，16套活动房屋被运进52区，同时还建造了几座永久性建筑。桑迪亚不想让外界注意到这里发生的事情，于是被派往52区的空军人员很快就接到了留发蓄须的命令。这样一来，他们看起来与其说是军人，不如说更像嬉皮士，因此任何人都不会想到他们正在内华达试验场的外围开展绝密项目。他们甚至还可以到附近的托诺帕镇上购置一些生活必需品。

为了将F-117隐形轰炸机投入战场，51区和52区开始携手合作。1982年，当一架飞机模型出现在51区时，52区F-117的试飞准备工作也已经全部就绪。但是，由于卫康和保安公司一小撮人的愚蠢行为，差一点儿暴露了这项价值数十亿美元的飞机项目和两座在三十年来无人知晓的秘密军用试验基地。在长达几周的时间里，很多人都为此愤怒不已。为了保住F-117的秘密，共有近1万人涉及其中。然而，正当人们为了这次事件最终有惊无险而暗中庆幸时，两年后，由于一位空军将领违反规定，擅自驾驶51区的米格喷气式战斗机，该项目再次面临暴露的危险。

1984 年 4 月 26 日，罗伯特 · M. 邦德中将在内华达试验场的 25 区不幸身亡，但是这出悲剧本来完全可以避免。作为一名空军飞行员，邦德一共执行过 267 次战斗任务，其中有 44 次在朝鲜战场，213 次在越南战场，不仅功勋卓著，而且备受众人景仰。在事发之前，他是位于马里兰州安德鲁斯空军基地空军系统司令部的副司令，因此对于 51 区的 F-117 项目来说，他无疑是一位重要人物。

1984 年 3 月，邦德将军来到这座秘密基地，想要了解该项目的进展情况。从 1955 年起，到过这里的将军已有几十位之多，其中包括人称“吉米”的詹姆斯 · 杜立特尔将军和柯蒂斯 · 李梅将军，所以邦德的到来并没有什么特别之处。当然，将军们在这里可享受高级别的待遇，除了宴饮之外，就是亲自见证这种绝密飞机的建造过程。在邦德将军第一次造访 51 区时，一切都是按照常规进行的，因此行程相当顺利。但是，让这位将军印象深刻的不只是 F-117“夜鹰”隐形轰炸机，还有当时 51 区正在开展的米格战斗机研究项目。

从穆尼尔 · 雷德法带来第一架米格-21 战斗机至今，已经有 15 年了。现在，中情局和空军手中的苏联飞机中还包括米格 -15、米格 -17 和刚刚缴获的超音速米格 -23。巴恩斯说 ：“我们把米格-23 称作‘鞭挞者’。这种飞机速度极快，几乎达到了 3 马赫，但是却形状古怪，很难操作。如果没有经过训练，驾驶这种飞机无异于白白送命。”

在接下来的 1 个月，邦德将军再次造访 51 区，并且提出要亲自驾驶这架米格-23 重型战斗机[②]。“对于该不该同意这位将军的请求，人们颇有争议，”巴恩斯解释道，“米格飞机中的每一个小时都十分珍贵。因为我们没有多余的零件，所以经不起任何不必要的损失。在通常情况下，一名飞行员要接受为期两周的训练，然后才能登上一架米格战斗机。但是，邦德将军只是事前坐在飞行舱里，听教练告诉他‘这样做，那样做’。”也就是说，邦德将军没有经过相关的训练，而是利用了自己手中的职权。

几个小时后，邦德将军已经坐在米格-23 的驾驶舱里，很快就飞到了格鲁姆湖的上空。刚开始一切正常，然而就在他进入内华达试验场的边界后，指挥塔收到了邦德从紧急频道中发出的无线电信号。“飞机失控了。”邦德的语气十分悲痛。当时这架米格战机的速度已经接近 2.5 马赫。

“我必须马上离开，飞机失控了。”随后无线电中便没有了声音。米格战斗机开始一边旋转，一边撞向地面。邦德随即启动弹射座椅，但是却被头盔上的带子勒住了脖子而不幸殒命。最终，这架飞机在蠢驴谷的 25 区坠毁，而那里由于刚刚进行过 NERVA 项目的秘密核试验，土壤遭到了严重的污染。

邦德将军的意外死亡有可能暴露相关的机密项目和基地，其中包括米格研究计划、F-117 试飞项目、在蠢驴谷开展的核反应堆试爆项目以及 51 区和 52 区。如果中情局的飞行员在 51 区以外身亡，这起事件就可以被描述成一次普通的训练事故，但是由于事故中丧生的是一位中将，所以对外界显然需要更加详细的解释。假如有媒体非要打破沙锅问到底，最终联邦政府将不得不对此事进行调查。

为了顾全大局，在上述几个机密项目和基地中，必须有一个向公众透露实情，因此五角大楼决定对外公开米格战斗机的项目。很快，有人向美联社一个名叫弗雷德·霍夫曼的军事记者“泄露”，邦德将军是在驾驶苏联的米格-23 战斗机时身亡的。在报道中，霍夫曼着重强调了五角大楼是如何苦心孤诣，从东欧、中东和亚洲等苏联盟国缴获对方的先进战机和武器的。“政府部门始终对此保持沉默，是为了避免让这些飞机的提供者陷入难堪。4 月 26 日，一位三星将军在内华达州发生的一次坠机事故中不幸丧生，虽然官方立刻对此事进行了遮掩，但最终还是引起了人们的关注，”霍夫曼写道，“据一些不愿透露姓名的消息人士称，美国已经从埃及那里获得了苏联最尖端的战斗机米格-23。”

米格战斗机项目虽然被公开，但是却保住了 F-117 项目、51 区、52 区和 25 区的秘密。直到 4 年以后，公众才得知 F-117“夜鹰”的存在。1988 年 11 月，报纸上刊登了一张极小的照片，当人们看到这架箭头形状、充满未来感的飞机时，不由得充满了敬畏，实际上，那时的 F-117 不仅有了变种机型，而且已经在 51 区和 52 区上空飞行了 11 年之久。

未来战争将是无人机之战

1974 年，中央情报局交出了 51 区的控制权。有些内部人士称，权力的过渡是从 1979 年开始的，但是由于 51 区从未正式存在，所以空军方面不可能承认他们从什么时候接管了这里。不过，这一交接应当是在隐形轰炸机项目启动之前就开始了。对于五角大楼来说，F-117 计划是所有秘密项目中的一樽圣杯，正是在此期间，空军开始在 51 区称雄。与此相反，中情局的势力却日渐式微。

在 20 世纪 70 年代，中情局的工作主要集中在无人机研发上。从 1969 年起，为 51 区的 U-2 项目编写操作手册的汉克·梅尔迪克成了中情局一个无人机项目的负责人。这种代号为“小鹰”的无人驾驶飞机长 6 英尺，在飞行时看起来就像一只老鹰或者秃鹫。它的鼻孔内安装有一台电视摄像机，两翼下还配备了照相设备和空气探测仪器。有知情者说，这种飞机既可以用于检测核辐射水平，也可以用于搜集电子情报。

但是，中情局第一个被派往国家侦察局的官员吉恩·波蒂特却有不同的说法。“里海上空间谍卫星发回的照片显示，一架形体巨大、形状奇特、有多个引擎的水上飞机正在四处游弋。没有人知道那究竟是什么东西，为了弄清事实，中情局开始着手研制‘小鹰号’无人机，”波蒂特透露，“如果能够对这个物体进行近距离拍摄，我们就能够分辨清楚，并且判断苏联人会作何用途。因为当时不知道那是什么，所以我们给它取了一个名字，叫‘里海水怪’。”波蒂特回忆道。“小鹰计划”属于机密，但是 2008 年 9 月，英国广播公司《新闻》杂志发表了一篇专题报道，对冷战期间苏联一种名为“伊克兰诺皮恩”的水上飞机进行了介绍，而这正是中情局“小鹰号”无人机想要得到的情报。

在51区，汉克·梅尔迪克选择了从前一起打猎的伙伴吉姆·弗里德曼作为“小鹰号”项目的助手。“这种无人机的飞行高度很低，因此可以沿着敌国的通信线路飞行并截获情报，”弗里德曼说道，“我认为，最初的设想是从停泊在岸边的潜水艇中发射无人机。”一架“小鹰号”无人机需要三个人进行遥控操纵，而弗里德曼负责提供行动支援。“汉克成功地让它飞了起来。”弗里德曼回忆道。但是项目的进展却十分缓慢，因为“小鹰号”经常发生坠毁事故。

后来，对于梅尔迪克的这项计划，国防承包商麦克唐纳·道格拉斯给出的竞价超出了预算资金9 900万美元。由于麦克唐纳·道格拉斯表示不能接受中情局的预算数字，所以在汉克·梅尔迪克的提议下，中情局最终取消了这个无人机项目。在项目结束后，汉克·梅尔迪克设法从51区带出了一架“小鹰号”飞机的模型，并拿回家中。“这个模型就在他拉斯维加斯家中的吧台上。”弗里德曼回忆道。

实际上，“小鹰号”并不是中情局第一次从动物世界中汲取灵感的间谍飞机。在“飞鸟机计划”中，中情局设计的无人机对鸟类进行模仿，安上了一对可以拍打的翅膀。此外，还有另一种形体更小的无人机看起来就像一只乌鸦，甚至可以在中情局指定目标的窗台上降落，并且对里面的情况进行拍摄。最小的无人机项目始于20世纪70年代初，被命名为“昆虫机计划”，这种无人机在空中飞行时看起来就像一只蜻蜓。它翠绿色的机身十分小巧，由一个装有少量汽油的微型引擎提供动力，还可以像“飞鸟机”一样拍打翅膀。

在中情局的“研究和发展室”，有人试图将鸟和猫也变成间谍。在某个项目中，中情局在鸽子的脖子上装上一部与小鸟大小相仿的照相机，然后训练它们环绕华盛顿特区飞行。但是由于相机过于沉重，很多鸽子都难以承受，最后只能跌跌撞撞地走回总部。在另一项名为“原声凯蒂”的计划中，中情局在一些家猫身上安装了电子窃听设备，但是很多猫在寻找食物时都忘记了自己的任务，其中一只“原声凯蒂”被汽车撞死。

然而，中情局发展无人机的热情并没有就此消减，反而日渐高涨。70 年代初，在国防高级研究计划署的资助下，中情局计划开发一种外形酷似大象的“机器人无人机”，并且打算将这种无人机派往越南战场。

对包括“小鹰号”在内的几个无人机项目，具有需知权限的人屈指可数。但是对另外一些秘密项目，了解情况的人相对较多。1974 年 7 月，中情局特别行动部与空军方面达成协议，准备在 51 区开展一个机密项目。因为该项目需要占用较大的空间，中情局获得了五座专用飞机库。

航空历史学家彼得·默林在为国家航空航天局撰写的报告中写道：“这项绝密计划的代号也被列为机密，预计需要一年的时间。6 名长期工作人员被派往试验场，在活动繁忙时，现场还有 20 名临时工作人员。”空军把试验场南端的 13 号至 17 号飞机库划给了中情局。至于中情局在里面开展了什么绝密项目，如果没有需知权限根本就不可能知道。时至今日，这个项目仍然有待解密，不过有传言说可能与马赫 5 或马赫 6 无人机有关。

从 20 世纪 70 年代起，中情局在格鲁姆湖开展的一些行动就涉及大规模杀伤性武器的探测设备，当时生物武器和化学武器还没有开始大行其道。中情局认为，最理想的办法就是在地面部署一些能够对空气进行“嗅探”的传感器。从 50 年代开始，中情局一直在推进探测无人机的发展，通过对某个地区空气、土壤和能源消耗变化的监测来搜索大规模杀伤性武器。

作为“塔巴斯哥行动”的一部分，人们最初使用的是 U-2 侦察机，为了将标枪大小的探测器投掷到土地中，飞行员不得不冒险降低飞行高度，因此极易暴露，而当时被击落的 U-2 侦察机也已经不止一架。由于这些探测器十分精密，必须极为准确地放置在大规模杀伤性武器制造基地的附近，所以使用低空飞行的隐形无人机显然是一种更好的选择。

早在无人机热兴起的几十年前，中情局就已经从中看到了无数种可能，但是发展无人机技术需要巨额资金。1975 年，由议员弗兰克·丘奇担任主席的参议院委员会对中央情报局内部的违法活动开展了调查，从而使中情局在公众中的名声一落千丈，预算也随之大幅削减。1977 年，当吉米·卡特出任总统后，中情局可以任意处置的资金降到了有史以来的最低点，因此无人机项目开始陷入困境。

1979 年末，中情局得知，在很可能是苏联“生物武器研究、制造和储存地的”斯维尔德罗夫斯克发生了一场致命的炭疽病毒传播事件，而事发地点正是 19 年前加里·鲍维斯在驾驶 U-2 侦察机执行侦察任务时被击落的地方。中情局估计，在斯维尔德罗夫斯克的生物武器事件中，约 100 人因为吸入炭疽孢子而死亡。这次事件似乎让中情局的无人机项目开始有了些眉目，但是如果空军方面对此毫无兴趣，无人机最终也只能是中情局的一个玩物。

在 51 区，从 1974 年到 1999 年的 26 年间，中情局与空军几乎没有在无人机项目上进行过合作。2008 年 4 月，国防部长罗伯特·盖茨在接受《时代》杂志采访时一针见血地指出，他发现“在无人驾驶飞机项目上，空军始终不愿意为中情局提供资金”。2000 年冬，这种状况发生了巨大的变化，双方开始在 51 区携手开发新型的无人机项目。这个项目不仅彻底改变了战争的面目，而且将亨利·昂诺德将军在日本投降时所做的预言变成了现实。昂诺德将军曾经断言，未来的战争将会在无人驾驶飞机之间展开，而他所说的未来就是 2000 年。

该项目对中情局原有的无人侦察机做了改进，并且加装了陆军提供的“地狱之火”反坦克导弹。这种新型的无人机被命名为“掠食者”，其目标是中情局计划暗杀的一名神秘莫测的恐怖分子。这个人住在阿富汗，他的名字叫本·拉登[③]。

第15章

“你没有需知权限”

2001年1月，也就是发生“9·11”恐怖袭击9个月前，中央情报局反恐中心的负责人考夫·布莱克面临着一个严峻的问题。中情局计划借助“掠食者”对奥萨马·本·拉登展开暗杀行动，但是迄今为止，这种无人驾驶飞机只用于执行侦察任务，而没有对特定目标进行过刺杀。让工程师和空气动力专家感到棘手的是，如何才能将无人机的操作与激光制导导弹技术结合起来。

此外，他们尤其担心，导弹产生的推力会让无人机或导弹自身偏离航线。中情局需要的是一种具有极高精确度、几乎不会造成附带伤亡的武器。如果死在导弹下的是一名恐怖分子，民众也许会有自己的看法；但是，假如死掉的是这名恐怖分子的左邻右舍，民众的看法就会大相径庭。于是，51区开始对这种新型无人机进行测试。当一切完工后，中情局和空军方面都表示相信，无人机上的导弹一定能够命中他们指定的目标。

刺杀本·拉登

随之而来的是另一个问题，不过这个问题不在沙漠之中，而在华盛顿特区。刚刚当选的乔治·W. 布什总统意识到，没有政策说明可以使用无人驾驶飞机消灭恐怖分子。奥萨马·本·拉登是1998年美国驻东非国家肯尼亚大使馆自杀式炸弹袭击事件的策划者，这次袭击导致包括美国人在内的225人丧生。他还是美国军舰“科尔号”自杀式炸弹袭击事件的幕后主使，并且正式向美国宣战。但是，根据罗纳德·里根总统的第12 333号行政命令，由美国情报机关开展定点刺杀活动属于非法行为。由于这种情况必须经过严格审查，最终国务院律师也介入其间。

要想开展定点清剿行动，有一种办法可以考虑，即由联邦调查局对这名恐怖分子进行重金悬赏。2001年2月，国务院终于批准了这项计划，但是国务院律师警告中情局，就像将“掠食者”派上战场一样，刺杀行动也存在同样的问题，即潜在的附带伤亡。国务院需要了解，在中情局瞄准的这座建筑中，这次无人机袭击会对本·拉登的家属及宾客造成多大伤亡。中情局获悉，在本·拉登的藏身地点塔尔纳克农场，当时还有一些中东皇族的高级成员。

为了确定附带伤亡的大小，中情局和空军在51区的外围合力建起了一座不寻常的建筑物①。这座建筑与本·拉登在阿富汗的住处一模一样，从而对这次无人机袭击进行模拟。然而，正当工程师们忙于这项工程时，中情局局长乔治·特内特提出，使用装有“地狱之火”导弹的“掠食者”消灭本·拉登，是一种错误的做法，将来中情局一定会为这个决定感到懊悔。

2001年，在“9·11”恐怖袭击发生后，五角大楼开始意识到，在反恐战争中，他们需要借助无人机的力量。换句话说，他们需要中情局的全力配合。在过去的几十年中，空军一直对无人机项目不屑一顾。他们认为，应当引以为傲的是自己的飞行员，而不是一架机器。但是，中情局已经在51区对无人机技术进行了数十年的研究和开发。在1995年发生的波斯尼亚冲突中，中情局的无人机一共执行了600多次任务。

在1999年科索沃空战中，无人机不仅被用于搜集情报、定位目标及监视科索沃阿尔巴尼亚难民营的动向，而且为北约组织提供了大量重要的情报。正是中情局的“掠食者”让战争策划者能够及时了解战况。现在，空军想要中情局的无人机出征阿富汗战场，为军方提供援助。

“9·11”事件发生后的一周，即2001年9月18日，无人机首次被派遣执行反恐任务，地点是阿富汗首都喀布尔。三个星期后，一架装有“地狱之火”的“掠食者”被派往坎大哈。在一夜之间，空战规则发生了翻天覆地的变化。美国的隐形轰炸机虽然已经竭尽全力，但仍然找不到本·拉登及其高级头目在山区的藏身地点。现在，中情局的无人机将大显身手，寻找并消灭世界上最危险的悬赏要犯。

虽然无人机项目已经在51区、52区和印第安泉一带经过了近50年的研发和测试，但是直到2002年11月，世人才开始对它们刮目相看。美国随后在也门发动的一次无人机袭击，很快就成了全球各大媒体的新闻头条。也门的加伊德·萨利姆·司南·哈尔蒂是拉登的主要副手和基地组织的高级头目，因而受到了美国的通缉。在两年前的“科尔号”事件中，幕后策划和指挥者正是哈尔蒂。

2002年11月2日，哈尔蒂和另外五名基地组织成员驾车经过也门西北部马里布省的一条沙漠公路。他们不知道的是，“掠食者”正在距离他们几英里的上空进行密切监视。

“掠食者”发射的导弹正中目标，这几名基地组织成员和汽车顿时化作焦炭。整个刺杀行动简直就像是汤姆·克兰西（汤姆·克兰西，美国军事作家，当今世界最畅销的反恐惊悚小说大师。代表作有《猎杀“红十月”号》《惊天核网》《分裂细胞》等。——译者注）小说中的场景，只不过这是活生生的现实，其紧张激烈的程度甚至有过之而无不及。

这次行动成了无人机完全有能力对基地组织成员进行“定点刺杀”的第一次有力证明，于是国防部副部长保罗·沃尔夫威茨开始大肆吹嘘，并且在有线电视新闻网上对这次“地狱之火”袭击夸夸其谈。也门的无人机突袭是一次“极为成功的战略行动”，沃尔夫威茨说。这次行动本来应当秘而不宣，而官方更不能承认曾经开展刺杀行动。

沃尔夫威茨的狂言让也门感到十分不安。也门人民大会党副秘书长亚哈雅·M. 穆塔瓦基尔准将接受了《基督教科学箴言报》的独家专访，表示五角大楼违反了两国此前达成的保密协定。“这就是我们很难与美国做交易的原因，”穆塔瓦基尔解释道，“他们根本不顾及也门的国内形势。出于安全方面的考虑，美国不应该打草惊蛇。”

为了对美国进行报复，也门对外界透露了这次行动的内部操作程序。也门官员称，美国国务院成员、驻也门大使埃德蒙·赫尔是这次阴谋的幕后主使。长期以来，赫尔一直在从事情报搜集工作，而这本来属于中情局的职责范围。赫尔不仅会讲阿拉伯语，而且在也门乡间有不少耳目，所以他知道哪些人最了解马里布省沙漠地区的土著。

这名也门官员称，美国国务院通过贿赂当地族人获得了有关哈尔蒂的情报，因此中情局才知道他什么时候出现在哪里。也门官员透露，赫尔大使是这次无人机袭击的主要策划者。这无异于告诉外界，美国国防部也插手了这次定点暗杀活动。按照常理，作为一名外交官，赫尔应该竭力避免刺杀阴谋，而不是参与其中。然而出人意料的是，这一消息并没有激起太大的反应。

在政界，赫尔大使感到异常尴尬。有人认为，这次事件标志着美国的空战战术产生了巨大变化，而赫尔在其中的作用不可轻忽。对于这种观点，赫尔表示无可奉告。在 2002 年的也门无人机袭击事件中，美国首次使用无人机对恐怖分子实施定点刺杀。随之而来的是成百上千次无人机突袭，但是美国民众却被蒙在了鼓里。第二次无人机突袭发生在接下来的一周，这一次“掠食者”瞄准了位于阿富汗贾拉巴德的基地组织三号人物穆罕默德·阿提夫。

随着反恐战争的不断推进，官方承认了其中的一部分无人机袭击，但是对另一些行动却未曾提及。当然，中情局和国务院绝不会承认参与了这些行动。在穆罕默德·阿提夫被刺后，官方宣称，瞄准并捣毁阿提夫巢穴的是一架常规的轰炸机。直到后来，人们才获悉，这是由中情局“掠食者”无人机发动的又一次定点刺杀行动。

从 1968 年起，几乎所有与 51 区有关的事情都被列为机密。但是这里的工作人员十分清楚，从反恐战争打响之日起，51 区和 52 区的新型无人机试飞计划就开始全速前进。从一架没有飞行员的飞机中发动空中袭击不仅是一种全新的战争形式，而且意味着美国空军的作战力量需要进行重新整合，这一过程必将对空军的未来产生深远的影响。虽然无人机开始在空战中崭露头角，但是中情局在其中所扮演的角色仅限于“地下”。

在战争中，空军的作用一清二楚，然而作为一个秘密的情报机关，中情局绝不能在光天化日之下开展行动。值得注意的是，时隔近半个世纪后，中情局和空军重新在高空侦察项目上联手合作，51 区仿佛回到了最初开展“U-2 计划”的那个时代。随着反恐战争范围不断扩大，几乎在一夜之间，无人机项目的预算就从捉襟见肘变为毫无限制。这一情景就像 1957 年苏联发射第一颗人造卫星后，中情局和空军开始共同发展高科技武器一样。

现在，“掠食者”已经不仅限于间谍活动，而是被赋予了崭新的使命。一开始，“掠食者”被命名为 RQ-1，其中 R 代表“侦察”，而 Q 代表“无人驾驶”。就在也门袭击事件发生后不久，“掠食者”被更名为 MQ-1，其中 M 意为“多功能”。负责打造“掠食者”MQ-1 的是通用原子公司，也就是 1958 年在蠢驴谷“猎户座计划”中，准备将西奥多·泰勒博士设计的宇宙飞船送上火星的那家公司。

“掠食者”的另一种机型“掠食者”B 也已经粗具规模。空军方面称，“它的诞生虽然比‘掠食者’稍晚，但是‘掠食者’B 却更加朝气蓬勃、威力强大”。随后，这种无人驾驶飞机获得了一个更加合适的新名字——“死神”，即死亡的化身。“‘死神’和‘掠食者’之间最大的区别在于，后者只能携带 200 磅重的武器，而前者的运载能力达到 1.5 吨。除了可以配备‘地狱之火’导弹以外，还可以携带GBU-12‘宝石路’激光制导炸弹。”克里奇空军基地第41飞行中队的迈克尔·路易斯上尉解释说。

通用原子公司制造的无人驾驶飞机在不经意间改变了中情局与空军之间的关系。就像U-2侦察机刚刚问世时那样，反恐战争将这两个部门重新结合到了一起。这种情况的出现绝不是一个偶然现象，而是与战场上的现实密不可分。

如果说在和平时期，中情局和空军会为了资金、权力和控制权而明争暗斗的话，那么在战时，他们的配合就像弓和箭一样默契，因为其中一方掌握有对方不具备的重要武器。中情局的无人机不仅能够为空军的指挥官提供战地的实时图像，而且能够协助他们锁定攻击目标。情报能力和军事打击能力的相互配合可谓天衣无缝，当反恐战争的范围不断扩大，甚至波及伊拉克时，这就是接下来将要发生的事情。

2004年3月29日夜，一架MQ-1“掠食者”无人机在伊拉克北部巴拉德空军基地外执行监视任务时，发现三个人正在公路上用铁镐挖沟。弗兰克·戈伦茨准将在中东的一处秘密基地里看到了这里的实时图像。屏幕上显示，这些人在挖好的洞穴中安放了一个简易爆炸装置。由于“掠食者”侦察照相机的图像分辨率极高，所以戈伦茨能够清楚地看到，这些人把公路上的爆炸装置掩埋了起来，甚至连导火索都可以看见。无论是戈伦茨还是伊拉克的其他指挥官都已经见识过“掠食者”的本领，这种高科技武器能够“在短短的几分钟内瞄准目标”。

于是，戈伦茨下令发动攻击。当时，“掠食者”的操作者就坐在戈伦茨将军旁边的仪表板前，这架无人机武器舱中发射的“地狱之火”导弹正中目标，公路上的三个人当场死亡。“在发动袭击的同时，”戈伦茨说，“我们也向敌人发出了警告，无论白天黑夜，美国正在监视你们的一举一动。如果你们继续阻碍伊拉克的战局，我们随时都可以发动袭击。”20世纪40年代人们梦想中的“天空之眼”，在千禧年后变成了空中的一把利剑。侦察行动已经与打击能力合二为一。

除了在伊拉克战场上使用无人机外，中情局和空军还共同开展了一个秘密项目，即使用无人机对阿富汗边界巴基斯坦西北边境的基地组织和塔利班头目进行清剿。然而，就像 U-2 和“牛车”项目一样，这个项目的实施需要付出更大的努力。要想建立起一支无人机队伍，不仅需要制造更多的“掠食者”和“死神”，训练更多的无人机操作员，而且还要在中东建立与人造卫星连接的秘密基地，同时还需要其他方面的协助。

从 2003 年至 2007 年，无人机行动的次数逐年增加，但是直到 2008 年，无人机才开始大显身手。在布什政府最后三个月的任期中，美国对巴基斯坦发动了 36 次无人机袭击。据空军方面称，这些袭击共杀死了 268 名基地组织和塔利班成员。2009 年，无人机袭击的次数升至 53 次。由于空军方面始终没有公布相关数字，而中情局也宣称这些行动与自己无关，因此上述数字大都是由记者和研究者根据当地报道做出的推测。但是，巴基斯坦部落地区有很多地方是禁止记者进入的，所以无人机袭击的实际次数不得而知。

尽管无人机的曝光度越来越高，但是仍有很多普通民众根本无法获悉的任务。按照 T.D. 巴恩斯的说法，“在伊拉克和阿富汗至少有 15 颗卫星和若干空军飞机‘机群’，不分昼夜地为飞行员和地面士兵提供情报。空军用于执行监视任务的有 U-2、‘掠食者’、MQ-9‘死神’和‘全球鹰’。我们知道的只有这些[②]。因为在这一行已经待了很久，所以我推测，早在我们听到有关消息的几年前，军方就已经开始使用无人机进行监视了”。这些机密项目“极有可能”是在 51 区建造和测试的，巴恩斯说。

2009 年 4 月，法国某航空报纸刊登了一幅无人侦察机飞越阿富汗领空的图片。这架飞机机翼很长，没有机尾，腹部下面一前一后安装有两个像自行车一样的轮子。这架无人机曾经被人们称作“坎大哈怪兽”，因为它看起来就像霍顿兄弟在 1944 年制造的那些飞机。那么，这种新型无人机的用途是什么？从图片上看，它似乎没有武器舱。直到 8 个月后，即 2009 年 12 月，国防部才证实了这种无人机的存在。“坎大哈怪兽”在空军中的名字是RQ-170“哨兵”，是由洛克希德“臭鼬工厂”制造的，曾经在51区和52区进行试飞。这种新型无人机只能用于进行侦察。

与U-2计划和A-12“牛车计划”一样，这是空军和中情局在51区联合开展的一个项目。然而，除了项目名称外，其他所有内容均被列为机密。这种无人机很可能已经造访过包括伊朗、朝鲜和俄罗斯在内的敌占领空。从理查德·比斯尔建立这座秘密基地起，迄今已经有55个年头了，但是无论是从外观还是目的上，这种新型侦察机与美国和平时期的第一架侦察机并没有太大不同。在此期间，虽然科学和技术取得了长足的进步，但是政府对侦察工作的需要却一如既往。

21世纪的侦察活动要求行动迅速、机动性强，因此高空侦察领域很快就成了无人机的天下。过去，获取情报离不开诸如加里·鲍维斯、肯尼斯·柯林斯、弗兰克·默里等中情局飞行员，但是现在这项工作属于远程控制的无人驾驶飞机。

过去，老式侦察照相机需要依赖晴好的天气，但是现在却被桑迪亚和雷神公司设计的尖端成像系统“合成孔径雷达”取而代之。这种摄像系统可以不分昼夜地向地面传播实时图像，甚至可以穿透烟尘和乌云。虽然这种被空军视若珍宝的无人机听起来似乎无所不能，但是其中一个关键性的因素经常会被公众忽略，那就是无人机需要与卫星进行连接。对于这一点，五角大楼和中情局当然不会忽略。

太空军事化与隧道核试验

要想使用无人机发动袭击，就要在太空占据主动，因为所有的无人驾驶飞机都需要操作员通过卫星交换信息。当“掠食者”出现在中东战场上时，它的操作者就坐在距离51区以南30英里处的印第安泉的一把椅子上。操作员面前的屏幕上显示的是远在地球另一侧战场上“掠食者”拍摄到的实时画面。此外，在操作员旁边还有两名探测操作员，他们的角色就像传统飞机的副驾驶员一样。这几名主操作员和探测操作员正在为 55 名飞行员提供行动支援，而无人机和飞行中队之间正是通过一个名叫“掠食者初始卫星链路”的系统进行通信的。此外，无人机只有在进入地面控制中心的视线内以后，才能够安全着陆。因此，无论是捕捉图像还是发射导弹，无人机能做到的一切都离不开人造卫星。

印第安泉是“氢弹之父”爱德华·泰勒博士以及其他核物理学家从 1951 年到 1992 年在引爆他们亲手制造的核弹前飞机降落的地方。印第安泉也是核辐射取样飞行员进行穿越蘑菇云训练的地点。印第安泉还是 EG&G 公司在 1954 年在内华达试验和训练靶场内建立第一个雷达测试基地的场所。印第安泉是鲍勃·拉扎尔在擅闯格鲁姆湖后接受盘问的地方。2011 年，印第安泉被更名为“克里奇空军基地”，从而成了空军飞行员在作战室里操纵无人机的一个地点。

由于人造卫星可能遭到攻击，因此国防部正面临着一个前所未有的新威胁。2008 年，国防科学委员会提交了一份关于“有害问题”的研究报告，在题为“太空惊险”的一章中，该委员会阐释了太空卫星遭到袭击的可能性。按照五角大楼的说法，“所谓‘有害问题’，就是指那些内容复杂、涉及面广，虽然尚未最终成形但是也没有既定解决方案的问题”。

从本质上看，这些有害问题“是没有先例可循的”，因此这些问题会导致哪些结果，任何人都不得而知。更为糟糕的是，五角大楼警告说，在解决这些问题的同时会出现一系列新的问题。国防部将那些负责处理这些“有害问题”的人员称作“有害问题工程师”。对于这些工程师来说，他们不仅要做好心理准备，以免到时候猝不及防，而且要具有应对意外情况的能力，因为“参与游戏的同时也改变了这场游戏”。

由于开展反恐战争和化解未来的冲突都离不开人造卫星，因此五角大楼现在面临的最大“有害问题”就是太空的军事化演变。有鉴于此，五角大楼认为，只有先发制人，才能保证美国在太空的安全。美国虽然无意挑起这场争夺卫星控制权的太空战争，但是却绝不愿意输掉。

“在美国中央司令部的责任范围内，有超过 80% 的卫星通信是由商业卫星提供的。”五角大楼这份题为“太空惊险”的报告写道。五角大楼却清醒地意识到，一系列潜在的“有害问题”正在太空中浮现。

2008 年 2 月，一枚 SM-3“雷神”导弹从停泊在北太平洋地区美国巡洋舰“伊利湖号”的甲板上发射升空，随后在距离地面 153 英里的高空击中了国家侦察局的一颗重 5 000 磅、大小相当于一辆校车的美国人造卫星。五角大楼官方表示，这颗卫星已经偏离了轨道，因此美国不希望燃料箱中的剧毒联氢燃料在其他国家的领土上坠落。“我们的目标是对这颗卫星进行拦截，避免其继续运行，并最终在无人居住的海面上降落。”参谋长联席会议副主席詹姆斯·卡特莱特将军向媒体宣布。对于美国的这一举动，各国领导人纷纷表示强烈抗议，声称这次试验是为了向世界证明，美国已经具备了摧毁其他国家卫星的技术。

在 20 世纪 50 年代，美国和苏联曾经考虑过将太空作为导弹发射平台。艾森豪威尔总统的科学顾问詹姆斯·基利安（此人一度权倾天下，甚至连国会也无权知道他所隐藏的真相）数次接到五角大楼关于发展“卫星核弹、在月球建立军事基地，诸如此类”的建议。实际上，正是基利安一手策划了第一次太空核武器试验。第一次是在高层大气中（橙子），第二次是在臭氧层附近（柚木），最后一次是在外层空间（阿格斯）。但是基利安却有意回避，因为在他看来，在太空部署武器是一种轻率之举。基利安认为，这本身就是一个糟糕的主意，而且从太空发射核武器的效果并不尽如人意。

“人造卫星不适合投掷炸弹。”1958 年 3 月 26 日，基利安在白宫发布的一份报告中称。这份报告是应总统的要求专门为那些“不通技术”的民众炮制的。“从卫星上发射的物体不会自行坠落，因此在精确性上毫无优势可言。”基利安宣说道。虽然基利安经常强调自己并不是科学家，但是现在却郑重其事地向美国民众解释，为什么不能从太空投掷炸弹。

“事实上，从卫星上‘投掷’炸弹的唯一办法就是在卫星上安装一个动力足以推进洲际弹道导弹的火箭发射系统。”

换句话说，基利安的意思是，从太空发射平台发射洲际弹道导弹的做法不仅过于笨拙，而且得不偿失。基利安认为，导弹瞄准目标的最佳办法就是从地面发射。在 20 世纪 50 年代，这种看法也许是正确的，但是几十年后，事实证明，基利安的说法却大错特错。

2011 年，美国一处坐落于印度洋迪戈加西亚岛类似 51 区的太空监视系统正在全年 365 天、每天 24 小时对环绕地球运转的 8 000 多个人造物体进行追踪。美国太空监视系统的任务是探测、跟踪、记录和辨别环绕地球运转的这些物体，其中包括活跃的和不活跃的人造卫星、废弃的火箭箭体及太空垃圾等。“一个直径在 1 厘米左右的物体很难被追踪到，但是它们如果撞上了正在高速航行的宇宙飞船，就会造成相当大的损失。”“美国忧思科学家联盟”全球安全项目的一位科学家劳拉·格雷格说道。美国称，由于国家侦察局的卫星是在接近地球时被击落的，其碎片在进入地球大气层时已经被烧毁，因此不会制造太空垃圾。

上述情况为美国军方制造了另一个“有害问题”。每一个现代国家都离不开人造卫星：全世界银行使用的同步加密系统需要依赖卫星；天气预报的相关信息来自卫星；为了确保飞机安全航行，空中交通管制员也需要依靠卫星；美国的全球定位系统 GPS 有赖于卫星运转；欧洲即将于 2012 年投入使用的“伽利略定位系统”也离不开卫星；美国的无人机项目及绝大多数全球军事通信系统都需要卫星。正因为如此，如果有人破坏了卫星系统，或者只是击毁了其中的一小部分，整个世界就会陷入混乱和恐慌，到时候只怕《世界争霸战》中描述的场景都要相形见绌了。

20 世纪美苏开展的核军备竞赛造成了狂妄的野心、巨大的浪费及轻率的公众政策，而五六十年代的太空核试验竟然没有导致两个超级大国为了控制太空而开战，这不能不说是一个奇迹。相反，在冷战的最后几十年中，美国和苏联之间似乎达成了某种默契，因为双方都不愿在太空开战。美国和苏联都没有试图在月球部署导弹，也都没有击落对方的间谍卫星。根据理沃纳上校的说法，这是因为“进入太空的间谍卫星就像天空中的眼睛，政府根本离不开它们”。理沃纳所说的政府就是苏联和美国。迄今为止，虽然冷战时期的阵线已经极大改观，但是至少还有一股敌对势力，也就是基地组织，宁愿战死也不愿按照超级大国设立的规则活着。

已经91岁高龄的理沃纳的话语中充满了权威。这位“高空侦察之父”在1960年建立了爱泰科技公司（Itek），为美国的第一颗侦察卫星“科罗纳”提供高分辨率的摄像系统。“科罗纳”项目极为成功，然而最值得注意的是，该项目最初是由理查德·比斯尔从掌管51区之初就开始为中情局设计和经营的。离开空军部门后，在接下来的数十年中，理沃纳一直在从事商业卫星服务。中情局从爱泰科技公司提供的图像中得知，为了逃避美国“空中之眼”的监视，很多外国政府都把他们的秘密军事基地转移到了地下。

在内华达荒漠中的51区，中情局开始大力发展地下探测技术和红外线跟踪技术，从而在无人机的协助下获得更多有关这些地下设施的详细信息。针对这个问题，国防部和空军采用的是另外一种方法。在20世纪80年代，军方研发了一种叫作“地堡炸弹”的核武器，用于打击敌方的地下掩体。随后，桑迪亚又设计出了W61“核钻地弹”，并且于1988年在52区进行试验。按照最初的设想，“核钻地弹”可以从5万英尺的高空发射，在穿透地下掩体后爆炸。但是人们对核弹（除了核弹头）进行了多次试验，事实证明，核弹对花岗岩几乎起不到任何作用，而很多敏感的地下基地就是在花岗岩下建造的。

1996年，联合国大会通过了《全面禁止核试验条约》，7个（或8个）有核国家中有5个签署了这一条约[3]。当克林顿总统在1993年终止了美国的所有核试验后，“核钻地弹”已经没有了发展空间。但是对于国防部来说，外国政府建立的地下基地仍然令人感到不安，于是一个名为“上帝之杖”的无核太空武器项目应运而生。在这个项目中，有人设想从太空卫星上发射一根长 30 英尺、直径 1 英尺的金属棒，让它以每秒钟 1 万英里的速度射向地下的目标。T.D. 巴恩斯说：“利用这种力量，仅凭一两次打击就足以摧毁伊朗的核设施或者其他类似设施。”但是，“美国科学家联盟”的一份报告显示，在此之前，已经存在不少与“上帝之杖”类似的项目了。

在海湾战争结束后，国防高级研究计划署雇用了一个名为“贾森学者”的秘密团体及其母公司“迈特”，要求他们对全球地下设施的情况进行研究。长期以来，“贾森学者”一直是阴谋论者最喜欢攻击的目标。该团体在 1999 年 4 月一份尚未解密的报告里称，“地下基地可以用于隐藏和保护对美国形成威胁的重要活动”。这些威胁，“贾森学者”称，“包括大规模杀伤性武器的研发和存储，其中主要是核武器、化学武器和生物武器”。

此外，“海湾战争后，地下设施的总数开始不断增加”。换句话说，F-117 隐形轰炸机的出现让许多外国政府意识到，“在高精度制导武器的面前，几乎所有地面设施都不堪一击”。有鉴于此，国防高级研究计划署认为，美国应当着手发展新型地堡核弹。至于《全面禁止核试验条约》，完全可以置若罔闻。

2001 年 1 月，美国科学家联盟在一份报告中表示，对核武器试验室正在发展低爆炸当量核弹或“迷你核弹”以打击地下掩体的消息，他们感到十分担心，因为国会曾经“明令禁止研究和发展可能导致美国生产新型低爆炸当量核武器的设施”。洛斯阿拉莫斯立刻对此予以反击，声称他们能够对“迷你核弹”进行概念上的研究。“我们可以无须试验，设计和部署一系列新型核武器，”洛斯阿拉莫斯核武器副主管史蒂芬·M. 杨格宣称，“因为这类简单的设施只需要相当有限的核试验数据。”但是美国科学家联盟却认为杨格的看法根本就不成立，“如果一个核弹头足以摧毁深埋于地下的加固掩体，事先不进行核试验是不可能的”。2006 年 7

月1日，史蒂芬·杨格成为国际安全技术公司总经理，直到2012年，该公司一直掌管着内华达试验场。

2002年，美国再次开战后，乔治·W. 布什重新启动了地堡核弹的发展计划，并将其更名为“增强型核钻地弹”。同年4月，国防部在与劳伦斯·利弗莫尔国家实验室进行商讨后，正式开始了这种新型核武器的最初设计阶段。2003年，增强型核钻地弹项目一共获得了1 450万美元的资金。2004年，这一数字为750万美元。2005年，项目资金增加到2 750万美元。但是到了2006年，参议院突然取消了这个项目。也许增强型核钻地弹项目真的被取消了，也许只是换了一个新的名字，然后转入了“黑色世界”——可能是在51区或者52区。

也可能是在隔壁内华达试验场的地下。在内华达的地下核试验场内研制地堡炸弹不能不说是一种莫大的讽刺，然而这正是能源部官员在2005年暗中提交的一份非涉密报告中提出的建议。在这份报告中，能源部官员建议重新启动NERVA项目，即25区计划将人类送上火星的核动力火箭项目，而且开展这个项目的最佳地点就是内华达试验场的地下。

该报告的作者迈克尔·威廉姆斯认为，与20世纪60年代NERVA项目不同，现在的情况已经今非昔比。“由于无法向大气层释放放射性物质，因此能源部不能继续在地面核试验场发展核技术。”也就是说，蠢驴谷的试验场肯定不行。对于新的NERVA计划来说，威廉姆斯建议，“如果把这个地点放在内华达试验场业已存在的地下隧道或新建隧道内部，那么能源部就能够轻而易举地开展核试验”。

洛斯阿拉莫斯核武器项目前任助理负责人（现任内华达试验场项目负责人）坚决否认该试验场正在开展任何地下核武器试验，但是他确认，那里最近正在进行“亚临界”的核试验，其中包括第1区的地下隧道。为了进入这些隧道，工作人员必须通过电梯来到1 000英尺的地下。那里正在进行的是“钚和烈性炸药的科学实验”，杨格说，“而不是核武器试验”。

杨格认为，“俄罗斯的情况恰好相反”。他说，在俄罗斯新地岛的地下试验场中，也就是 1961 年苏联引爆爆炸当量为 5 000 万吨 TNT 炸药“沙皇炸弹”的地方，“俄罗斯人正夜以继日地发展新型核武器。弗拉基米尔·普京经常对外界提起，因为他想要美国人知道这一点”。

由于内华达试验场正在发生的一切大多数都被列为机密，而涉及其中的联邦机构认为美国人民不具有“按需知密”的权限，所以要想了解内华达试验和训练靶场 51 区和 52 区地面上发生的所有事情，无异于痴人说梦。

但问题是，美国公众是否有权知道真相？国会是否有权知道真相？不可否认，51 区开展的很多秘密项目的确让美国变得更加安全。1956 年赫维·斯托克曼驾驶 U-2 侦察机首次飞越苏联领空，为中情局提供了重要情报，即苏联没有开始调兵遣将，因此不可能发动偷袭。A-12“牛车”侦察机在执行任务时获得的情报让约翰逊政府避免了在越南战争期间同时向朝鲜宣战。F-117 隐形轰炸机让萨达姆·侯赛因的大规模杀伤性武器计划遭受了严重打击。但是，在 51 区开展的另一些秘密行动中，至少其中有一个项目绝不应该予以批准，也不应该作为国家机密继续隐瞒下去。

人体实验：51 区的魔鬼交易

在第二次世界大战后，美国政府雇用并保护了一批前纳粹科学家，其理由是这些科学家出类拔萃，他们掌握的信息有助于推动美国科技发展，从而赢得下一场战争。然而，美国的这种做法就像与魔鬼进行交易。对于涉及此事的联邦机构来说，这次交易本身就构成了一个“有害问题”，因为参与这些前纳粹科学家的游戏就会导致一系列新的问题。其中包括联邦政府不得不掩饰这些前纳粹科学家曾经犯下的罪行。直至 2011 年，关于政府雇用二战后纳粹犯罪分子专家的信息，约有 6 亿页仍被列为机密。很多与 51 区有关的文件均属于此类。

联邦政府之所以从未正式承认51区的存在，不是因为那里的秘密侦察机、隐形轰炸机、无人驾驶机项目和试飞项目，而是另有隐情。5名EG&G公司工程师曾经在51区开展了另外一个项目，而这个项目涉及罗斯威尔坠机事故的残骸及现在被称作51区的秘密基地。但是，早在1955年理查德·比斯尔建立中情局的这座秘密基地前，这个项目就已经存在了。

很多人认为，这里之所以被命名为51区，完全是出于随机。实际上，其原因与1947年新墨西哥州罗斯威尔坠机事故的残骸有关，而这些残骸是在1951年被人从莱特-帕特森空军基地运往内华达沙漠中的一个秘密场所中的。

吉卜赛人有句俗语：只要有一个人还不知道你已经死了，那么你仍然活着。对于一名调查记者来说，这句话应当改为：只要有一个目击者愿意吐露实情，那么真相就可以被发现。

新墨西哥州发生的神秘坠机事件——“罗斯威尔事件”发生在1947年，也就是在本书出版的64年前。与此事有着直接关系的当事人大都已经过世。就像对待51区一样，美国政府拒绝承认罗斯威尔坠机事故的存在。在本书的撰写过程中，作者进行了长达18个月的采访，其中一个人提供的重要信息可以证明，事实恰恰相反。这个人就是EG&G公司早期在51区负责处理“有害问题”的高级工程师之一，他参与了“罗斯威尔事件”发生后的有关项目。

1947年7月，陆军情报部门开展了复原罗斯威尔坠毁飞碟残骸的行动。就像51区发生过的其他事情一样，与罗斯威尔有关的阴谋论并非无中生有。在这次事件中坠毁的是一个碟形物体，而不是空军方面曾经宣称的气象探测热气球。此外，被派往罗斯威尔陆军航空兵基地的有关人员发现，这里有两处坠机地点，除了失事的飞行器以外，他们还在旁边发现了几具尸体。

这些尸体既不是外星人，不是飞行员，而是用于实验的人体小白鼠。

他们形体很小，每个人的身高都不足 5 英尺，看起来就像儿童一样，所以不可能是飞行员。此外，这些尸体的体型特征从解剖学上无法解释。他们虽然严重畸形，但是相互之间却一模一样。他们的脑袋很大，眼睛甚至大得比例失调。只有一点毋庸置疑：这些儿童，如果他们真的是儿童的话，一定不是健康人。然而，另一个事实更加令人震惊，其中两名“儿童”虽然陷入了昏迷，但是仍然活着。

与事发地点有关的一切物品都被送往俄亥俄州的莱特空军基地，即后来被称作莱特 - 帕特森的陆军航空兵基地，并且一直保存到 1951 年。随后，这些证据被运往内华达试验场，由 EG&G 公司的高级工程师接管。也就是说，由原子能委员会，而不是空军或者中央情报局，负责处理罗斯威尔坠机事故的残骸。该委员会的保密制度非同寻常，所以是最适于处理绝密信息的机构。在这个项目中，原子能委员会需要一些他们能够信得过的工程师。为此，他们找到美国权力最大的国防承包商 EG&G 公司。不过当时，对于这家公司，人们还闻所未闻。

在内华达试验场边界外侧建立的一座秘密基地中，EG&G 公司的被选中的 5 名工程师接管了这些残骸。这座秘密基地位于格鲁姆湖西北 16 英里、距 12 区和 15 区交汇处最北端约 5.5 英里的地方。这里地处偏远、与世隔绝，除了极少数具有需知权限的内部人士外，绝不会有外人造访，也不会出现在内华达试验场的官方地图上。有人告诉这 5 名工程师，他们有很多事情要做，而且只有他们 5 个人手上有这座基地的钥匙。工程师们得知，这项工程是自“曼哈顿计划”以来最机密的、最重要的一个工程项目，而前者的负责人也正是现在这个项目的负责人——万尼瓦尔·布什。

在二战期间，万尼瓦尔·布什是罗斯福总统最信任的一名科学顾问。他获得过哈佛大学和麻省理工学院的工程学博士学位，还曾担任麻省理工学院的副院长和工程学院院长。从表面上看，万尼瓦尔·布什做出的决定是为了国家的利益和安全。EG&G 公司的工程师们得知，因为这个项目事关重大，所以他们只能在暗中行动。换句话说，这个项目将永不见天日。他们知道原子能委员会的秘密分级制度极为严格，完全可以保证他们从事的秘密项目不为世人知晓。他们也知道“生而涉密”的含义，就是说对于万尼瓦尔将要让他们做的一切事情，任何人都无权过问。这项行动没有名称，只有一个字母加数字的代号，即 S-2，或者叫 ∑-4。

EG&G 公司工程师即将面临的问题不仅极其复杂，而且涉及方方面面，既没有固定的模式，也没有现成的答案。这个“有害问题”可谓史无前例，而解决这些问题无疑会造成出人意料的结果，因为参与这场工程游戏的同时就意味着改变这场游戏。对于 EG&G 公司的高级工程师来说，他们需要解决的是两个神秘的难题。

罗斯威尔的失事飞船是斯大林派遣的，因为在飞船内部压印着一圈俄文。迄今为止，EG&G 公司的工程师们只知道，这些残骸在莱特 - 帕特森空军基地时，没有人清楚斯大林的飞船是怎样进行悬停和航行的，即使是被派去提供援助的德国“回形针计划”科学家也大感困惑。因此，第一个问题就是这艘失事的飞船。万尼瓦尔 · 布什下令，对它实施逆向工程——拆开它，然后重新组装到一起。这样做的目的是弄清它到底是怎么飞起来的。

但是,还有第二个工程问题,这个问题与那些儿童模样的飞行员有关。为了弄清这个问题，他们必须首先了解自己即将面对的事情。他们得知，对于这艘飞船中的驾驶员在升空之前曾经发生过什么，只有他们几个人具有需知权限。有人告诉他们，当他们看到这些尸体后，将会十分震惊，并且感到大惑不解。

其中的两名飞行员虽然不省人事，但是仍然活着。他们被放进某种凝胶状的物质里，竖直站立在两个连接有生命维持系统的管状容器中。有时候,这两名飞行员的嘴巴会突然张开,好像努力想要说些什么。记住，有人告诉这 5 名工程师，他们现在处于昏迷状态。他们已经没有了意识，而且永远不会起死回生。

也许他们曾经是健康的儿童，但现在却不是了。他们看起来有十三岁左右。随之而来的是一系列问题。是什么让他们的头如此巨大？他们的身体之所以看起来与人类有异，是否经过了外科手术或者是基因突变？还有，那双令人恐怖的大眼睛又是怎么回事？

工程师们听说，这些孩子据传曾被纳粹疯子约瑟夫·门格勒绑架。在奥斯维辛集中营和其他一些地方，门格勒对儿童、矮人和双胞胎进行臭名昭著的秘密试验。这5名工程师得知，在二战结束以前，门格勒曾经在苏联与斯大林做过一次交易。斯大林承诺为门格勒提供继续让他在优生学方面进行研究的机会，即通过有控制的繁殖增加理想遗传特征的发展，从而提高人口的整体质量。有人告诉他们，这次交易很可能发生在二战结束前夕，即1945年冬天。当时，对包括门格勒在内的许多纳粹党员来说，纳粹德国已经注定要输掉这场战争，而很多纳粹高级将领和科学家将因为犯有战争罪而接受审判并被处以绞刑。

门格勒在奥斯维辛和其他一些地方，在自己认为属于“劣等民族”的人种身上进行了试验，以便为希特勒建立纯正的雅利安种族④。门格勒的受害者包括犹太儿童、吉卜赛儿童和身体严重畸形的人。他切除了有些儿童的部分头盖骨，然后换上尺寸更大的部分成人头盖骨。他摘除和移植了一些实验者的眼球，并且向人体内注射导致脱发的化学制剂。

在门格勒的勒令下，奥斯维辛集中营一个名叫迪娜·巴比特的画家囚徒画下了手术前后这些孩子头部、鼻子、嘴巴和耳朵的形状。另一个被迫为门格勒工作的囚犯是马丁纳·普切纳博士。普切纳还记得，门格勒专门要求她用石膏模型保留这些畸形儿童身体部分尤其是手部和头部的详细形状和尺寸。1945年1月17日，当门格勒离开奥斯维辛集中营后，他随身带走了这些医学实验的文件。根据门格勒独子罗尔夫的说法，二战后，门格勒的手中仍然掌握着这些研究文献。

EG&G公司的这几名工程师得知，斯大林曾经向门格勒许诺，如果他能够为斯大林创造出一支外形奇特、体型类似儿童的飞行员队伍，斯大林就会为他提供实验室进行继续研究。工程师们听说，在这宗魔鬼交易中，门格勒信守了自己的承诺，为斯大林提供了一些儿童模样的飞行员，但是斯大林却出尔反尔。门格勒没有在苏联得到安身之处，而是以化名在德国居住了4年之久，然后逃往南美洲，先是住在阿根廷，然后迁至巴拉圭，直到1979年死去。

斯大林命令这架装有经过生物或手术再造儿童的飞机飞往美国的新墨西哥州。工程师们得知，按照斯大林的计划，他们应当在那里降落。当这些外形怪诞的儿童爬出舱外时，一定会被人们误认为火星人。接下来，就像《世界争霸战》中描述的那样，美国就会出现大规模的集体恐慌。随着UFO越来越多，美国的早期预警雷达系统会陷入瘫痪。到那个时候，杜鲁门就会亲眼看到，斯大林是如何利用秘密宣传攻势控制美国民众的。在原子弹技术上，斯大林也许落后于美国；但是在如何操纵民众心理上，斯大林显然占了上风。这名工程师说，以上这些就是他和EG&G公司其他工程师所听到的内容。

几个月来，我一直追问这名工程师，杜鲁门总统为什么不使用罗斯威尔坠机事故的残骸，向世人证明斯大林有多么邪恶和令人憎恨。我猜，杜鲁门大概不愿意承认苏联曾经突破了美国的边境。在很长一段时间里，我始终没有得到这个问题的答案。这名工程师掌握着51区之谜的答案，但是除了摇头，什么都不愿意多说。他也是EG&G公司高级工程师团队中的唯一健在者。

他说，无论我再问多少次，他也不会多说一个字。直到有一天，我再次提到了这个问题。"为什么1947年杜鲁门总统没有揭露这件事情？"这一次，他终于给出了答案。

"因为我们也在做着同样的事情，"他说，"他们想要推进科学发展。他们想要知道，他们还能走多远。"

接着，他又说："我希望自己没有做过那些事情。"

停了一下，他说："我们曾经在残疾儿童和囚犯的身上进行医学实验。"

“但你不是一个医生。”我说。

“他们需要的是工程师。”

“你们是在谁的授权下工作的？”

“原子能委员会负责。还有万尼瓦尔·布什，”他说，“在这个伟大的国家，有人甚至因此而死去。”

“我们为什么要这样做？”

“你做了自己要做的事情，因为你热爱你的国家，而且有人告诉你，你是为了国家利益才这样做的。”这名工程师回答。换句话说，因为万尼瓦尔·布什告诉他们，这样做是正确的。这就意味着，从 1951 年开始，EG&G 公司的工程师们就已经开始在 51 区现在的所在地点，为这个显然是受到了纳粹启发的邪恶项目从事秘密研究，而对此公众却毫不知情。

“那是很久很久以前的事情了，”工程师说道，“我一直想要忘掉。”

“这个项目是什么时候结束的？”我继续追问。

没有回答。

“1952 年吗？”我问。还是没有回答，“1953 年…… 1954 年……？”

“至少直到 20 世纪 80 年代，这个项目还在进行当中。”他说。

“我认为你应该把所有的事情都告诉我，”我对他说道，“否则一旦你离开人世，真相也会被你带走。”

“你不会想要知道的。”他说。

“我想。”

“你没有需知权限。”他说。

在接下来的几个月里，我一直想要了解更多信息，但是所获甚微。这名工程师只提到“这个”或“那个”。根据他此前所说的内容，“这个”代表确认事实，“那个”代表再次确认事实。一天，当我们在一家餐馆共进午餐时，我向工程师复述了一遍自己了解的一切。他没有肯定，也没有否定。接下来的采访持续了一年多。直到有一天，我问他我所知道的事情占整个真相的多少。

“你知道的事情连一半也不到。”他悲哀地回答。

于是，我拿起午餐剩下的一块面包片，放在餐厅白色的瓷盘当中。“如果我知道的事情相当于这块面包片，”我指着盘子里的一小片面包说，“那么我不知道的事情是否相当于这个盘子？”

“哦，亲爱的，”他边摇头边说，“整个真相要比这张餐桌还大，甚至还包括椅子。”

随后，他再也不肯吐露半个字。他说自己很难过，而他很快就要死了。这是真的吗？我问自己。我之所以不能了解更多，是因为我没有需知权限。我们需要保守这些秘密，但是这种保守秘密的做法以及我们所保守的这些秘密，与我们50年来在冷战当中面对的这些国家又有什么不同？

在65年间，美国一共制造了7万多件核武器，其理由就是打击这些国家。在一个自由和公开的民主社会中，打着科学的名义开展行动是一回事。但是，40多年来这个秘密始终无人知晓，甚至对想方设法想要了解真相的美国总统也不例外，对一个民主国家来说，这显然是一个完全不同的问题。这无异于开了一个先例，让那些权势人物得以假借科学和国家安全的名义公然违背宪法和玷污道德，而他们唯一自欺欺人的借口就是任何人都没有需知权限。EG&G公司的这名工程师虽然没有告诉我全部真相，但是却向我讲述了自己曾经做过的事情。我相信，这就是其中的原因所在。

根据他所提供的消息，原子能委员会从1951年起开始在内华达沙漠的秘密基地中开展人体实验。虽然这种做法是对1947年《纽伦堡公约》的公然违背，但是这远不是该委员会第一次违反最基本的道德原则，即征得志愿者本人的许可。1993年，记者艾琳·威尔萨姆曾经在一篇新闻报道中称，原子能委员会曾经在波士顿郊外费纳尔德公立学校智障儿童和孤儿的身上进行了钚试验。

最令人发指的是，这些试验大都是在未经儿童本人或其监护人得知或许可情况下进行的。在得知这一恐怖的事实后，克林顿总统启动了一项调查[5]，想要知道在这种闻所未闻的可怕保密系统之下，隐藏着原子能委员会哪些不可告人的行径和秘密。我问这名工程师，为什么克林顿总统没有得知关于 51 区 S-4 基地的真相，或者其中另有隐情？

“我想他可能已经很接近了，”工程师回答，“但是他们却将他拒之门外。”

“他们是谁？”我接着问道。这名工程师说，只有 EG&G 公司的高级工程师团队掌握着 51 区所在地的钥匙。

“又是谁从这五名工程师手中接管了那些钥匙？”我想要知道。

“你没有需知权限。”他总是这样回答。

后记

2010年夏，91岁的“高空侦察之父”理沃纳上校给我寄来一本书。翻开书页，一股霉味扑面而来，就像阁楼中的味道一样。他寄来的是一本1946年“十字路行动”核试验的纪念年鉴。最引人注目的是，在这本年鉴中，美国二战后的第一次核试验是从“黄沙遍地的罗斯威尔镇”上的一次“陆军-海军神秘联合行动”开始的。

“罗斯威尔……罗斯威尔……罗斯威尔……罗斯威尔……罗斯威尔……罗斯威尔。”

在这本政府发行的年鉴中，仅在开头几页，这个词就反复出现了6次之多。新墨西哥州罗斯威尔陆军航空部队基地，是美国在长达43年的冷战期间第一次开展核试验的地方。“十字路行动”的第一次核爆声势浩大，这种史无前例的武力展示意在向斯大林宣告，美国决不会放弃使用核弹。共有4 200人亲眼观看了这两枚核弹在太平洋上空爆炸的过程，其中包括斯大林派出的间谍。美国政府耗资近20亿美元（经通货膨胀调整后的数字），从而让世人看到了他们手中核武器的巨大威力。

“从希特勒那里，”EG&G公司的这名工程师说，“斯大林学会了复仇……和其他一些东西。”要想了解斯大林的看法，就要首先了解历史上的两个关键时刻，一个是在二战开始之初，另一个是在二战刚刚结束后。1939年8月23日，也就是欧洲战争正式打响的一个星期以前，希特勒和斯大林秘密结盟，并签订了《莫洛托夫-里宾特洛甫条约》，向对方做出承诺：欧洲一旦出现战事，苏德两国将互不侵犯。然而，就在他们握手言欢之后，希特勒立即开始阴谋策划欺骗苏联。22个月后，希特勒对苏联发动突袭，导致数百万人死亡。

接着，在第二次世界大战即将结束的几个星期前，从1945年7月17日至8月2日，斯大林、杜鲁门和丘吉尔在德国波茨坦会晤，达成了战后结盟的协议。然而，就在波茨坦会议召开的前一天，美国在新墨西哥州荒漠中的白沙试验场对世界上第一枚也是唯一一枚原子弹进行了试验。杜鲁门最信赖的顾问[①]建议，美国应该在波茨坦会议上对斯大林公开这次核试验的有关消息，但是遭到了杜鲁门的拒绝。不过这并不重要，因为直到后来历史学家才知道，当时斯大林已经听说了“曼哈顿计划”工程师们取得的成就。

从1941年开始，斯大林在洛斯阿拉莫斯核试验室中安插的间谍就开始为他提供核弹的设计图。就在波茨坦会议召开之际，斯大林已经开始着手制造苏联的原子弹。尽管斯大林和杜鲁门表面上假意结盟，但实际上他们并不相信彼此，而苏美两国之间也毫无信任可言。恰恰相反，双方正在努力建造自己的核武器库，以备将来不时之需。波茨坦会议结束12个月后，当“十字路行动”全面展开时，冷战已经不可避免地拉开了序幕。

随后，斯大林展开了一场秘密的宣传骗局，但是这架载有外星人模样驾驶员的飞碟却意外地在罗斯威尔附近坠毁。这很可能是苏联领导人对杜鲁门在“十字路行动”中的背叛行为而实施的报复。在波茨坦会议上斯大林就已经开始策划这场骗局，其做法与希特勒在签订《莫洛托夫-里宾特洛甫条约》时的行径毫无二致。

时值1947年7月，距离苏联成功引爆第一枚核弹还有两年之久。这名EG&G公司的工程师说，罗斯威尔的飞碟，就像斯大林“对杜鲁门发出的一个警示信号”[②]。斯大林也许还没有掌握原子弹，但是他的手中握有从德国人那里窃取的空中悬停技术和隐形技术，而这两种技术引起了美国军方的高度关注。这架飞碟的航行方式及迷惑雷达的能力让陆军航空队感到十分困惑，他们想要知道，在斯大林的武器库中，还有哪些二战后从纳粹德国篡夺的非常规武器。

“希特勒发明了隐形技术。”中情局第一个被派往国家侦察局的官员吉恩·波蒂特说道。吉恩·波蒂特的任务是研究苏联对美国雷达的威胁，为了解决这个问题，他对51区侦察机的试飞过程进行了观测。“希特勒的隐形轰炸机被称为霍顿Ho 229，”波蒂特说，“也叫作飞翼式飞机。Ho 229的机身上涂有一种将碳嵌入胶中的特殊涂层，其中的高分辨率物质能够产生‘假峰效应’，因此很难被雷达测到。”

波蒂特所说的霍顿Ho 229出自两名年轻的飞机设计师之手，他们就是曾经为希特勒空军效命的沃尔特和雷玛·霍顿兄弟。1947年秋，他们两人成了美国陆军情报部门在欧洲展开大规模“骚扰行动”的目标。这次行动的任务是，找到一架据称能够空中悬停的飞碟状飞机。

那么霍顿兄弟后来发生了什么事呢？与其他很多被招募到“回形针行动”中的前纳粹科学家和工程师不同的是，沃尔特和雷玛·霍顿一开始并没有引起美国的重视。1945年4月7日，他们在格丁根的工作室里被美国第九军捕获，随后被软禁在海德公园附近一座重兵把守的高楼中。

在那里，美国著名的物理学家和火箭专家西奥多·冯·卡尔曼对他们进行了审讯，但是卡尔曼认为在飞行技术上霍顿兄弟不会为美国陆军航空队提供太多信息，因为当时美国还不了解他们的飞翼式飞机。被遣返回国后，雷玛逃往阿根廷，时任阿根廷总统、纳粹的顽固支持者胡安·庇隆为他在卡洛斯帕斯湖岸边建起了一座漂亮的住宅。沃尔特则隐姓埋名，终生住在德国的巴登巴登。

航空历史学家戴维·迈拉为本书提供了有关霍顿兄弟的信息。20世纪80年代，在对全翼式飞机进行研究时，迈拉开始四处搜寻，最终在乡间分别找到了沃尔特和雷玛·霍顿，并将自己对他们长达数百小时的采访用磁带录了下来。这些磁带现存于史密斯国家航空航天博物馆。

“在前往南美洲采访时，雷玛提出了两个条件，”迈拉回忆道，“第一个条件是我不能提到有关希特勒或第三帝国的问题。”第二个条件，“他说他不想提起中央情报局。雷玛说当时有一种疯狂的看法，有人说他曾经设计了某种飞碟，而中情局正在对他进行搜寻”。迈拉说，雷玛顽固地表示，拒绝谈论任何与中情局有关的事情。在迈拉对雷玛·霍顿的这次采访发生数年后，陆军情报部向公众解密了“骚扰行动”长达三百页的有关文件，其中包括美国对霍顿兄弟和所谓飞碟的搜捕。

“骚扰行动”的文件显示，在20世纪40年代末，美国陆军情报部门有人曾经就飞碟一事审问过雷玛。事隔四十多年后，雷玛·霍顿仍然拒绝谈起当时自己说了些什么。2010年，有人根据《信息自由法案》向陆军部、总法律顾问办公室和五角大楼提出申请，得到的回答是“未发现相关记录”。随后的第二次申请也遭到了“否决”。

如果斯大林的确得到了霍顿兄弟的飞碟或者飞碟设计图，那么他是怎样让这种飞机做到空中悬停的？在“骚扰行动”期间，反情报部特工曾千方百计地想要知道，这种由某种神秘能量提供动力的悬停技术到底来自哪里。EG&G公司的工程师说，虽然他不知道1947年当这架飞机还在莱特-帕特森空军基地时，是否有人对它进行过研究，但是1951年当飞机被运往内华达后，人们对它的动力装置进行了研究。

“EG&G公司还有一位十分重要的工程师。”他解释道。这名工程师的任务是弄清斯大林的悬停技术，“这种技术被称作电磁频率，简称EMF。”在随后的一年中，他一直待在拉斯维加斯郊外EG&G公司大楼中“一个没有窗户的房间里”，研究EMF的运作方式。“我们终于解开了这个问题，”EG&G公司的工程师说，“所以后来我们也掌握了悬停技术。”

我请这名工程师把我带到他所说的空中悬停技术的研究地点，他同意了。有关档案照片和原子能委员会的录像片段也可以证明，这个地方以前的确有几座建筑物属于EG&G公司，但却今非昔比。20世纪50年代，

EG&G 的这名工程师就是在这里了解到有关 51 区最初的秘密的，然而现在除了一块铺有柏油的空地和遍地荒草外，就只有围在旁边的金属防护网了。难道这里就是在随后六十年中被人们称作 51 区的地方吗？这里的设施是否已经被转移，或者搬到了地下？

物理学家又会怎样看待飞碟这件事情呢？美国“隐形技术之父”爱德华·洛维克说，20 世纪 50 年代末，在凯利·约翰逊的要求下，他曾经在洛克希德公司的无回声室内，对微缩飞碟模型进行了长达数月的雷达测试。“那是在‘臭鼬计划’木工工厂制造的一个小型木制飞碟。”洛维克回忆道。根据洛维克的说法，凯利·约翰逊最终认为，从空气动力学角度看，这种圆形飞机，也就是没有机翼的飞碟性能不够稳定，由飞行员来驾驶过于危险。在此之前，无人驾驶飞机技术还没有问世。

还有，飞碟内那些儿童模样的飞行员是怎么回事？就在 1947 年 7 月罗斯威尔坠机事件发生后不久，罗斯威尔陆军航空基地公关处官员沃尔特·豪特被派往当地的 KGFL 广播电台，称航空基地掌握了一架飞碟。豪特是第一个就罗斯威尔事件发表声明的官员，他的新闻稿不仅立即在广播上播出，而且还被刊登在了次日的《旧金山纪事报》上。仅三个小时后，沃尔特·豪特再次被派往 KGFL 电台，发表了第二次声明，并声称此前的新闻稿信息有误。

在 2005 年 12 月去世后，沃尔特·豪特留下了一份宣誓书。他说，这份宣誓书只有在自己离开人世后才能打开。在这份宣誓书中，豪特写道，第二则新闻稿出自杜撰，是为了掩盖第一次声明中的真相。豪特称，除了一架飞碟以外，军方还在另外一个出事地点发现了几具尸体，这些尸体只有儿童大小，但是头部却大得出奇。“我相信，我看到的东西是某种飞行器，里面的飞行员来自太空。”豪特写道。

显然，EG&G 工程师对飞碟中儿童模样飞行员的解释恰好可以作为所谓罗斯威尔外星人的谜底。就像英国天主教修士和哲学家“奥卡姆的威廉”所说的那样，任何谜底都应该比谜题本身更简单。根据这名

EG&G工程师的说法，这些飞行员不是外星人，而是约瑟夫·门格勒"在二战即将结束时或刚刚结束后"创造出来的，好让人们认为他们是外星人。对于儿童来说，驾驶飞机是一件非常困难的事情。这名工程师称，他听说飞碟是通过遥控操纵的，但是至于这架早期的"无人机"是从什么样的母机上发射的，他所提供的信息却十分有限。"飞机是从阿拉斯加州发射的。"他说。

接下来要说的是鲍勃·拉扎尔。1989年，拉扎尔向外界透露了51区的秘密。在我对曾经在51区生活和工作过的32个人进行采访时，我问起他们对拉扎尔的说法作何感想。很多人表示他们对鲍勃·拉扎尔十分怀疑，而且任何人都没有遇见过他。虽然拉扎尔似乎在自己的学历问题上撒了谎，但是这也不能证明拉扎尔关于S-4的说法就一定是捏造的。

EG&G公司的这名工程师说，用于隐藏罗斯威尔事故残骸的S-4基地存在了数十年，这与鲍勃·拉扎尔所说的时间刚好吻合。拉扎尔称，1988年到1989年他曾经在51区工作。拉扎尔告诉记者乔治·纳普，在S-4基地一个没有任何标志的房间中，他透过窗户看到了一个有可能是外星人的东西。难道拉扎尔身上发生的事情就像在进入喷气时代之前，一架P-38"闪电"战斗机在加利福尼亚州沙漠的上空飞行，当"贝尔"XP-59A飞机的首席试飞员杰克·沃勒姆斯戴着大猩猩的面具出现在他的旁边时，"闪电"战斗机的飞行员以为自己真的看到了一只大猩猩正在驾驶飞机。

那么，鲍勃·拉扎尔的身上是否发生过类似事情？或许拉扎尔只是根据自己掌握的信息，得出了唯一可能得出的结论。或许原子能委员会只是效仿了中情局的这种把戏，从而让人们以假作真。或许有人告诉随后来到S-4的科学家和工程师们，他们研究的对象是外星人和外星飞船。如果有人想要对公众泄露这个秘密，那么他们的结局就会和鲍勃·拉扎尔一样，最终沦为人们的笑柄。就像1942年那位P-38"闪电"战斗机飞行员遇到的情况一样，这种事情今天仍在发生，因为没有人愿意被他人当作傻瓜。

“如果你因 UFO 而出名，那么科学界就不会认真对待你的言论。”2010 年，鲍勃·拉扎尔在接受本书采访时说道。

几十年来，数百名研究者曾经不懈探索，想要找到有关罗斯威尔坠机事件残骸的记录，其中包括平民、议员和军人。一些参议员、国会议员、新墨西哥州州长及联邦政府责任办公室先后对此事展开了正式调查，但是谁也没有发现有关记录。这是因为没有人知道应该到哪里去寻找。迄今为止，所有的研究者都走错了方向。为了避免真相有朝一日大白于天下，EG&G 公司最初为原子能委员会获得的记录，按照该委员会严酷的保密制度，被隐藏在浩如烟海的秘密受限数据之中。

现在，人们终于知道了这一事实。

万尼瓦尔·布什的权力为什么如此之大？他曾经是美国最重要的科学家之一。在白宫举行的一次庆典上，杜鲁门总统亲自授予他忠勤勋章；约翰逊总统也为他颁发了国家科学奖章；英国女王将他封为爵士。但是 EG&G 的工程师称，正是万尼瓦尔·布什授权 51 区的工程师和科学家在 S-4 基地开展实验，这种说法不能不令人感到震惊，甚至几乎无法想象。然而事实证明，万尼瓦尔·布什完全拥有这种权力，他不仅能够保证一切都秘而不宣，而且还能将其置于自己的绝对控制之中。

“曼哈顿计划”是一切黑色行动的源头，而万尼瓦尔·布什正是该计划的负责人。作为科学研究和发展办公室主任，万尼瓦尔·布什也掌管着研究生物武器路易士剂和芥子气对人体影响的实验项目。其中一些人体小白鼠是美军士兵，还有一些是反对战争的有识之士。1993 年，国家科学院在对该项目进行调查时发现，这些实验均是在未经受试者同意的情况下开展的。“尽管有关方面称这些受试者全都出于‘自愿’，但官方报告显示，就像后来的一些实验一样，第二次世界大战中的这些人体实验受试者都是通过真假参半的谎言招募而来的。”美国医学会写道。

这里所说的“后来的一些实验”，是由一个名为“医学研究委员会”的机构在万尼瓦尔·布什的授权下开展的。克林顿总统的人体实验顾问委员会发现，他们所谓的医学研究包括对伊利诺伊州迪克逊智障人群研究所和新泽西州弱智群体的人体受试者注射疟疾、感冒和性病实验疫苗。其中有些项目一直持续到 1973 年。

然而，更令人感到不安的是，据原子能委员会的有关档案显示，“曼哈顿计划”最初曾被命名为 S-1。那么在 S-1 和 S-4 之间，是否还存在另外两个项目？果真如此，它们又是什么样的项目？为了推动科学发展，我们究竟还开展过哪些用结果为手段正名的实验？

在这本书中，虽然有很多 51 区之谜得到了解释，但仍然有很多问题还没有答案。现在的 51 区正在开展哪些活动？我们无从得知。在接下来的几十年中，我们还将被蒙在鼓里。飞机的速度越来越快；隐形技术日新月异；无人驾驶侦察机可以用于发射导弹；加密运载系统能够投掷炸弹。这些项目的参与者总是大同小异：中情局、空军、能源部、洛克希德、北美航空、通用原子、休斯航空公司，如此等等。

但是其中最大的庄家却始终深藏不露。1922 年，万尼瓦尔·布什与其他人合伙创建了雷神公司。这家公司先是与军方签约，随后又成了原子能委员会的承包商。万尼瓦尔·布什为这家公司取名为“Raytheon”（雷神），因为这个单词的本义是“上帝之光”。无论是内华达试验场、内华达试验和训练靶场还是 51 区，都离不开雷神公司的身影。

迄今为止，该公司在全球国防承包商中排名第十五，不仅是世界上最大的制导导弹生产商，也是美国早期预警国防系统雷达技术的领军者。在 20 世纪 50 年代，中情局局长比德尔·史密斯将军曾经担心，苏联人也许会上演一次 UFO 骗局，从而使美国的早期雷达预警系统陷入瘫痪，而这一雷达系统恰恰出自雷神公司。

20 世纪末，EG&G 公司最终被实力雄厚的凯雷投资公司收购，但是 2002 年被再次转售给另一家名为“优斯集团”的大型公司。截至目前，内华达试验和训练靶场与 51 区的一家合资企业仍然属于 EG&G 和雷神公司。这家公司的名字是“联合试验、战术和训练有限责任公司”，简称 JT3。按照宣传册上的说法，这家公司负责“为内华达试验和训练靶场提供工程和技术支持”。当有人问起其中的含义时，EG&G 的母公司优斯集团表示，他们无可奉告。换句话说，他们的意思是，“你没有‘按需知密’权限”。

迄今为止，51 区的神秘面纱已经揭开，迷雾也已经散去。然而，这本书中揭露的事实只不过是沧海一粟，51 区仍有许多秘密有待揭晓。这些秘密将把我们引向何方？我们又能走出多远？这条路究竟有没有尽头？

致 谢

很多人问我是怎样想起要写这本书的。2007年，在圣诞前夜的晚宴上，我丈夫的叔叔的妻子的妹妹的丈夫——当时已经是88岁高龄但仍然精神矍铄的物理学家爱德华·洛维克凑近我说："我这里有一个好故事。"作为一名国家安全调查记者，我经常听到有人这样说，因为这就是我的工作。但是，很长时间以来，洛维克的故事一直都是最令人感到惊讶的事情，我甚至迫不及待地想要开展调查。那时，洛维克给我的印象是他一辈子都在设计飞机零件。直到这次晚宴，我才得知他不仅是一名物理学家，而且是推动中情局高空侦察项目发展的一个重要人物。

洛维克之所以会在突然之间向我吐露自己隐藏了50年之久的真相，是因为中央情报局刚刚解密了这个项目。当我听说洛维克从事地下工作的地点就是神秘莫测的51区，或者叫格鲁姆湖时，我不由得会心一笑。这么说，这个地方是真的。洛维克告诉我，数十年前，这个地区就已经不再归中情局掌管。于是，我立即致信国防部副部长办公室，请求到格鲁姆湖地区进行一次正式参观。

随后，该办公室在一封印有国防部笺头的回信中正式拒绝了我的请求。但奇怪的是，这封信中单独提到了我所说的"格鲁姆湖地区"，为了表明五角大楼对这座内华达基地的官方立场，信中称，"该地区也许只是你的个人说法"。他们的意思是，"那里肯定不属于我们管辖"。作为一名调查记者，我不由得想要弄清其中的缘故。

从那以后，很多人都慷慨地向我提供了有关51区的信息。对于其中的每一个人，我都不胜感激。我要对这本书中的每一个人致以谢意，其中包括无数具有传奇色彩的美军士兵、间谍、科学家和工程师们。尤其是对于后者来说，向他人敞开自己的内心世界并不是一件容易的事情。感谢许许多多向我袒露真情的人们，让我分享他们的成功和喜悦、他们的悲剧和痛苦。

这是我人生当中不同寻常的一次经历。至于为什么其他人无法得知的事情，很多人却对我实言相告，这一点我一直感到不可思议。记者的工作离不开这些为我们提供消息的人士。正是他们的故事，哪怕只是一个关键词或者一个行动代号，让我从浩如烟海的美国政府部门档案中搜寻到相关文件。如果没有他们的帮助，我根本不可能知道从何处入手。对于其中最主要的内容，我在注释部分做了详细说明。

T.D. 巴恩斯是我遇到的最慷慨的人之一。他向我介绍了很多人，而这些人又把我介绍给他们的更多同事和朋友。巴恩斯曾经带我一起前往内华达州印第安泉的克里奇空军基地。在那里，我亲眼看到了美国空军飞行员是怎样把无人机送往阿富汗和伊拉克的。

巴恩斯安排我造访了拉斯维加斯的内利斯空军基地。在这座基地中，我登上了苏联的一架米格喷气式战斗机，并且近距离地接触了“霍克”导弹系统和F-117“夜鹰”轰炸机。

2010年秋，在巴恩斯的多次申请下，我终于来到弗吉尼亚州兰利的中情局总部和华盛顿特区的国防情报局总部，跻身于飞行员和工程师之间，对高空侦察项目进行了为期一周的调研。在这次旅途中，我结识了很多人，正是他们为我提供了大量背景材料和极大的帮助，在此也一并表示感谢。

肯尼斯·柯林斯和我住在同一座城市。在长达一年半的时间里，我每隔一段时间就会和他一起共进午餐，并且进行采访。他不仅是一位杰出的飞行员，而且是一个出色的好人。感谢斯莱特上校、弗兰克·默里、罗杰·安德森、托尼·贝瓦夸和雷·古迪给我讲述了一个个独特的飞行故事。谢谢巴兹·奥尔德林为我解释登上月球以后的感受。

阿尔弗雷德·奥登纳为我办理了临时涉密手续，并且带我前往内华达试验场的联邦政府禁区。这里恐怖的弹坑巨大无比，甚至可以从外层空间看到，这一场景将使我终生难忘。虽然我们无法进入 51 区、25 区和 13 区，但是在奥登纳的努力下，我们还是站在距离这三座秘密基地一箭之遥的地方进行了参观。在这里，我特别要对阿尔弗雷德·奥登纳的妻子露丝表示感谢。从吉姆·弗里德曼那里我了解了很多事实，他本来可以把这些留作自己的写作材料。弗里德曼讲述的故事不仅条理清晰、角度客观，而且极具感染力。有一次，他向我解释了其中的原因：“告诉你吧，安妮，这是因为你的确把这当回事。”

中情局首位科学和技术部主管巴德·惠隆博士有生以来仅接受过几次采访。对于他的慷慨，我充满了感激之情。在一次采访中，他的故事还没有讲完，但是却特意停下来为我解释导弹技术。直到那时，我才真正了解到，在古巴导弹危机期间，世界局势有多么危险，差一点就触发一场核战。

赫维·斯托克曼中校和理查德·理沃纳上校是传奇中的传奇人物。理沃纳上校无私地让我参观了他藏在阁楼上的工艺品、原版照片、失传已久的文章和绝版书籍。感谢理沃纳的助理芭芭拉·奥斯汀对我的帮助。为了找到赫维·斯托克曼，我费尽了精力，但是当我听到电话中传来他的声音时，那一刻真是无比神奇。彼得·斯托克曼，感谢你为我送来了赫维·斯托克曼的生平资料，它们对我来说无疑是一份无价之宝。

在为本书进行调查的过程中，有时候，最难以获得的资料往往会以一种最意想不到的方式出现。2009 年夏，我前往拉斯维加斯的核试验档案馆查找“57 计划”脏弹核试验的有关解密文件，因为在能源部的在线资料中，这些文件神秘地消失了。图书馆的馆员虽然设法查询，但是仍然没有找到我需要的文件。我为眼前遇到的障碍感到一筹莫展，于是来到附近的核试验博物馆，想让自己的头脑冷静一下。

我一边拿着自己的采访本，一边凝视着墙上挂着的蘑菇云照片。就在这时，博物馆的保安走了过来向我问好，他就是理查德·明格斯。在此之前，我们曾经有过一面之缘。我告诉明格斯，我认为“57 计划”的记录一定是被人从图书馆中抽走了。明格斯一副见怪不怪的模样，他说：“那次试验我参加过。你想要了解什么事情？”随后我才得知，明格斯是中情局在 51 区的安保人员。感谢明格斯让有关“57 计划”的文件“失而复得”。

感谢国家档案和记录管理局的文字记录查阅负责人蒂莫西·南宁格、《信息自由法案》特别信息负责人玛莎·默菲和二战记录负责人汤姆·米尔斯。

感谢密苏里州圣路易斯国家个人记录中心的丽塔·坎恩、拉斯维加斯核试验档案馆的玛莎·德玛尔、内华达试验场历史基金会的特洛伊·韦德、美国空军技术军士长詹妮弗·林德西、克里奇空军基地的军士长爱丽丝·莫尔、中情局的首席历史学家戴维·罗伯奇博士、中情局博物馆馆长兼主任托尼·希利、中情局的切瑞尔·莫尔、拉夫林遗产基金博物馆的吉姆·朗、国家侦察局的荣誉历史学家 R. 卡吉尔·哈尔、爱德华兹空军基地的首席历史学家克雷格·卢瑟博士、前情报官员协会主席 S. 尤金·波蒂特、洛克希德·马丁航空公司的梅丽莎·达尔顿、国家安全档案馆的杰弗里·里奇逊博士、作家及航空历史学家戴维·迈拉、美国外交安全局前任特工弗雷德·博尔顿、洛克希德“臭鼬工厂”前工程师谢尔·洛维克、前 SR-71 飞行员 W.“巴兹”·卡朋特、前 U-2 飞行员查尔斯·“查克”·威尔逊、日本第 67 侦察战术飞行中队的亚瑟·贝德尔、普拉特和惠特尼公司机械工程师丹尼斯·诺德奎斯特、国家航空航天局摄像师托尼·兰迪斯、“走鹃国际”摄像师迈克尔·施密茨、Dreamlandresort.com 网站的乔戈·阿努、诺里奥·早川和彼得·默林。

尤其要感谢多丽丝·巴恩斯、芭芭拉·斯莱特、史黛西·斯莱特·伯恩哈特、斯特拉·默里、玛丽·马丁和玛丽·简·默菲。感谢杰夫·金为我绘制了一张精彩的地图，感谢普罗伊·斯利班帮助缝补我的夹克。感谢汤米·哈伦、杰里·梅布鲁克和杰罗米·威斯利为本书英文版有声读物做出的贡献。

在完成本书的草稿以后，我的编辑约翰·帕斯里帮助我进行了精心的修改。我从约翰那里学到了很多讲故事的技巧。此外，我还要对尼克尔·杜威、吉奥弗·钱德勒和迈克尔·皮尔茨表示感谢。

此外，对我的经纪人吉姆·霍恩费希尔和挚友弗兰克·莫尔斯，我充满了感激之情。感谢史蒂夫·杨格、戴维·威林厄姆、艾伦·凯切尔、埃里克·雷曼和凯伦·安德鲁斯明智的建议。

作家不是一天就可以造就的。幸运的是，我一直知道，写作就是我要做的事情。15 岁那年，我带着一部打字机，来到新汉普希尔康拉德的圣保罗中学，开始了近 20 年的写作生涯，但是几乎一无所获。直到 34 岁那年，事情突然发生了转折。从那以后，我开始以写作为生，希望我的经历能够让更多的作者有所借鉴，不要轻言放弃。

长期以来，乡间的那些好友始终是我笔耕不辍的动力，其中包括爱丽丝和汤姆·斯旺尼恩、朱莉·埃尔金斯、约翰·斯旺尼恩；我的写作老师，圣保罗中学的迈克尔·伯恩斯、普林斯顿大学的保罗·奥斯特、乔伊斯·卡洛斯·欧茨和 P. 亚当斯·希特尼；我的故事老师格雷斯、约翰·泽弗斯；在大苏尔对我提供帮助的人们，丽莎·费尔斯通、塔尼斯·伊利亚迪斯、亚历克斯·蒂姆金、罗伯特·乔立弗、哈里特和杰里米·博图拉克、詹姆斯·杨、内特·多尼、艾米·斯塔、史蒂芬·威尔萨奇、萨曼莎·莫尔多、艾琳·加费尔、汤姆·伯明翰；我在洛杉矶的导师瑞秋·雷斯尼克、凯思·罗杰斯、凯瑟琳·希尔弗、里奥·莫斯；我的好友、《洛杉矶时代杂志》总编南希·卡莱尔，是她刊登了我最初关于 51 区的两篇连载文章；我的作家朋友克斯顿·曼恩、萨布里娜·威尔、米歇尔·菲奥达里索、尼克尔·卢卡斯·海姆斯、安妮特·默菲、特里·罗西奥、朱莉·斯塔玛特、穆瓦拉·麦克马洪、丽莎·戈尔德；故事作家露西·费尔斯通；我的婆婆玛丽安·罗尔德森，感谢她阅读了本书，并且养育了一个好儿子。

在这个世界上，没有什么事情比成为凯文·雅各布森的妻子和我们两个孩子的母亲更让人感到幸福的了。在本书的创作过程中，凯文亲手为我烹饪了数不清的三明治，煮好了一壶又一壶咖啡。无论我需要到哪里旅行，他从来都不加阻拦。凯文阅读了本书的每一份草稿，有时候在厨房里，有时候在庭院中。他提出的建议让一切都变得越来越美好。

注释

序言

① 国家核安全局内华达试验场的负责人达尔文·摩根在2010年9月21日的一封电子邮件中称，“它（内华达试验场）从来都没有用于武器级别铀和钚的储藏。不过，在试验洞穴中进行的828次地下核武器试验中，当然会存在一些‘使用过的’核物质”。

② 源自布鲁克林研究所《关于美国核武器的50个事实》其中第一条。（1996年，200亿美元；2011年，280亿美元。）

③ 语出史密斯《军用原子能》第13章第7节，也称《史密斯报告》。1945年8月12日，美国在广岛投下原子弹6天以后，政府发布了这份报告。史密斯在报告中记录了“曼哈顿计划”的来龙去脉。据称官方发布这份报告的目的是为了让民众了解有关核能的更多信息，从而就下一步的计划展开辩论。该报告呼吁，核弹应该交由民间而非军方掌握，这种做法更符合民主。然而根据休利特和安德森合著的《新世界》我们得知，事实最终证明，在原子能委员会攫取了核弹的控制权后，其保密程度反而比军方更甚。

④ 奎斯特，《秘密分级》，第1页。奎斯特写道：“1946年的《原子能法案》与1954年的《原子能法案》不同，前者是第一部

也是唯一一部建立了限制信息传播程序的成文法。二战期间，陆军掌握着政府‘曼哈顿计划’制造原子弹的控制权，但是该法案将原子能（核能）的所有控制权都转移到了仅有5名成员的民间机构原子能委员会（AEC）手中。这些具有可怕力量的新型炸弹是在极其严格的保密制度和机密环境中研制的。1946年，国会通过颁布《原子能法案》，沿袭了‘曼哈顿计划’对美国有关原子弹和原子能信息进行全面严格管理的做法。该法案规定，原子能的有关信息属于‘受限数据’，必须予以保密，并对这一数据的范围做出了明确界定。”

⑤ 1994年1月15日，克林顿总统发布行政命令，成立了“人体辐射实验顾问委员会”，对将人体实验作为联邦资助研究项目一事展开调查，并将有关信息公之于众。根据《联邦顾问委员会法案》，该委员会有义务向民众公开其所有活动、调查过程和相关文件，部分内容可参见 http://www.gwu.edu/~nsarchiv/radiation。

第1章

受访者：吉姆·弗里德曼，斯莱特上校，T.D. 巴恩斯，斯坦顿·弗里德曼，乔戈·阿努，乔治·纳普，理查德·明格斯，埃内斯特·厄尼·威廉姆斯，阿尔伯特·巴德·惠隆博士，肯尼斯·柯林斯上校，萨姆·皮佐上校，早川纪夫。

① 语出乔治·纳普对鲍勃·拉扎尔采访第二部分。拉扎尔说，有人告诉他，他被派往进行研究的UFO来自另外一个星球。他说，有人向他出示了飞船外星驾驶员的解剖照片。对此，拉扎尔在访谈中对纳普进行了如下描述：“我看到了两张照片，其中一张很小的照片只有半身，包括头、肩膀和胸部。这个外星人的胸部有一个T字形切口，其中的某个器官被摘除了。另一张照片上就是

这个器官，有人将它全部切开，以展示内部的不同穴室。

“这些照片与我正在从事的工作毫无关联，但是它看起来就像是UFO传说中的‘灰色人’（美国俚语，指外星人），不过高度我无法确定，因为我只看到了照片的一部分。如果我看到的其他事情都是真的，那么我猜它有3.5英尺到4英尺高。但是，要知道，我所看到的只是一张照片，所以并不确定。”参见http://www.youtube.com/watch?v=XAfVZcAsTxk&feature=related。

② 语出乔治·纳普对鲍勃·拉扎尔采访的第二部分。纳普问：“在上次接受采访时你曾经提到，你认为自己看到的是一个外星人。那么它是外星人吗？你看到了什么？”

拉扎尔回答：“我说过，当时发生的事情是这样的。我走过一道门，门上有一扇九英寸见方的小窗，窗户中间有一条电线穿过。我朝那里扫了一眼，看到两名……呃，技术人员或者科学家。不管那些是什么人，当时他们正在向下看。就是他们看的那个东西引起了我的注意，不过我根本没有看清。

“没错，很多人会推断那可能是外星人，而这个外星人还活着，或者诸如此类的事情。但是我并不这样认为，谁知道呢。我就是这样想的。要知道，在看到了这么多奇怪的事情以后，你肯定会产生疑问。如果你只是用余光扫了一眼，谁知道那时脑子里会冒出什么样的念头，所以不管从哪个角度来看，当时的想法肯定不能当做事实。”参见http://www.youtube.com/watch?v=XAfVZcAsTxk。

③ 参见伯利兹和莫尔，《罗斯威尔事件》。弗里德曼称，他们共同决定，因为伯利兹家族与伯利兹语言学校有着极深的渊源，所以这本书由伯利兹执笔，从而增加书中争议主题的可信度。查尔斯·伯利兹会讲25种语言，被誉为20世纪最重要的语言学家之一。据估计，他于1974年创作的《百慕大三角》一书已经售出100万册。

④ 参见詹金斯,《太空梭出现前的超音速飞机》,第119页。U-2侦察机的飞行高度为7万英尺，约相当于13英里；A-12的飞行高度为9万英尺，约相当于17.5英里。

⑤ 中央情报局官方网站显示，根据《国家安全法》，中情局于1947年9月18日成立，但是经过协商，海军少将罗斯科·H.希伦科特从1947年5月1日起就已经接管了这个部门。

⑥ 中情局对齐格尔进行了严密监视。中情局在他的个人简历中写道："费利克斯·齐格尔，莫斯科航空学院技术科学博士，直至1969年仍在该学院担任副教授。"中情局的分析师发现，1936年，齐格尔迷上了天文学和数学，并且参加了前往哈萨克斯坦观测日食的一次探险之旅。从那以后，齐格尔就开始对UFO表现出浓厚的兴趣。随后，齐格尔还参观了西伯利亚通古斯卡大爆炸的地点。

1908年，这次有可能是陨石撞击产生的爆炸毁掉了西伯利亚森林中8 000万棵树，将面积为830平方英里的地方夷为平地。在20世纪60年代，齐格尔曾经暗示，通古斯卡陨石坑有可能是外星飞船坠毁造成的，他的观点让很多同事都大感震惊。

第2章

受访者：理查德·S.理沃纳上校，拉尔夫·吉姆·弗里德曼，阿尔弗雷德·奥登纳，赫维·斯托克曼中校，斯莱特上校，戴维·迈拉。

①《纽约时报》将其称为"历史上规模最大的、最重要的一系列试验"。参议员霍夫曼也称，这次试验就像"太平洋中的一场精彩演出"，并且认为"全世界对它们的唯一印象就是，美国的战争还没有结束"。但是,南部乳用羊业主和饲养者联盟却建议，

这些试验中的山羊应该由国会议员取代，因为一头纯种山羊要比国会议员难找得多。在试验开展前夕，抗议者纷纷来到白宫门前，他们的标语牌上写着：比基尼环礁，为第三次世界大战进行演习。

②“回形针行动”是第二次世界大战后由秘密情报机关“联合情报目标局”开展的一次行动，可以直接向战争部情报负责人（相当于现在参谋长联席会议负责情报工作的参谋长）汇报。虽然政府一再否认，但有关“回形针计划”的大部分内容迄今仍然属于机密。早在二战结束前，该行动就已经开始运作，最初被命名为“阴天计划”及“睡衣计划”，其主要目标为：无论前纳粹科学家如何罪大恶极，要利用他们的才智为美国的冷战研究项目服务，同时阻止苏联人得到这些科学家。据信美国各个情报组织共招募了至少 1 600 名德国科学家，并将他们的家属接到美国。“回形针行动”的后续项目直至 2011 年仍被列为机密。

③ 在 1948 年 3 月写给国务院关于“身为前纳粹党员及其党羽的德国科学家”的一封信中，时任联合情报目标局局长的博斯凯·韦夫写道：“有关官员……已经表达了这样的看法。在关于德国科学家的问题上，从国家安全角度来看，纳粹主义已经不再是一种严重威胁。因此，在面对眼前的问题时，我们应当表现出哪怕一点点的现实主义精神。这种观点显然更为妥善和切合实际，对此我完全表示赞同。如果继续把这些前纳粹党羽当作严重威胁看待，无异于鞭打死马，徒劳无益。”

④ 据这份有关飞碟的记录显示，在罗斯威尔事件发生后不久，陆军方面立即开始搜集德国科学家而非外星人制造飞行器的有关信息，但是许多 UFO 研究者却认为这只不过是军方情报机构的一种宣传策略。实际上，对于理解 EG&G 公司工程师透露的罗斯威尔事件真相来说，即参谋长联席会议或者空军装备司令部知道，这架飞碟是德国科学家为苏联设计的飞行器，这份记录无疑

是一条极其重要的线索。

⑤ 据反情报部1948年3月1日的秘密备忘录第53页记载，齐格尔把这个镇称作“库比述”(Kubischew)，位于“莫斯科以东……现在他们正在苏联人的监视下制造火箭”。

第3章

受访者：理沃纳上校，T.D.巴恩斯，罗杰·安德森中校，米勒·梅尔迪克，鲍勃·默菲，雷·古迪，托尼·贝瓦夸中校，爱德华·洛维克，阿尔弗雷德·奥登纳，吉姆·弗里德曼，韦恩·彭德尔顿。

① 参见佩德罗和维曾巴赫，《中央情报局》，第16页。比斯尔是在1954年1月底加入中情局的，直到1955年作为一名承包人，他才真正与中情局发生联系。1954年7月26日，艾森豪威尔总统授权基利安召集一个专家小组，就U-2飞机可能取得的成就进行研究。该专家组被命名为“技术能力组”。同年8月，基利安将这一设想告诉了比斯尔。

② 语出基利安，《科学家和艾森豪威尔》，第82页。基利安写道：“艾森豪威尔同意发展U-2项目，但前提是必须通过非传统手段开展，从而避免受到国防部官僚的纠缠或者其他部门竞争的干扰。”亦可参见比斯尔，《一名冷酷勇士的反思》，第95页。

③ 语出比斯尔，《一名冷酷勇士的反思》，第105页。比斯尔写道：“艾森豪威尔和艾伦·杜勒斯坚持要求做到保守秘密、迅速高效，为了保证这一点，我提议将U-2项目从中情局的组织机构中去掉，成立一个完全独立的机构。其结果是，整个项目几乎是在完全与外界隔绝的情况下开展的。”

④ “我希望这件事情是一次民间行动，”总统写道，“如果飞

越苏联领空的是身着制服的美国军方人员，从法律上来看，这就是一种战争行为，而这是我最不希望看到的事情。”参见佩德罗和维曾巴赫，《中央情报局》，第 60 页。

⑤ 随后本书中提到的“罗斯威尔事件”均是指飞机坠毁，而不是热气球坠毁。1947 年夏，虽然白沙试验场正在开展热气球雷达反射器研究项目，但这并不是在罗斯威尔坠毁的物体。更多有关详情可参见赛勒、齐格尔和莫尔的著作《罗斯威尔的 UFO 坠毁事件》。

⑥ 语出佩德罗和维曾巴赫，《中央情报局》，第 17 页。“对苏联进行高空侦察并不符合艾伦·杜勒斯对情报机构应有作用的看法。他更加倾向于那种依赖特工人员而不是科学技术的传统间谍形式。”随着时间的推移和“回形针行动”文件的逐渐解密，艾伦·杜勒斯有关于与前纳粹分子共事的预言变得越发明显和令人不安。在中情局杜勒斯长达三页的个人简历“秘密安全信息：艾伦·W. 杜勒斯 7/2-127”中，最后一行写道：“无论从哪个角度来看，杜勒斯先生对美国战后的对德政策都产生了深远的直接影响。他对德国人的信任，较之于其他一些国家，比如法国和意大利，要大得多。”

⑦ 令人咄咄称奇的是，中情局在文件中把乔治·萨顿称为雷德尔的同事和不明飞行物研究专家。根据史密斯国家航空航天博物馆的记载，“乔治·保罗·萨顿（1920—）是一位航空工程师和管理者。在洛杉矶城市大学和加利福尼亚技术学院获得学位后，他前往北美航空公司火箭部担任研发工程师，直到 20 世纪 60 年代末。在此期间，他还兼任麻省理工学院航空工程系教授、高级研究计划署首席科学家及国防部国防分析研究所所长。离开火箭部后，他加入了劳伦斯·利弗莫尔国家实验室技术部”。

第4章

① 这次飞越北冰洋的行动至今仍未解密。国家安全局在搜集电子情报的行动中给予了配合。在《秘密帝国》一书中，菲利普·托波曼写道："从1950年至1970年，至少有252名空军飞行员在执行侦察任务时被击落，其目的地大都是苏联。可以肯定的是，这些飞行员中有90人活了下来，有的被美军成功营救，有的被苏联或其他国家俘虏，但是其他138人的下落却不得而知。"

② 参见佩德罗和维曾巴赫，《中央情报局》，第110页。总统进一步指出，如果换作苏联胆敢这样侵犯美国领空，"我们的反应必然十分强烈"。安德鲁斯·J. 古德帕斯特在1956年7月19日的一份备忘录中记载，总统担心，公众一旦察觉了美国进行高空侦察的事实，他们一定会感到震惊。"到时候，苏联的抗议是一回事，失去人民的信任就是另一回事了。"

③ 在《秘密阴谋》第5章"死亡实验"中，琳达·亨特记录了几名后来加入"回形针行动"的纳粹科学家的行为。齐格弗里德·拉夫和赫尔曼·贝克-弗雷森在德国达豪的囚犯身上开展了死亡实验，把他们放在相当于海拔39 260英尺的模拟压力舱中。"虽然拉夫和贝克-弗雷森罪责难逃，但是美国军方还是将他们视若珍宝，甚至雇用他们在德国海德堡的空军航空医疗中心继续开展曾经导致达豪囚犯死亡的类似实验。"亨特写道。由于没有获得"回形针行动"的长期职位，拉夫和贝克-弗雷森最终遭到逮捕并在纽伦堡接受审判。拉夫被无罪释放，贝克-弗雷森被判处20年监禁。

另一个臭名昭著的例子就是康拉德·沙佛。为了研究德国空军飞行员是否能够依靠海水维持生命，沙佛强迫囚犯饮用海水，直至他们因为干渴而发疯。接着，沙佛对他们的肝脏进行穿刺，以提取液体和血液的样本。在纽伦堡接受审判后，沙佛被无罪释放，随后受雇成为美国“回形针行动”的成员。“1950 年，当他抵达圣安东尼奥后，”亨特写道，“竟然有人将他吹捧为‘干渴症状和海水脱盐的德国权威’。”

④ 这是美联社记者鲍林·杰利尼克在 1999 年 11 月 2 日一篇题为《美国解密纳粹文件》报道中的说法。但是实际上，由于有关文件仍未解密，这一数字并不准确。1998 年，克林顿总统签署《纳粹战争罪解密法案》，“要求美国政府除了极少数情况外，从整体上确认、解密并公开纳粹德国及其盟国犯下的战争罪”。为了对这项工作进行监督，美国成立了一个跨部门联合工作组。

其负责人史蒂芬·加芬克尔写道：“联合工作组向民众公布的文件包括：战略情报处，120 万页；中央情报局，逾 114 200 页；联邦调查局，逾 435 000 页；陆军反情报部，2 万页；其他记录，逾 700 万页。”但是，加芬克尔没有提到原子能委员会及其私人承包商的任何文件，其中包括掌握秘密受限数据的 EG&G 公司。

⑤ 在苏联发射第一颗人造卫星后，艾森豪威尔总统成立了“一个规划和执行研发计划的高级别国防机构”，即高级研究计划署，并于 1972 年更名为“国防高级研究计划署”。

第 5 章

受访者：理查德·明格斯，阿尔弗雷德·奥登纳，吉姆·弗里德曼，惠隆博士，特洛伊·韦德，达尔文·摩根，史蒂芬·M. 杨格，T.D. 巴恩斯，彼得·默林，爱德华·洛维克，托尼·贝瓦夸，雷·古迪，厄尼·威廉姆斯，哈里·马丁，斯莱特上校，弗兰克·默里。

① 参见桑迪亚公司管理委员会 J.D. 小施里弗的报告附录。“迄今为止，在是否将 13 区在内华达试验场地图上标明的问题上，人们依然没有定论……不过结果很快就会见分晓。”最终，13 区

被从内华达试验场的地图上排除在外，迄今为止仍然如此，因为13区位于51区当中。如果在地图上注明该地区，原子能委员会就会面临许多他们不愿回答的问题。

② 1982年6月，桑迪亚公司为核防局就“57计划”中脏弹造成的后果以及钚污染产生的影响发布了一份长达102页的报告节略。据称，该计划旨在“估量钚元素扩散的短期和长期影响，了解其散播过程，对钚污染环境进行生物医药指标测评，寻找清除污染的相关方法，测试α射线探测仪器和监测程序”。但是直到25年后，有关部门才开始考虑清除13区的土壤污染。

③ 据核防局4747F“铅锤计划，沙漠之岩行动Ⅶ-Ⅷ”文件记录，在“胡德”核试验期间，海军陆战队在该地区进行了陆地-空中联合进攻演习，其中包括使用直升机空运物资和实施空中战术援助。

④ 据一位匿名目击者称，他在51区看到一匹奄奄一息的野马正在寻找水源。就像往常一样，原子能委员会并未解密对这些动物的监测数据。1957年7月15日，该委员会在对外界公布的一份题为“美国核武器项目的责任”的文件中称，“在引爆地点数英里范围内放牧的牛群和马群皮肤受到了β射线烧伤，但是它们的繁殖能力和牛肉质量并未受到影响。放射性沉降物不会对位于核爆中心数英里外的人类、动物和庄稼造成任何损害”。但是，约翰·F.福勒在《犹他州核试验始末》一书中的观点恰恰相反。

⑤ 在从事A-12研究前，洛维克在“臭鼬工厂”的第一份工作是设法减少从U-2飞机弹回苏联雷达系统的雷达反射波。当时，51区仍然处在放射性沉降物的严重污染之下，于是这些物理学家开始在加利福尼亚州爱德华兹空军基地北部一座偏远的飞机库中进行研究。洛维克及其同事对各种各样的反雷达方案进行了测试。“我们的任务是，在不对飞机航行高度造成影响的前提下，设法

避免其液压系统产生过热现象。凯利·约翰逊的规则是：机身每增加一磅重量，飞行高度就会降低一英尺。这就意味着，我们的隐形涂料不能超出分毫，必须尽量减轻它们的重量。”

⑥ 参见帕兰戈斯基《“牛车”侦察机的历史》第3页，“臭鼬计划”入驻51区的正式合约是在1960年2月11日签订的。

第6章

受访者：小加里·鲍维斯，T. D. 巴恩斯，惠隆博士，吉姆·弗里德曼，吉恩·波蒂特，海伦·克莱拉，哈里·马丁，阿尔弗雷德·奥登纳，彼得·默林，米勒·梅尔迪克。

① 参见赫鲁晓夫，《赫鲁晓夫回忆录》，第444页。“斯维尔德洛夫斯克位于内陆，因此这一事件是对我国领土的悍然侵犯……他们派出这些飞机的目的是为了证明我们的无能。但是，我们绝不会再对此束手无策了。”

② 语出比斯尔，《一名冷酷勇士的反思》，第121页。但是，比斯尔承认，中情局“一致”认为，“飞机上的大量胶卷不会被毁掉……它们是采用不易燃烧的材料制成的，以防被大火烧毁。即使从10英里的高空跌落，它们仍然会完好无损。我们都清楚，一旦发生坠机事故，这些胶卷有可能在附近散落，但是对此我们几乎束手无策”。

③ 参见比斯尔，《一名冷酷勇士的反思》，第176页。在谈起参谋长联席会议做出的决定时，作为海军陆战队的总指挥，李梅“轻而易举地取消了空袭行动”，比斯尔写道，“可以想见，他们的做法反映了空军和中情局之间的斗争。中情局在高空侦察项目上取得的早期成就让空军某些高级将领极为烦恼”。比斯尔指的这个人无疑就是李梅。“我在军界的朋友曾经向我直言不讳地谈

起这一点，”比斯尔补充说，“毋庸置疑，空军当中存在着这样一种情绪，即中情局在U-2、SR-71和侦察卫星项目中开展的所有空中行动，都应当属于空军的管辖范围。在1966年接受采访时，罗伯特·阿莫里回忆道，当我接管U-2项目后，‘空军方面似乎感到难以置信，并且从一开始就对此怀恨在心’。”对比斯尔来说，“这种怨恨始终没有消失”。

④ 语出维曾巴赫，《科学和技术》，第22页。原文如下：“但是，理查德·比斯尔与兰德和基利安的关系开始出现了不睦的征兆……对兰德和基利安来说，科学和技术几乎像宗教一样神圣，容不得有人为了不可告人的目的而滥用，否则就是对它们的亵渎，而计划处副主任理查德·比斯尔的那些秘密行动和‘肮脏把戏’恰恰触到了他们的痛处。”

⑤ 参见1959年1月20日，詹姆斯·R.基利安博士“关于向外界公布阿格斯行动的备忘录”。值得注意的是，白宫在信函中将基利安称为“基利安博士”。但他并没有获得博士学位，而只是获得过管理学的学士学位。对于这一点，麻省理工学院图书馆工作人员詹妮弗·赫希进行了确认：“基利安先生总是特意提醒别人，他不是一位博士。”显然，基利安并没有提醒白宫。

第7章

受访者：哈里·马丁，路易斯·沙尔克，巴德·惠隆博士，斯莱特上校，弗兰克·默里，罗杰·安德森，肯尼斯·柯林斯，唐纳德·多诺霍上尉，萨姆·皮佐，弗洛伦斯·德露娜，弗兰克·米卡里兹。

① 这段故事已经在51区莱德福的下属中传为佳话。包括斯莱特上校和弗兰克·默里在内的许多人在接受采访时，都曾经谈

起过这件事情。有关内容可以参见阿灵顿国家公墓官方网站。在莱德福和军医将军士长哈里·C. 米勒从飞机中救出几个小时后，米勒由于伤势严重而死亡。

② 语出中情局副局长雷德蒙德·怀特1963年9月27日秘密日记。在日记中，除了《航空周刊》的泄密事件，怀特还提到了中情局局长约翰·麦科恩的一句话，"'牛车'项目迟早会暴露的"。

③ 参见罗伯奇，《天使长》，第52页。空军曾经设想建立起一个由100架YF-12组成的机群，用于拦截苏联传闻中正在研制的超音速轰炸机。

第8章

受访者：肯尼斯·柯林斯，查理·特拉普，斯莱特上校，华锡钧将军，爱德华·洛维克，叶常棣，赫维·斯托克曼。

① 关于雷·托里克的死因和当时的情况有很多种说法，本书更倾向于斯莱特上校的观点。1966年3月5日，无人驾驶飞机进行首次正式发射。在飞行过程中，这架无人机成功地从速度为3.2马赫的母机背部发射出去，并且按照计划在航行了大约120英里后，由于燃料用尽而坠入海中。一个月后，第二架无人机从速度为3.3马赫的母机上发射升空，在航行了1 900英里后坠入大海。在第三次试射时，托里克不幸遇难。

② 对于空军来说，组建一支无人机队伍不仅需要付出高昂的代价，而且还会产生泄密的可能。1947年初，美国虽然正在策划更多核试验，但是对外界却始终秘而不宣，这一事实已经成了一个重要的国家机密。当时民众大都认为，政府已经开始考虑宣布原子弹为非法，或者至少交由联合国来掌管原子能。实际上，美国正是在国际舆论就此争执不下时，准备接下来在太平洋上开展

的一系列核试验中使用无人机执行任务。对此无人机驾驶员之间开始议论纷纷，因为重新启动这个项目只有一个可能，即美国正在筹划开展更多核试验。因此，这个消息一旦泄密，就会引起连锁反应。

③ 罗宾逊的事迹和本书中的引言可参见空军系统司令部《空军原子云采样的历史》，第 69～75 页。但是，罗宾逊的名字在这份报告中被删去了。2009 年，马克·沃尔夫顿在为《航空航天》杂志撰写的“深入蘑菇云”一文中，首次透露了这名飞行员的姓名。在去世一年以后，罗宾逊被授予“空军优异飞行十字勋章”，但是他的家属并不了解他的死因。沃尔夫顿写道，罗宾逊的女儿丽贝卡“在父亲去世的时候还是一个孩子，长期以来一直请求政府告诉自己关于父亲最后一次执行任务时的更多情况，但是得到的信息却微乎其微”。丽贝卡说，迄今为止，关于这次事故的大部分信息“仍然属于机密”。

第 9 章

受访者：斯莱特上校，巴德·惠隆博士，肯尼斯·柯林斯，肯尼斯·斯旺森，弗兰克·默里，查理·特拉普，托尼·贝瓦夸，罗伯特·B. 阿伯内西，弗雷德·怀特，威廉姆·比尔·韦弗，雷蒙德·L. 豪普特准将，罗杰·安德森。

① 如果公众得知了“牛车计划”，中情局就无法再以保密为由将这个项目据为己有。空军部门知道，经过中情局的努力，“牛车”侦察机已经蓄势待发，现在该把他们推到一边了。这与柯蒂斯·李梅 1955 年对 U-2 项目的早期概括不谋而合：“让他们（中情局）去研究吧，到时候我们可以坐享其成。”参见布鲁焦尼，《怒目相对》，第 24 页。

② 参见 1963 年 11 月 29 日，中情局“关于公开‘牛车计划’

的备忘录”。“中情局和空军的（15架）侦察机将耗资约7亿美元，其中4亿美元已经使用。”这一数字还不包括普拉特惠特尼公司制造的“巨大引擎”产生的费用。如果再加上这项开支，洛克希德“臭鼬计划”1975年至1991年的首席工程师本·里奇写道：“中情局已经令人不快地独吞了6亿美元的巨额开发费用。”

③“硬饼干行动”共进行了119次地面核试验。从1961年9月恢复核试验后直至1964年底，内华达试验场共开展了167次核试验，其中4次位于内利斯空军基地。

④ 1958年10月30日的“天卫三”核爆是近三年来内华达试验场上进行的最后一次核试验。直到1961年8月，苏联宣布恢复核试验，并且在接下来的三个月中引爆了包括爆炸当量为5 580万吨TNT炸药“沙皇炸弹”在内的31枚核弹。为了进行报复，肯尼迪随即下令原子能委员会恢复了内华达试验场的核试验。

⑤ 对于这起事件，最有发言权的是国务院前分析师兼中情局局长行政助理的约翰·马克斯。1977年6月，马克斯接触到了有关MK-ULTRA的七箱文件。据称只有这些资料保存了下来，其中大都是该项目的财务记录。在离开中情局后不久，马克斯在《寻找满洲里候选人》一书中写道：“赫尔姆斯亲手操纵了一场大规模的销毁文件和录音带行动，以防将来这些资料对自己不利。”

⑥ 参见1966年12月26日，《尖端侦察机总统备忘录》，高度机密。与会者包括塞鲁斯·万斯（国防部副部长）、唐纳德·霍尼格（总统的科学顾问）、C.W.费希尔（预算局）及赫尔姆斯。除了赫尔姆斯以外，所有人都赞成封存“牛车”项目。12月8日，总统批准了这项提议，下令在1968年1月前分阶段结束A-12计划。

第 10 章

受访者：斯莱特上校，肯尼斯·柯林斯，罗杰·安德森，赫维·斯托克曼，彼得·斯托克曼，弗兰克·默里，罗纳德·L.莱顿，尤尼斯·莱顿，查理·特拉普。

① 语出海瑟薇和史密斯，《理查德·赫尔姆斯》，第 2 页。赫尔姆斯说："从约翰逊总统身上……我最终得出这样一个结论，那就是必须在踏入这里的前 60 秒内，或者说至多前 120 秒内引起他的注意。因为他一旦摁下按钮，让仆人端上咖啡或弗瑞斯加饮料，或者开始与鲁斯克与麦克纳马拉说话，或者四处交头接耳，就不会再对我的话感兴趣。"

② 事实上，在长达 40 年的时间里，弗兰克·默里始终认为是自己发现了"普韦布洛号"的下落，因为中情局不知出于什么目的曾经向他透露了这一消息。直到 2007 年有关"牛车"项目的官方文件解密后，人们才了解了杰克·威克斯在这次事件中起到的作用。但是有关弗兰克·默里其他行动的信息，至今仍被列为机密。

③ 从 1957 年 A-1 的第一张图纸诞生之日起，直到 1968 年整个项目终止，"牛车计划"历经 10 年。洛克希德公司生产了 15 架 A-12"牛车"、3 架 YF-12A 和 31 架 SR-71"黑鸟"。中情局的约翰·帕兰戈斯基总结道："这 49 架超音速飞机一共完成了 7 300 多次任务，总航程约 17 000 小时，其中 2 400 多小时的速度都超过了 3 马赫。5 架'牛车'发生坠毁事故，2 名飞行员遇难，2 名死里逃生。在'牛车'侦察机试飞阶段，共有两架 F-101 追踪机坠毁，机上的空军飞行员全部牺牲。"

第 11 章

受访者：T.D. 巴恩斯，多丽丝·巴恩斯，托尼·兰迪斯，彼得·默林，斯莱特上校，弗兰克·默里，罗杰·安德森，格雷斯·魏斯曼（乔·沃克的遗孀）。

① 参见赫尔姆斯，《肩头的忧思》，第 275 页。“詹姆斯对以色列的兴趣具有独特的价值……据我所知，以色列是唯一一个曾经为外国情报官员立碑的国家。”安吉尔顿曾经担任“中情局和联邦调查局之间的联络人……有关安吉尔顿参与重大行动的记录至今仍被列为机密。我想，也许应该继续这样下去”。

② 参见赫尔姆斯，《肩头的忧思》，第 277 页。“镜海”一词后来成了安吉尔顿观点的代称。其中最值得注意的是，安吉尔顿认为，苏联和中国关系的破裂只是一种假象。根据赫尔姆斯的说法，安吉尔顿“深信，中苏关系破裂是苏联骗术专家炮制的一个幻象，这个幻象虽然很有意思，但显然并不是真的”。

第 12 章

受访者：理查德·明格斯，T.D. 巴恩斯，特洛伊·韦德，达尔文·摩根，米尔顿·M·克莱恩，哈罗德·B. 芬格。

① 1957 年，李梅离开战略空军司令部，出任空军副参谋长，由托马斯·S. 鲍维斯接管了司令部。李梅一共留下了 1 665 架轰炸机，全球 68 座空军基地和 224 014 名空军。

② 参见安东尼·莱克，《外交政策》，1971 年春第 2 期。共有 38 艘美国海军舰艇参与了这枚核弹的搜寻工作，并最终在距离岸边 5 英里处一艘名为“阿尔文”的潜艇旁找到了它。

③ 这无疑是一个巨大的市场。除了需要应对这里可能发生

的核事故外，在内华达试验场和太平洋试验场有大量的辐射探测工作。从 1946 年至 1958 年，原子能委员会共引爆了 40 枚核弹，其中包括美国最大的一枚热核炸弹，即爆炸当量为 1 500 万吨 TNT 炸药的“喝彩城堡”，其威力相当于广岛爆炸原子弹的 1 000 倍。1971 年 6 月，EG&G 公司的一支队伍被原子能委员会派往埃尼威托克环礁，“进行清理前的探测工作”。EG&G 公司组装、连接并发射了太平洋试验场的所有核弹。虽然核爆已经过去 13 年，在该地区的辐射探测完毕后，空气和水源指标显示，这座岛屿仍然不适宜任何物种生存。除了 EG&G 公司以外，还有多家国防承包商曾经参与其中。这里的污染清除工作耗费了几十年的时间和不计其数的资金。

④ 在格鲁姆湖，从 1955 年开始的十三年间，中情局和美国空军联合开展了秘密侦察机项目，利用科学技术推动高空侦察工作。在距离此处西南 40 英里的蠢驴谷，从 1955 年开始的十七年间，原子能委员会、国家航空航天局和国防部共同开展核动力火箭项目，试图将人类送上火星。这是一个有趣的悖论。由于 51 区侦察机项目的资金来自秘密预算，所以国会和公众无从得知。直到中情局分别于 1998 年和 2007 年解密了 U-2 项目和“牛车”项目后，人们才知道了它们的存在。在被问及有关 51 区的情况时，空军和中情局的官员都表示无可奉告，因为从理论上讲，这个地区根本就不存在。但是在 25 区，核火箭飞船项目的资金来自公开预算，而空军、原子能委员会和国家航空航天局也并不否认该项目的存在。然而，至于蠢驴谷在“受限数据”的名义下究竟发生了哪些事情，至今仍属于机密。

⑤ 这句话出自拉斯维加斯原子能博物馆中循环播放的一部影片。这座博物馆中还有一张 25 区的照片。照片显示，在一片荒凉的沙漠之中，有一个醒目的蓝色标签，上面写着：EG&G 训

练295-6820。从中可以得知，联邦政府在25区进行大规模杀伤性武器演练的合作方是EG&G公司。但是摩根对此表示否认，并坚称从20世纪90年代起EG&G公司就已经不再是内华达试验场的“正式承包商”了。随后，这张照片被人从原子能博物馆中取掉。但是，直到2010年12月30日，这里的电话号码仍然能够拨通，并直接进入语音服务：“您已经拨通了训练部……的号码，请留言，我会尽快回复。”

⑥ 据《时代》杂志报道，“上周，这颗人造卫星在加拿大野外一个偏僻地区的上空坠入大气层，显然产生了强烈的辐射。美国航空科学家承认，假如这颗卫星在坠毁前进入了衰减轨道，就有可能在早晨的高峰期直奔纽约市一带”。

第13章

受访者：巴兹·奥尔德林，斯莱特上校，厄尼·威廉姆斯，理查德·明格斯，迈克尔·施拉特，比尔·欧文，詹姆斯·奥伯格。

① 对于登月阴谋论的这三个问题，某知名网站进行了反驳。问题一：当时月球上并没有风，美国国旗为什么会飘动？回答：国旗飘动是由旗杆的旋转运动造成的。问题二：在这张月球照片上，为什么看不到一颗星星？回答：在航空航天局发布的阿波罗登月照片中，有很多照片上可以看到星星。问题三：阿波罗登月车着陆后，为什么地面没有出现火箭冲力形成的浅坑？回答：月球表面被由岩状物质构成的月壤覆盖，火箭冲力碰到它们就像碰到了坚硬岩石。参见http://www.braeunig.us/space/hoax.htm。

② 参见马克斯，《寻找满洲里候选人》，第211页。在1977年召开的参议院听证会上，中情局局长斯坦斯菲尔德·特纳在谈到为期11年的MKULTRA项目时说：“该项目共涉及80个机关

团体，其中包括 44 所大学、15 家研究机构及私人公司、12 家医院及诊所和 3 个刑罚机构。”

③ 参见沃尔特·平克斯，《投靠美国的克格勃特工——尤里·I. 诺申科》，《华盛顿邮报》，2008 年 8 月 27 日。在随后解密的中情局文件中，据称诺申科原谅了中情局的残酷折磨。诺申科说：“虽然我对自己三年的监禁遭遇感到遗憾，但是我没有因此表示怨恨，现在我已经理解了其中的原因。”在诺申科死后不久，中情局局长迈克尔·海顿派人在他的葬礼上送去一面美国国旗。

第 14 章

受访者：理查德·明格斯，爱德华·洛维克，鲍勃·默菲，T.D. 巴恩斯，吉恩·波蒂特，彼得·默林，哈里·马丁，米勒·梅尔迪克，巴德·惠隆博士，乔伊·本。

① 这次进攻演习的内容仍然属于机密。内华达试验场国家核安全局发言人达尔文·摩根对此既没有肯定，也没有否认。理查德·明格斯和乔伊·本虽然对笔者讲述了这次演习的有关情况，但是由于需要在地下守卫核弹，他们得到的只能是间接消息。尽管这两人与试验场的安全工作利害攸关，但是却没有正式获悉这次进攻演习的有关情况。

② 由于当时巴恩斯已经离开了 51 区，所以这一情况是他听说的。虽然从这架米格战斗机来到 51 区之日起，巴恩斯就与该项目密不可分，但是最终未能得知这次事件的官方消息。

③ 参见科尔，《幽灵战争》，第 533 页。“在坎大哈郊外的塔尔纳克农场上空盘旋时，‘掠食者’拍到了一个人的照片，这个人看起来像本·拉登。”

第 15 章

受访者：T.D. 巴恩斯，理沃纳上校，赫维·斯托克曼，杰拉尔德·波斯纳，史蒂芬·杨格，约翰·派克，吉恩·波蒂特，EG&G 公司某工程师，戴维·迈拉。

① 在《幽灵战争》一书中，史蒂夫·科尔认为这栋模拟建筑位于内华达州，参见第 549 页。但是在笔者采访过的两个人中，一个人认为这个地方是 51 区，另一个人认为在内华达试验和射击靶场内，很可能是 52 区。具体地点仍有待解密。

② 中情局的无人机任务从不对外公开，当笔者向五角大楼核实时，有官员称，“对此我们既不能肯定，也不能否定”。国防部官员也拒绝就中情局无人机执行任务一事发表评论。2009 年 12 月，国务卿希拉里·克林顿对正在调查无人机袭击事件的记者们说：“对于任何具体战术或技术问题，我无可奉告。”实际上，1995 年由比斯尔和李梅建立的中情局和空军之间的战略合作关系开始再次浮现。

③ 参见“全面禁止核试验条约组织”官方网站，http://www.ctbto.org/。1996 年，美国、中国、法国、英国和苏联在纽约签署了《全面禁止核试验条约》。（直到 2011 年）没有签署该条约的有核国家包括印度、以色列和巴基斯坦。该组织称，虽然以色列没有提交关于开展核试验的报告，但是人们普遍认为以色列是一个有核国家。2006 年，朝鲜宣布进行了一次核试验。值得注意的是，1963 年的《部分禁止核试验条约》禁止在大气层、外部空间和水下开展核试验，但是却允许进行地下试验，而 1996 年的《全面禁止核试验条约》禁止包括在地下进行的一切核爆试验。

④ 参见斯皮茨的《地狱博士：可怕的纳粹人体实验》、鲍勃·赫克利斯和切利·皮尤的电影《宽恕门格勒博士》（2006 年）、

印第安纳州CANDLES大屠杀纪念馆及伊娃·莫希斯·科尔的传记。斯皮茨担任纽伦堡审判的一名打字员。在二战期间，日本也进行了一系列丑恶的人体实验。参见“美国战争部战犯局军法署署长，#770 475”。日本的石井四郎中将受到了美国战犯局的赦免，其理由是这些残酷医学实验的有关信息从某种程度上让美国有所获益。1896年，H.G.威尔斯在科幻小说《莫洛博士岛》中也讲述了一个发生在偏远荒岛上的人体实验的故事。

⑤ 该顾问委员会由14名成员组成，通过“人体辐射跨部门工作组”向总统汇报，其中包括国防部部长、能源部（前原子能委员会）部长、司法部部长和中情局局长。1995年，在向外界公布了有关发现后，该委员会被解散。其官方网站现由能源部的卫生和安全办公室负责。能源部称，“为了从能源部散落于全国各地总计320万平方英尺的记录中找到并登记相关历史文件，我们不遗余力”。如果每平方英尺的文件约2 000页，那么能源部想要说的是，在浩如烟海的卫生和安全办公室数据库中，有关EG&G公司的500页记录只不过是微不足道的沧海一粟。

后记

受访者：斯莱特上校，爱德华·洛维克，EG&G公司某工程师，戴维·迈拉。

① 参见能源部档案（http://www.cfo.doe.gob/），《波茨坦会议和关于使用核弹的最终决定》。“波茨坦会议第二周，即1945年7月24日，杜鲁门在没有翻译陪同的情况下走到斯大林面前，漫不经心地告诉他，美国已经‘掌握了一种具有非同寻常破坏力的新型武器’。但斯大林却面无表情地回答，他希望美国能够‘在对付日本的时候好好使用这种武器’。后来的事实证明，斯大林

之所以表现得泰然自若，是因为早在1941年秋，苏联的情报部门就已经获得了美国原子弹项目的有关信息。”

② 这名工程师说自己是从EG&G公司上司那里听到这个消息的，而后者又是从某政府高官处听说的。我们不能排除这样的可能性，即为了迫使EG&G公司的高级工程师参与这个违背道德的项目，有关人员向他们传递了虚假的信息。1951年，自由世界最大的敌人就是斯大林。直到苏联解体后，俄罗斯公布了有关UFO的档案，斯大林对UFO的兴趣才终见分晓。

在《科洛列夫》一书中，詹姆斯·哈福德教授提到了斯大林命令首席火箭设计师谢尔盖·科洛列夫研究UFO的事情（参见第362页）。2002年，Pravda.ru网站在《斯大林的UFO》一文中称，这位独裁者的罗斯威尔研究团队包括“数学家姆斯蒂斯拉夫·凯尔迪什、化学家亚历山大·托普奇耶夫和物理学家谢尔盖·科洛列夫”。还有人认为，斯大林的UFO研究团队包括导弹设计专家和人造卫星发明者谢尔盖·科洛列夫，“苏联原子弹之父”伊戈尔·库尔恰托夫，数学家、理论学家及太空技术先驱姆斯蒂斯拉夫·凯尔迪什。

访谈人物

主要访谈人物（截至 2011 年）

（以下人物按出生日期排列，并列出了访谈的主要内容。所有军官和情报官员均已退役，截至本书再版，未知大部分受访者是否健在。）

海伦·克莱拉（1913—）**中情局副局长理查德·比斯尔的长期秘书**
采访内容：中情局，理查德·比斯尔，51 区，猪湾危机。

理查德·S. 理沃纳上校（1919—）**和平时期高空侦察之父**
采访内容：陆军航空队，美国空军，中情局，第二次世界大战，朝鲜战争；U-2 项目，米格战斗机，科罗纳卫星系统，诺曼底侦察行动；高空侦察，“十字路行动”，柯蒂斯·李梅将军。

小爱德华·洛维克（1919—）**隐形技术之父**
采访内容：洛克希德“臭鼬计划”，U-2 计划，A-12“牛车”，SR-71“黑鸟”，D-21 无人机，哈维，“海弗蓝”项目，F-117“夜鹰”，肯普斯特 - 拉克鲁瓦计划，51 区的雷达测试和雷达杆测试。

雷·古迪（1919—）**51 区 U-2“1 号”飞行员**
采访内容：洛克希德公司的试飞行动，U-2 计划，伯班克与 51 区之间的航班。

弗雷德·怀特（1921—）**为 U-2，A-12 和 SR-71 编写了驾驶手册**
采访内容：洛克希德“臭鼬计划”，U-2 计划，A-12 计划，YF-12，SR-71，51 区的工程项目。

休斯·斯莱特上校（1922—）**51 区基地指挥官**
采访内容：陆军航空队，美国空军，中情局，A-12，YF-12，D-21 无人机，U-2“黑猫”飞行中队，“黑盾计划”，303 委员会。

阿尔弗雷德·奥登纳（1922—）**“曼哈顿计划”早期成员。安装、连接和发射了内华达试验场和太平洋试验场的 186 枚核弹**
采访内容：核武器，第二次世界大战，冲绳岛战役，核弹的定时、连线和发射系统，“十字路行动”，“温室行动”，“常春藤行动”，“城堡行动”，“铅锤行动”，“硬饼干行动”，内华达试验场。

赫维·S. 斯托克曼上校（1922—2011）**第一个驾驶 U-2 侦察机飞越苏联的飞行员，1967 年 6 月 12 日至 1973 年 3 月 4 日被囚禁于河内希尔顿监狱和其他监狱**
采访内容：陆军航空队，美国空军，U-2 飞行员，原子云采样飞行员，二战、朝鲜战争和越南战争轰炸机飞行员。

萨姆·皮佐上校（1922—）**51 区 A-12 飞机导航员，1959 年曾护送赫鲁晓夫从莫斯科前往美国**
采访内容：战略空军司令部，美国空军，A-12“牛车”，“本垒打行动”，天体导航，柯蒂斯·李梅将军。

迈克·华锡钧将军（1926—）**“黑猫”飞行中队飞行员**
采访内容：中情局飞行员。

拉尔夫·詹姆斯·弗里德曼（1927—）**51 区采购经理，EG&G 武器测试工程师，核爆拍摄人员**
采访内容：EG&G 公司，中情局，51 区与霍华德·休斯的核试验联络员，内华达试验场，“温室行动”，“常春藤行动”，“城堡行动”，A-12“牛车”，“飞鹰计划”。

雷蒙德·L. 霍特准将（1927—）**唯一在51区驾驶过“牛车”所有三种机型的人**

采访内容：A-12“牛车”，YF-12，SR-71“黑鸟”，“黑鸟”飞行手册，洛克希德飞行员，51区有关行动。

帕特里克·J. 哈洛伦少将（1928—）**U-2行动负责人，SR-71“黑鸟”飞行中队指挥官**

采访内容：美国空军，U-2计划，SR-71“黑鸟”，中国击落U-2侦察机事件。

阿尔伯特·巴德·惠隆博士（1929—）**中情局科学和技术部第一任负责人，51区“市长”**

采访内容：“钯计划”，A-12“牛车”，古巴导弹危机，人造卫星，早期导弹系统，汤普森·拉莫·伍尔德里奇公司，肯尼迪总统，詹姆斯·基利安，莱德福将军，约翰·麦科恩，理查德·赫尔姆斯，莱曼·科克帕特里克。

肯尼斯·B. 柯林斯上校（1930—）**中情局A-12飞行员**

采访内容：A-12“牛车”飞行员，SR-71“黑鸟”飞行员，朝鲜战争，越南战争，“黑盾行动”，杰克·威克斯，沃尔特·雷。

弗朗西斯·弗兰克·默里中校（1930—）**中情局A-12“牛车”飞行员**

采访内容：A-12“牛车”飞行员，F-101飞行员，越南战争，“黑盾行动”，“普韦布洛号”军舰，莱德福将军，沃尔特·雷。

罗杰·鲍勃·安德森中校（1930—）**51区和嘉手纳空军基地“牛车行动”期间战地指挥所指挥官**

采访内容：美国空军，中情局，内华达试验场，原子能试验，“黑盾行动”。

唐纳德·J. 多诺霍上尉（1930—）**51区A-12“牛车”机长**

采访内容：美国空军，A-12“牛车”。

罗伯特·鲍勃·默菲（1930—）**洛克希德公司“臭鼬计划”工程师和51区飞机项目经理**
采访内容：U-2计划，A-12“牛车”，D-21无人机，亚洲的U-2行动，“海弗蓝”项目，F-117“夜鹰”。

威廉姆·比尔·韦弗（1930—） **洛克希德公司A-12、YF-12/SR-71试飞员，也是在SR-71“黑鸟”以3马赫速度失事后唯一一个从7.8万英尺高空成功跳伞生还的飞行员**
采访内容：SR-71“黑鸟”，高速跳伞，降落伞。

弗兰克·米卡里兹（1930—）**51区仓库监管员**
采访内容：美国空军，中情局，嘉手纳空军基地，A-12“牛车”照相存储。

佛罗伦斯·德露娜（1930—）**51区运输机飞行员**
采访内容：美国空军，C-47，沃尔特·雷，空中交通管制。

埃内斯特·厄尼·威廉姆斯（1930—）**原子能委员会车辆调配和伙食协调员，曾在阿波罗飞船宇航员在内华达试验场训练时担任向导**
采访内容：原子能委员会，内华达试验场，宇航员训练。

S.尤金·吉恩·波蒂特（1930—）**电子反制措施的先驱，第一个在国家侦察局任职的中情局官员**
采访内容：中情局，国家侦察局，“钯计划”，51区的雷达测试，U-2和A-12，里海水怪，“飞鹰计划”。

理查德·明格斯（1931—）**51区安全工作、内华达试验场安全工作和劳伦斯辐射实验室行动负责人**
采访内容：原子能委员会，能源部，劳伦斯辐射实验室，联邦工作人员，卫康和保安公司，U-2计划卫兵，51区和52区的安全工作，内华达试验场，托诺帕试验场，“57计划”，“铅锤行动”，地下核试验。

哈里·马丁（1931—）**51 区百万加仑燃料的看护人**

采访内容：美国空军，中情局，燃料，A-12“牛车”。

托尼·贝瓦夸中校（1932—）**51 区最年轻的 U-2 侦察机飞行员**

采访内容：美国空军，U-2 飞行员，SR-71“黑鸟”飞行员，越南战争，嘉手纳空军基地，加里·鲍维斯。

查尔斯·E. 查理·特拉普上校（1933—）**51 区直升机搜救飞行员**

采访内容：美国空军，C-47，沃尔特·雷，空中交通管制。

特洛伊·韦德（1934—）**内华达试验场长任官员，前国防能源项目副秘书长，能源部“晨曦行动”负责人，内华达试验场历史基金会负责人**

采访内容：原子能委员会，能源部，内华达试验场，“晨曦行动”，地下核试验。

韦恩·E. 彭德尔顿（1935—）**EG&G 公司雷达专家**

采访内容：洛克希德“臭鼬计划”，EG&G 雷达试验场，国家侦察局，“海弗蓝”项目，霍华德·休斯。

桑顿·T.D. 巴恩斯（1937—）**51 区多个项目的雷达专家**

采访内容：中情局，EG&G 公司，原子能委员会，国家航空航天局，“钯计划”，A-12“牛车”，米格战斗机，X-15 火箭飞机，阿波罗 1 号，NERVA 项目，奈基导弹系统，大力神导弹系统，“海弗蓝”项目。

肯·斯旺森（1937—）**电子战及电子反制措施专家**

采访内容：红狗/蓝狗电子反制措施系统。

谢瑞·洛维克（1960—）**洛克希德公司“臭鼬计划”工程师**

采访内容：洛克希德“臭鼬计划”，雷达标记，国防合约。

巴兹·奥尔德林　阿波罗 11 号宇航员，第二个登上月球的人

罗伯特·B. 阿伯尼蒂博士　普拉特和惠特尼公司工程师，“牛车”J-58 引擎的发明人

小约瑟夫·C. 本　劳伦斯·利弗莫尔国家实验室，前试飞行动负责人

亚瑟·贝德勒　日本，第 67 侦察战术飞行中队

阿德尔波特·W. 巴兹·卡朋特　SR-71 飞行员

哈罗德·B. 芬格　原子能委员会、国家航空航天局核能推进联合办公室前任负责人

R. 卡吉尔·哈尔　国家侦察局，荣誉历史学家

米尔顿·M. 克莱恩　原子能委员会、国家航空航天局核能推进联合办公室前任负责人

达尔文·摩根　国家核安全局现任发言人

丹尼斯·诺德奎斯特　普拉特和惠特尼公司 J-58 引擎机械工程师

格雷斯·魏斯曼　乔·沃克的遗孀

查尔斯·查克·威尔逊　U-2 飞行员

叶常棣（罗宾）“黑猫”飞行中队 U-2 飞行员

其他访谈人物

史蒂芬·阿夫特古德（Steven Afterwood），乔戈·阿努（Joerg Arnu），多丽丝·巴恩斯（Doris Barnes），史黛西·斯莱特·伯恩哈特（Stacy Slater Bernhardt），蒂姆·布朗（Tim Brown），弗雷德·伯顿（Fred Burton），李·戴维森（Lee Davidson），玛莎·德玛尔（Martha DeMarre），珍妮·多诺霍（Jeanne Donohue），斯坦顿·弗里德曼（Stanton Friedman），早川纪夫（Norio Hayakawa），比尔·欧文（Bill Irvine），乔治·纳普（George Knapp），托尼·兰迪斯（Tony Landis），尤尼斯·莱顿（Eunice Layton），罗纳德·“杰克”·莱顿上校（Colonel Ronald “Jack” Layton），鲍勃·拉扎尔（Bob Lazar），肯·理沃纳（Ken Leghorn），吉姆·朗（Jim Long），克雷格·卢瑟博士（Dr. Craig Luther），汤姆·马胡德（Tom Mahood），玛丽·马丁（Mary Martin），米勒·梅尔迪克（Millie Meierdierck），彼得·W. 默林（Peter W. Merlin），玛莎·默菲（Martha Murphy），玛丽·简·默菲（Mary Jane Murphy），斯特拉·默里（Stella Murray），戴维·迈拉（David Myhra），詹姆斯·奥伯格（James Oberg），露丝·奥登纳（Ruth O’Donnell），裘德·帕奥少将（Major General Jude Pao），约翰·E. 派克（John E. Pike），杰拉尔德·波斯纳（Gerald Posner），小加里·鲍维斯（Gary Powers Jr.），杰弗里·理奇逊博士（Dr. Jeffrey Richelson），戴维·罗伯奇博士（Dr. David Robarge），露易丝·沙尔克（Louise Schalk），P.W. 辛格（P.W.Singer），芭芭拉·斯莱特（Barbara Slater），彼得·斯莱特（Peter Slater），莎琳·威克斯（Sharlene Weeks），史蒂芬·M. 杨格（Stephen M.Younger），G. 帕斯卡尔·扎卡里（G. Pascal Zachary）。

受访者均来自以下机构、部门和公司，其中有些不愿公开自己的姓名。

国家安全局（NSA），国家侦察局（NRO），国家图像测绘局（NIMA），国家照相判读中心（NPIC），国防情报局（DIA），国家航空航天局（NASA），中央情报局（CIA），原子能委员会（AEC），能源部（DOE），核防局（DNA），国家核安全局（NNSA），美国空军（USAF），联邦调查局（FBI），美国陆军航空队（USAAF），EG&G 特别计划组，洛克希德·马丁公司，诺斯罗普·格鲁曼公司，雷神公司，通用原子航空公司，休斯航空公司，苏玛公司。